# ZHONGGUO GAODENG JIAOYU PINGLUN

《中国高等教育评论》系列
由厦门大学高等教育发展研究中心资助

# 中国高等教育评论 第3卷

主编／潘懋元　　副主编／史秋衡

教育科学出版社

·北京·

# 序

《中国高等教育评论》是教育部人文社会科学重点研究基地厦门大学高等教育发展研究中心和厦门大学教育研究院主办的学术集刊。集刊依托厦门大学高教中心/教研院的高水准高等教育研究与交流平台，坚持"创新高等教育基本理论，探寻高等教育发展规律，研讨高等教育重大问题，深化高等教育体制改革"的基本原则，以高质量的中外高等教育理论研究为特色，探讨中外高等教育研究的前沿问题。

集刊每年出版一卷。前两卷主要以每年一次的厦门大学高教中心/教研院高水准国际性或全国性学术研讨会论文为基本稿源。为进一步发挥对高等教育研究的先导作用，搭建国内外高等教育专家学者、研究人员及相关管理人员学习和交流的平台，从本卷（第3卷）起，集刊面向全国公开征稿，欢迎国内外高等教育研究者踊跃投稿。本卷稿件主要为中外著名专家学者的特邀稿及优秀博士毕业生博士学位论文摘编稿，汇集了当代高等教育界优秀专家学者的思想智慧。

本卷（第3卷）包括三个学术专栏和一个博士论坛，学术专栏主要发表国内外著名专家学者的重要学术观点，博士论坛主要发表博士毕业生的博士学位论文观点。第一专栏对高等教育的理论与历史进行了阐述，如中国高等教育研究的发展轨迹、中国历史上的第一次高考、高校联考史、高等教育大众化后续效应、大学文化研究与实践、教育研究本质思考、高等教育学学科建设等问题。第二专栏就高等教育质量与管理的相关热点问题进行了交流，如协同创新的质量观、高等教育管理方式转型、大众高等教育多元治理模式、学院治理结构、大学生学情调查要素解析、创新人才培养等。第三专栏探讨了高等教育财政与就业问题，如大学财政制度史、高等教育软预算约束、大学经费筹措理论、大学生就业等。集刊还开辟了"博士论坛"版块，主要发表应届博士毕业生关于高等教育相关理论与问题的研究成果。

衷心感谢诸位专家学者不吝赐稿，他们关于高等教育理论与历史、高等教育质量与管理、高等教育财政与就业等议题的深入探讨，将有力推进中国高等教育理论与实践的快速发展。

# 目　　录

──── **高等教育理论与历史** ────

──── **高等教育质量与管理** ────

———— 高等教育财政与就业 ————

———— 博士论坛 ————

# 高等教育理论与历史

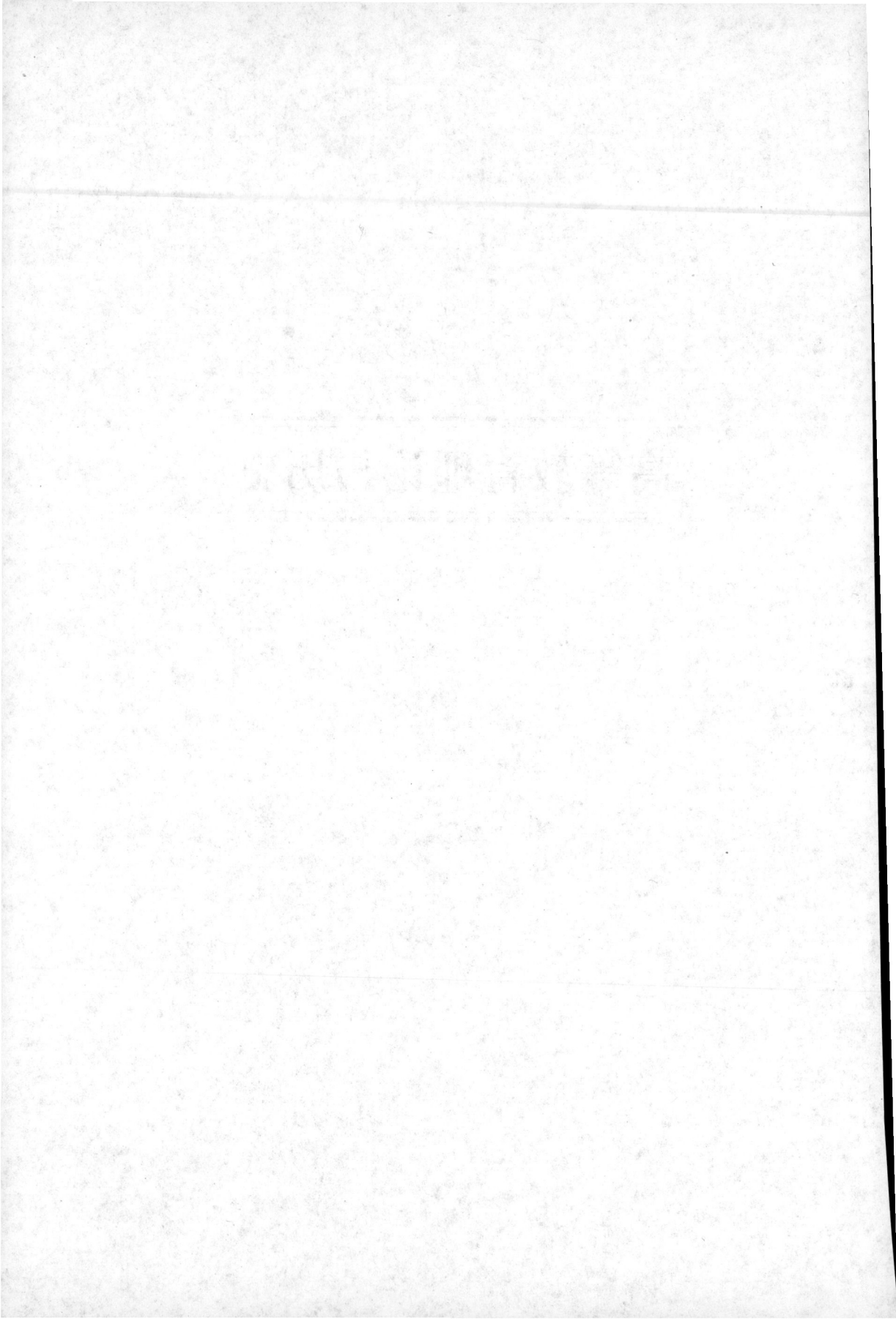

# 高等教育研究在中国发展的轨迹

潘懋元

**摘　要：**中国高等教育研究的特点，是在早期高等教育问题研究的基础上，着重学科建制，形成学科理论研究与应用问题研究两条并列发展而有所交叉的轨迹。本文分为两部分：第一部分，论述作为主干学科的高等教育学及其学科群的形成、发展和主要研究成果；第二部分，简介教育改革中的应用问题研究，分别介绍20世纪末改革开放初期和21世纪初进入大众化时期主要的研究领域与问题。

**关键词：**高等教育研究　学科建设　应用研究

中国高等教育研究的特点，是在早期对高等教育问题分散研究的基础上，着重学科建制，形成学科建设与问题研究两条并列发展而又有所交叉的轨迹。也就是说，高等教育研究，既是一个专门的学术领域，又建立了一门新的学科，进而形成了一个庞大的高等教育学科群。作为宽广的研究领域，高等教育研究及时对高等教育改革与发展中各种各样的问题做出回应，进行不同角度、或深或浅的探讨；作为一门学科，高等教育研究对高等教育基本理论进行系统探索，并将其研究的范围延伸至高等教育的各个层次、各个方面，出现众多分支学科，形成庞大的学科群。高等教育改革与发展中现实问题的研究，既需要运用高等教育学科所提供的理论，又能够为高等教育学科理论研究提供丰富的资源。因此，两者的区分只是相对的，在发展中往往相互交叉。下面分别简述两条发展轨迹。

## 一、以高等教育学为主干的学科建设

中国高等教育研究领域之所以能从20世纪80年代开始蓬勃发展，在短时间内形成高等教育研究大国，得益于学科建制。主要的标志是1983年，国务院学位委员会公布的培养研究生"专业目录"，将"高等教育学"列为教育学的二级学科，正式承认它的学科地位；同年，"中国高等教育学会"作为教育部领导的一级学会正式成立［在此之前，已有18个省（市）成立省（市）高教学会或筹备会］。1984年，中国第一部《高等教育学》由人民教育出版社和福建教育出版社联合出版，标志着作为一门独立新兴学科的高等教育学学科体系的确立；同年，厦门大学高等教育科学研究所被国务院批准为中国第一个高等教育学科硕士学位授予点，1986年被批准为中国第一个高等教育学科博士学位授予点，标志着这门新兴学科开始培养学术人才。时至今日，全国已有19所大学可以培养高等教育学科博士生，近百所大学可以培养硕士生。每年获得博士、硕士学位的高等教育学专门人才数以千计。加上从有关学科毕业参与高等教育研究的工作者，形成浩大的高等教育研究工作者大军。如果没有国家认可的学科建制，这种发展成就在中国的现行体制下是很难设想的。

高等教育学科建设，可分为主干学科的基本理论研究和分支学科的形成。

## （一）高等教育学科基本概念、基本理论的研究

包括"高等教育"概念的界定、高等教育的本质、高等教育的主体功能与社会功能、高等教育的价值观与质量观、高等教育的社会职能，以及高等教育的学术性与职业性、通才教育与专才教育、专业教育与素质教育、大学的精神和大学的理念、高等教育的课程理论与教学理论等。对这些基本概念、基本理论的认识，都有所加深。例如：结合中国社会的特性，对高等教育的经济功能、文化功能进行了多方面的大量的研究；对高等学校的社会职能，除了国内外共识的人才培养、科学发展和社会服务三个主要职能以外，不少论文探讨是否还有其他重要职能，其中主张将国际合作与交流、引领社会文化等作为高等学校的第四个主要职能者较多。此外，高等教育的可持续发展、知识经济时代高等教育的地位与作用等，也作为现代高等教育的新理论写入高等教育学中。继第一部《高等教育学》之后，已经公开出版了20多部各具特色的《高等教育学》（或称高等教育学"新论""导论""引论"等）。

学科的基本理论建设，包括方法论及其独特的研究方法。对于社会科学来说，许多研究方法是共同的，在方法的运用上，可以有所侧重，但很难确定某种研究方法是某门学科的特殊方法。高等教育是一个复杂的开放系统：一方面，它所开设的课程包含多种学科；另一方面，它所培养的人才将要面向多个领域。因此，多学科观点研究方法对高等教育研究有其特殊意义。开创多学科观点研究方法的是伯顿·克拉克（Burton R. Clark），他于1984年出版了《高等教育的观点：八个学科的比较观点》一书，对中国高等教育学科的方法论建设起了重大的推动作用。这一方法论的意义在于提供一种新的思维方式，拓宽研究领域，开拓研究者的视野与思路。（潘懋元，2001）[5-6]

## （二）高等教育学科群的形成

在建设高等教育学的同时，根据学科发展细化与交叉的趋势和高等教育实

践的需要，高等教育学科的许多分支学科也在 20 世纪 80 年代之后陆续建立起来，逐渐形成庞大的高等教育学科群。

中国高等教育学科的分支学科，大体可以分为三类。

第一类是从高等教育学这门主干学科的基本理论中细化出来的分支学科，如高等学校课程论与教学论、大学生学习学、高等学校德育论、高等教育史、比较高等教育、高等教育哲学、高等教育研究方法等。

第二类是高等教育学与其他学科结合产生的交叉学科。如高等教育经济学、高等教育管理学、高等教育生态学、高等教育结构学、大学生心理学、高等教育系统工程，以及各科类的学科教育学等。

第三类是运用高等教育理论研究不同类型、不同层次高等教育所构成的学科。如高等工程教育、高等师范教育、高等医学教育、高等农业教育、高等专科教育、高等职业教育、成人高等教育、学位与研究生教育、留学生教育、高等教育自学考试等。

以上所列举的分支学科，都已有系统的专著出版，其中大多数已出版专著多部；有的还作为研究生课程，作为高等教育学研究生教学计划中的必修课程或选修课程。有的分支学科，又根据需要分化为次一级分支学科。如高等教育管理学已分出高等教育行政学、高等学校管理学、高等教育评估学、高等教育管理心理学，以及高等学校学生管理、课程管理、科研管理、后勤管理等更次一级的学科或专门研究领域。

与普通教育学不同，中国高等教育学产生于中国本土，虽然在其发展过程中也适当借鉴了发达国家高等教育的某些见解与经验，但高等教育理论的主流与重要的创新性研究成果，都以中国本土的实践为基础，在思维方式与价值观上具有鲜明的中国特色，并非所谓的"依附发展"（Dependent Development）（潘懋元，陈兴德，2012）。西方把高等教育只是作为一个研究领域进行问题研究，不承认高等教育是一门学科，更不可能建构一门学科的理论体系。而中国是在问题研究的基础上，构建了一门独立的高等教育学，虽然整个理论体系还不够成熟，但其基本概念、基本理论成为理论工作者的共识，并运用于研究高等教育领域中改革与发展的实际问题，在理论与实践的互动中持续发展。

## 二、高等教育改革发展中的问题研究

高等教育学科的产生与发展，是与中国高等教育的改革与发展紧密结合、同步进行的。上述学科建设，本来就是在高等教育改革与发展的推动下进行的。但学科有相对稳定的逻辑体系，而实践提出的问题则是个别的、动态的。高等教育研究工作者在构建理论体系，进行基本理论研究的同时，没有忽视改革与发展实践中所提出的问题。大多数研究工作是围绕不同时期所提出的问题开展研究的。这些研究，一方面在高等教育学基本理论的引导下进行，另一方面又以其生动的研究成果不断地反哺高等教育学科，提供丰富的理论资源。

下面分别简介20世纪末期（即高等教育改革与发展初期）和21世纪初期（即中国高等教育进入大众化时期）两个时期高等教育研究所探索的重要问题。

## （一）20世纪末期的重要问题

中国于20世纪70年代末至80年代初开始确定改革与开放的发展方针。这一方针不但以经济为中心，而且制约各个方面，包括高等教育的改革与发展。在这个过程中，出现了许多热点问题需要研究解决。下面就一些重要的热点问题适当进行归类简介。

### 1. 高等教育培养目标

改革开放之初，高等教育界就围绕高等教育的培养目标，讨论教育观、人才观以及传统教育思想与现代化的关系，讨论的实质是教育的价值观，众多的理论可以概括为两大类：一类认为教育的价值在于满足社会发展的需要，能否更好地满足社会需要是教育价值的尺度；另一类认为教育的价值在于满足个体的成长需要，教育的最终价值在于人的自我实现。这两类价值观都有其历史渊源和现实背景。开始是各说各的，未有明显交锋。到了20世纪80年代末期，在特定的环境中，发展为教育功能之争。一种观点认为人是教育的主体，教育的基本功能就在于促进人性的自我成长，达到个性的全面发展；另一种观点认为教育是一种社会活动，按社会的需要塑造人，教育的价值在于满足社会的需要，促进社会的发展。人本主义和工具主义两股对立的思潮，相互激荡，交替占据主流地位。由于两种功能观都有理有据，很难做出简单的结论。对于社会科学的学术问题，没有结论的讨论并非无益之争。它的意义在于百家争鸣，繁荣学术，加深认识，使人们可以从中获得某些启发。例如：从人本主义教育功能观的理论中，认识人在教育中的主体地位，从而推进个性的心理学研究；从社会发展功能论中，认识教育必须面对社会的现实，从而推动教育经济学、教育社会学的研究。争论的后期，更多的文章从人的成长与社会发展的统一性来阐明教育功能，大多数人达到了某种程度的共识。

围绕高等教育培养目标的讨论，借助教育基本功能的认识，这一时期还讨论了教育与生产劳动相结合、政治与业务的关系、通才教育与专才教育并重、知识与能力的关系等问题。这些问题的研究，最终都归结到高等教育如何为社会主义现代化建设服务上。

### 2. 高等教育同社会发展的关系

教育同社会的经济、政治、文化之间，存在内在的必然联系和本质之间的关系，这是教育的外部关系规律。这条规律的作用，对高等教育特别明显与重要。因为高等教育所培养的人才，将直接进入社会各个部门就业，社会的任何变革都会直接地、迅速地冲击高等教育。中国的社会主义现代化建设，是以经济为中心，从计划经济向市场经济转型。因此，高等教育与商品经济、市场经济的关系，就成为20世纪80年代之后的重要研究课题。有一种意见认为高等教育必须适应市场经济，才能得到发展；另一种意见认为高等教育有其自身特殊的价值、功能，必须保持其独立性，坚持大学精神，抵制市场经济的冲击。经过讨论，大多数高等教育研究工作者认识到市场经济对高等教育冲击的必然性，这种冲击有消极面也有积极面。高等教育不应被动地被市场经济牵着走，以经济规律代替教育规律，而应主动地适应市场经济，即发挥市场经济对高等教育的积极作用，尽可能避免或减轻市场冲击的消极作用。如何主动适应市场经济，成为在高等教育改革发展中需要不断研究的问题。

20世纪80年代中期，中国高等教育界提出迎接世界科技革命的挑战，加速高科技人才的培养与尖端课题的研究，并取得明显效果。但在一个时期内，由于受市场经济消极面的影响，高等学校忙于所谓的"创收"，有关如何迎接科技革命挑战的研究有所冲淡，没有深入下去。90年代之后，由于信息技术的迅速发展，更由于生态环境的严重破坏，高等教育与科技的关系以及创新人才的培养再次成为研究的重点。

20世纪90年代中期以来，文化与高等教育的关系也为高等教育理论界所重视。教育的基本功能本来就是文化的传承，而传承就要经过选择，选择就得经过批判，因此，文化的传承、选择、批判、创新就是一切教育的基本功能，不过大学在文化选择、批判、创新上起着更重要的作用。高等教育理论界对于这些文化功能，尤其是创造、创新功能的研究正在逐步加深。同时，研究的范围还涉及关于传统文化、外来文化、本土文化的种种理论问题。

3. 高等教育体制改革

20世纪80年代中期，国家根据经济体制转型提出加强教育体制改革的政策。结合当时的国情，高等教育研究的体制改革重点有以下四项。

——招生与就业体制。着重于批判计划经济时期"统招统配"体制的缺点，探索如何将完善统一高考和自主招生相结合，如何让学生自主择业，并加强就业指导等问题。在实践上，自主招生的难度很大，进展不大，自主择业已完全实现，就业指导也有所加强。

——投资体制。研究如何完善以政府投入为主，多渠道筹集办学资金的教育投资模式。对于政府投入，提出要达到GDP的4%，政府也做出了承诺。但由于当时财政收入占GDP的比例过低，一直无法达到所承诺的4%。直到21世纪初，财政投入比例大增，2012年达到高等教育界所提出的要求。同时，进行多渠道集资的研究，推动民办（私立）教育体制的恢复与发展。

中国的私立高等学校，在80年代中期就已出现并自发地发展起来，但它在教育体制上一直未得到确认。1992 年以前，着重于论证民办（私立）高等教育在中国存在与发展的可能性和必然性；1992 年之后，民办（私立）教育体制基本上得到认可，研究的重点转为以立法保障私立高等学校的办学自主权与发展的空间，从而推动人大制定了《中华人民共和国民办教育促进法》。

——管理体制。着重研究如何加强地方与高校办学自主权，变单一的行政管理为行政、立法、经济、学术权威的多元化管理，加强管理的科学化和民主化。在实践上，地方的办学自主权大大加强，高校的办学自主权也体现在《中华人民共和国高等教育法》中，有所加强但未能完全落实。

——联合办学体制。为了优化教育资源配置，提高办学的规模效益。20 世纪 90 年代，提出了联合办学的四种模式，即合作、合并、转制、共建。学者着重于提倡校校合作，资源共享；而政府着重于推行合并与转制，在"求大求全"的思想引导下，许多大学合并成巨型大学。在政企分开的体制改革中，许多部委举办的大学转制为地方高校。对于合并与转制，因其是政府行为，除了政策性宣传文章外，学者很少认真研究。这些被合并和被转制的高校，经过多年的磨合，虽逐渐适应新的办学体制，但仍留下一些有待解决的问题。

### 4. 大学生德育

高等学校的德育工作，始终是高等教育理论界关注的问题，理论研究的视野也随着改革开放而逐步拓宽。早期的研究重点在于如何加强大学生的思想政治教育；在市场经济冲击下，焦点转移到道德观和个性心理的研究上，20 世纪 90 年代开始，校园文化所起的潜移默化的德育作用受到理论界的关注；其后，研究的视野又拓宽到大学生的素质教育。

素质教育，原本是基础教育为抵制"应试教育"而提出的，在实践上对"应试教育"的抵制作用不大，但在理论上却有利于贯彻人的全面发展的教育方针，并因此而受到重视。高等学校所提倡的素质教育，着重于人文素质教育，是针对"重理工、轻人文，重专业训练、轻综合素质"的弊端（杨叔子 等，1996）而提出的。华中理工大学（现称华中科技大学）从 20 世纪 90 年代起开设"人文讲座"，影响遍及全国。加强人文素质教育，使科学教育人文化，人文教育与科学教育相结合，既是世界的趋势，也是中国高等教育现实的需要。

### 5. 高等学校教学改革

教学改革是高等学校教育改革的核心，也是广大教师所关心的问题。但这个核心多年来被忽视，只停留在一般号召上，并未真正提上改革的工作日程。高等教育理论工作者也只是在专业调整、学分制实施这些问题上做文章，很少深入教学过程探讨学科建设、课程体系、教学内容、教学方法等改革的问题。倒是有些高校教师借鉴国外的课程理论和教学方法，对自己所教的学科课程进行一些试验，写出大量的经验总结性文章，在各类学报或高教刊物上发表，其比例占全国高教论文总数的 40% 以上。但往往各自为政，力量分散，即或有所得，也难以推广，以致教育改革虽进行多年，教学质量却并未提高。从 1994 年起，教育部开始实施一项名为"21 世纪高等学校教学内容与课程体系改革"的大规模协同研究计划，以本科教育为主，对各科类的教学改革，从专业设置、课程体系、教材编写、教学方法、教学技术到教学管理，立下了 200 多个项目、900 多个课题，全国参加研究与试验的大学教师（主要是研究型大学）达 1 万多人。各省各校，也纷纷在本省本校的范围内增加研究项目。这些举措对全国本科教学改革起了一定的推动作用，尤其是编写了一些质量较高的教材。但由于经验不足和人事变换，这项庞大的教学研究计划未能坚持下去，有点虎头蛇尾。其后教育主管部门改为每五年一次评选优秀教学成果奖，以鼓励高校和教师开展教学研究与试验。

以上只是列举了高等教育研究在这一时期探讨的一些重要问题。此外，这一时期高等教育研究还对许多问题予以了关注，如各地各校的高等教育发展战略、学生管理的改革，从不收学费、部分收费到全部收费的合理性，产学研合作教育及其推广等。每年发表的高等教育论文达 1.5 万篇以上，遍及高等教学改革与发展的方方面面。

### （二）21 世纪初的重要研究领域

进入 21 世纪，中国高等教育最大的变化就是从 1999 年开始扩大招生，向高等教育大众化阶段迈进。扩招之前的 1998 年，普通高等学校的大学生只有 360 万人，加上接受成人教育的大学生也只有 643 万人，是世界高等教育毛入学率不及 10% 的低文化水平的国家之一。

连续扩招 4 年，到 2002 年，毛入学率就达到 15%，达到高等教育大众化的数量门槛；到 2011 年，大学生数已达 3167 万人，毛入学率达到 26.7%，超过世界平均水平。预计到 2020 年毛入学率将达到 40%。

量的增长必然引起质的变化。毛入学率 15%—50% 只是高等教育大众化的数量指标，进入大众化阶段后，高等教育精英化时期所形成的教育理念、培养目标、课程教学、管理模式，已经不适应或不完全适应大众化阶段的实际，急切需要高等教育研究工作者进行理论的、应用的研究，作为改革与发展的决策和实践依据。一向凭经验决策的教育管理部门面临新形势，老经验已不足以应对新问题，因此也重视理论研究，向理论工作者提出大量研究课题。因此，进入 21 世纪，高等教育形势喜人，高等教育研究也空前活跃。

1. 由大众化直接引发的研究问题

——招生问题。每年普通高考和成人高考的考生数以千万计，改变统考统招体制的呼声越来越高，研究的意见与方案也数不胜数。但对于这一事关千家万户的大事，稳健的改革派占优势。10 余年来，只推行了由中央统一高考到部分权力下放给省（市），并在研究型大学中实行少量的自主招生。由于生源不足，近年来也允许高职院校部分自主招生。

——就业问题。扩招之前，毕业生就业问题已经出现，扩招之后，更加严重；2007 年之后，又受世界金融危机的影响，雪上加霜。就业问题既成为全国的重大社会问题，也是高教界、经济界研究的热点问题，高教界的研究着重于调整专业结构和加强就业指导、生涯指导。

——高校及其专业的分类问题。在精英教育阶段，大学的任务就是"研究高深学问"，普通高等教育本科培养学术人才，专科学校也办成压缩型的本科。其所培养的人才虽然存在脱离社会实际的问题，但在"统一分配"的时期矛盾尚不突出。进入大众化阶段，每年几百万名大学生到社会上自主就业，不可能都从事学术研究，人才培养目标必须分类。精英教育仍将存在并有适当的发展，而大量的高校及其专业应当面向社会实际，培养应用技术人才和职业技能人才。这方面的研究从 2005 年前后开始展开，如今已转化为政策。但是如何转变办学者的传统观念，落实应用型、职业型人才的培养目标与培养方案，仍是高等教育研究工作的艰难任务。

2. 对不同类型高等学校及其专业的研究

不同类型高等学校及其专业的改革发展，除了有共同的问题外，各有不同的问题需要研究。

——传统的研究型大学，特别是国家评定的"211 大学"和"985 大学"，主要的研究课题是建设世界一流大学和一流学科，提高科学研究水平，培养创新人才。

——适应大众化需要而重建的高职院校，一开始就成为高等教育研究领域的重点。在培养目标、课程设置、实训基地和双师型师资队伍建设等问题的研究上，都已收到明显的效果。现在研究的主要问题是建立高等职业教育独立体系和自主招生、扩大生源等。

——一般普通本科院校，尤其是新建本科院校，面临如何定位的问题。这类院校，在大众化初期仍沿着传统大学的道路办学，求大求全、缺乏特色，高教研究工作者正在为这类院校如何从传统大学向应用型大学转变，面向地方，为地方服务，办出各自特色，进行课程与教学改革的研究。

——民办高等学校，在高等教育大众化期间，发展空间较大，数量增长较快，2011 年在校生达 505.1 万人，占全国普通本专科在校生的 21.4%。现在面临的问题是：如何消除政策上的歧视，提高民办高校的社会地位，使其教师、学生享有与公办高校师生同样的地位与待遇；如何分类管理、规范管理而又保持其办学自主权；如何解决民办高校的产权问题和招生问题；等等。

除上述几种类型的高等教育外，对于成人高等教育、继续教育、电视广播大学、开放大学、远程高等教育以及高等教育自学考试等如何适应高等教育大众化时期的新形势的问题，也都在分别展开研究。

### 3. 高等教育质量问题

由于扩招太快，教育资源尤其是优质资源不可能同步增长，高等教育总体资源不足，优质资源稀释，导致高等教育质量下降。因此，国家将提高高等教育质量作为当前高等教育发展的核心问题，这也是当前中国高等教育研究的中心课题。

教育资源包括人、财、物，也就是师资、经费与设备，尤其是师资水平决定了教育质量。师资水平包括两个方面，一方面是学术水平，以往教师中除留学回国者外，大多数是本科毕业留校当助教，而现在大多数是国外或本国有关学科的博士，至少是硕士，在学术水平上问题不大；另一方面是教育教学的经验，其主要问题是新教师经验不足，尤其是思想准备不足。扩招之前，全国普通高校教师约有 41 万人，生师比为 8.84∶1；2011 年达 139 万人，生师比达 17.76∶1。每年有数以 10 万计的新教师进入高等学校，他们的教学负担重，而业绩考核又着重于科研成果、发表论文篇数，因此培养新教师，端正教师的教育思想，提高教师的教育理论知识和教学工作能力，成为质量研究的重点。

对于应用型和职业型高等学校，产学研三结合的培养方式在提高学生的技术能力方面有重大作用。20 世纪 90 年代，我国就已借鉴国外的"合作教育"进行试点；进入高等教育大众化阶段，作为开拓实训基地和培养双师型教师的重要措施，产学研三结合的培养方式在应用型和职业型高校普遍展开，成为提高培养质量的热门课题。

高等学校的教学评估，是质量的反馈、监督、保障机制，也是当前高等教育管理研究的重点。过去的教学评估都由政府主持，统一标准，学校与教师是被动的被评估者，缺乏社会监督和学校自律机制。当前正在研究如何以自律为主，分不同类型高校，制定评估标准，建立社会中介机构对高校学科、专业、课程水平和质量进行多元评估。

### 4. 落实《教育规划纲要》，建设现代大学制度

中共中央国务院于 2010 年公布的《国家中长期教育改革和发展规划纲要（2010—2020 年）》（以下简称《教育规划纲要》），经过近两年的制定过程，采纳了许多教育研究工作者的研究成果，是一份让人民满意的行动计划。在《教育规划纲要》中，特别提出了 10 个重大项目和 10 个改革试点，这些都需要研究工作的紧密配合。对于高等教育，特别提出了"提升高等教育质量"和"现代大学制度改革试点"。因此，当前高等教育研究工作围绕《教育规划纲要》的实施和重大项目、改革试点而展开，具体如下。

——探索建立符合学校特点的管理制度和配套政策，克服行政化的倾向，

取消行政化管理模式。人们将其简称为"去行政化"。此项研究，学者的呼声很高，但在实践上阻力很大。

——探索校长治校、教授治学的有效途径。要求校长"职业化"，探索教授如何在教学、学术研究和学术管理中发挥作用，学术委员会如何在学科建设、学术评价、学术发展中起决策性的作用。在大学治理上，探索如何尊重学术自由，营造宽松的学术环境，以利于培养拔尖创新人才和协同创新科研成果。

——探索如何落实和扩大学校办学自主权。各类高校正在研究制定章程，经民主讨论、上级批准后，就得依照章程规定管理学校。

——探索现代高等学校社会化。探索高校同行业、企业、科研机构、社会团体合作共建或共享机制，探索如何建立社会参与的高等学校理事会或董事会等。

为了办好一所大学，要研究、解决现代大学办学中方方面面的问题。从本世纪开始，引进自美国的校院研究（Institute Researches）通过研究本校的发展战略、学科专业结构、教学、科研、学生管理、后勤事务等方方面面的问题，在办学的科学化、合理化、高效率上起了良好的作用。校院研究也可以称为校本研究，它不同于一般例行的工作总结或经验总结，必须依据教育理论或政策，运用教育研究方法，独立地调研本校中的某一现象或问题，写成研究报告，提出改革发展的建议或方案，以供学校作为制定规划或决策的依据。如今，校院研究已成为许多高等学校高等教育研究所（室）的主要研究任务，成为推动高等学校改革发展，建设现代大学制度的重要力量。

众所周知，中国已经是世界上的高等教育大国，正在建设高等教育强国。中国的高等教育研究，无论从遍及全国高等学校的高等教育研究所（室）、参加研究的人员、出版的专著与期刊、每年发表的论文，还是从每年培养的高等教育学和高等教育管理的研究生来看，都是世界上的高等教育大国，但还不是高等教育研究的强国。中国的高等教育研究，还需在理论研究的深入、研究方法的改革与提高、国际化与本土化的结合上，不断提高，促进中国成为高等教育研究的强国。

**参考文献**

教育部发展规划司．中国教育统计年鉴［M］.1998 – 2011．北京：人民教育出版社1999 –2012.

潘懋元.2001.多学科观点的高等教育研究［M］.上海：上海教育出版社：5 – 6.

潘懋元，陈兴德.2012.中国高等教育自主发展路程研究［M］.北京：高等教育出版社.

潘懋元.2010.潘懋元文集：卷二 理论研究：上［M］.广州：广东高等教育出版社：182 – 198.

杨叔子，等.1996.中国大学人文启思录［M］.武汉：华中科技大学出版社.

**作者简介** 潘懋元（1920— ），男，广东揭阳人，厦门大学教育研究院名誉院长、教授、博士生导师，中国高等教育学会顾问，中国高等教育学研究会名誉理事长，主要从事高等教育理论研究。

# The Development Path of Higher Education Research in China

## Pan Maoyuan

**Abstract:** The feature of higher education research in China is based on problem research of higher education in the early time, which focuses on discipline construction. The development path of China's higher education research is formed as both theoretical study of discipline and problem based study of application, which parallel advances and cross develops. In the first part of this article, higher education as a main discipline is discussed, the formation, development and main research achievements of the discipline group is explored as well. A brief introduction of applied research in educational reform is analyzed in the following part. The research fields and problems are divided into two periods, the beginning of reform and opening up in the late of 20th century and entering into mass higher education in the early of 21st century.

**Key words:** higher education research    discipline construction    applied research

# 中国历史上的第一次高考

刘海峰

**摘　要：** 本文梳理了 1952 年中国建立全国高等学校统一招生考试的历史，从报考、考试、录取三个主要环节的具体步骤，回顾中国历史上的第一次高考过程。高考制度的建立使 1952 年成为中国高等教育新旧招生制度的分水岭，开辟了中国高校招生考试史的新纪元，它是今天高考制度的起始，已经形成了高考制度的基本框架。1952 年建立高考制度是中国教育史上的一个重要创造，也是中国历史上的一件大事，从此开启了中国的高考时代，在中国高校招生考试史上具有开创之功。

**关键词：** 高考　招生考试　1952 年

高考的年轮逐渐增加，到 2012 年，高考制度建立已经整整 60 年了。然而，当今许多人对 1952 年创建高考制度的历史相当陌生，甚至专门从事高考管理或研究工作的人都不大了解。打开尘封的记忆，重现中国历史上第一次高考的场景，复原当时从报考到录取的细节，并对高考制度进行回顾与反思，有助于当今高考改革汲取历史经验。

## 一、报考

所有高校招生考试大体上都可分为报考、考试、录取三个大的环节，每个环节都有具体的步骤。作为大规模全国统一招生考试，高考的过程更是复杂细致。就报考方面来说，至少有公布招生考试计划、宣传动员、考生填报志愿等几个步骤。

首先，1952 年 6 月 12 日，中央人民政府教育部发布了《关于全国高等学校一九五二年暑期招考新生的规定》，明确规定各高校招生名额均应报请各大行政区人民政府（军政委员会）教育（文教）部，根据全国招生计划审核批准，招生办法亦应遵照中央及各区教育部的规定办理，严格禁止乱招乱拉。"为便于政治领导高等学校的招生工作，中央成立全国高等学校招生委员会。各大行政区教育部应在各该部的直接领导下组织大行政区的招生委员会，由该区高等学校（或主要高等学校）教务长（或教导主任）及有关代表组成之。"

于是，各大行政区遵照中央的指示，分别设立了高等学校招生委员会，开展各项工作。例如，华东军政委员会教育部于 7 月 22 日召集各省、市、行署文教（教育）厅、局、处代表及华东师大、山东大学、交通大学、浙江大学、同济大学、南京大学、安徽大学、金陵大学、厦门大学、福州大学、山东师范学院、上海医学院、南通学院、苏南文教学院等学校教务长及华东、上海团工委代表，召开招生会议，研究本区 24 个考区的招生工作及有关招生问题。华东区高等学校招生委员会主任由华东教育部领导出任，副主任由山东大学、厦门大学、交通大学三校教务长出任。华东区高等学校招生委员会之下设立总办事处，总办事处分秘书、会计、统计分配等三组，分别负责：办理本区抽调补习之部队及机关干部的成绩审查及分配入学工作；成绩结算完毕后，负责汇集各考区的报名单送全国招生委员会；审核各地招生工作委员会预算及总办事处会计出纳事宜。

华东区高等学校招生委员会之下还设立了上海市、南京市、山东省、福建省、浙江省、安徽省、苏南、苏北 8 个高等学校招生工作委员会。各地高等学校招生工作委员会之下，又按考区分设招生办事处，例如，福建省高等学校招生工作委员会，主任由厦门大学教务长出任，副主任由福州大学教务长出任，其下分设漳州、南平招生办事处。福州考区由福建省高等学校招生工作委员会直接负责。

华东军政委员会教育部于 7 月 25 日发布的《关于布置华东区高等学校招生工作的几项指示》中规定："招生简章、报名单、准考证及试卷（试题印在试卷上）统由全国高等学校招生委员会统一拟定，并由本区高等学校招生委员会统一印发各地，希各地派员取回。试题的保密：由于今年的招生试题是全国统一的，因此试题的保密比过去更加重要，各地派员来取试题，及各考区管理试题的人员，必须是政治上可靠的干部。此事关系重大，各地文教厅、局、处及高等学校负责人对此必须切实负责。"①

除组成招生机构以外，进行招生宣传也是报考工作的一个重要方面。当时的说法是："为着迎接大规模的全面建设新阶段，祖国付予今年暑期高、初中毕业生以光荣的政治任务。"②"保证全国高等学校本年暑期招生计划的实现，是当前为国家培养高级建设人材的紧急的重大政治任务。"③在这样的情况下，升学不仅是个人的问题，而且成为一个国家的政治任务。《中国青年报》在 1952 年 6 月、7 月间开辟了"为胜利地完成升学任务而斗争"的专栏，发表了王焕勋关于师范教育、钱伟长关于工程专业、马旭关于卫生工作相关专业、钱端升关于政法专业、葛庭燧关于自然科学的升学指导文章。从该专栏名称就可以看出强

---

① ③参见：华东军政委员会教育部. 关于布置华东区高等学校招生工作的几项指示 [Z].
1952 – 07 – 25（厦门大学档案馆，人事处 52 – 13 号档）.

② 参见：把祖国需要和个人"兴趣"、"前途"统一起来 [J]. 人民教育，1952（8）：6.

烈的国家和政治色彩。全国高等学校招生委员会于1952年7月17日编印了《升学指导》，由该委员会直接寄达各地文教厅、局、处，后者负责转发本省市各考区出售。同时，各地尽可能组织升学指导的广播、演讲及在报纸上加强宣传，并且强调要端正升学态度，"批判那种从个人出发的升学态度，树立为祖国建设的需要而升学的思想"①。

经过广泛宣传发动，考生报名积极性空前。全国报名人数为59715人，具体分布见表1②。

**表1　1952年高考各大区报考人数**

（单位：人）

| 大　区 | 华北 | 华东 | 东北 | 中南 | 西南 | 西北 | 总计 |
|---|---|---|---|---|---|---|---|
| 报名数 | 8622 | 23060 | 3994 | 12709 | 9677 | 1653 | 59715 |

从表1可见，华东区考生最多，中南区次之，东北区考生较少，西北区最少。各区考生数相当悬殊，这与当时高校的区域分布大体上是成比例的。再看考生来源（表2）。

**表2　1952年高考考生来源类别**

| 报考类别 | 产业工人 | 工农出身干部 | 非工农出身干部 | 少数民族 | 华侨学生 | 一般考生 |
|---|---|---|---|---|---|---|
| 报名数（人） | 218 | 549 | 1585 | 844 | 584 | 55970 |
| 百分比（%） | 0.37 | 0.92 | 2.65 | 1.41 | 0.98 | 93.73 |

当时产业工人还非常少，在所有考生中只占0.37%。以干部身份参加考试的考生也有一些，当然最多的还是一般考生，占到93.73%。另外，少数民族考生只占1.41%，比现在低许多。接下来看考生的学历类别（表3）。

**表3　1952年高考考生学历类别**

| 报考类别 | 本年毕业生 | 非本届毕业生 | 师范 | 中技 | 其他 | 同等学力 |
|---|---|---|---|---|---|---|
| 报名数（人） | 39276 | 11285 | 939 | 560 | 321 | 7334 |
| 百分比（%） | 65.77 | 18.90 | 1.57 | 0.94 | 0.54 | 12.28 |

① 参见：全国高等学校招生委员会. 升学指导［Z］. 北京：全国高等学校招生委员会，1952：前言.

② 本文中各表除另有注明外，均引自：华东军政委员会教育部转发《高等学校招生工作报告》［R］. 1952 – 09 – 26（厦门大学档案馆，人事处52 – 13号档）.

应届高中毕业生占 2/3，非应届毕业生接近 19%，而同等学力考生占到 12.28%，比例相当高。最后看考生政治情况（表4）。

**表4 1952 年高考考生政治情况统计**

| 政治情况类别 | 共产党员 | 青年团员 | 民主党派 | 无党派 |
|---|---|---|---|---|
| 报名数（人） | 272 | 14392 | 34 | 45017 |
| 百分比（%） | 0.46 | 24.10 | 0.06 | 75.48 |

在刚解放不久的1952年，参加第一次全国统一高考的考生中，共青团员接近 1/4，算是一个不低的比例。3/4 的考生为无党派，而共产党员和民主党派考生人数很少，也都属于正常现象。

当时规定考生填报志愿先系科后院校。系科志愿可填报 3 个，院校可填报 5 个。但也有考生自行填报 5 个系科，如西南区报名号为 0002062 的王璞珊，其在报名单"投考志愿"栏中所填第一志愿系科类为地质，学校为重庆大学；第二志愿系科类为土木，学校为重庆大学；第三志愿系科类为化工，学校为四川大学；第四志愿系科类为教育，学校为西南师范学院；第五志愿系科类为教育，学校为西南师范学院。[①]

报考费用统一规定为 5000 元。准考证由各大区统一印制，如华东区在考生照片上加盖的是"华东高等学校统一招生委员会"字样的骑缝章。[②]

## 二、考试

高校招生考试第二个环节，也是关键的环节是考试的实施。新中国成立初期跟民国时期一样，报考的地点也就是考试的地点。统一招生考试最大的好处之一是方便考生投考。单独招考时期，多数高校只在高校所在地设立考点，部分高校在几个大城市设立考点。1951 年大区联考，全国六大区共设了 41 个考区。1952 年实行全国统一高考后，根据《全国高等学校一九五二年暑期统一招生简章》的具体考区统计，全国共设立了 78 个考区，一下子增加了近一倍。例如，1951 年华东区实行联合招考，只设有北京、上海、南京、杭州、福州、广州 6 个考区，同时考点也就是这 6 个。在华东六省一市中，只在上海、南京、杭

① 参见：《全国高等学校一九五二年暑期统一招生报名单》（西南区），报名号 0002062（王璞珊之报名单），笔者收藏。该报名单下方"注意"事项中还印有"所填外区学校不得超过所填学校志愿总数的三分之一"字样。

② 这与之前单独招生只盖一所大学的印章及联合招生的印章不同，如 1950 年山西大学录取通知书上加盖的是"华北十七高等学校联合招生委员会总办事处"的印章。

州、福州4个城市设有考点，而北京和广州2个城市是代理考试的。这么少的考点，可想而知考生要报考是非常不方便的，而这已经比各校单独招考进步和方便许多了。到1952年，华东区设立了24个考区，增加了3倍，具体考区见表5。

表5　1952年高考全国考区①

| 大区名称 | 考区数 | 考区名称 |
|---|---|---|
| 华北区 | 10 | 北京、天津、保定、唐山、昌黎、涿县、太原、运城、张家口、归绥 |
| 东北区 | 10 | 沈阳、长春、哈尔滨、大连、锦州、齐齐哈尔、牡丹江、通化、延吉、佳木斯 |
| 华东区 | 24 | 上海、南京、青岛、济南、徐州、泰安、福州、漳州、南平、芜湖、蚌埠、合肥、安庆、扬州、南通、淮阴、盐城、泰州、金华、温州、杭州、宁波、无锡、苏州 |
| 中南区 | 22 | 武汉、襄阳、沙市、长沙、衡阳、常德、零陵、南昌、上饶、赣州、吉安、开封、南阳、洛阳、广州、海口、汕头、梅县、桂林、柳州、南宁、梧州 |
| 西南区 | 9 | 重庆、万县、南充、成都、泸州、青木关、雅安、贵阳、昆明 |
| 西北区 | 3 | 兰州、西安、迪化 |

不过，根据新华社1952年9月26日的消息，1952年在全国主要城市及个别少数民族地区设立了89个考区。② 1952年11月24日华东军政委员会教育部转发1952年9月26日全国《高等学校招生工作报告》中也说是"在全国八十九个考区进行考试"。89个考区的数字与该年《招生简章》的具体考区统计及其他文献记载的78个不同。大概一些大区为进一步方便考生，在中央规定的考区以外，再临时增加了部分考区，如按规定福建只设福州、漳州、南平三个考区，但在华东军政委员会教育部发布的《关于布置华东区高等学校招生工作的几项指示》中指出："厦门如须照顾失学青年投考，可由福建文教厅决定增设办事处"；苏南在苏州、无锡考区之外，"为照顾同等学力的考生，可考虑在镇江设报名处"。可见，1952年"89"个考区中超出规定的11个考区可能是临时增加的。

---

① 参见：全国高等学校招生委员会. 升学指导 [Z]. 北京：全国高等学校招生委员会，1952：14-15.

② 参见：新华社. 全国高等学校招生工作完成，录取新生六万五千多人 [N]. 光明日报，1952-09-26（1）.《人民日报》同日刊发了同一电讯。

1952 年之前，不在省会的考生要投考大学相当艰难。北京大学原常务副校长王义遒教授，曾在 2011 年生动地回忆起自己 60 年前参加招生考试的艰难情形。他于 1951 年从江西南昌高中毕业，报考清华、北大，当时江西没有考点，于是从江西到河南新乡参加考试。"考试头天下午，我一下火车，就跑遍新乡全市，打听考生接待站，毫无下落。"当时在新乡像样的旅馆找不到，他走了小半天，筋疲力尽，勉强在一个骡马大车店歇脚。结果因为臭虫袭扰，一夜未合眼，影响了第二天的考试，于是天黑后就回到考场把课桌拼起来睡觉。（王义遒，2011）1952 年，江西就设了南昌、上饶、赣州、吉安四个考区，大大方便了考生。

在 1952 年 8 月 15、16、17 日 3 天，举行了第一次全国统一高考。每个科目考试时间为 1 小时 40 分钟，每个单位时间考两科。当时考生的准考证上，都印有以下具体考试科目时间表（表6）。

表6　1952 年高考科目时间表

| 日期 | 8 月 15 日 | | | | 8 月 16 日 | | | | 8 月 17 日 | |
|---|---|---|---|---|---|---|---|---|---|---|
| | 上午 | | 下午 | | 上午 | | 下午 | | 上午 | 上午 |
| 时间 | 7：30 — 9：10 | 9：30 — 11：10 | 2：00 — 3：40 | 4：00 — 5：40 | 7：30 — 9：10 | 9：30 — 11：10 | 2：00 — 3：40 | 4：00 — 5：40 | 7：30 — 9：10 | 7：30 起 |
| 科目 | 国文 | 数学 | 化学 | 中外史地 | 物理 | 政治常识 | 生物 | 外国语（俄、英） | 加试笔试 | 加试术科 |

与现在高考文理分科不同，1952 年的高考要求每个考生必须参加所有 8 个科目的考试，报考文法财经等院校或系，政、国、外、史四科分数之和占 60%，数、理、化、生四科分数占 40%；报考理工农医等院校或系，采计分数的科目及比例则正好相反。艺术、体育等院校或系，前四科分数之和占总分的 40%，后四科分数之和占总分的 30%，加试术科成绩占总分的 30%。实行全国统一命题，制定统一的参考答案和评分标准，各大行政区招生委员会组织考试、评卷、录取工作在北京，由全国高等学校招生委员会主持进行。（杨学为，2007）

所有准考证上都印有"考试须知"，其中规定入场迟到不得超过 15 分钟，考生须在规定时间内交卷，但在考试开始后 30 分钟内无论交卷与否，一律不得离场。还有一条为："考试时要冷静，答卷要迅速，不要放弃任何一科考试，要坚持到底。"[1]

---

[1]　参见：《全国高等学校 1952 年暑期统一招生（华东区）准考证》第 22009 号（该准考证为舒天开的准考证，舒天开后为南京大学录取），笔者收藏。

1952 年高考的命题原则为："考试的主要目的是测验投考者有无入有关系科的准备条件，绝不应出奇僻的及超出中学范围的试题。""试题要顾及全国高中毕业生的一般程度。""试题难易兼备，由浅到深，由易到难（例如数理化等科可按下面比例拟定：容易的占百分之三十，中间一般的占百分之四十，较难的占百分之三十）。"[1]

当年学生是以愉快活泼的情绪来迎接第一次高考的，如西南区的学联在考试期间组织学生唱歌进入考场，考场内挂了很多鼓励热爱祖国及服从国家需要而升学的漫画。全国来说考场秩序是良好的。[2] 不过，第一次高考也有不少问题，如同等学力的学生造假证件的还是很多。

## 三、录取

考试结束之后，接着就是评卷、核算考试分数以及录取分发工作。当时监试和评卷人员在考生报名开始之前即行聘定，"公正进步的讲助、中学教师及学生均可担任此项工作"。为了争取早日发榜，不影响下学期开学日期，要求"各地成绩的核算工作应突击完成（不是马虎）"[3]。

首次高考成绩统计出来以后，全国高等学校招生委员会曾对考生成绩做过各种详细的分析。例如，按学科类别对考生的成绩做过高分、低分、中位分数段的考生成绩分析，以工科为例，见表 7。

表 7　1952 年全国工科考生成绩分区对照表

| 大　区 | 华北 | 华东 | 东北 | 中南 | 西南 | 西北 |
|---|---|---|---|---|---|---|
| 总成绩 70 分以上考生占本区报名人数百分比（%） | 6.76 | 3.61 | 2.83 | 1.66 | 0.31 | 0.21 |
| 总成绩 20 分以下考生占本区报名人数百分比（%） | 2.10 | 2.62 | 5.17 | 4.49 | 8.08 | 8.08 |
| 大部分考生集中分数段 | 45—50 分 | 35—40 分 | 40—45 分 | 35—40 分 | 25—30 分 | 30—35 分 |

高分考生占本区报名人数百分比以华北区为最高，华东区次之，之后依次

---

① 参见：教委学生档案 1952 年命题会议资料 [M] // 见杨学为. 中国考试史文献集成：第八卷（中华人民共和国）. 北京：高等教育出版社，2003：201.

② 华东军政委员会教育部转发《高等学校招生工作报告》[R] . 1952 - 09 - 26（厦门大学档案馆，人事处 52 - 13 号档）.

③ 华东军政委员会教育部. 关于布置华东区高等学校招生工作的几项指示 [Z] . 1952 - 07 - 25（厦门大学档案馆，人事处 52 - 13 号档）.

为东北、中南、西南、西北。低分考生百分比，也是西部考生较大，说明新中国成立初期西部地区教育已经是比较落后的。

各科招收学生的比例，以工科为最多，其次是医科、师范和理科，农科、文科、政法、财经、艺术等科也占有一定的比例。根据1952年9月26日的《高等学校招生工作报告》，全国报名人数为59715人，招生总数为65893人（包括调干生人数），具体分科报考与录取人数如表8所示。

**表8　分科报考及录取人数**

（单位：人）

| 科类 | 工 | 医 | 师范 | 理 | 农 | 文 | 财经 | 政法 | 艺术 |
|------|------|-------|------|------|------|------|------|------|------|
| 报考数 | 34456 | 10119 | 3022 | 3673 | 2794 | 3631 | 787 | 462 | 518 |
| 录取数 | 33632 | 6500 | 8406 | 5420 | 4290 | 3760 | 2770 | 720 | 435 |

从表8可见，除了工科、医科和艺术以外，其他学科门类报考数都比录取数少。比例最悬殊的是医科，报考人数远远多于录取人数，需要大量调剂到其他学科中去。《人民教育》1952年第8期发表的一篇短论指出："今年暑期招生计划是适应国家建设的全面计划，这次高等学校的招生数量以工科占最多数，师范次之，其他各科占若干分量，这都是有机联系的全面计划中不可或缺的一部分，绝不是那一部分特别吃香，那一部分就不吃香；不拘缺少那一部分，国家建设计划就会跛行起来。"[①] 不过，尽管经过各种宣传动员，多数考生还是选报工科和医科。

录取调配的情况，全国有80%以上的学生可以进入自己的志愿系科及志愿学校（包括第一、第二、第三志愿）。按照指导志愿调配的考生全国共有10426人。华东大区学校指导分配的有2272人，其中大部分都是报考工科和医科者，个别也有文科及财经科的学生。接受调配的系科都集中在某些学校，如苏北师专、上海俄专、山东师范等。其中上海俄专情况最坏，该校共招620人，由指导志愿调剂的便有511人。当时指导调配的工作很难确定原则，实际上是这样掌握的。（1）照顾地区：如苏北师专的缺额，尽可能从苏北及皖北不录取的学生中考虑。（2）照顾系科：工科的学生尽可能指导到理科或农科。（3）照顾原来所填的学校志愿，如上海考生曾填过山东工学院，虽没被录取到工学院，假若将其录取到山东的理科，他至少在地区上的思想问题不大。[②]

由于1952年高等学校院系调整工作正在进行，一些学校的系科类别在报考

---

① 参见：把祖国需要和个人"兴趣"、"前途"统一起来 [J]．人民教育，1952（8）：6．

② 参见：华东军政委员会教育部转发《高等学校招生工作报告》[R]．1952－09－26（厦门大学档案馆，人事处52－13号档）．

以后有了改变，凡报考志愿系科或学校在报考后有调整者，则随系科或学校的调整，将考生录取入调整后的系科或学校。为贯彻招生的计划性，规定既经录取的学生不得要求转院、转系（或科）及转移学校。

据一位参加过第一次高考的长者回忆："1952 年夏天，17 岁的我参加了新中国成立后的第一次全国性高考。我是福建人，当时省里举办了'福建省高中毕业生集训班'，要求全省考生提前 20 天到福州参加集训。集训班的学习、生活都是军事化的。考生们住在学校的礼堂或大教室里，打地铺、吃大锅饭，每天早上，大家还要到操场上集合，一起做广播体操。……考试结束后，集训班又利用发榜前的时间举办夏令营。高考的发榜特别隆重——《人民日报》出了'号外'，公布录取名单。考生们三五成群地拿着报纸，在上面寻找自己的名字。"（黄绍和，2010）笔者目前没有找到《人民日报》的号外，倒是可以看到《光明日报》社出版的《全国高等学校一九五二年暑期招考新生录取名单》。华东区录取新生名单，则同时在 1952 年 9 月 29 日的《解放日报》及上海《大公报》上公布。

实行统一考试，使招生计划得以完成。在当年，已有人认识到这点："全国高等学校统一招考新生，今年还是第一次，这样一个全国性地、有组织有计划地、大规模地招生工作，是在中央人民政府教育部的正确领导下，及解放后三年来各大区高等学校统一招生获得经验的基础上进行的，因此在完成招生计划及便利各地青年报考上，都取得了很大的成绩。事实证明，只有全国高等学校统一招生，才能保证招生计划百分之百的完成，才能使高等学校的招生更有效的配合国家建设的需要。"①

1952 年的高考录取率非常高，特别是应届高中毕业生 4 万多人中，除了留下 2000 多人做政治辅导员以外，基本上全部升学了。不过，当时录取率很高是包含大量专修科计划在内的，"今年招生计划的拟定是根据国家现在和长远的需要，采取的方针是短期速成与长期培养，兼筹并顾，而以大量举办专修科为主"②。

另外，由于当时大学生纳入培养国家干部计划，因此对考生的体格检查非常强调，而且特别注重各医院对考生的肺部透视记录，这也是为了保证考生进入高等学校能够顺利完成学习任务。

## 四、结语

高考制度的建立使 1952 年成为中国高等教育新旧招生制度的分水岭，开辟

---

① 参见：华东军政区教育部. 调查各校对本年招生的意见及新生注册情况的通知 ［Z］. 1952－11－05（厦门大学档案馆，人事处 52－13 号档）.

② 参见：华东军政委员会教育部转发《高等学校招生工作报告》［R］. 1952－09－26（厦门大学档案馆，人事处 52－13 号档）.

了中国高校招生考试史的新纪元，它是今天高考制度的起始，已经形成了高考制度的基本框架。此后，每年均发布《关于全国高等学校×××年暑期招考新生的规定》，其中的内容大同小异。虽然后来在考试科目和内容方面有些变动，考区逐渐增加，但总体上还是不出 1952 年高考的格局。

时隔 60 年后回顾中国历史上的第一次高考，还能得到不少启示。例如，当年招生十分强调服从国家需要，一些做考生思想工作的宣传即使在现在看来也有相当道理："有些青年，在考虑升学的志愿时，强调个人'兴趣''特长'。如果有特长，特别适合某种专门学校的需要，那么考试时，自然会达到目的的。实际在中学里，是依据全面发展的教育方针，培养具有各方面基础知识的青年，不可能有某方面的特别'专长'，至多只能某一方面比较好一些罢了，一般说都还没有确定方向。即或对某一科有'兴趣'，那也是因为对某一科接触、用功较多，因此'兴趣'是经常的接触、研究、钻研得来的，而不是一成不变的。这也就是说'兴趣'是可以培养的。"[①] 关于兴趣是可以培养的论述，确有一定道理。

建立统一高考制度很重要的一个出发点是为方便考生投考。在 1952 年 8 月 15 日高考第一天，《中国青年报》刊发的《祝同学们胜利地完成升学考试》一文说："祖国对这次高等学校的入学考试也是十分重视的。……人民政府对今年的招生工作十分重视，把它作为全国规模的一件大事。……为了照顾学生升学的便利，尽可能地多设了考区，其中有的设立在少数民族的地区，有的是接受了学生的意见而设立的。这些都说明，我们毕业学生不再像解放以前的考生那样，为了投考，要受到长途跋涉，风餐露宿，而仍然感到前途茫茫的痛苦了。在今天，我们伟大的祖国有了飞跃的发展，因此使青年学生的升学问题不再是个人的问题，而成为国家的任务，受到了国家这样的重视和关怀。……国家对考试这样的重视，学生对考试又有如此的信心，这就使这次考试成为祖国对投考学生在中学学习成绩的一次大检阅。"（谢之一，1952）文中一再提到国家对这次考试的重视，可见第一次高考受到政府重视的程度。

相比单独招生考试，高考使用统一的试题，使学生能够有序地进行考试，并调剂志愿录取。当时特别鼓励报考师范院校，因为在准备升学的青年中，想学师范的太少，许多人不愿意当教师。由于许多人认为当教师地位低、没前途，1951 年各大行政区联考招生，师范院校一般都没有招足，有的只完成了招生计划的一半，有的只完成了 1/4。有不少青年考取了师范学校后又另考了他校，还有不少学生进了师范学校，不安心学习，想转学。而 1952 年中学需要增加教师6000 多人，当年高等师范学校毕业的和大学生分配做教员的学生只有 3000 多人。当时估算之后 5 年内，中等学校需要的教师最少得 10 多万人，如果照 1952年高等师范学校毕业学生的数目推算，至少得三四十年才能够培养出来。（王焕

---

① 参见：把祖国需要和个人"兴趣"、"前途"统一起来 [J] . 人民教育，1952 (8)：6.

勋，1952）因此，当时特别注意动员学生报考师范院校。西南、西北两大行政区组织了全区高中毕业生及部分社会青年学习团，报考师范的也比往年增加，如西南区愿投考师范的学生原来只有4%左右，经过学习后增加到16.6%。[①]

总之，1952年建立高考制度是中国教育史上的一个重要创造，也是中国历史上的一件大事，从此开启了中国的高考时代，在中国高校招生考试史上具有开创之功。当今人们要真正了解高考制度，就不得不回到1952年。（刘海峰，2012）

**参考文献**

黄绍和.2010.1952年，我参加高考［N］.洛阳晚报，03-03.

刘海峰.2012.1952~2012：高考建制的花甲记忆［J］.高等教育研究，（6）.

王焕勋.1952.人民教育工作是光荣的岗位——和准备升学的青年同学们谈谈学师范的问题［N］.中国青年报，05-25.

王义遒.2011.1951年：我那会高考［N］.中国青年报，06-02.

谢之一.1952.祝同学们胜利地完成升学考试［J］.中国青年报，08-15.

杨学为.2007.中国高考史述论［M］.武汉：湖北人民出版社：12.

**作者简介** 刘海峰，厦门大学教育研究院院长、教授、博士生导师。

# The First College Entrance Exam in the History of China

## Liu Haifeng

**Abstract**：This paper reviewed the history of the unified national college entrance exam, which was established in 1952 from three consecutive steps of registration, exam and enrollment. The establishment of the college entrance exam is considered a dividing-line between the new and the old college admission system in China, which also created a new epoch in the history of college exam and admission. It's a starting point in today's college entrance exam system, and shaped the fundamental framework of the system.

**Key words**：college entrance exam  admission exam  1952

[①] 参见：新华社.高等学校统一招生工作顺利完成，全国录取新生达六万五千多人［N］.人民日报，1952-09-26.

# 我国高校联考的历史、现实与前路<sup>*</sup>

# 我国高校联考的历史、现实与前路[*]

田建荣　刘　涛

**摘　要：** 我国高校联考发轫于民国时期的"联合招考"政策。新中国短暂试行"联合招生"后即建立了统一高考制度，并长期实行。自主招生试点开始后，高校招生考试制度改革获得了新的机遇，近年来高校联考频现。高校联考的出现绝非偶然，它是特定时期的政治、经济、文化等因素共同作用的结果，其背后有考试发展的客观规律在起作用。

**关键词：** 高校联考　自主招生

当前，高校联考作为自主招生考试改革的最新尝试，毁誉参半。"观今宜鉴古，无古不成今"，回望高校联考的历史流变，剖析其发展困境，目的在于发现高校联考之本质，洞察其趋势，把握其改革原则，更好地为高考改革的实践服务。

## 一、民国时期的"联合招考"

我国高校联考的历史，可以追溯到民国中期。中国虽为"考试的故乡"，但近代学校考试制度却是"伴随着西学东渐、科举制变革而逐步形成的"，"从考试内容和考试方式方法来看，它受到西方教育模式的明显影响"。（刘海峰 等，2002）晚清的教育考试制度是在"中体西用"思想指导下制定的，虽然"具有明显的两面性和过渡性"（杨学为，2008），但是确实已形成了近代考试制度的雏形。北洋政府时期，教育考试制度经批判和继承，进一步完善。国民政府时期，承袭了 1922 年学制，并制定了《中华民国学校系统》（1928）、《大学组织法》（1929）等一系列教育法令，逐步形成了较为完善的高校招生体制。但因高等教育总体上处于发展初期，进行精英教育，且各校差别甚大，整个民国时期高等学校招收新生仍以各校单独自主招生为主。

高耀明将民国时期的高校招生分为三个阶段，即高校单独自由招生阶段

＊ 全国教育科学"十二五"规划 2011 年度教育部重点课题："当前我国高校联考制度研究"（GFA111029）成果之一。

（1911—1932 年）、计划与统一招生阶段（1933—1940 年）、招生形式多元化阶段（1941—1949 年）。（高耀明，1997）杨春光将国民政府时期的高校招生分为"各个高校单独招生"（1927—1932 年）、"计划招生"（1933—1937 年）、"统一招生"（1938—1940 年）、"多种招生方式并行"（1941—1949 年）四个阶段。（杨学为，2008）二者之分段大体一致，有其合理性。张亚群认为，民国时期高校招生之演变有"两个不同源流"：一是从北洋政府到南京国民政府统治期间，高校招生从各校单独招生转向政府计划与统一招生考试；一是中国共产党在土地革命、抗日战争和解放战争时期，创办高等学校，招生考试灵活多样。（刘海峰 等，2002）他进而将前者分为"民国前期高校单独招生考试"和"民国中后期高校统一招考的尝试与招生形式的多样化"两大阶段。（刘海峰 等，2002）这一考察更为全面。大体而言，"清末民国时期，各大学一般独自招考学生，只是在抗日战争前期（1938—1940 年）曾实行过联合招生和国立公立院校统一招考制度"。（刘海峰，2007）那么，为何会在民国中期出现高等学校联合招生呢？

联合招生是为应对以往各校自主招生诸弊端而产生的。根据《中华民国学校系统》《大学组织法》等规定，当时的高等教育分为大学预科和高等专科、大学本科、大学院三级，每一级高校的学制、专业设置和入学资格不尽相同，且对各校招生方式与考试方法未多加限制，高校招生享有很大自主权。除高等师范院校试行"划片"招生外，一般大学和高等专门学校均实行单独招考，各校之间考试科目、考核内容、招考次数、考点设置等极不相同。这种单独招考的方式是这一时期高等教育发展的必然选择，因为当时国内高校在性质、层次和规模上差异显著，而且中等教育规模有限，高校只有多途并举才能招到足够的学生。

以院校为单位单独招生，使各校具有较大的自主活动空间，能够发展各个高校的办学特色，保持独立的办学方针。但就国家教育行政管理而言，则失去了调节高校办学方针、统一规划高校布局和贯彻国家教育宗旨的功能。一些学校为保证生源数量降格招考，大量录用同等学力的学生而标准把握不严。一些高校招生考试内容与中学教学脱节，致使中学教学难度加大。更为紧迫的是，各校单独招考对国家高等教育结构、区域发展产生了严重的负面影响。民国初期虽已经开始控制文科、加强实科，但二者比例仍严重失调（表1）。文法科人才过剩而难以就业，农工商实用人才奇缺，高教结构极不适应经济、社会发展需要。高校地理布局亦极不平衡，抗日战争前高等学校多半集中在上海、北平等少数大城市及沿海诸省，内地则为数极少。据 1931 年国民政府统计，上海有 22 校，北平 15 校，广东、河北两省各 8 校，湖北、山西各 6 校，江苏 5 校，浙江、江西、福建各 4 校，湖南、广西、云南、河南、山东、辽宁各 2 校，安徽、四川、新疆、甘肃、吉林、察哈尔各 1 校，其余热河、绥远、陕西、贵州、青海、宁夏、西康、西藏、黑龙江、蒙古等 10 省则无专科以上学校。（毛礼锐，沈灌群，2005）

表1　1928—1937年全国大学招生概况统计

| 年度 | 实科类 | | 文科类 | | 未分院系学生数（人） | 共计（人） |
| --- | --- | --- | --- | --- | --- | --- |
| | 学生数（人） | 百分比（%） | 学生数（人） | 百分比（%） | | |
| 1928 | 6749 | 26.78 | 18286 | 72.57 | 163 | 25198 |
| 1929 | 7797 | 26.77 | 21254 | 72.98 | * | 29121 |
| 1930 | 7375 | 19.63 | 28191 | 75.04 | * | 37566 |
| 1931 | 11227 | 25.42 | 32940 | 74.58 | — | 44167 |
| 1932 | 12007 | 28.11 | 30070 | 70.41 | 633 | 42710 |
| 1933 | 14133 | 32.92 | 28787 | 67.05 | 16 | 42936 |
| 1934 | 15698 | 37.58 | 26042 | 62.35 | 30 | 41768 |
| 1935 | 16990 | 41.31 | 24082 | 58.55 | 56 | 41128 |
| 1936 | 18459 | 44.03 | 23152 | 55.23 | 311 | 41922 |
| 1937 | 15280 | 49.00 | 15227 | 48.82 | 681 | 31188 |

*原表中1929年、1930年学生数量"共计"与实科、文科学生数量之和不一致，其余各年一致。其中1929年"共计"多出文科、实科学生数之和70人，1930年"共计"多出文科、实科学生数之和2000人。

资料来源：历年学生数量（实科学生数、文科学生数、学生总数）引自：杨学为.中国考试通史：第4卷［M］.北京：首都师范大学出版社，2008：321-322.文科、实科学生百分比为笔者计算所得。

为克服各校单独招考所衍生的种种弊端，加强培养社会所需的实科专业人才，国民政府教育部屡次颁布年度招生办法，规定文理科招生名额和招生比例，整顿各级教育行政组织，情况有所好转。1933年，教育部颁布各大学及独立学院招生办法，以学院为单位，实行按比例招生。次年又以学系为单位，限制文科类学院各系招生不得超过50人。1935年以实际名额控制取代招生比例，规定文科类学院各系招收新生及转学生之平均数不得超过30人。"这种通过制定招生计划，控制各高校学科结构与发展规模的举措，是从单独招考走向统一招考的必要过渡，它较为有效地控制了文、法、商、教育科类的招生比例。"（刘海峰 等，2002）1937年文科类学生占比降到了48.82%，理科类学生则增加到49%。

1937年，为适应全面抗日的需要，提高大学水平，教育部在中央大学、浙江大学、武汉大学3校试行"联合招生"，统一招生科目。次年6月设立统一招生委员会，颁布当时国立各院校统一招考办法大纲，在全国设12个招生处，22所国立高校参加，占当时专科以上院校的22.7%。（大塚丰，1998）此后两年统一招考继续发展，1941年因战事严峻，交通困难，高校统一招考被迫中止，"在艰难条件下，教育部仍实行小范围的联合招生"（刘海峰 等，2002）。1942年，教育部将全国划为10个考区，各区指定1所公立大学作为该区召集学校，其学校校长为召集人，各区组织联合招生委员会，委员会负责招生考试命题、考场安排和阅卷事项，学校根据成绩自行录取新生。在联合招生中，教育部还提出了委托招生办法，凡不在本考区的院校，可征得他区同意，委托其代为招生，受委托区可以另行组织考试，代为招收学生。此后，招生主要有单独招考、联合招考、委托招考、成绩审查以及保送免试5种，由各高校酌量采用。1943年，教育部以举办高中毕业生夏令营的形式，在赣、黔、甘三省试办"联合考试"，沟通高中会考与高校升学考试，即一试两用。此项考试因不适应当时高校招生的实际，次年即停办。

民国时期对高校招生制度的探索，是中国近代高校招生的重要变革阶段。其招生考试形式是多元的，既留下了自主招生的经验，也昭示了统一招考的必然性。（张亚群，2005）可以说，中国现阶段高校自主招生的种种改革，都曾以"原型"状态存在于这一时期。民国时期高校"联考"的出现，既是当时特殊的社会、政治、经济发展条件的要求，又受考试自身规律所驱使。这一时期的"联考"实际上有两个不尽相同的构成，即联合招生、联合考试。联合招生意在全国统一部署，合理布局高等教育之结构，也常被视为统一招考产生前的探索。联合考试将作为水平考试的高中毕业会考与高校招生考试挂钩，是在战时特殊的环境下产生的，但仍不失为一次有意义的尝试。

## 二、当前我国高校自主招生联考的形成

新中国成立以来，随着社会历史条件、经济形势的变化，高校招生制度经历了一番变化。新中国短暂试行"联合招生"后即建立了统一高考制度，并长期实行。60年来，统一高考制度虽然一度遭遇错误废止，但基本上还是长期得以坚持和完善。特别是自其恢复以来，高考制度进行了一系列改革，高校招生逐步迈向多元录取，高校招生自主权逐步落实和扩大。

### （一）高校自主招生改革的产生

1949年新中国成立，高等学校沿用旧制，由各校单独自主招生，出现了一些问题。有的学校一、二次就可以招足，有的学校十数次也不能招满。同时因考生重复报考，各校报到率都很低，最高只达录取数的75%，有的仅20%。（杨学为，2008）次年教育部发布了《关于高等学校一九五〇年度暑期招考新生的规定》，指出高校招生由各大行政区"根据该地区的情况，分别在适当地点定期实行全部或局部的联合或统一招生"（《中国教育年鉴》编辑部，1984），并允许各校自主招生，招生名额由各大行政区负责审核。规定的意图在于促进高校招生的统一化和规范化，当年东北、华北、华东三大区有73所高校实行联合

招生，"大部分一次招足，平均报到率达 50%，显示出了联合招生的优越性"（杨学为，2008）。1951 年对统一招生的范围和程度做了新的补充，统一招考的规模迅速扩大，参加的学校达 149 所（全国共有 214 所高校），占全国高校的 69.6%，比上一年度的 36% 翻了近一番，招考的统一性明显加强。（刘海峰 等，2009）1952 年 6 月 12 日教育部发布《关于全国高等学校一九五二年暑期招考新生的规定》，明确规定自该年起，"除个别学校经教育部批准外，全国高等学校一律参加全国统一招生考试，采取国家统一领导和分省、市、自治区办理相结合的招生办法"（刘海峰 等，2009），全国普通高校统一招生考试制度建立。此后，我国长期坚持和实施统一高考制度。①

1985 年发布的《中共中央关于教育体制改革的决定》指出，教育体制的主要弊端是"政府有关部门对学校主要是高等学校统得过死，使学校缺乏应有的活力"，认为"要从根本上改变这种状况，必须从教育体制入手……扩大学校的办学自主权"，将招生计划分为国家计划招生、用人单位委托培养招生和自费培养招生三种办法。（杨德广，1990）政府相继提出了一些改革目标，取得了一定的成绩，但体制改革并未取得较大的实质性进展。1993 年年初，上海工业大学等 7 所高校进行了自主招收自费生的试点，1994 年上海市试行自主招生的高校增加到 17 所。17 所高校根据不同的专业要求，自主确定高考考试科目、录取标准和录取办法。1998 年 8 月 29 日《中华人民共和国高等教育法》颁布，对高校办学自主权做出了规定。1999 年 6 月 13 日《中共中央国务院关于深化教育改革全面推进素质教育的决定》发布，提出要"切实落实和扩大高等学校的办学自主权……进一步扩大高等学校招生、专业设置等自主权"。进入 21 世纪以来，高校办学自主权的落实成为高校共同呼声，教育部亦相继出台了各种文件，规定并保证高校的办学自主权，高校自主招生改革试点循序渐进地开展起来。

自主招生是高校自主办学的基本要求和重要权利。近年来，部分重点大学实行自主选录 5% 新生的试点改革，高校招生形式渐趋多元。2001 年，教育部在东南大学等江苏省 3 所高校试行自主招生，试点的思路是将高校的考核与高考相结合。11 年来，自主招生改革在诸多方面发生了变化：试点高校数量从 2001 年的 3 所增至 2002 年的 6 所，2003 年为 22 所，到 2010 年已达 80 所；自主招生的规模也突破了只能占年度招生计划总数 5% 的限制，到 2010 年通过自主招生考试入学的考生"在过去 6 年间翻了 6 番"（郑若玲，2010）；在限制条件上，由最初的指定地区、指定中学推荐改为个人自荐与中学推荐相结合，不仅重点中学的学生可以报名，一般中学的学生如认为自己实力较强也可自荐；在降分幅度上，对获得自主招生资格尤其是在某方面有特殊才能的考生，由原先最多可降 30 分变成不受此限；在招生模式上，在原

---

① 1958 年受"极左"思潮影响，统一高考突遭颠覆，次年旋即恢复。1966 年统一高考被错误地当作"文化大革命"在文化教育领域的突破口而遭到废除，中断 11 年，1977 年恢复后沿用至今。

来"自主＋高考"模式的基础上又增加了复旦、上海交大的"去高考"模式；在试点范围上，由最初的重点大学扩大到一般本科和高职院校。许多高校相继推出了自主选拔录取改革试验方案，高校实现了部分招生计划的自主招生，自主招生改革的教育和社会影响逐渐显现与扩大。

### （二）高校自主招生联考的显现

作为自主招生的一种新形式而呈现的高校联考，是在2006年北京化工大学等高校试行"五校联考"后进入公众视野的。在2010年的自主招生工作中，清华大学与南京大学、中国科技大学、上海交通大学、西安交通大学五校联合进行招考，北京大学也与香港大学、北京航空航天大学共同进行了选拔。"探索实行高水平大学联考"被写入了《国家中长期教育改革和发展规划纲要（2010—2020年)》，作为招生考试制度改革的一项试点内容。2011年以清华、北大两大高校为首的两大"阵营"分别有所扩大，而且呈现"华约""北约""卓越""京都"鼎立之势（表2），高校联考成为教育舆论的焦点。至此，国内拥有自主招生资格的80所高校中，有34所高校联合组织自主招生考试。

表2　2011年我国高校自主招生"四大联盟"情况

| 联盟 | 成员 | 笔试名称及科目 | | | 可报考学校数 | 考试时间 |
|---|---|---|---|---|---|---|
| | | 名称 | 文科 | 理科 | | |
| "北约"（13校） | 北京大学、北京航空航天大学、北京师范大学、南开大学、厦门大学、复旦大学、香港大学、中山大学、武汉大学、四川大学、山东大学、兰州大学、华中科技大学 | 综合性大学自主选拔录取联合考试 | 语文、数学、外语、政治、历史 | 语文、数学、外语、物理、化学 | 3所 | 2月20日 |
| "华约"（7校） | 清华大学、上海交通大学、中国科学技术大学、西安交通大学、南京大学、中国人民大学、浙江大学 | 高水平大学自主选拔学业能力测试（"AAA测试"） | 阅读与写作（含中文和英文）、数学、人文与社会（历史、地理、政治） | 阅读与写作（含中文和英文）、数学、自然科学（物理、化学） | 2所（若初试成绩未达到所申请学校要求，可向第三所学校申请） | 2月19日 |

续表

| 联盟 | 成员 | 笔试名称及科目 | | | 可报考学校数 | 考试时间 |
|---|---|---|---|---|---|---|
| | | 名称 | 文科 | 理科 | | |
| "卓越"（9校） | 北京理工大学、大连理工大学、东南大学、哈尔滨工业大学、华南理工大学、天津大学、同济大学、西北工业大学、重庆大学 | 卓越人才培养合作高校联合自主选拔考试 | 阅读与写作（含语文、英语）、数学 | 阅读与写作（含语文、英语）、数学与物理 | 2所 | 2月26日 |
| "京都"（5校） | 北京化工大学、北京交通大学、北京科技大学、北京邮电大学、北京林业大学 | — | （不分文理）语文、数学、英语及综合能力测试 | | 1所 | 2月20日 |

资料来源：本表借鉴了李木洲和刘海峰的研究成果，详见：李木洲，刘海峰．大学联考何去何从[J]．国家教育行政学院学报，2011，(9)：51 - 54.

大批名校以联考的方式助推高考改革，在很大程度上是"为自主招生补偏救弊"（郑若玲，2011）。自主招生试行多年，对打破传统高考"唯分数论"的局限起了一定作用，但由各校单独组织的考试在科学性、公平性、成本与效益、应试倾向等方面也遭受了不少质疑。各校单独招考一般采用笔试加面试的方式，其科学性面临双重考量：一是如何分配笔试和面试的权重；一是如何让命题体现"水平"，既不超越高中教学大纲，又能考查出学生的个性，还能体现出学校特色，这确实是个难题。就公平性而言，在城乡教育资源配置不均衡、优质教育资源稀缺的背景下，自主招生中笔试、面试、审核内容及录取标准统统"偏城市化"，导致"城乡不公平"（张纪伟，2011），一些知名高校的本科招生制度"造成并在不断强化"（程迈，2011）地区间的不平等。各校自主命题力量的不足与人情因素的干预，也使自主考试的科学性与公正性大打折扣。单独招考，从命题、保密、施考、评卷到组织复试与考查等各个环节，工作量相当大，整个费用也颇大，而选拔的人数却很少，其效益之低显而易见。考生为到报考高校应试，东奔西跑，不仅经济负担沉重，而且徒增不少考试压力。伴随名校自主招生的开展，社会上相应的培训业务也悄然兴起，生意红火，自主招生同样面临"应试"的威胁。

相比于单独招考，高校联考的科学性、公平性与效益大大提高。高校联考虽然使得各校自主生的特色和灵活性打了折扣，但其突出的优势是公平、高效。由若干同类院校共同主持，或者委托专业考试机构主持的自主招生联合考试，无论从命题的信度、效度还是从严密性、权威性、效率等方面来看，都明显高于各校单独招考。当前的自主招生联考，是一种介于统一高考和单独招考之间的明智选择，可以将二者的优势集中起来。毕竟类型、层次相近的高校，其招生对象的层次与水平等要求比较靠近，进行联考有利于提高考试选拔的效率。不少高校加入"自主招生联盟"这一事实本身也恰恰证明了联考的优势。刘海峰教授早在 1997 年就指出，"即使改统一高考为各校单独招考，受考试制度发展的内在动力驱使，高校必然还是会自动走向联合招考"。（刘海峰，1997）此外，自主招生联考对于减轻考试负担、方便考生和扩大考生选择范围也具有积极意义。高校自主招生由分而合的趋势，顺应了考试自身发展的需要。

当然，高校自主招生联考并不是有百利而无一害的，任何事物都有两面性，联考也不例外。自主招生的制度设计，其初衷在于改变统一高考过于单一的局限，体现各校的特色，而今走向联考，高校招生的个性化受损，多样性被打了折扣。获得自主招生资格的学生在高考录取时可享受大幅加分优惠，在媒体过度炒作之下，众多学生跃跃欲试，试图提高考入名校的"保险系数"，而招生计划 5% 的名额限制决定了只有少数人能通过该渠道入学，因此联考可能因其高度受关注而加剧对中学教学秩序的冲击。各高校的"集团作战"对自主招生竞争的"白热化"推波助澜，有人质疑联考实际上给考生增加了负担，不少学生和家长称自主考试的基础测试为"小高考"。"结盟联考还可能形成壁垒，对没有结盟的大学形成压力，部分影响了优秀学生的报考……反映出联考对仍然完全独立自主招考的大学的负面影响。"（刘海峰，2011）因此，有必要采取措施以保证高校联考的手段正当、合法，使高等教育的改革与竞争良性发展。

## 三、高校自主招生联考的前路

从以上的历史回顾可以看到，自中国近代高等教育产生以来，我国高校招生考试制度处于持续不断的变革状态。高校招生考试制度总是随着社会转型、教育发展的变迁而不断变革，每一次变革都是为解决当时高等教育（乃至整个教育）发展面临的困境。从民国中后期到新中国成立初期，再到当前阶段，产生过被称作"联合招考""联合招生""高水平大学联考"的"高校联考"，其所指并不完全一致，每一次改革的产生及其影响也很不相同。当前的高校自主招生联考与以往的"高校联考"具有极大的不同。

第一，发出的主体不同。以往的"联考"，其发出者均为当时政府的教育主管部门，各高校相对较为被动。当前的联考，其发出者均为各高校，各高校主动探索的积极性高。简言之，以往的高校联考是"外力"所使然，今日的联考是"内需"所驱动。第二，拟解决的问题不同。以往的"联考"，主要是限于当时独特的社会环境，为优化高等教育结构，保障高等学校生源质量，更多的是地域层面上的高校联考。当前的联考作为自主招生的一种形式，是在高等教育大众化背景下落实高校办学自主权，是对各校单独招生实践的改良，目的在于为各高校选择适合本校办学理念和特色的"对口"人才服务，培养创新型人才，参与联考的各高校之间层次、类型相近。第三，改革的进程不同。民国中后期的"联合招生"于 1937 年试行，次年即设立统一招生委员会，颁布国立各院校统一招考办法，此后两年统一招考继续发展，1941 年因战事严峻、交通困难被迫中止，教育部仅在小范围实行。新中国成立之初，于 1950 年在东北、华北、华东三大区 73 所高校实行联合招生，次年统一招考的规模即迅速扩大，1952 年便建立起全国普通高校统一招生考试制度。当前的高校自主招生联考是在多年自主招生试点基础上的进一步试点，这在我国改革史上是少见的，它同时有力地说明了高校招生制度改革的复杂性和艰巨性。

我国高校自主招生联考是自主招生改革试点多年之后出现的一种形式，其产生并非出于联盟高校的心血来潮，它既有大规模选拔性考试发展的内在要求，又是各利益相关者谋求自身利益最大化的博弈结果。当前自主招生联考实行相同层次、类型的高校联考，比之于以往地区高校之间的联合招考、单打独斗式的自主招生考试更为科学，也更适合当前的国情。但是，"联考高校短时间内迅速增多确实与生源竞争压力有密切关系，一些学校虽然并不赞同采取自主招生联考方式，但也不得不加入到这一行列中来"（大公报，2012）。复旦和南开近期宣布退出 2012 年"北约"联考，称"不想陷入人们所说的名校'掐尖'的竞赛里"，希望回归自主招生的本义，"招到更加适合自己、志趣相投的学生，真正用好招生自主权"。（中国江苏网，2011）联盟内部分高校的矛盾可见一斑，自主招生联考并不完美。那么，高水平大学联考，到底是真正把考试内容的共性和高校选拔标准的个性结合到了一起，还是如一些人担忧的那样成为少数名校高考前的"组团掐尖"大战？对此恐怕不能轻易地做单方面的判断。

理想的招生考试制度，是让所有高校挑选最合适的生源，使所有学生选择最合适的高校，实现双向、自主选择。高校自主招生联考的实施与改进，既要有助于高校行使办学自主权，又要保证联考的科学、公平、高效性；既要有满足高校人才培养之需，又要科学引导中学实施素质教育。当然，最为主要的是改革要具有实践可行性，不能仅仅是一厢情愿的美好愿望。当今世界高等教育正"趋同存异"，在招生方面呈现一种趋同现象。一些原先完全由各高校单独招生的国家，高校逐渐采用统一考试成绩作为录取新生的重要依据；而原来实行统一考试的国家和地区，开始扩大高校和考生的选择权，实行入学方式的多元化。总体而言，我国高校招生改革即是"从统一走向多元，从招考合一走向招考分离，最终建立符合中国国情的以统考为主、统分结合的多元招生考试制度"（刘海峰 等，2009）。在这一制度框架下，作为统一高考有机补充的自主招生联考，要防止各高校"不顾大局"的过度"自利性"，进一步打破"封闭"状态。

一方面要自我约束，增加"联盟"数量，控制"联盟"规模，从校际联考走向"学科—专业"联考，各校自主、自由参加不同联盟，保证联盟内高校的流动性、确保联考高校类型、水平的高近似度。另一方面要加强外部监督，建立有力的第三方机构（非政府机构），实施有效的社会监督。在时间安排上，可考虑将联考放在统一高考之后举行，以提升高校联考的效益，发挥自主招生对高考的补充功用，同时也可减轻对中学教学的冲击，减轻学生的心理压力。

高校自主招生联考是高考改革的一种新尝试，虽然当前存在一些问题，也面临诸多难题，但是应当看到其改革具有合理的一面。有改革才可能会有进步，社会应当以包容的态度对待这一尝试，使其逐步优化和改革，而不是一味指责而不求变革，也不能寄希望于通过一种考试模式改革试验解决高校招生制度的所有问题。高校自主招生联考需要继续试点，提高自身的科学性、公平性、透明度及合作的实质性。

首先，联考改革要循序渐进。坚持先小范围试点，再总结提高，最后全面推广的改革传统，稳妥推进而不激进毛躁。当前要对高水平大学联考试点进行追踪研究，核查改革的实效性，对于已经暴露出来的问题要完善制度，妥善解决。探索从校际联考走向"学科—专业"联考的方法，增加联考高校间的实质性、长效性合作，克服"貌合神离""考完之后合作关系也就结束"的状况，发展联盟高校间在招生后的"合作培养"。

其次，招考分离，发挥专业考试机构的作用，加强考试管理机构建设。一是对现有的教育考试机构进行整合，普遍提高考试机构的命题质量和效率，提高考试机构的公信力，将自主招生联考的测试交由专业考试机构负责。二是加强考试机构的业务研究能力，特别是增强对考试制度变革、考试技术发展方面的研究，紧跟社会发展、高校发展之需，为考试命题提供智力上和理论上的支持。三是逐步实现考试机构的社会化，最终使其脱离教育行政部门的直接管制（但必须接受必要的监督），为高校自主招生提供专业服务。

此外，要建立有效的教育监督机制。在政府与高校之间、高校与考试机构之间、高校与学生之间，形成有力的监督机构和机制。实现监督机构的独立，保证公众充分的监督权，确保教育改革、考试改革顺利推进。

**参考文献**

程迈. 2011. 北京大学本科招生制度　调查与分析［J］. 教育与考试（2）：21 – 31.

大公报. 2011. 中国高考起变化　名校报考招尖子［EB/OL］.（02 – 20）. http：//www.takungpao.com/news/china/2011/02/20/563923.html.

大塚丰. 1998. 现代中国高等教育的形成［M］. 黄福涛，译. 北京：北京师范大学出版社：266.

高耀明. 1997. 民国时期高校招生制度述略［J］. 高等师范教育研究（4）：69 – 74.

刘海峰，等. 2002. 中国考试发展史［M］. 武汉：华中师范大学出版社：191.

刘海峰，等.2009. 高校招生考试制度改革研究 [M]. 北京：经济科学出版社：24-25.

刘海峰.1997. 为什么要坚持统一高考 [J]. 上海高教研究 (5)：44-46.

刘海峰.2007. 高考改革的理论思考 [M]. 武汉：华中师范大学出版社：29.

刘海峰.2011. 合纵连横的大学联考 [N]. 科学时报，01-04.

毛礼锐，沈灌群.2005. 中国教育通史：第5卷 [M]. 济南：山东教育出版社：252.

杨德广.1990. 中国教育的回顾与展望 [M]. 上海：上海交通大学出版社：131.

杨学为.2008. 中国考试通史：第四卷 [M]. 北京：首都师范大学出版社：267.

张纪伟.2011. 高校自主招生考试内容的城乡公平性研究 [J]. 教育与考试 (4)：29-32.

张亚群.2005. 从单独招考到统一招考：民国时期高校招生考试变革的启示 [J]. 中国教师 (6).

郑若玲.2010. 自主招生改革何去何从 [J]. 华中师范大学学报：人文社会科学版 (4)：135-142.

郑若玲.2011. 自主招生联考：是耶? 非耶? [J]. 大学教育科学 (3)：79-81.

中国江苏网.2011.2012 年复旦南开自主招生退出 "北约" 联考 [EB/OL]. (12-03). http：//edu. sina. com. cn/gaokao/2011-12-03/1448319851. shtml.

《中国教育年鉴》编辑部.1984. 中国教育年鉴 1949~1981 [M]. 北京：中国大百科全书出版社：337.

**作者简介** 田建荣，陕西师范大学教育学院副院长、教授，博士生导师，从事高等教育、考试理论和教育历史研究。

刘涛，西安外国语大学经济金融学院教师，从事高等教育和考试理论研究。

# The United Examination in College Admissions: History, Reality and Prospects

Tian Jianrong & Liu Tao

**Abstract:** The united examination in college admissions originated from the policy (Joint enrollment examination), which was launched in Republican Period. But after the policy was operated only just for a short time, the College Entrance Examination System was soon set up in early China, and the system has a profound influence on China's education for a long time. Since autonomous admissions began, college entrance examination system reform has gained renewal opportunity. In recent years, the united examination in college admissions has been carried out frequently. And it appeared inevitably. It is the result of joint action (including political, economic, cultural factors, etc.) that counts. As is known to all, the objective law of the examination's development plays a pivotal role in the policy (Joint enrollment examination).

**Key words:** the united examination in college admissions    autonomous admissions

# 中国高等教育大众化及其后续效应

张应强

**摘　要：**我国高等教育大众化并不是高等教育系统自然演化的结果，而是政府临时突然启动的。高等教育规模之所以能够实现快速扩张，原因在于中央政府为此进行了广泛的政治动员，地方政府围绕提高本省域高等教育毛入学率而开展激烈竞争。高等教育规模的快速扩张产生了高等教育质量问题、高等教育公平问题、大学生就业问题以及高校庞大的贷款等后续效应。未来十年，生源持续下降将再一次改变我国高等教育结构。

**关键词：**高等教育大众化　高等教育结构　高等教育公平

从 1999 年开始，我国高等教育规模大扩张已经走过 10 多个年头了。10 多年来，规模扩张以及解决规模扩张过程中出现的各种问题成为中国高等教育政策的基点，也成为民众关注高等教育发展问题的焦点。目前以及今后几十年甚至更长的时期，中国高等教育发展所面临的问题，都可能是这种规模扩张效应的延续。

## 一、中国高等教育规模的快速扩张及其特点

从 1999 年开始，中国高等教育启动了大众化进程。高等学校迅速扩大招生，高等教育总规模急剧膨胀。

### （一）高等教育规模扩张过程

1998 年，全国普通高校本专科招生数为 108 万人，1999 年首次扩招后达到 145 万人，扩招率为 34.26%；2000 年、2002 年、2004 年、2006 年、2008 年、2009 年招生规模分别为 220 万人、320 万人、447 万人、540 万人、599 万人、629 万人。2009 年招生规模是 1998 年的 4 倍多。

招生规模连年扩大，导致在校大学生数急剧增加。1998 年全国普通高校在校大学生数为 340.87 万人，2009 年达到 2335.23 万人，是 1998 年的 6.85 倍。1998—2009 年普通高校本专科招生数和在校大学生数的具体情况可见表 1。

表1　1998—2009年普通高校本专科招生数和在校大学生数

（单位：万人）

| 年　份 | 招生数 | 在校生数 | 年　份 | 招生数 | 在校生数 |
|---|---|---|---|---|---|
| 1998 | 108 | 340.87 | 2004 | 445 | 1333.50 |
| 1999 | 145 | 413.42 | 2005 | 475 | 1561.78 |
| 2000 | 220 | 556.09 | 2006 | 540 | 1736.84 |
| 2001 | 260 | 719.07 | 2007 | 567 | 1884.90 |
| 2002 | 295 | 903.36 | 2008 | 599 | 2021.02 |
| 2003 | 335 | 1108.56 | 2009 | 629 | 2335.23 |

　　高校招生规模的快速扩张，使得高等教育毛入学率快速上升。1998年，我国高等教育毛入学率为9.8%，2002年就超过了15%，4年时间增加超过5%；2010年高等教育毛入学率则超过了25%，2002—2010年的8年时间增加了10%。

## （二）高等教育规模扩张政策的特点

　　——扩大高等教育规模，主要出于对高等教育经济功能的考虑，而非对教育民主化诉求的考虑。高等教育规模快速扩张，是政府确定的高等教育发展政策的直接结果。关于我国高等教育规模到底应该多大，从20世纪80年代中期开始，高等教育学术界就此展开过激烈争论，虽然扩大规模和稳定规模的观点相互对立，但一直到20世纪90年代中后期，我国政府确定的政策仍然是稳步发展高等教育，高等教育走内涵式发展道路。1997年爆发的亚洲金融危机，直接导致政府高等教育规模扩张政策的形成。当时我国经济疲软，需求不足，就业压力急剧增大，政府在先后启动住房贷款和汽车消费贷款均无明显成效后，决定实行高等教育扩招政策，以高等教育消费刺激消费和经济发展。在决策过程中，经济学者的建议成为政府扩招政策的"催化剂"。亚洲开发银行中国代表处前首席经济学家汤敏发表了《关于启动中国经济的有效途径——扩大招生量一倍》的建言，经济学界的"智库"起了决定性作用。在这一过程中，基本没有考虑高等教育界学者的意见。

　　——扩大高等教育规模，也是出于对满足长期以来集聚的高等教育需求的考虑。改革开放以来，由于"科学技术是第一生产力"思想深入人心，以及我国民间重视教育的文化传统的作用，我国高等教育需求急剧膨胀。越来越多的人希望通过接受高等教育来为社会主义现代化建设服务，为谋求自己的美好生活服务。但是，我国高等教育长期以来实行"限制供给，抑制需求"的机会紧缩政策。直到1998年，高等教育毛入学率仅为9.8%，激烈的高考竞争越来成为一个严重的社会焦点和社会问题。如果这一问题长期得不到解决，不仅会影响高等教育系统的良性发展，而且会对政府形象和政府施政能力带来负面影响。政府在此时制定出扩大招生规模的政策，既可以起到刺激经济发展的作用，也可以满足不断增长的高等教育需求。

——高等教育规模扩张政策，从研究到制定和出台，时间短暂且仓促，没有考虑高等教育系统是否具备扩张能力，以及如何应对保证高等教育质量的问题。1999年2月教育部已经确定并下达该年招生计划指标为110万人，1999年6月召开的第三次全国教育工作会议正式宣布实施高等教育扩招政策，计划招生130万人，而当年实际招生则超过了159万人。

此刻，中国高等教育正在同时进行高等教育体制改革和结构调整，正在从宏观上理顺高等教育管理体制，从院校层面进行大规模院校合并和划转。一方面，由于合并政策的实施，高校数量急剧减少；另一方面，各高校办学资源和条件还极为有限，政府此时并没有对高等教育系统增加投资，各高校寄希望通过扩大招生规模来收取更多学费。如何保障高等教育质量成为政府高等教育扩招政策的"盲点"，承担扩招任务的高校也不可能对之认真考虑。在扩招政策实施初期，各高校普遍将扩大规模作为主要目标和任务。

## 二、高等教育规模扩张速度为什么这么快？

"二战"以来，世界各国高等教育都经历了规模扩张过程，马丁·特罗的高等教育大众化理论就是对这一扩张过程的研究结果。但是，我国高等教育的这次规模扩张是世界上绝无仅有的，主要表现为高等教育规模基数大且扩张增长速度快。1998年我国高等教育在学人数为340.87万人，2004年即达到1333.50万人，增长2.9倍；1999—2004年年均计划招生数增长率达到27.3%。事实上，到2003年我国高等教育毛入学率就已达到15%，比中央政府提出的2010年达到该比例的目标提前了7年。国外学者普遍对我国高等教育的快速扩张和增长迷惑不解。我们是怎样实现这种快速扩张的？是什么机制和力量导致了这种超常规的规模扩张？

### （一）中央政府推动和广泛的政治动员

与大多数西方国家不同，我国高等教育实行的是高度集中的政府管理体制。虽然我们在20世纪90年代进行了高等教育体制改革和结构调整，但改革的是中央政府和地方政府以及国务院各部委在高等教育管理上的权限或关系，政府集中管理的高等教育体制没有根本改变。因此，高等教育规模扩张政策的制定和推行，从根本上讲是由中央政府组织实施的。1998年11月，国务院批转的《面向 21 世纪教育振兴行动计划》提出，到 2010 年，我国高等教育毛入学率接近15%，达到高等教育大众化的门槛标准。1999 年 6 月，第三次全国教育工作会议正式发出扩招号令，当年扩招 35%，到 2010 年高等教育毛入学率提高到 15%。

中央政府不仅发出了高等教育扩招号令，而且对扩招政策进行了广泛的政治动员。所谓政治动员，是指在国家利益、民族利益、人民利益等名义下，运用大众舆论和宣传教育等手段调动全社会对执政者及其政策的认同、支持和配合，求得高度一致，从而加强政治体系的施政能量，促进政策的贯彻执行。政治动员是中国政府施政和推进管理的传统，在我国各领域的诸多重大改革中都是如此。在高等教育领域，推进院校合并，建设世界一流大学，实施高等教育扩招政策，以及实施高等教育质量工程等，都进行了广泛的政治动员和社会动员。由中央政府决策、发动和进行政治动员，是我国高等教育规模快速扩张的根本原因。

## （二）地方政府高等教育竞争

中央政府在高等教育规模扩张方面进行的政治动员，还导致了地方政府的高等教育竞争。地方政府竞争是 20 世纪 90 年代以来我国经济和社会发展领域出现的一种普遍现象，其机制在于"晋升锦标赛"——各级政府用政绩大小［实际上就是 GDP（国内生产总值）］来衡量下级政府工作成效，作为提拔政府官员的依据。高等教育领域的地方政府竞争，主要是省级政府把迅速扩大本省域高等教育规模，提高本省高等教育毛入学率作为"政治任务"和"政绩表现"来对待，纷纷制定本省高等教育的规模发展和大众化指标，并采取相应政策予以推进。经济发达省份愿意自掏腰包，只要国家给招生计划指标，不要国家增加拨款来扩张本省高等教育规模；经济不发达省份，寄希望于通过扩大招生规模来收取学费，弥补高等教育经费的严重不足，实现高等教育规模扩张。可以说，"高等教育毛入学率"成为教育领域的"GDP"，成为地方政府竞争和追逐的目标。表 2 显示了各省份高等教育毛入学率目标。

表 2　各省份高等教育毛入学率目标

| 序号 | 省份 | 2005 年目标 | 2010 年目标 |
|---|---|---|---|
| 1 | 上海 | 57%；率先实现从大众化到普及化的跨越 | 在校生规模达到 90 万人 |
| 2 | 北京 | 53%；在全国率先进入高等教育普及化阶段 | 60% 左右 |
| 3 | 天津 | 超过 50%；实现高等教育普及化 | 超过 60% |
| 4 | 浙江 | 34%；比"九五"期末提高 21 个百分点 | 不低于 45% |

续表

| 序号 | 省份 | 2005 年目标 | 2010 年目标 |
|------|------|------------|------------|
| 5 | 江苏 | 33.5% | 40%以上 |
| 6 | 辽宁 | 33%；比全国同期水平高出 12 个百分点 | 38%左右 |
| 7 | 吉林 | 28%；较早进入高等教育大众化阶段 | 35%以上 |
| 8 | 湖北 | 24.9%；由 2000 年的 14%提高到 24.9% | 30%左右 |
| 9 | 陕西 | 23.5%；由 12.2%提高到 23.5% | 30%左右 |
| 10 | 黑龙江 | 23.17%；比 2000 年提高 11.96% | 30%以上 |
| 11 | 广东 | 22%；从 11.4%提高到 22% | 28%以上 |
| 12 | 山西 | 21% | 28%左右 |
| 13 | 河北 | 21% | 25%左右 |
| 14 | 四川 | 21% | 与全国水平基本持平 |
| 15 | 江西 | 20.43% | 25%左右 |
| 16 | 青海 | 20% | 25% |
| 17 | 山东 | 19.2% | 26% |
| 18 | 宁夏 | 19.2% | 30%以上 |
| 19 | 福建 | 19.17% | 25% |
| 20 | 内蒙古 | 18.36% | 25%左右 |
| 21 | 湖南 | 17.78% | 27% |
| 22 | 安徽 | 17.1% | 25%左右 |
| 23 | 河南 | 17.02% | 23% |
| 24 | 广西 | 15% | 22%左右 |
| 25 | 甘肃 | 15% | 20%以上 |
| 26 | 云南 | 12.65% | 18%左右 |
| 27 | 贵州 | 11% | 15%左右 |
| 28 | 重庆 | — | 30% |
| 29 | 西藏 | — | 18% |
| 30 | 海南 | — | — |

资料来源：各省区市教育事业发展"十一五"规划及国民经济和社会发展规划纲要。

从表2可以看出，上海、北京、天津三个直辖市2005年高等教育毛入学率目标均超过了50%，浙江、江苏、辽宁三省相应指标均在30%以上。吉林、湖北等10省相应指标在20%以上。山东、宁夏等9省区相应指标超过15%。这就是说，有25个省区市将实现高等教育毛入学率15%作为2005年的发展目标。

地方政府高等教育竞争，还表现为省级政府与教育部就招生指标展开博弈（讨价还价），使中央政府教育主管部门制定的招生计划数年年被突破。我国的大学招生计划指标具有极大权威，一旦确定，不能轻易修改。但在高等教育大众化过程中，出现了教育部每年强调招生计划的严肃性，然而每年都被突破的情况。表3反映了这种状况。

表3 1998—2006年普通高校招生计划数与实际招生数对比

| 年份 | 招生计划数（万人） | 实际招生数（万人） | 超出比例（%） |
| --- | --- | --- | --- |
| 1998 | 108 | 108.36 | — |
| 1999 | 130 | 159.68 | 22.83 |
| 2000 | 180 | 220.61 | 22.56 |
| 2001 | 250 | 268.28 | 7.31 |
| 2002 | 273 | 320.50 | 17.40 |
| 2003 | 335 | 382.17 | 14.08 |
| 2004 | 400 | 447.34 | 11.84 |
| 2005 | 475 | 504.46 | 6.20 |
| 2006 | 530 | 540.00 | 1.89 |

从表3可以看出，1999年和2000年高校实际招生数均超过国家招生计划数22%以上，而2002年和2003年均超过14%以上。这足以反映地方政府扩大招生规模的冲动是多么强烈。

从这里我们也可以看出中西方国家高等教育大众化的差异。在西方国家，高等教育大众化主要是一种预警理论——当高等教育毛入学率达到15%和50%之后，高等教育的内外部特征将会出现急剧变化，需要采取相应措施予以应对。同时，西方国家的高等教育大众化是高等教育系统适应社会需要和变化而发生的一个自然演化过程及结果，市场调节机制在其中发挥着主要作用。高等教育毛入学率指标，是在国家范围内以国家为单位来计算的。

而在我国，高等教育大众化主要是一种目标理论——我国中央政府和省级政府都制定了一个清晰而具体的高等教育毛入学率年度发展指标。针对这一指标，政府采用强有力的政策予以快速推进。因而高等教育大众化主要是政府主导的过程，而不是市场机制主导的过程；同时，我国高等教育毛入学率指标不仅在国家范围内计算,通常更重要的是在省域范围内计算。这种以省份为单位计算高等教育毛入学率的办法,反映了高等教育领域地方政府竞争的客观事实,也反映了我国高等教育大众化推进的鲜明特点。

## (三) 大学出于利益考虑——为获得更多学费收入而扩招

20 世纪 90 年代中期以前,我国高等教育和大学系统处于严重的经费短缺状态,以致在期间召开的历次"两会"上,教育经费短缺问题成为人大代表和政协委员关注的主要、重要话题。1994 年我国高等教育领域开始试点大学招生并轨改革,到 1997 年试点完成后,"高等教育是准公共产品"及"谁受益,谁付费"的观念为社会所接受,高等教育成本分担制度逐步确立和完善,大学开始全面收取学费。

1999 年开始实施的高等学校扩大招生规模政策,对高校而言是以收取学费为基础的。绝大多数高校当时仍处于严重经费短缺状态,几乎所有大学都不具备规模扩张的师资、实验设备、学生住房、校园设施等条件。但是,大学扩大招生规模的积极性有增无减。特别是一批新建的本科院校,把扩大招生规模、获得更多的学费收入及政府拨款作为实现学校跨越式发展的重要战略和策略。各高校在中央政府和地方政府政策激励下,积极争取更多招生指标,导致学校学生规模迅速膨胀。据统计,1998 年我国普通本专科高校校均学生规模为 3335 人,2009 年上升到 11700 人,2 万名学生规模的高校随处可见。可以说,作为国家扩招政策受体的高等学校的扩招积极性,是我国高等教育规模迅速扩张的关键性推进力量。

## (四) 学生及其家庭迫切需要获得高等教育机会

如前所述,20 世纪 90 年代中期以前,我国在高等教育规模方面实施的是"限制供给,抑制需求"政策,旺盛的高等教育需求经过了近 20 年的集聚。当政府决定实施高等教育扩招政策之后,这种集聚起来的高等教育需求迅速爆发,并开始寻找出口。同时,扩招之后对部分高等教育需求的满足激起了更大的高等教育需求增量——过去因为限制供给而被抑制的隐性高等教育需求此时已经转化为显性高等教育需求。人们对高等教育寄予厚望,普遍相信接受高等教育会产生巨大的经济收益和文化收益,虽然接受高等教育要缴纳不菲的学费,但个人和家庭对高等教育的投资是值得的。在现代社会,接受高等教育的确会带来经济收益。特别是在有庞大农村人口的中国,城乡差距大,农村学生希望通过接受高等教育而改变自己的命运,大学毕业后找到一份体面和挣钱的工作。在中国,接受高等教育还能产生文化收益。在广大的农村和城市低收入家庭,孩子上大学是一件极其"有面子"和光彩的事情,能够"光宗耀祖",提高家庭甚至家族的社会声誉和地位，获得别人羡慕的眼光和口碑。高等教育的巨大经济收益和文化收益预期，是推动高等教育规模迅速扩张的社会心理动因。一旦打开高等教育扩招的"闸门"，这股现实的力量会促使这个"闸门"越开越大。

我国旺盛的高等教育需求及其特殊性，还来源于我国特殊的家庭结构——以独生子女家庭为主体。我国从 1979 年开始实施计划生育政策，无论是农村家庭还是城市家庭，一般只有一个子女。到 1999 年，这批独生子女已经到了上大学的年龄。因为只有一个孩子，孩子就是全家的希望，并且孩子还承载着父母上大学的愿望——父母寄希望孩子上大学来弥补自己没有机会上大学的遗憾。因此，独生子女家庭一般只有一个愿望和目标——全力培养孩子上大学，全力支持孩子上大学。尽管上大学要收取远远超过家庭年收入的学费，但独生子女家庭特别是农村家庭，即使全家举债也要供孩子上大学。这一状况既是导致高等教育需求旺盛的原因，又给高等教育扩招后如何保证高等教育的公益性和促进高等教育公平带来严峻挑战。

## 三、高等教育规模快速扩张的后续效应

高等教育规模快速扩张的直接效应是高等教育需求的一定满足和高等学校学生规模的迅速扩大。除了这一直接效应之外，高等教育规模扩张还给我国高等教育带来一系列后续效应问题。正视和解决这些后续效应问题，是我国高等教育目前和今后相当长时期面临的重要挑战。

### （一）高等教育质量问题

应该说，高等教育扩招之初学术界就有关于高等教育质量问题的讨论。但这种讨论主要集中在如何转变传统的精英高等教育质量观，促进高等教育多样化和大众化方面。2005 年以前，无论是从国家高等教育政策还是从高等学校的办学行为来看，高等教育质量问题并没有受到特别关注。从 2005 年开始，高等教育质量问题受到普遍关注。

从国家高等教育政策来看，主要采取了以下质量提升政策。

第一，教育部从总体上降低了高等教育规模扩张速度。2005 年以前，高等教育年招生计划规模增长率均在两位数以上，年均增长率为 27.3%。2005 年高校扩招速度首次降到一位数，为 6.7%。2005 年是高等教育扩张政策的"拐点"，高等教育开始进入以提高高等教育质量为主的阶段。降低扩张速度，相对压低高等教育规模，是解决高等教育质量问题的通行做法。虽然规模小不一定意味着质量高，但对当时的中国高等教育而言，遏制高等教育规模持续扩张的盲目冲动，解决高等教育领域粗放式发展问题，是完全必要的。

第二，国家开始实施高等教育质量工程。2004年12月，教育部召开第二次全国普通高等学校本科教学工作会议，研究和部署"大力加强教学工作，切实提高教学质量"问题。2005年1月，教育部发布《关于进一步加强高等学校本科教学工作的若干意见》，强调高等教育在规模持续发展的同时，要把提高质量放在更加突出的位置。2007年年初，经国务院批准，我国开始实施"高等学校本科教学质量与教学改革工程"（以下简称"质量开程"），这是继"211工程""985工程"和"国家示范性高职院校建设计划"之后，我国高等教育领域实施的又一项重要的国家工程。中央投入25亿元用于"质量工程"。

"质量工程"以提高高校本科教育质量为目标，按照"分类指导、鼓励特色、重在改革"的原则，引导高校本科教学方向，形成重视教学、重视质量的良好环境和管理机制。具体内容为：资助15000名大学生开展创新型实验；建设10000部高质量的规划教材；在已经建成1000门精品课程的基础上再建3000门在网上可以共享的精品教材、精品课程；建设3000个有特色的或者示范性的专业；资助3000名教师或管理干部对口支援西部高校；遴选1000个国家级的教学团队；建设500个实验教学示范中心，为学生的创新性、研究性实验服务；建设500个人才培养模式的创新实验区；建设500门国家级的双语教学课程，用英语讲专业课；奖励500名国家级的教师名师。

从"质量工程"的实施内容来看，重视本科教学和教学质量是核心。教育部通过奖励机制和评价机制，促使高等学校把主要精力投入到教学质量改进和人才培养质量上来。目前，这项工程仍然在持续推进，取得了显著效果。

第三，教育部启动"本科院校教学水平评估"。从2005年开始，教育部组织开展了对600余所本科院校教学水平的政府评估。这项由中央教育行政部门进行的政府评估，引起了地方政府和高等学校的高度重视。从评估指标体系的性质来看，这次"本科院校教学水平评估"实际上是本科教学基本条件和教学过程规范的评估，即高校是否具备保障教学和人才培养活动的师资、设备、场所、经费等条件，高校的各主要教学环节，如教师备课授课、考试、作业批改、毕业设计（论文）、实验教学等是否规范和严格。这场评估引起了广泛的社会关注和不同社会反响。但是，我们应该看到，在我国高等教育规模持续扩张的背景下，这种对于本科教学基本条件和教学过程规范的评估，对于遏制各种力量交汇而形成的盲目的高等教育扩张冲动，改变高等教育的粗放式发展方式，转变办学思想和教育教学观念，促进规模扩张后的高等教育质量改进，具有重要的现实意义和深远的历史意义。

目前，我国高等教育质量保障仍面临不少理论上的困惑和现实中的难题。

其一，高等教育质量内涵模糊。高等教育质量是一个多层面的概念。就高等教育系统而言，是指一个国家高等教育系统的质量，主要是高等教育系统在国家和社会层面发挥作用的大小和能力，也就是整个高等教育系统为经济政治文化发展、社会和谐和进步做了什么贡献。就高等学校教育而言，主要是指人才培养质量，即高校培养的人才满足社会需要的程度。《教育大词典》对教育质量有一个界定，认为教育质量是对教育水平高低和效果优劣的评价，最终体现在培养对象的质量上。教育水平高低、教育效果优劣、培养对象的质量，其内涵虽然明确但无法准确计量，其外延广阔而难以准确把握。高等教育质量到底表现在哪些方面？是高等教育的社会适应性和社会满意度，还是我们通常所说的教学质量和水平，抑或是人才培养质量？人才培养质量如何测量？用毕业生取得的成就还是大学生就业率，抑或用在校生获得的各种竞赛奖励等来衡量？这些都是高等教育质量内涵模糊所带来的质量评价中的操作性难题。

其二，高等教育有质量标准吗？如何制定和制定一个什么样的高等教育质量标准？产品质量标准好制定，但高等教育质量标准难制定，特别是难以像产品质量那样量化和指标化。就高等教育对用户需要的满足程度而言，由于用户各不相同，需要各异，且其需要具有多变性，需要的满足程度具有高度主观性，导致制定统一的量化质量标准非常困难。特别是当高等教育进入社会中心之后，高等教育呈现多样化特征，高等教育往往会有众多的利益相关者，不同的利益相关者对高等教育质量的关注点是不一样的，其质量需求也是不一样的，由此形成不同的质量评价标准和质量判断结果。这就是说，制定统一的高等教育质量标准来进行质量控制和质量评价是相当困难的。

其三，如何在高等教育规模与质量之间找到平衡点？在精英教育阶段，一般来说，高等教育规模与质量之间存在着一定矛盾，似乎规模大质量就难以保证，要保证质量就得限制规模。但是，在高等教育大众化阶段，扩大高等教育规模使更多的人有机会接受高等教育，促进了教育公平和社会公平，这恰恰表明了高等教育的高质量。但规模扩张过快和规模过大，对高等教育质量的确有影响，这种矛盾如何解决？况且在高等教育大众化阶段，精英教育也是非常发达的，如何保证大众化时期的精英教育质量？在大众化教育和精英教育同时并存的"双轨制"阶段，如何在总体的高等教育规模与质量之间找到平衡点？这些都是理论上和实际工作中的难点。

其四，如何让高校重视质量问题，建立高等教育质量的自我约束机制和市场约束机制？国外高等教育质量评价和保障往往以院校认证和专业认证为主要方式，这种质量评价建立在高校是独立自主的办学主体，是高等教育质量保障主体的基础之上。由此形成了高校自主办学、自我约束、市场检验、社会问责的高等教育质量保障体系。高等教育质量建设的重心在高校，约束力在市场，市场质量竞争是高等教育质量保障的基础性体制和机制。但是，我国长期以来形成的是政府办学体制，政府是高等教育质量管理和评价的主体。因而高校总是出现"上有政策，下有对策"等逃避政府约束和控制的行为，政府的质量管理不仅成本非常高，而且效果不好。如何建立起高等教育质量评价和约束的市场机制，把高校发展的自主权还给高校，把高等教育质量的约束权交给市场，使高校在办学过程中真正强化质量意识，感受市场竞争带来的发展压力、发展动力和发展活力，是我国高等教育发展和质量保证面临的根本性问题，也是一个需要时间解决的体制性问题。

## （二）高等教育公平问题

20 世纪 90 年代中期以来，当经济发展到相当程度之后，追求公平成为全社会的一种普遍价值观。以人为本的科学发展观和建设社会主义和谐社会思想的提出，就是党和政府对追求公平的社会价值观在执政和社会管理理念上的响应。我国实施高等教育规模扩张政策，为人民群众提供更多的高等教育机会，也因应了这种普遍价值观。在精英教育阶段，接受高等教育是精英阶层享有的特权；而在高等教育大众化阶段，接受高等教育是获得正式资格者所拥有的权利，必须予以保证。

但是，我国高等教育大众化在通过扩大规模和机会供给总量促进高等教育公平的同时，也遭遇到制度性障碍，出现了深层次的高等教育不公平问题，成为社会广泛关注和诟病的对象。

第一，区域（省域）高等教育机会差异巨大。由于各省份高等教育发展水平的差异，特别是经济和高等教育发展基础与水平的差异，各省域内高校数量尤其是中央所属重点高校的数量存在重大差异，这种差异直接导致了不同省份考生进入大学比例差异过大。同时，国家对各省份招生计划指标的分配，由于历史原因和政策原因，也存在着严重不均衡和差别过大的情况。像山东、河南等人口大省和生源大省，由于高等教育资源短缺，高考竞争异常激烈，高考录取分数线奇高。而北京、上海等高等教育资源丰富的省市，高考录取分数线相对较低。录取分数线的巨大差异，在一定程度上反映了高等教育入学机会的巨大差异。

第二，国家重点大学招生"属地化"现象严重。大学招生"属地化"现象，是指教育部所属全国重点高校集中招收学校所在省份考生的现象。人们认为，教育部所属全国重点高校，是国家优质高等教育资源的提供者，应该是国家高等教育优质资源公平分配的调节者，应该均等地面向全国招生。但是，在高等教育大众化过程中，的确出现了严重的国家重点大学招生"属地化"现象。表4列举了 2008 年 4 所重点大学在部分省份本科招生来源计划的情况。

从表4可以看出：2008 年清华大学总招生计划数为 3330 人，在北京市招生计划数为 296 人，占比为 8.9%。但在生源大省湖北省和江苏省，招生计划数分别为 97 人和 55 人，分别只占 2.91% 和 1.65%；北京大学 2008 年总招生计划数为 3290 人，在北京市招生数为 470 人，占 14.29%，但在湖北省和江苏省，招生计划数分别为 84 人和 64 人，分别占 2.55% 和 1.95%。浙江大学 2008 年总招生计划数为3530人，在浙江省招生计划数为2044人，占57.90%；南京大学2008年总招生计划数为3400人，在江苏省招生计划数为1180人，占34.71%。这种重点大学招生属地化现象，引起社会各界的广泛关注和批评，以至于教育部不得不出台政策，规定中央所属重点高校招生属地化率不得超过30%。

表4　2008年4所重点大学在部分省份本科招生来源计划

（单位：人）

| 大学名称 | 总招生计划数 | 北京 | 内蒙古 | 广西 | 贵州 | 云南 | 西藏 | 江苏 | 湖北 | 浙江 | 青海 | 宁夏 | 新疆 |
|---|---|---|---|---|---|---|---|---|---|---|---|---|---|
| 清华大学 | 3330 | 296 (8.89%) | 49 | 50 | 38 | 36 | 3 | 55 | 97 | 62 | 20 | 18 | 25 |
| 北京大学 | 3290 | 470 (14.29%) | 39 | 39 | 30 | 38 | 4 | 64 | 84 | 78 | 16 | 22 | 36 |
| 浙江大学 | 3530 | 43 | 39 | 20 | 25 | 21 | – | 100 | 70 | 2044 (57.90%) | 7 | 15 | 30 |
| 南京大学 | 3400 | 60 | 18 | 38 | 50 | 30 | 6 | 1180 (34.71%) | 60 | 80 | 15 | 15 | 20 |

注：括号中的比例表示占该校总招生计划数的百分比。

关于高校招生的区域公平问题，有关学者通过测量招生基尼系数来表示其公平程度。表5反映了该研究对2007年部分"985"高校在各省招生情况测算的招生基尼系数（张俊，吴根洲，2010）。

表5　26所"985"高校2007年招生基尼系数

| 学　　校 | 所在省份 | 不含所在省份 | 学　　校 | 所在省份 | 不含所在省份 |
|---|---|---|---|---|---|
| 中国人民大学 | 0.3049 | 0.2660 | 西安交通大学 | 0.5319 | 0.3720 |
| 北京理工大学 | 0.3122 | 0.2743 | 东北大学 | 0.5409 | 0.3309 |
| 北京大学 | 0.3305 | 0.2605 | 四川大学 | 0.5441 | 0.3789 |
| 北京航空航天大学 | 0.3776 | 0.3506 | 西北工业大学 | 0.5501 | 0.4631 |
| 北京师范大学 | 0.4031 | 0.4043 | 吉林大学 | 0.5634 | 0.4398 |
| 清华大学 | 0.4083 | 0.2654 | 上海交通大学 | 0.5668 | 0.3744 |
| 中南大学 | 0.4465 | 0.2934 | 重庆大学 | 0.5939 | 0.5053 |
| 湖南大学 | 0.4639 | 0.2932 | 武汉大学 | 0.6005 | 0.3723 |

续表

| 学　校 | 所在省份 | 不含所在省份 | 学　校 | 所在省份 | 不含所在省份 |
|---|---|---|---|---|---|
| 南开大学 | 0.4839 | 0.2934 | 南京大学 | 0.6030 | 0.2853 |
| 哈尔滨工业大学 | 0.4863 | 0.4308 | 复旦大学 | 0.6226 | 0.3309 |
| 厦门大学 | 0.4982 | 0.2063 | 华中科技大学 | 0.6295 | 0.4419 |
| 中国科学技术大学 | 0.5007 | 0.4383 | 大连理工大学 | 0.6421 | 0.4647 |
| 天津大学 | 0.5093 | 0.4211 | 山东大学 | 0.6517 | 0.3217 |

该研究成果设定：招生基尼系数为 0.3—0.4，表明高校招生公平性相对合理；介于 0.4—0.5 表明差距较大；0.5 以上则表明差距悬殊。招生基尼系数 0.4 是招生公平性的警戒线。按照此设定，当不含所在省份招生数时，26 所"985"大学中只有 9 所大学的招生基尼系数超过 0.4，其余 17 所大学的招生基尼系数在 0.4 以下，为招生公平性相对合理。当包含所在省份招生数时，26 所"985"大学中只有中国人民大学、北京理工大学、北京大学、北京航空航天大学 4 所大学的基尼系数在 0.3—0.4，为相对合理。两种基尼系数的比较反映了绝大多数"985"高校均存在严重的招生属地化现象，处于招生公平性"差距较大"或者"差距悬殊"状态。

第三，弱势群体的教育资助问题。如上所述，高等教育规模扩张政策进一步刺激了旺盛的高等教育需求，加上高等教育消费的特殊性——"量入为出"的消费原则被突破，无钱少钱都要消费高等教育，大量的贫困家庭子女和处境不利人群进入高等学校。据统计，高校扩招后，贫困生比例在 20% 以上。不少学生交不起学费，而且每年都有为数不少的学生因家庭贫困而无法上学的极端事例发生。在普遍缴费上学的情况下，高等教育的公益性和公平性受到严峻拷问和挑战。

学费相对昂贵的独立学院和民办院校加剧了贫困生现象，不少家庭因教致贫，因教返贫。独立学院学费标准一般为每年 13000—22000 元，民办院校为 6500—15000 元，公办院校为 3500—5500 元。独立学院和民办院校的学费标准为公办高校的 3 倍左右。若按高校学费平均每年 5000 元计算，高校学费占 2010 年农村居民人均纯收入 5919 元的 84%。可见农村家庭的学费负担是多么沉重。

面对高校的贫困生问题，国家启动了国家助学贷款政策，并且制定了高校减免学费、拓展勤工助学渠道和途径等政策，有关社会团体和爱心人士也开展了形式多样的捐助大学生入学等社会助学行动。应该说，这些政策和行动，对解决高校贫困生入学和就学问题发挥了积极作用。

## （三）大学生就业问题

大学生就业问题是高校大规模扩招后我国高等教育面临的主要问题之一。

扩招政策实施前，我国部分经济学家的设想是：扩大高校招生规模可以延缓18岁青年人就业，在总体上延缓当时社会的就业压力。但是，这一设想后来被证明落空了。不仅延缓就业效应不明显，而且的确面临着大学生就业的严峻形势。表6是2003—2009年普通高校大学生就业率情况。

**表6　2003—2009年普通高校大学生就业率**

| 年　　度 | 2003 | 2004 | 2005 | 2006 | 2007 | 2008 | 2009 |
|---|---|---|---|---|---|---|---|
| 就业率（%） | 70 | 61.3 | 72.6 | 73 | 70.9 | 70 | 68 |
| 毕业生数（万人） | 212 | 280 | 338 | 413 | 495 | 559 | 610 |
| 没有就业的人数（万人） | 63.3 | 108.36 | 92.61 | 111.5 | 144.05 | 167.7 | 195.2 |

注：统计年9月1日数据。

从表6可以看出：2003—2009年，我国普通高校大学生就业率一般在70%左右，2004年就业率只有61.3%，就业率不高。而没有就业的大学生数量庞大，2003—2009年分别为63.3万人、108.36万人、92.61万人、111.5万人、144.05万人、167.7万人、195.2万人。没有就业的大学生比例，远远超过当年扩大招生的比例。虽然表6统计的是当年9月1日的数据，一般来说，到当年年底就业率会有大的提升，如2007年、2008年、2009年年底就业率数据分别为87.5%、85.6%和86.6%，但是大学生就业率偏低一直是社会各界关注的重要问题。

大学毕业生与其他三大就业大军合流，使得社会就业压力不断攀升。每年除了600万名左右的大学生需要就业之外，还有900万名左右"再就业人员"需要就业，同时每年新增就业人口1000万人左右，还有7000万名左右进城务工人员。"十一五"期间每4—5个求职者中就有一个是大学毕业生。

大学毕业生就业率偏低和大学生就业起薪偏低，导致高等教育内部的结构性变动。首先是报考硕士研究生的人数激增，推动研究生教育大扩招。1998年，我国硕士研究生在学人数为15.36万人，到2004年就增至65.43万人，增长了近3.25倍。其次是文科类专业就业率相对较低，导致文理科专业发展总体上失衡，由此出现了高等教育结构性过剩现象。

大学生就业难也呈现为社会阶层结构性问题。目前，我国大学生就业难易程度越来越与个人及其家庭所拥有的社会资本相关。在激烈的就业竞争中，农村籍及其他家庭背景差的大学毕业生、女大学生、"低层次"大学的毕业生往往受到某种就业歧视，得不到公平就业机会。

大学生就业难还有文化观念方面的原因。马丁·特罗对大学生就业难的解释是，不是大学生找不到工作，而是找不到与自己身份和尊严相匹配的工作。在我国，精英教育观念根深蒂固，"书中自有黄金屋，书中自有颜如玉"的观念深入人心，世代流传。受这种传统文化观念的影响，大学生不愿意到农村以及艰苦地区和行业就业，不愿意"低端就业"。到这些地方和行业就业，他们觉得有失"身份"和"尊严"。特别是对农村籍大学生来说，从"务虚"方面看，如果上大学不能改变自己的身份和社会地位，使自己和家庭甚至家族变得更受人羡慕和尊重，那么十年寒窗苦读得来的读大学机会有什么价值和意义呢？从"务实"方面看，如果大学毕业后找不到工作，或者找到一份待遇还不如一般打工仔的工作，那么投资上学甚至举债上学不是得不偿失的事情吗？所以说，上大学抬高了大学生特别是农村籍大学生的就业期望，使得他们就业变得相对困难，使得原本可以"低端就业"的人群瞄准相对高端的就业市场。这种现象，是那些认为高等教育扩招可以使 18 岁人口推迟就业，从而延缓社会就业压力的经济学家所没有注意到的。所以，我们可以说，大学生就业难虽然并不完全是由高校扩招政策造成的，但高校扩招政策的确提升了一部分青年的就业期望，从而增加了大学生的就业压力。

庞大的知识群体找不到工作，大学生毕业即失业，不只是一个教育问题，更是必须加以解决的深刻的社会问题。大学生毕业即失业，对学生及其家庭而言，是投资教育的失败，是改变处境和地位的希望落空。长此以往，必然会引发和集聚社会怨恨情绪，形成社会不稳定和不和谐因素。因此，我国政府把解决大学生就业问题作为政治任务来抓，各相关部门出台了促进大学生就业的政策和措施。如教育部制定了大学生就业率与大学招生指标挂钩的政策，同时采取措施鼓励大学生自主创业，创造工作机会，鼓励大学生支边、支教、支医，到艰苦地区工作一段时间。要求高校开展大学生就业指导和生涯规划工作，教育学生树立正确的就业观。各级政府部门通过考试接收部分大学毕业生为公务员，选派大学生到农村担任"村官"，军队招收大学毕业生参军入伍，等等。

大学生就业仍是一个需要继续解决的问题。过低的就业率不仅威胁社会稳定，而且已经影响了高等教育的吸引力，这两年出现的高考报考率持续走低为我们敲响了警钟。

## （四）巨额大学贷款化解问题

在我国高等教育大众化过程中，高等学校普遍采取向银行借贷方式来开展规模扩张和应对规模扩张。大学贷款产生的主要原因在于长期以来政府拨款不足，欠账太多；学校其他渠道资金来源少，处在经费严重紧张状态。为了应对大规模扩招，学校需要征地盖楼，扩大校园或建设新校区，以及增加校园基本建设投入，改善办学条件。

大学贷款是否与法律相悖？《中华人民共和国贷款通则》第八条规定：事业单位预算应自求收支平衡，不得编赤字预算。而 1995 年颁布实施的《中华人民共和国教育法》中有"国家鼓励运用金融、信贷手段，支持教育事业发展"的条款。应该说，法律法规在大学是否可以贷款问题上是存在冲突的。但大学贷款的扩张，关键是教育部的政策推动。时任教育部部长陈至立在 1999 年 12 月 6 日的讲话中提出：高等学校要利用银行贷款加大校园改造和建设力度，使学校的教学设施、体育设施、基础设施有较大改善。2001 年 7 月发布的《全国教育事业第十个五年计划》提出，要适当运用财政、金融、信贷手段发展教育事业，合理利用银行贷款，继续争取世界银行贷款项目。

教育部鼓励高校贷款发展的政策，得到了地方政府的积极响应和支持，有的地方政府以"贴息"为补偿，鼓励所属高校向银行贷款。而银行出于对我国高校政府办学特点的考虑，以及大学贷款风险低、回报率高的特点，向高校贷款的积极性很高。

全国高校到底向银行总共贷款多少？中国社会科学院蓝皮书认为是 1500 亿—2000 亿元，有关课题组认为是 2000 亿—2500 亿元，有的民间研究机构认为达到了 4500 亿元以上。2011 年 7 月 3 日，国家审计署科研所副所长刘力云发布了权威数据："到 2010 年年底全国一共有 1164 所地方所属的普通高校，有地方政府性债务，大概金额是 2634.98 亿元。"如果加上教育部以及其他部委所属高校 1000 亿元左右的贷款，全国高校贷款总量大致在 3600 亿元以上。

2008 年高校开始进入还贷高峰期。银行开始逼债，大学领导人愁眉不展，地方政府忧心忡忡。贷款债务较高的高校，直接影响了教职员工的收入和福利保障，影响了人才队伍稳定和干群关系。化解大学债务成为当前我国高等教育的重要任务之一。据 2011 年 7 月 2 日的一条报道：截至 2009 年年底，陕西省 40 所省属公办高校负债达 102.68 亿元。陕西省政府为此出台了"高校化解债务工作实施方案"：从 2011 年开始，"政府学校共担、多种措施并举"，逐步化解省属公办高校基本建设债务。2011 年安排 16.5 亿元专项资金，并统筹高校自筹资金等资源，支持高校化债。2012 年前化解省属高校债务基数的 70% 以上；2013—2015 年，彻底解决省属高校债务问题。其他省份的做法基本与此相同，"政府学校共担、多种措施并举"成为化解高校债务的共同模式。

## （五）　未来十年的挑战：生源持续减少

从 2009 年开始，我国高等教育适龄人口开始减少。最新人口普查数据显示，2011—2015 年，我国高等教育学龄人口以每年 5% 的速度减少。中国教育在线的统计资料显示：高考生源在 2008 年达到顶峰 1050 万人之后，于 2009 年开始减少，2011 年为 933 万人，并呈加速趋势，一直持续到 2025 年左右。北京大学人口研究所穆光宗教授认为："假定大学新生年龄集中分布在 17—19 岁，那么 2008—2010 年，各地高校必然遭遇考生明显减少的问题。可以预期，受到十几年前出生人口规模减小的刚性约束，近年出现的大学考生减少现象将进一步加剧，一直持续到 2017—2020 年。"图 1 表明了高等教育适龄人口变化情况。

（万人）

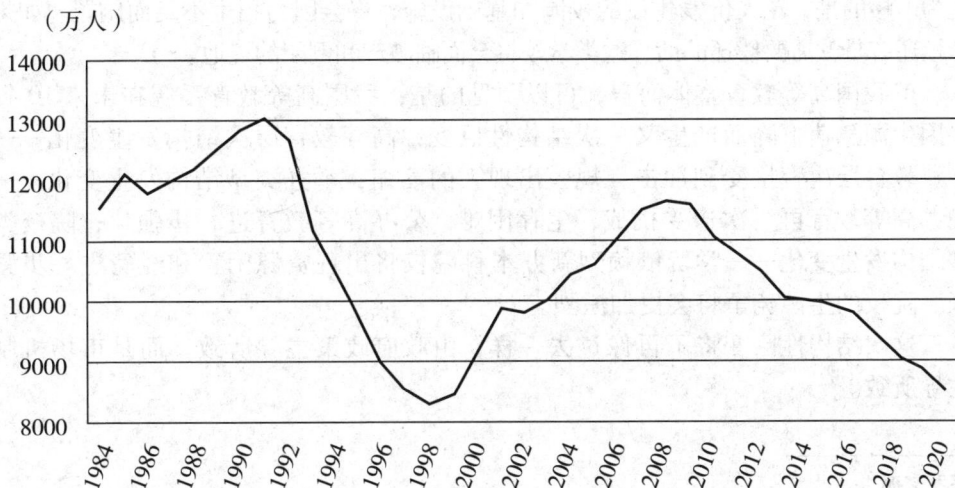

图1　1984—2020年高等教育适龄人口变化情况

同时，出国留学人数连年增多，加剧了国内高校生源紧张形势。2009—2011年，我国出国留学人数分别增长了24.4%、27.5%、24.1%，增长最多的正是高中毕业生。另外，高校学费高、大学毕业生就业难导致学生弃学和弃考现象有增无减。2009—2011年，每年有60万—80万名左右高中生放弃参加高考。

生源减少导致的"多米诺骨牌效应"已经出现。首先是民办高校招生受到影响。我国大部分民办高校由于办学历史和政策原因，以及自身办学和民众文化观念方面的原因，办学层次低，社会声誉不高，吸引力不强。生源减少首先导致民办高校招生不足，这对学费相对较高，"以学养学、滚动发展"的民办高校而言，无疑是雪上加霜，招生不足使得靠学费收入运转的民办高校资金链断裂。2008年以来，民办专科院校招生严重不足，已有民办学校因招生不足出现了办学困难。2009年，北京市97所民办院校中，只有40所全日制院校在校生人数超过1000人。2010年，北京市部分民办学校只完成了招生计划的1/3。

其次是专科层次的公办高职院校招生数急剧下滑。我国高等职业教育院校多数由中专学校在10余年前陆续合并升格而来，办学基础薄弱，办学条件差，社会声誉和社会吸引力也不高，学生大多不愿主动报考。特别是在第四批招生的高职高专（二）类院校，即使录取分数线在160—200分（总分为750分）的低位，也对考生没有吸引力。有些高职院校为此进行营销式招生却无多大效果，高职院校私自涂改考生志愿的违法行为也时有发生。高职院校招生环节出现的诸多乱象，折射出高职院校因生源减少而面临的严重生存危机。

再下一波受到冲击的将是最近10多年来陆续合并升格的新建地方本科院校。对上述三类高校而言，总体生源减少、高考录取率上升会导致生源质量下降，进而影响高校教育质量及毕业生就业水平，又会影响到下一轮招生，有进入恶性循环之势。

更为严峻的是，花大价钱建设的校园和基础设施，将会因为招生不足而闲置。如果学校还有贷款需要偿还的话，这类学校将会面临破产和倒闭的境地。

就我国高等教育整体而言，可以预见的是，我国高等教育系统在未来 10 年将因生源急速下降而产生又一次结构性巨变：高等教育层次结构发生变化——专科教育层次直接受到冲击，规模出现大的萎缩；举办类型结构发生变化——民办高等教育再一次遭受挑战，生存困难，公办高等教育进一步强化；院校类型结构发生变化——学费依赖型新办本科院校将出现资源闲置和经费进一步紧张。院校的生源竞争将会更加激烈。

这次结构性巨变将不再像过去一样，由政府政策主导所致，而是市场机制主导所致。

---

**参考文献**

张俊，吴根洲. 2010. "985" 高校招生区域公平研究：基于洛伦兹曲线和基尼系数［J］. 考试研究（1）.

**作者简介** ｜ 张应强，华中科技大学教育科学研究院院长、教授、博士生导师。

# China's Higher Education Massification and Its Follow-up Effect

## Zhang Yingqiang

**Abstract**：China's higher education massification is not the natural evolution of higher education system but a sudden policy pushed by central government. Due to the extensive political mobilization by central government and severe gross enrollment rate competition of local governments, China's higher education witnessed a shaking speed of expansion. The quick expansion of China's higher education has created some follow-up effects such as education quality, education equity, graduate employment and huge loans. The constant decrease of entrance college students will change the structure of China's higher education in the next 10 years.

**Key words**：higher education massification　the structure of higher education　higher education equity

# 文化是以价值观为核心的生存方式
## ——大学文化研究与实践的逻辑起点

雷　庆　胡文龙

**摘　要：** 大学文化是影响大学发展和大学凝聚力的核心因素之一。人们在生活和研究中频繁地提到文化这个概念，但对其定义却众说纷纭，莫衷一是。界定概念是开展研究和实践的逻辑起点。本文在梳理既有文化定义的基础上，结合历史唯物主义基本原理，提出"文化是以价值观为核心的生存方式"这一命题。围绕对于文化概念的理解，笔者对大学文化研究与建设提出了三点建议：抓住大学文化之本真、抓住大学文化之魂和抓住大学文化之核心。

**关键词：** 大学文化　生存方式　价值观

在经济全球化、政治多极化和文化多元化的 21 世纪，文化在经济社会发展中的地位和作用越来越突出，文化的发展与繁荣已经成为一个国家综合国力的显著标志，成为影响一个国家、民族凝聚力的主要因素（袁贵仁，2002）。2011年，胡锦涛总书记在清华大学百年校庆大会上的重要讲话中，第一次鲜明地把文化传承创新作为高等学校的重要职能，明确提出全面提高高等教育质量，必须大力推进文化传承创新。党的十七届六中全会审议通过了《中共中央关于深化文化体制改革推动社会主义文化大发展大繁荣若干重大问题的决定》，这充分体现了党在新的历史条件下的高度文化自觉。促进文化大发展，推动文化大繁荣，已成为当下的热门话题。但是，当问及"文化的本质是什么""文化的内涵是什么"等基本问题时，可谓众说纷纭，莫衷一是。事实上，有关文化概念的研究由来已久，自 19 世纪 70 年代英国人类学家泰勒首次给文化下定义以来，国内外关于文化的定义足有数百上千种之多。例如，季羡林就曾指出，全世界给文化下的定义有 500 多个。[①]虽然众多学者在文化概念研究中倾注了大量心血，取得了一些有见地、有价值的成果，但是至今人们对于"什么是文化"仍缺乏一个统一认识。这是文化理论研究难以获得实质性成果，以及文化实践缺乏实效的重要原因之一。本文在综述国内外已有文化概念的基础上，结合历史唯物

---

① 参见：http://www.sdl.sg/zh/b/chapter_11299029_46019.html.

主义基本原理，提出"文化是以价值观为核心的生存方式"这一命题，以此作为大学文化研究和建设的逻辑起点。

# 一、文化概念梳理及其评价

## （一）国内外研究简介

在西方，普遍认为英国人类学家泰勒是最先给文化下定义的学者。他在《原始文化》一书中开门见山地写道："文化或文明，就其广泛的民族学意义来说，乃是包括知识、信仰、艺术、道德、法律、习俗和任何人作为一名社会成员而获得的能力和习惯在内的复杂整体。"（泰勒，1992）此后，他的文化定义常常被人们当作经典来援引。这个定义采用列举的方法，把文化看成一个包罗万象的复合体，显然比较粗糙。随后，当数美国人类学家克鲁伯（A. L. Kroeber）和克拉克洪（C. K. Kluckhohn）关于文化概念的研究。他们在《文化：关于定义和概念的考评》一文中详细地考察了1952—1963年的160多个关于文化的定义，并把这些文化概念分为六类——描述性定义、历史性定义、规范性定义、心理学定义、结构定义和遗传定义，继而提出了他们关于文化的定义：文化是包括各种外显的或内隐的行为模式，并借助于符号的使用而习得或传承，从而构成了人类各群体成就的标志；文化的基本核心包括传统的观念，其中观念特别重要。文化体系活动虽可视为人类活动的产物，但另一方面它又规范人的行为或活动。（Kroeber，Kluckhohn，1952）我们认为，这一对文化的理解已跳出了有形的物质形态，从人的行为模式进行考察，比较接近于文化本质。

国内学者对于文化概念也做了大量的研究工作。例如，蔡红生将中外关于文化概念的定义总结为"六说"："综合总体说""精神现象说""行为习俗说""历史传承说""文学艺术说"以及"功能价值说"。（蔡红生，2009）曹锡仁在《中西文化比较导论》一书中将文化分为四类："文化——成果论""文化——能力论""文化——精神论"和"文化——行为论"。（曹锡仁，1992）胡潇在《文化现象学》中把文化概念分为七类：现象描述性定义、社会反推性定义、价值认定性定义、结构分析性定义、行为取义性定义、历史探源性定义和主体立意性定义。（胡潇，1991）还有学者将中西方学者对文化概念的阐述归纳为以下几条思路：把文化看作一个包含多层次、多方面内容的综合体，用它来概括人类创造和积累起来的全部物质与精神现象或观念形态的总和；强调文化作为人的社会行为与习俗的意义；把文化主要视为人类的艺术活动及富有仪式性的民俗活动的概括；把文化理解为一个社会的传统行为形式或全部社会遗产；从功能和价值层面认识文化；强调文化对人的思想行为的潜在指导和规范作用。（徐行言，2004）类似研究，不一而足。

### （二）研究评价

上述研究为我们进一步认识文化概念提供了有价值的观点，但不难看出，人们对于文化的定义还存在缺陷——只重视现象的罗列而没有从本质层面深入剖析。具体来说，描述性定义把一切现象都归于文化，指意不免过于宽泛而不够精练，反倒使其内涵隐而不彰；社会性定义很注重社会客观因素尤其是社会实践活动及社会关系结构对文化的制约意义，但夸大了它们的决定性作用，缺少对文化主体——人的内在能动性的重视和发掘，是某种意义上的"见物不见人"；功能性的文化概念也仅仅指向了文化的功用价值性及发展过程性的维度，由此来界定文化概念显然不太恰当；历史性定义重视文化传承及其积淀，这只是文化的众多属性之一，并没有揭示文化到底是什么。同时，综观这些定义，我们不难看出，人们关于文化概念的理解是非常宽泛的，差异也非常之大：有的仅理解为物质形态，有的仅理解为精神形态，有的则理解为物质与精神总体；有的仅理解为人的行为，有的仅理解为行为结果，有的则理解为行为和行为结果的总和。应该说，绝大部分概念都具有一定的合理性，但也存在缺陷。提出一个较为接近文化实质性内蕴的定义，对于推进文化研究和文化实践具有重要意义。

## 二、文化是以价值观为核心的生存方式

### （一）文化是人的生存方式

#### 1. 厘清"人化"与文化是理解文化概念的关键

众所周知，文化是非自然的人为创造物，是自然的人化或者说是人化的自然。从根本上说，文化是人区别于动物的标志，是人脱离动物性本能的控制和人之为人的基本条件。"文化即'人化'——依'人'的价值、向人的理想改变世界和人本身，使之美、善、益、雅、自由、崇高……文化与自然相对而言，是对天然、自然状态的否定与扬弃，是对本能、兽性、蒙昧等'非人'特性的否定与扬弃。"（孙美堂，杜中臣，2004）从历史唯物主义来看，人在有意识地、主动地改造自然，为自身的生存创造生活资料的同时，也在自然物品上留下了自己的印痕，创造了文化。正如马克思所说，在客体主体化的同时，人也同时进行着主体客体化的活动。这一主体客体化的过程就是人类创造文化的过程。"文"在古代汉语里同"纹"，"化"乃是一个变化的过程，即客体主体化的过

程。作为一个过程的结果，人类创造了诸种物质的、制度的、精神的成果，才使得人类呈发展进步的趋势，后代的人们总是能够继承前代文化的遗传，把人类文明向前推进。从这个意义来说，人们把文化理解为"人化"，把文化理解为包罗万象的"大容器"是有道理的。

如果把文化作为区别人类与自然以及人与动物的基本特征，在这个意义上，"人化"与文化具有一致性。但是，"人化"与文化毕竟是两个不同的概念。"人化"重点强调的是人对自然界的改造及其结果，而文化强调的则是人的属性。换句话说，"人化"主要体现的是外部成果，而文化主要体现的是内在本质，特别是人的主体力量。从直接的现实性上说，整个感性世界都是人类活动的结果。但是，从"人化"理解文化，实质上是在用人类全部劳动产品定义文化，即用文化的基本表现形式来定义文化。这不仅有违给概念下定义的基本方法，而且没有把握住文化的实质内容，忽略了作为"人化物"创造者——人的精神状态以及"人化"的过程及方式。所以，理解文化首先必须从作为主体的人出发。"文化不仅是人所创造的身外之物，更核心的一点是它构成了人类的存在方式。因此，界定文化应包括一个更为主要的部分即能动的人自身。"（邹广文，2002）因此，可以说整个感性世界都体现了文化，但是感性世界本身并不是文化，它只是文化的承载者和寓居者，纵使它不可或缺。更何况，一个群体核心的文化气质和文化精神并不只是存在于有形的感性世界之中，而且更多地渗透于该群体人际互动模式、时空观念以及对人性、幸福、生死等哲学命题的理解之中。因此，"把握文化的本质，必须把人的活动方式涵盖在文化范围之内，努力从它生生不息的流变过程和主客体辩证统一中把握其本质"（傅于川，2009）。一旦将文化与"人化"区分开来，把文化中人的主体性凸显出来，我们就不会再拘泥于各种具体的文化现象，而是会直接深入到本质层面加以考察，进而揭示出文化实质。

从这点出发，笔者很赞成陈炎对于"文明"与"文化"这两个概念的区分。他认为，文明是人类借助科学、技术等手段来改造客观世界，通过法律、道德等制度来协调群体关系，借助宗教、艺术等形式来调节自身情感，从而最大限度地满足基本需要、实现全面发展所达到的程度。而文化则是指人在改造客观世界、协调群体关系、调节自身情感的过程中所表现出来的时代特征、地域风格和民族样式。（陈炎，2002）即是说，文化是人的内在素质，文明是外在形式。譬如，我们说某座寺庙具有古文化价值，而寺庙本身并不是古文化，它只是古文化的载体，它本身所折射出来的特定时代的建筑风格、价值和审美取向才是文化。类似地，为我们所感知的具有一定形态的哲学、政治、法律、历史、艺术、宗教、科学、社会制度、行为规范、语言体系等，其本身是文化的外显模式，体现了特定时代、地域的群体行为方式、思维方式或价值追求。对此，康德也有类似的表述，他认为人类发展过程中的技术性、物质性、精神性的各

种外化均属于文明，而构成人类本质力量精神的内在性因素才属于文化。（康德，2002）

### 2. 文化是群体的生存方式

文化作为人类的生存方式，渗透在人类生活的各个方面。大到治国安邦，小到饮食起居，无不体现出特定人群的文化特征。因此，文化是人类的生存方式，是人类在处理人与自然、人与社会和人与自身矛盾过程中所发展出来的样式、风格或活法。我国文化学者梁漱溟曾说："文化不是别的，乃是人的活法。"（梁漱溟，1999）美国人类学家林顿也认为，文化是任何社会的全部生活方式。（林顿，2007）人的生存方式是人类在获取物质生活资料和改造社会关系实践中逐渐沉淀下来的、稳固的存在样法。这种生存方式一旦固定下来就具有相对稳定性，并以自在的方式在代际间进行继承和遗传。同时，由于不同的生存环境，人类塑造和沉淀了不同的存在方式。例如，同样是衣食住行、饮食男女、婚丧嫁娶、生老病死，在不同的民族、不同的国家乃至同一国家的不同地区采取不同的方式进行这些活动，这就是文化多样性的生动体现。文化在回答特定群体"以什么样式去生存"这个问题的同时，也提供了"人为什么生存"的根据。例如，传统儒家文化倡导"重义轻利"。这既为个体提供了一种强调修德的活法，也为个体提供了获取生命意义的根据。所以，从起源角度说，文化是"人化"，它相对于"自然"，是人的主体性或本质力量的对象化。通过文化，人确证了自己的本质存在。然而文化一经产生便成为一种客观形式，成为外在于人的规范力量，导引着每一个现实的人实现与他人、与社会的联系，让人在纷繁的文化符号中获得意义，并固化为"活法"。正如美国人类学家克利福德·格尔茨所认为的："我们的思想、我们的价值、我们的行动，甚至我们的情感，像我们的神经系统自身一样，都是文化的产物。"（格尔茨，1999）人类创造多样的文化形式，它们都蕴含着对意义的构建、解释和表达。每一种独特的文化类型，如西方文化、伊斯兰文化、印度文化和中国文化等，都是一个整体性表达意义的象征性符号系统和文化之网。"文化之网就是意义之网。人就生活在文化之网、意义之网之中，受其影响，受其熏陶，受其支配，同时也从中获得自己生活实践的文化支援、意义支援。"（徐贵权，1999）

## （二）价值观是文化的核心

### 1. 价值观是文化的脊梁

在构成文化诸要素的层次体系中，价值观是文化的核心。因为，人的行为、人的一切的创造都是有目的的，都是为了满足人类特定的需要，而不像动物。动物的行为是被动适应自然界的过程，它只有原因没有目的。人实践活动的方向和方式，以及活动工具和活动结果的形成，无不渗透着价值观，打上价值观的烙印。历史不过是追求着自己目的的人的活动而已。马克思对此曾有一段精彩的表述："动物只是按照它所属的那个种的尺度和需要来建造，而人却懂得按照任何一个种的尺度和需要来进行生产，并且懂得怎样处处都把内在尺度运用到对象上去；因此人也懂得按照美的规律来建造。"（马克思，恩格斯，1995）即是说，人的每一种行为都由价值尺度所驱使，都是价值的外化，都是价值的实践，也都是价值的实现。事实上，文化发展的两个向度皆与人的需要有关。一是外向扩展，即人按照"人"的需要和理想改变人以外的世界，以满足人生存发展的需要；二是内向完善，即人按照"人"的需要和理想优化、美化和完善自身。所以说，"价值或者价值观是文化的脊梁。如果文化中没有价值，或者把价值从文化中抽离，则文化会立即瘫软在地，正如脊椎动物没有了脊梁骨"（汪辉勇，陈旭，2003）。也正是由于价值观的差异，对"为什么做"这个问题回答的差异最终决定了个体对于"做什么"和"怎么做"选择方式上的不同。因此，我们要判断一个社会或组织的文化，主要不是看他们怎么说，而是看他们"做什么""怎么做"，特别是"为什么做"。

为了生存，不同群体在实践中形成了处理人与自然、人与社会和人与自我等矛盾的方法，也积淀出处理这些关系的基本准则，或称为价值规范系统。人的认识包括两个方面，一方面是对于自我的认识，亦即对于人的需要、人性、人的社会的认识；另一方面是对于外在环境的认识，亦即对于自然界的认识。由于群体所处的地理位置、气候条件以及生产方式的不同，不同群体在这两方面的认识都有可能存在差异。而价值观无非就是一种有关自己需要什么以及如何实现自己需要的观念，或者说是有关人性是什么以及如何实现人性的观念。所以，人们对于自我以及外在环境认识的不同，必然会导致价值观的差异，进而导致文化的差异。例如，植根于农业文明的中国文化，以如下鲜明和强烈的价值观念为根据：敬畏天命、祖宗和宗法体系，"三纲五常"、忠孝仁义，等等。植根于海洋文明的西方文化，也有其独特的价值内涵。中世纪文化以《圣经》里的教义、以上帝为标准和依据建构价值体系，启蒙和现代化又推崇个人主义、自由平等博爱、科学理性主义等价值观念。由此形成了独具特色、各自迥异的中西方生存方式。文化是人类在处理各类矛盾中所发展出来的价值体系和思维方式，这与组织文化研究开创者和奠基人——哈佛大学教授埃德加·沙因对于文化本质的理解有异曲同工之妙。他认为文化就是根本的思维方式——组织在适应外部环境和内部融合过程中独创、发现和发展而来的思维方式，这种思维方式被证明是行之有效的，因而被作为正确的思维方式传输给新的成员，以使其在适应外部环境和内部融合过程中自觉运用这种思想方式去观察问题、思考问题、感受事物。（沙因，2011）

2. 从价值观入手研究文化特征是众多学者的选择

透过林林总总、复杂多变的文化现象，一些著名学者纷纷从价值观入手来分析文化类型，探讨文化差异，总结文化模式。例如，美国著名人类学家克拉克洪（F. Kluckhohn）与施特罗特贝克（F. L. Strodtbeck）认为，每一种文化都需要解决几个为数不多的、人类必须面对的普遍性问题。他们把这些问题总结为以下五类：（1）个人与他人的关系是怎样的？（2）人类生活对时间的关注点是什么？（3）人类活动的特征是什么？（4）人类与自然的关系是怎样的？（5）人类天性是怎样的？不同社会都会对这五个问题做出回答，提出特定的解决方式，文化就体现于他们在回答这些问题时所隐含的价值取向和价值偏好之中。（Zurcher，Meadows，1965）例如：关于人性善恶，不同社会有人性本善、人性本恶或善恶兼而有之三类观点；关于人与自然的关系，有征服、服从或和谐两种倾向；关于人与他人的关系，则有个人主义倾向和集体主义倾向。著名文化学者冯·特姆彭纳斯（Fons Trompenaars）与查尔斯·汉普顿-特纳（Charles Hampden-Turner）则认为，人类生存必须面临三个普遍性问题：人与时间、人与自然以及人与他人。文化的差异就在于解决这些问题时所持的思想和态度不同。例如，在处理人与人关系上，不同群体有以下几种不同的价值倾向：通用主义与特定主义；个人主义与集体主义；具体型文化与扩散型文化；中性文化与情感型文化；成就型文化与因袭型文化。在时间观念上，有序列时间观和同步时间观两种观念。在人与环境的关系上，有内因控制与外因控制两种态度倾向。他们认为文化没有好坏与对错之分，只是生存方式和解决基本问题所持的态度不同。（特姆彭纳斯，汉普顿-特纳，1997）著名荷兰文化学者霍夫斯泰德认为，文化包含两种含义：一种与"文明"同义，是"对思想的提炼"，包括教育、艺术和文学；另一种来自社会学和人类学，指的是社会成员思维、感情和行为模式的概括，即"社会行为的不成文的规则"，侧重于社会成员的价值观层面。后一种就是霍夫斯泰德在文化维度模型中所采用的概念。为了同前一种文化概念加以区分，他把这种文化称为"心理程序"（Mental programs）或者"心理软件"（Software of the mind）。（霍夫斯泰德，2010）通过对跨越65个国家的11.6万份调查结果进行分析，霍夫斯泰德提炼出隐藏于人类复杂行为和众多组织制度背后的五个价值维度：权力距离、集体主义—个人主义、阴柔气质—阳刚气质、不确定性规避、长期导向—短期导向。这五个价值维度准确地揭示了不同地区和组织文化之间的差异，显示出极强的通用性和说服力。在文化研究和实践中，他的文化维度理论广泛地应用于教育、卫生、经济和文化等各类组织，已经成为一个国际公认的标准。

## （三）小结

文化确实是一个非常复杂的概念，涉及的内容可谓包罗万象。它不仅涉及人的行为，而且涉及人的思维方式和价值取向；不仅涉及现实世界，而且涉及历史与传统；不仅涉及有形的物质，而且涉及无形的精神；不仅涉及人的行为结果，而且涉及人的行为方式。显然，通过使用简短的定义来揭示如此丰富的内涵，困难是比较大的。本文认为，给某个概念下定义一定要抓住最本质的因素。如果像以前一样，在对文化概念下定义时追求面面俱到，对文化的本质与表象、内容与形式不加区分，既要在文化概念中考虑主体因素，又要照顾客观结果，既要考虑活动过程，又要照顾活动结果，还要把人与物、主体与客体、内化与外化在文化概念中辩证地统一起来，最终将会使文化成为一个无所不包的"大杂烩"，所有与自然相对的"人化物"都会归于文化范畴。显然，这并无助于澄清文化这个概念。本文把文化定义为"以价值观为核心的生存方式"，重点强调文化是一个群体的活法，是一个群体在生存过程中所体现出来的精神状态、思维方式和态度取向，从而把文化归结为人类生生不息的主体活动，归结为隐藏于人工品、人际交往以及人与自然互动等背后的思考方式和本质力量。如果依照邹广文先生把文化定义划分为"功能性文化概念"和"主体性文化概念"的思路（邹广文，2002），本文当属于"主体性文化概念"，即在文化定义中强调具有能动性的人自身。

需要指出的是，本文把文化界定为无形的精神领域，但与传统上学者关于文化的狭义定义并不相同。传统上，广义的文化指的是物质产品和精神财富的总和，狭义的文化则专指精神财富，例如文学、艺术、法律、宗教、道德和制度等。但是笔者认为，文学、艺术、制度仍属于文化产品范畴。只是相对于有形物质产品如建筑、古董等而言，它们是无形的精神产品罢了。如果非要以传统的形态思维来划分文化的话，那么文化可以看成由两个部分构成：一部分是相对外显的生存方式，它表现于特定群体的社会交往、言谈举止、日常劳作以及饮食起居之中，也就是他们习以为常的"活法"；另一部分则是内隐的价值观，它规定着特定群体为什么以这种方式而非那种方式生存，沉淀了特定群体对于生存的理解与认识，对于人性、自然和社会的洞察以及对于幸福、终极归宿的诠释，这也是文化的精髓所在。因为，不论从何种角度界定文化都应把握一个最基本的轴心，这就是人及其具体的历史实践。从最抽象的意义上说，人的文化必然包含人类性，它是人类精神的自我确证。正如周德海所讲："文化的本质作为人类社会中的群体精神，是由一定社会群体在生存和发展过程中所形成的思想观念和心理状态构成的。"（周德海，2003）

这也符合文化概念研究发展的情况。实际上，文化概念是从人类学研究中借用而来的。虽然在研究开端，学者对于文化的理解莫衷一是，但是在后来的发展中，他们普遍认为文化是位于社会、群体或组织深层次的精神因素，这也可以从以下定义中看出："文化是在学校历史发展过程中形成的位于深层次的价值观、信仰和传统"（Deal，Peterson，1990）；"文化是群体共享的意义系统，或是稳定的、习以为常的假设、共享信念、意义和价值观，它们共同构成了个体行为的背景"（Smircich，1983）；"文化是一系列共享的意义和关于群体或组织互动关系以及组织问题、目标和实践的理解"（Reichers，Schneider，1990）；"组织文化是一个社会单位所共享的认知系统"（Rousseau，1990）；"文化是大多数成员所共享的价值观和信念"（Karpicke，1996）；"文化是历史传递的意义模式，包括规范、价值观、信念、传统和传说等"（Harrison，1991）。这些特征包括：人们对待和感受对方的方式、人们感到参与或被欣赏的程度以及传统和仪式反映合作和共治的程度。很明显，这些定义明显地受到了传统人类学中文化概念的启发。例如，著名人类学家克鲁伯和帕森斯（T. Parsons）认为，文化是价值观、观念和其他意义符号模式，它们塑造人类的行为，人的行为则制造出人工品。（Kroeber，Parsons，1958）

## 三、大学文化研究和实践的几点思考

文化不是静态地存在于特定场域之中，而是在文化主体处理与人、与自然及与社会的关系中动态地呈现出来，表现为特定的文化价值观和行为方式。类似地，大学文化是大学人持有的价值观，它表现于师生互动之中，渗透于学校仪式、会议、典礼等重要活动之中，贯穿于学校的规章制度之中，构成了师生共享的、独特的"心理软件"。

### （一）抓住大学文化之本真——生存方式

每一种文化都要为群体提供一种活法及其根据。例如，传统儒家文化以"仁"为核心，倡导血亲人伦、现世事功、修身存养、道德理性，力主孝、悌、忠、信、礼、义、廉、耻等规范，塑造了东方人刚健进取、注重和谐的生活方式和文化精神。同理，一所大学不仅要有实力，而且要有精神魅力。这种精神魅力源自特定的文化价值观为大学人提供的先进的生存方式，从而创造出不凡的业绩。例如，蔡元培执掌北京大学以后，贯彻"思想自由，兼容并包"的办学方针，提倡学术民主，不拘一格聘请各类人才，很快使北京大学发生了脱胎换骨的变化，成为新文化运动的中心、"五四运动"的策源地，取得了举世公认的办学成就。

对文化概念肤浅和片面的理解，导致文化研究和文化建设一片繁荣却又缺乏实效。通常我们认为大学文化包括三个层面：第一层面是精神文化，包括大学精神、大学理念、校训校风等，这是大学文化的核心；第二层面是制度文化，也就是人们的行为规范；第三层面是器物文化，即可感知的物质文化。这种文化层次划分方法已经为人们所习以为常，其优点是层次分明，易于理解。但是，它对于大学文化研究和实践却可能造成不可忽视的消极影响。一方面，在研究过程中，往往要面面俱到，抓不住要害。另一方面，在文化实践中往往从三个方面着手，即提升大学精神、构建大学制度以及优化大学硬件设施等，来提高大学文化。然而，事实远非如此。作为一种生存方式，文化不是静止的、死寂的，它隐含于高校人的生存实践之中，存在于高校管理制度、人际互动、资源分配之中，渗透于大学人的言谈举止之中，这才是文化创生的不竭之源，也是影响办学质量的主要因素。美国百年来关于学校环境和学校效能的研究历程也能说明这一点。在早期研究中，学者把主要精力集中于"形态学"因素，例如师生比、经费投入、教师学历、硬件条件等环境因素对于学校效能和办学质量的影响。但随着研究的深入，研究者发现一些无形的环境因素，如教师、管理者和学生之间的互动模式、领导风格、组织结构等（即文化），才是决定办学质量的关键因素。最后，"假文化"的现象比比皆是。譬如，在校园中随处可以看见"以生为本"的标语，随时可以听到"培养创新人才"的呼唤，但在实际管理和教学过程中，它们却未必成为指引师生生活方式的准则。例如，管理者和教师不把学生的权利放在心中，依然把学生看作需要加以管治的"客体"，容不下学生在思想和行为上的"离经叛道"，不愿意让学生挑战和质疑教师的权威地位。这显然是一种"伪文化"和"假文化"。

## （二）抓住大学文化之魂——价值观

价值观是文化之魂。在任何一种文化体系中，价值观决定着文化的根本性质和基本气质，决定着特定群体的意义之根据。文化和价值观之间的这种内在关联，决定了文化建设的重中之重是价值体系建设。最早提出"软实力"概念的美国学者约瑟夫·奈认为，任何一种软实力资源，之所以能够生发出吸引人甚或"同化性"的魅力，即在于它所蕴含的价值观，在于其价值观所具有的能够激发起人们激情、渴望和梦想的力量。（沈壮海，2012）因此，在推出相关的文化符号和文化产品以提升软实力的过程中，一定要注重赋予这些符号和产品特定的思想内涵和价值元素。抽去了核心价值观的文化，只能流为肤浅的、软而无力的文化式样，而绝不能成为"软实力"。

当今，文化研究由于未以价值观为核心而显得有隔靴搔痒之感。在实践中，高校为迎合"文化热"，刻意制造文化景观，实施 CIS（Corporate Identity System，团体识别系统）文化视觉战略，认为组织几次文娱活动、做几尊雕像、添加几个标志就可以提升学校的文化氛围，提升大学精神。这是对文化极其肤浅的理解。丧失人文关怀和价值内涵的文化产品，营造的只是一种缺乏"灵魂"的文化。大学文化的独特个性在于其独特的价值内核。例如，精彩的校训，如清华大学的"自强不息，厚德载物"，南京大学的"嚼得菜根，百事可做"，哈尔滨工业大学的"规格到家，功夫到家"等，就像一张张文化名片，彰显出学校鲜明的个性和特色，对师生具有很强的教育意义。反观我们周围，具有鲜明特色的校训似乎越来越少。从小学到大学，许多学校的校训不过是从"团结"

"严谨""求实""勤奋""文明""创新"等词语中选择四个词，进行不同的排列组合而已。这种"四词八字"形式的校训平铺直叙，缺乏个性，大而无当，自然无法很好地让组织成员认同，难以最终形成大学的文化个性。

## （三）抓住大学文化之核心——认同

文化认同是文化的核心，认同是文化的最初本意。文化一定是共享的。任何个人的行为、信念、价值观、假设，都不能称为文化；只有当这些行为模式、思维方式、价值观、信念、假设为该团体内的人们所共享时，我们才能在文化的意义上对其进行讨论。正如刘云山所提出的："推进社会主义先进文化和社会主义核心价值体系建设，关键是解决认知认同的问题，使之转化为社会群体意识。"（刘云山，2010）如前所述，文化是人类的生存方式。文化不仅包含一套关于"人"的理念，而且包含一套意义系统和价值系统，包含对人生存方式和安身立命基础的理解。让群体接受、认同一种文化价值观，并使之成为大家共享的生存准则和人生意义之源，是一个十分艰巨的任务。特定大学文化特征的形成需要较长时间的历史积淀，是各种文化形态如高雅文化、大众文化、市场文化、社会主流文化、学术文化、行政文化、中西方文化相互交融、相互吸引和相互碰撞的结果。因此，文化建设是一个长期复杂的过程，既不可一蹴而就，也不可能一劳永逸。

一些管理者的确认识到了大学文化的重要性，然而却通过"自上而下"地动员或号召来开展种类繁多的文化建设工程或文化建设项目。由于这些文化工程缺乏群众参与，远离群众的生存实践，没有寄寓群众的文化情感，其结果只能是空有一腔热情而不了了之。在这些急功近利现象的背后，我们不难发现管理者持的是一种"工具性"的文化功能观，希望通过文化灌输来"规范""约束"和"激励"师生的行为，却没有从根源上认识文化建设的意义。文化的根本功能是为社会生活提供意义系统和价值系统，提供一整套生存样式。在"以人为本"的语境中，管理者不应该把大学文化建设仅当作实现组织愿景的手段，也要关注文化建设对于人成为"人"的"本体性"意义，让文化成为人自觉的生活方式。更何况，管理思想历经百年发展，业已实现从当初的"经验管理""行为管理""系统管理"向"文化管理"的迈进，"文化管理"的实质就在于不是把被管理者当作仅仅追逐金钱的"经济人"和简单追求归属感的"社会人"，而是把他们当作在组织中寻求文化支持和意义家园的"文化人"。因此，加强文化认同机制研究，探讨如何使优秀文化有效转化为群体赖以生存的方式，势在必行。

**参考文献**

蔡红生.2009. 文化概念的考证与辨析［J］. 新疆师范大学学报：社会科学版（4）：77－79.

曹锡仁.1992. 中西文化比较导论［M］. 北京：中国青年出版社：23－26.

陈炎.2002. "文明"与"文化"［J］. 学术月刊（2）：69.

傅于川.2009. 关于文化概念的哲学反思［J］. 毕节学院学报（1）：75.

格尔茨.1999. 文化的解释［M］. 韩莉，译. 南京：译林出版社：15.

胡潇.1991. 文化现象学［M］. 长沙：湖南出版社：34－38.

霍夫斯泰德.2010. 文化与组织：心理软件的力量［M］. 李原，孙健敏，译. 北京：中国人民大学出版社：23.

康德.2002. 判断力批判［M］. 邓小芒，译. 北京：人民出版社：287.

梁漱溟.1998. 东西文化及其哲学［M］. 北京：商务印书馆：38.

林顿.2007. 人格的文化背景：文化社会与个体关系之研究［M］. 于闽梅，陈学晶，译. 桂林：广西师范大学出版社：25.

刘云山.2010. 中国特色社会主义文化建设的实践探索和理论思考：在第六次中越两党理论研讨会上的主旨报告［J］. 求是（20）：4.

沙因.2011. 组织文化与领域［M］. 马红宇，王斌，等，译. 北京：人民大学出版社：12.

沈壮海.2012. 文化如何成为国家软实力［EB/OL］.［02－09］. http：//www.hnedu.cn/web/0/public/201104/26154545663.shtml.

孙美堂，杜中臣.2004. 文化即"人化"：文化概念的一种诠释及其意义［J］. 中国人民大学学报（6）：6.

泰勒.1992. 原始文化［M］. 连树声，译. 上海：上海文艺出版社：1.

特姆彭纳斯，汉普顿-特纳.1997. 跨文化浪潮［M］. 陈文言，译. 北京：中国人民大学出版社：34－36.

汪辉勇，陈旭.2003. 价值观：文化的脊梁：关于价值观本质及其必要性的思考［J］. 徐州师范大学学报：哲学社会科学版（3）：126.

徐贵权.1999. 青年价值取向新探［M］. 北京：地震出版社：187.

徐行言.2004. 中西文化比较［M］. 北京：北京大学出版社：11－15.

袁贵仁.2002. 加强大学文化研究推进大学文化建设［J］. 中国大学教学（10）：4－5.

周德海.2003. 对文化概念的几点思考［J］. 巢湖学院学报（5）：23.

邹广文.2002. 当代文化哲学［M］. 北京：人民出版社：13.

Deal T E, Peterson K D. 1990. The principal's role in shaping school culture［M］. Washington, D. C.：Office of educational Research and Improvement：122.

Harrison M. 1991. Cultural leadership in organizations［J］. Organization Science（2）：149－169.

Karpicke H, Murphy M E. 1996. Productive school culture：principals working from the inside［J］. National Association of Secondary School Principals Bulletin（80）：26－32.

Kroeber A L, Kluckhohn C. 1952. Culture：a critical review of concepts and definitions［M］. Cambridge, MA：Museum：181.

Kroeber A, Parsons T. 1958. The concepts of culture and of social system［J］. American. Sociological Review（23）：582－583.

Reichers A, Schneider B. 1990. Climate and culture：an evolution of constructs［M］//Schneider B. Organizational Climate and culture. San Francisco: Jossey-Bass: 5 – 39.

Rousseau D. Assessing organizational culture: the case for multiple methods [M] //Schneider B. Organizational Climate and culture. San Francisco: Jossey-Bass: 153 – 192.

Schneider B. 1990. Organizational climate and culture [M]. San Francisco: Jossey-Bass.

Smircich L. 1983. Concepts of culture and organizational analysis [J]. Administrative Science Quarterly (28): 339 – 358.

Zurcher L A, Meadows A, Zurcher S L. 1965. Value orientations, role conflict and alienation from work: a cross-cultural study [J]. American Sociological study (30): 539 – 548.

**作者简介** | 雷庆，北京航空航天大学人文社会科学学院副院长、教授、博士生导师，研究方向为工程教育、区域高等教育发展、高等学校管理等。胡文龙，北京航空航天大学人文社会科学学院博士研究生，研究方向为工程教育、高等教育学。

# Culture is the Way of Life: The Logical Starting-point of University Culture Research and Practice

## Lei Qing & Hu Wenlong

**Abstract**: School culture is one of the core and essential factors which affects the development and cohesion of university. Although it is used frequently in daily life and research, we do not reach an agreement about how to define the concept of culture. Based on reviewing the existing definitions of culture and considering the fundamental historical materialism, the article puts forward the proposition that culture is the life style taking value as core. At this point, the paper proposes the three suggestions about university culture research and practice: holding the true culture, holding the soul of culture, and holding the core of culture.

**Key words**: university culture　life-style　value

# 论教育研究的本质追求与反本质思潮

唐德海

**摘　要：**本质主义和反本质主义是人类社会先后呈现的两种相对的哲学思维方式。受这两种不同哲学思维方式的影响，教育领域相应地出现过本质主义和反本质主义两种不同的研究取向。两者为维护自身的合法性而进行的论争，引起了教育界广泛的关注。本文认为，厘定本质主义和反本质主义各自的诉求以及它们之间的关系，是教育研究界必须直面的紧迫课题。

**关键词：**教育研究　本质主义　反本质主义

本质主义和反本质主义是人类社会发展到一定高度后凝练而成的两种哲学思潮，受这两种不同哲学思潮及其特有思维方式的影响，教育研究领域也相应地出现了本质主义和反本质主义两种不同的价值取向。应该说，两种不同研究取向在促进教育科学的繁荣和发展方面起到了不可或缺的作用，正是基于它们的存在以及它们各自在争取存在合法性过程中的不遗余力，我们对教育的认识与理解才有了更多的选路和更加广阔的视域。事实上，在教育科学研究（在本文中意同"教育研究"）领域，由于缺乏自身独特的和不可替代的研究方法，因此多种研究思路、视角与多学科的研究方法和手段等，已经成为其生存、生长和发展壮大的基石。所以，当反本质主义作为一种教育研究思潮冲击我们原本习惯了的本质主义追求时，教育研究界和教育研究者应持何种态度或站在什么立场，对于教育科学研究方法创新乃至教育学作为一个学科门类的生存和发展具有长远而深刻的意义。

一

教育研究的本质主义追求，是本质主义哲学方法论及其思维方式在教育研究中的辐射与根植。

在哲学上，本质是一事物区别于他事物的内在根据，是事物比较深刻的、一贯的和稳定的方面。与本质相对的是现象，它是事物的多样性、丰富性与外在表征，是展现在我们面前又能为我们的感官所直接把握的客观存在。本质主义哲学观认为，现象是变幻不定的，它只是事物个别的、偶然的、暂时的存在形式；本质是事物普遍的、必然的、永恒的存在，是恒定不变的。人们认识事物的根本方法或赋予人类认识的核心任务就是透过现象把握本质。因为，把握了本质就把握了事物运动变化的轨迹，从而能够在实践中牢牢掌控事物运动变化的规律和发展方向，进而为人类带来更多的自由，谋取更大的幸福。一言以蔽之，本质主义是一种坚挺本质存在并致力于本质追求的认识路线，它认为纯粹知识或科学的任务就是去发现和描述事物的真正本性，即隐藏在事物背后的那个实在或本质，除此无他。

作为一种方法论或思维方式，本质主义分析与研究事物时通常将其存在一分为二，形成了诸如现象与本质、个别与一般、特殊与普遍、偶然与必然、形式与内容、表层与深层、外部与内部、边缘与中心、虚幻与真实等范畴。事物存在的上述两个方面均为一种主从关系或对立关系。其中，后一方决定前一方，前为次要方面，后为主要方面，主要方面对于事物的存在具有决定性的意义。这种二元对立思维，铸就了本质主义的如下基本特征：一是深信事物本质的天然潜在性、事物运动发展的客观必然性以及由浅入深和由简到繁的逻辑规律性；二是肯定把握事物运动发展变化规律的可能性，就是要透过事物纷繁复杂的表象去挖掘出那个隐身其后的本质，简约的说法是"透过现象看本质"；三是坚持以追求事物的同一性和确定性为目标，并把这种追求建立在主客二分和二元对立的思想基础上；四是重视理性与理性思维，忽视和排斥感性思维，因为只有理性的抽象才能使人类把握事物的内在本质和世界的真实存在；五是强调价值无涉，要求认知主体在认知过程中保持价值中立，规避"假象"；六是褒扬真理的客观性、普遍性和普适性，贬斥知识的特殊性、偶然性与个体理解的差异性。一言以蔽之，本质主义就是要通过"化约—还原"的方法，建立起一整套由公理、法则、原理、规律等构成的标准阈值，要求人们认识、理解、把握，并依据或运用。

受本质主义哲学思维方式的影响，寻求确定性、有序性和普遍性以及探索并获取普遍的原理与规律，也成为教育研究最根本的任务与价值追求。在西方，自苏格拉底以来就一直在探寻超历史的、普遍有效的客观规律与准则，而教育研究也一直在遵循这样的逻辑与思维方式来解析教育，解读教育，斧正教育。可以说，西方教育研究的本质主义追求不仅源远而且流长。在我国，早期教育学科的发展主要依靠引进和借鉴，先是"中道"日本，而后"直捷"西方，新中国成立之初又"以俄为师"，教育研究基本上遵循"翻译—领悟—改编"的道路来演绎，"直到 20 世纪 50 年代末，本质主义尽管已经在中国教育学术界出现，但还没有成为整个教育学术界共同分享的知识观和认识论信念"，也就谈不上真正意义上的"研究"或"追求"。一般认为，中国教育本质追求萌动于 20 世纪 50 年代，破土生长于 70 年代末 80 年代初。1978 年，于光远先生在《学术研究》上发表《重视培养人的活动》一文，对新中国成立后长期以来把教育活动仅仅看成上层建筑的思想观点提出质疑，认为"在教育这种社会现象中，虽然包括有某些属于上层建筑的东西，但是整个说来，不能说教育就是上层建筑，在教育与上层建筑之间不能划等号"（于光远，1978）。他认为，教育有一部分是上层建筑如教育思想等，但教育实践中有许多是非上层建筑，隶属于生产力范畴。于光远先生的文章在当时引起了广泛的关注和回应，正式拉开了学术界"教育本质问题"大讨论的序幕。这场讨论参与人数之多、范围之广、持续时间之长，在中国教育学界史无前例。"在这场教育本质的大讨论中发表了近300篇论文，洋洋洒洒200余万言，林林总总20余说，把教育本质的研究推入'显学'之列。"（郑金洲，1996）直到20世纪90年代中期以后，对于教育本质问题研究的兴趣才有所回落，但迄今为止亦未绝笔，不时还有学者从不同的角度发表看法，或提出新的观点，或反思研究中存在的问题，真可谓余音绕梁，去而犹存。

## 二

本质主义深信"化约—还原"思维方式在问题解决过程中的绝对有效性和唯一可行性，坚定不移地褒扬本质、超验、必然、预设、绝对、中立，贬责具体、生成、偶然、相对和研究过程中的价值观参与，十分关注现象与本质、个别与一般、特殊与普遍、偶然与必然、形式与内容、表层与深层、外部与内部、边缘与中心、虚幻与真实等范畴之间的区分和区别，而它们之间的有机联系诸如变化、发展、相互转换等内容往往被忽略甚至被忽视。正是这种忽略与忽视，在处理复杂事物的过程或环节上容易陷入机械与刻板，进而失去把握事物总体和全貌的机遇。鉴于本质主义的上述缺陷和不足，哲学界的反思与批评此起彼伏，逐步形成了一股针对本质主义的反叛力量，谓之"反本质思潮"或"反本质主义"。

以本质主义为标靶，反本质主义的背离与反叛主要来自三个方面。一是要求消解本质。在反本质主义者看来，事物根本不存在所谓普遍、共同的本质，因而"任何一个追求某种事物的本质的人都是在追逐一个幻影"（施大格缪勒，1986）。基于此，维特根斯坦（Ludwig Wittgenstein）认为，要抵制本质主义的深层诱惑，就必须抛弃"本质"概念，改用"家族相似性"的概念或方法来描述事物及其存在方式。（刘放桐，2000）罗蒂（Richard Rorty）则站在实用主义的立场上对事物的本质进行消解，他认为"一个信念之真，是其使持此信念的人能够应付环境的功用问题，而不是其摹写实在本身的存在方式的问题"（罗蒂，1992）。福柯（Michel Foucault）对事物本质的消解主要集中在对人的本质的否定上，他认为人并非永恒的无限存在物，而是特定历史时代的一种认识论建构，因而不具有一种恒常不变的普遍本质。二是拒斥二元分类逻辑，反对传统哲学将事物解构为"现象"和"本质"两个对立的范畴。德里达（Derrida）指出，传统哲学的二元对立只是一种中心—边缘的等级结构，"其中，一方（在价值上、逻辑上等等）统治着另一方，占据着支配地位"（转引自赵光武，2000），所以必须予以摧毁和解构。三是反对科学方法，认为社会历史现象是错综复杂的、变幻不定的，科学方法从一些固有的概念模式出发，根本无法把握处于不断变化过程中的事物，而且科学方法完全舍弃了研究对象的特殊性，不可能反映事物的全貌。概而言之，反本质主义要求消解本质，拒绝二元分类逻辑，反对同一、普遍、确定、中心，旨在追求多元、差异、不确定性，关注边缘、具体与丰富。

作为一种复杂性思维方式，反本质主义对教育研究影响很大，近年来已成为教育研究方法创新中的一个亮点。甚至有学者喊出，21世纪的中国教育学研究必须深刻地批判和彻底地抛弃本质主义的认识论和方法论，树立新的反本质主义的知识观，走上新的反本质主义的认识论之路。（石中英，2004）

实事求是地说，反本质主义的确给教育研究带来了一股清新之气，它带给我们的启示至少有三点。第一，从问题域来看，它无疑拓展了我们教育研究的视野。反本质主义者认为，教育不存在一个"本质"，教育研究的本质追求无异于缘木求鱼。这样的认识可能有失偏颇，但退一步说，即使教育本质客观存在，我们也应该将诸如偶发性、离散性、非确定性等教育现象和问题纳入教育研究的范畴。第二，从把握对象的状态来看，它警示我们在关注教育目的与结果的同时，必须关注教育发展的状态与过程。反本质主义反对教育的预设，包括预设的教育目的、教育计划和教育规划，强调教育及其过程的内在性、丰富性、生成性与超越性。现实地看，当前教育领域也确实存在着这样一种倾向，即人们普遍将教育视为一种以理性为基础和出发点的简单教育：教育目的在事前被真理般地预设，教育过程中各种可能性为一种可严格预期的运作模式所替代，教育行为被严格控制，教育结果相应地成为教育计划的附属品，主体的选择性被扼杀，教育内部诸因素之间、教育与外部环境之间立体网络式的非线性相互作用与联系被忽略不计甚至被排斥，人们千方百计地通过对铁定因果关系和严格必然性的探寻，企图为教育设计一个一劳永逸的操作方案。为了达到预期的设计目的与效果，人为地忽略或剔除教育中某些起重要作用而难以或无法把握的因素，诸如教育的无序性、教育的偶然性、教育的不确定性、教育的丰富性、教育过程中潜藏着的活的意义与价值，甚至包括教育活动主体的主观能动性等，均成为预设的牺牲品。客观地讲，由本质主义追求引发的上述教育险象或许不是本质主义的题中之意，可能是认识上的误读，也可能是实践中的偏差，还可能是被贴了标签。但本质主义难辞其咎：一方面，它的确与本质主义有关联；另一方面，很难从本质主义的角度去进行甄别。而反本质主义则不同，它旗帜鲜明地把教育当作一个开放的、不能预定更不能推算的未完成的过程，倡导教育及其过程的生成性，追求教育的丰富性和生命价值，这无疑是有重要参考价值的，至少让我们看清了理性预设的良好愿望与非理性甚至反理性过程及结果的巨大差异，以及出现这种差异的成因与机制。第三，从方法的运用来看，它反对单纯的科学方法，提倡历史主义，注重质性研究。教育是一种社会历史现象和活动，它因历史条件差异和社会的不同状况表现出具体性、变化性和复杂性，因而单一的科学方法不足以反映教育的全貌，并且单一的科学方法容易使人们对教育的认识简单化、机械化和庸俗化。第四，从研究态度上看，它排斥中心，反叛权威，倡导多元对话和交流。从反本质主义立场看来，既然不存在所谓本质，那么自然也没有反映本质的认识和观点，每个人的研究成果只是表明他自己的一种立场或视角，只能作为一种交流和对话的一方而存在，并不存在所谓的权威和中心，因为对话和交流的前提是平等。在反本质主义者看来，对话和交流是人类生存的一种基本方式，也是教育变革所倡导和遵循的基本理念，自然也应该成为教育研究者所具有的基本态度。

总的看来，反本质主义主张人们在教育研究中"走向一条更加现实、谦逊、民主和多元的认识之路"（石中英，2004）。毋庸置疑，反本质主义作为一种思维方式，为教育研究提供了新的视域与视角，阐述了新的主张和立场，注入了新的血液与活力，为其存在与发展赢得了时间和空间。

## 三

有关教育研究的本质主义和反本质主义的讨论，在国内教育学界已渐渐降温，但由此引发的问题及相关思考却远远没有结束，对教育学界和教育研究者的立场与智慧的考验才刚刚开始。就本质主义与反本质主义的关系，笔者有以下拙见。

其一，本质主义追求是否有必要和可能。第一，假本质、伪本质追求没有必要，也不可能有任何结果。打着本质主义的"旗号"行假本质主义"勾当"，除了导致认识领域的"自大狂"，被当作推行学术霸权的借口，滋生"学阀"和"学霸"外，"在认识论上并不使我们更智慧；在学术生活中并不使我们更谦逊；在对待知识和方法论方面，并不使我们更民主"（石中英，2004）。第二，本质主义追求给我们带来了什么。站在反本质主义立场，指出本质主义的不足或残障，为自身的存在和发展赢得空间，是正当的、合乎逻辑的。但是，全盘否定本质主义及其追求带给人类社会的科学、文明、进步、认同和秩序，是消极的和不可取的。第三，背弃本质主义我们将面临什么。在笔者看来，放弃本质范畴、本质信仰和本质表达，不仅仅是一个情感上可否接受的问题，还可能是一个包括认识路线的叛离、言说方式的重构、现代文明的否定和社会秩序的颠覆等在内的深层次问题，其代价是不可估算和难以承受的。

其二，反本质主义生存和发展的空间何在。从科学发展史的角度来审视，反本质主义可能是本质主义成熟与发展的重要推力。历史上，当一种理论发展到一定阶段或高度时，它的进一步发展与成熟往往需要一种附属理论（寄生于原理论上的一种新理论，或是视域的开展，或为包摄度的提高）来支撑和推动。这种支撑与推动力可能是相继的，也可能是相对的或相向的，还可能是颠覆性的。天文学的发展史就是一个例子。公元 2 世纪托勒密《天文学大成》所建立的"地心说"，统治欧洲学界长达 1000 多年，直到 16 世纪哥白尼"日心说"的提出，人们开始认识到"地心说"的局限性。而现代科学技术的发展，又让人们看到了"日心说"的局限性。物理学的发展路径也是如此。早期的物理学包含在自然哲学中，始终是亚里士多德一统天下；到了文艺复兴时期，伽利略提出将物理理论和定律建立在严格的实验和科学的论证基础上，系统地阐明了"伽利略相对性原理"，驳倒了亚里士多德关于重物下落速度比轻物快的结论，被尊称为物理学或科学之父；然而，1678 年牛顿在《自然哲学的数学原理》中发布了他发现的三大运动定律，人们这才知道伽利略关于力与运动变化关系的分析实质上是一个悖论；20 世纪的前 30 年，相对论和原子物理学的发展又动摇了牛顿机械世界观的基础："绝对时空观、质密粒子、物理现象的严格因果性、客观描述自然的思想"。相对论和量子力学给我们展现了一个奇妙的"机体宇宙"：世界是无休止的事件流，事件的过渡构成时间，事件互涵的扩展构成空间。数学、生物学、系统科学等理论的发展历程亦然。如果反本质主义是本质主义进一步走向成熟与发展的推力或是具有标志性意义的重要表征，那么在教育研究中追求本质或坚持反本质就不是一种为生存而展开的博弈，更确切的表达可以谓之"珠联璧合""异彩纷呈"或"双赢"。

其三，极端本质主义和极端反本质主义均不应成为教育研究的追求或选项。当我们讨论本质主义追求与反本质主义思潮以及它们的实践价值时，通常是以一般性、普遍性、普适性等为前提和基础的。如果用绝对和极端来思考问题或建构话语体系，在剥夺他（它）者话语权的同时，也就扰乱了对话的氛围，毁坏了交流的语境和平台。人们有理由相信，反本质主义不是为了"摧毁所有的同一性"，成为"彻头彻尾的怀疑主义、无政府主义、甚至虚无主义"（张志平，2008）；同样，本质主义也不是自欺欺人，义无反顾地置身在无聊的、虚无缥缈的游戏当中。因此，作为教育研究者，无论持何立场或信奉何种主义，不宜也不应将对方钉在绝对与极端的"十字架"上，用以标榜自己选择的正确性以及研究成果的科学性。

其四，教育研究走向何方。第一，留出选择空间。本质追求和反本质思潮均是教育研究的一种选择，作为教育研究者，赞同和选择了本质追求，或者认可反本质主义并汇入反本质思潮，这应该不是原则性问题。相反，剥夺研究者的选择权，限其做出非此即彼的决断，形成"×××"阵营和非"×××"阵营，这才是危险的和需要引起警惕的。第二，保持竞争态势。众所周知，20 世纪 80 年代以来，中国教育研究领域相继出现了本质主义追求和反本质主义思潮两条不同的认识路线。令人印象深刻的是，当双方为争取合法性争斗最为激烈之际，恰恰是中国教育蓬勃发展之时、教育理论研究精进之时、学术"百花齐放、百家争鸣"之时；而当双方偃旗息鼓、相安无事之际，却是中国教育发展慢进甚或止步之时、教育研究难有作为之时。近些年来，教育理论界鲜有争鸣，难见齐放，学者们无不忧心忡忡。第三，切忌简单调和。一些"好心"的学者，不愿看到本质主义和反本质主义之间的纷争，百计千方从中调解，形成了"加权""中和""折中"等诸多理论。这些理论既没有学理上的任何突破，也没有解决实际问题的具体功用。这种简单调和的方法在带给教育理论界片刻宁静的同时，承受的代价是"教育理论中看不中用"的一片骂名，其实得不偿失。

**参考文献**

刘放桐，等 . 2000. 新编现代西方哲学 ［M］. 北京：人民出版社：274.

罗蒂 . 1992. 后哲学文化 ［M］. 上海：上海译文出版社：1.

施大格缪勒 . 1986. 当代哲学主流：上卷 ［M］ 北京：商务印书馆：593.

石中英 . 2004. 本质主义、反本质主义与中国教育学研究 ［J］. 教育研究（1）.

于光远 . 1978. 重视培养人的活动 ［J］. 学术研究（2）.

张志平 . 2008. 西方哲学十二讲 ［M］. 重庆：重庆出版社：214.

赵光武 . 2000. 后现代主义哲学述评 ［M］. 北京：西苑出版社：140.

郑金洲 . 1996. 教育本质研究十七年 ［J］. 上海高教研究（3）.

**作者简介**｜唐德海，男，广西大学教育学院教授，教育学博士，主要从事高等教育理论研究。

# The Discussion on the Pursuit of Essentialism and the Trend of Anti-essentialism in the Field of Education

## Tang Dehai

**Abstract**：The human society has presented two kinds of relative philosophical thinking ways which are essentialism and anti-essentialism. With the influence of the two philosophical thinking ways, which corresponding appeared two different research orientations between essentialism and anti-essentialism in the field of education. It also caused a widely attention for safeguarding its own legitimacy in the educational circles. And it is an urgent subject to determine the essentialism and anti-essentialism of their own appeal and their relationship in the field of education.

**Key words**：the study of education　essentialism　anti-essentialism

# 论高等教育学学科属性及其建设

李枭鹰　尹宁伟

**摘　要：** 中国的高等教育学是一门年轻的学科。目前，我们应致力于高等教育学之强本固基，深入推进高等教育学从稚嫩走向成熟，从经验走向科学，增强高等教育学认识与引领高等教育实践的功能，提升高等教育学反省与批判高等教育理论的功能，全面提高高等教育学学科的人才培养质量与水平，切实增强高等教育学的解释力和认可度，进一步强化高等教育学的不可替代性。

**关键词：** 高等教育学　学科属性　学科建设

20世纪80年代初，"高等教育学"作为"教育学"的一个二级学科，纳入中国高等学校的学科专业目录，历经近30年的建设，无论是作为一门"知识形态"的学科，还是作为一门"组织形态"的学科，高等教育学的发展与壮大可谓气势如虹，成就举世瞩目。迄今，高等教育学不仅是拥有诸多分支学科的学科群，也是国内许多大学人才培养的基本组织，还是国家高等教育政策的生发器和中国高等学校改革与发展的策源地。然而，伴随着高等教育学茁壮成长的光辉历程，对其作为一门学科合法性的质疑之声一直不绝于耳，个别学者咬定高等教育只能是一个"研究领域"，而不是也不可能是一门"学科"，甚至对高等教育学怀有"敌意"，讥讽它既无"科学"的合法身份又无"艺术"的尊贵地位。如果质疑源于高等教育学界之外且影响仅仅限于外部，那么高等教育学界可以"走自己的路，让别人说去吧"；如果高等教育学专业人士本身不明就里，陷入其中，或心虚、迷茫、徘徊，或讹传、附骥、叛离，那么这就是在撼动高等教育学存在与发展的根基，绝不可等闲视之。解读"高等教育学是否拥有独特的研究对象""成熟的高等教育学是否一定要有独特的研究方法""高等教育学学科建设与发展之路在何方"等基本问题，不仅仅是对质疑的回应，更是对高等教育学及其发展方向的坚守与操持。

## 一、高等教育学是否拥有独特的研究对象

每一门学科都有自己的本质规定性，并以此而形成学科的独立性、独一无

二性和不可替代性。何为一门学科的本质规定性？通常认为是独特的研究对象及其对象所具有的特殊矛盾。"科学研究的区分，就是根据科学对象所具有的特殊的矛盾性。因此，对于某一现象的领域所特有的某一种矛盾的研究，就构成某一门科学的对象"（毛泽东，1966）。"一门学科的建立，最基本的根据只能是有它的独特的、不可替代的研究对象，有它特殊的基本规律"（潘懋元，2006）。亦即是否拥有独特的研究对象，是判定一门学科是否成立的基本依据，是一门学科立足于学科之林的基本"属地"。当然，这种属地只是相对的而非绝对的，因为任何学科的存在和发展都离不开别的学科尤其是相近的学科，一些具有相关性、相容性、相生性和共生性，彼此相互作用形成紧密"血缘"关系的学科群，成为有机联系的知识整体，它们的研究对象具有交叉性特征。

作为一种知识门类的划分，任何"新学科的孕育和崛起都不是偶然的，它有破土而出的历史条件，有强烈的历史使命感的召唤，有一定的理论准备，有现代化建设的需要，也有学科带头人的大胆开创和积极探索，特别是许多综合性新学科的开拓，更是多学科、攻关群体共同努力的结果"（陈燮君，1991）。我国高等教育学的孕育、诞生和发展正是如此。回眸高等教育学孕育和诞生的历史背景，以潘懋元先生为代表的高等教育学家基于"高等教育区别于普通教育的特殊性以及高等教育对象的特殊性"创建了高等教育学。今天，如果我们承认教育学（或普通教育学）作为学科的合法性，那么我们就没有理由否认高等教育学作为学科的合法性。从本质上看，高等教育学不仅具有独特的不可替代的研究对象，而且有其不同于普通教育的特殊规律，因此，它有充分的理由成为一门独立的学科，而且也应该成为一门独立的区别于普通教育学的学科，以适应高等教育改革与发展的需要。潘懋元先生认为，高等教育与普通教育的区别集中表现在两个方面：一是高等教育是建立在普通教育基础上的专业教育，以培养专门人才为目标；二是教育对象为全日制大学本科生，他们主要是 20 岁左右的青年，身心发展已趋于成熟。（潘懋元，1984）高等教育的这种特殊性，不仅是高等教育学诞生的理论依据，也是高等教育学可以成为一门独立的学科的基本条件。目前，虽然我国高等教育学的概念体系、理论体系、方法论体系等尚处在形成、发展和完善的过程之中，但这并不能否认高等教育学作为学科的合法性，它只是表明高等教育学还不够成熟。

我国高等教育学作为学科的合法性，除了具有上述的理论依据（即拥有独特的研究对象）外，还在于其制度化和组织化。学科发展史表明，经济学等成熟的社会科学的设立过程是："首先在主要大学里设立一些首席讲座职位，然后再建立一些系来开设有关课程，学生在完成课业后可以取得该学科的学位。训练制度化伴随着研究的制度化——创办各学科的专业期刊，按学科建立各种学会，先是全国性的，然后是国际性的，建立按学科分类的图书收藏制度。"（华勒斯坦，1997）很显然，我国高等教育学的发展过程同经济学等成熟的社会科学的设立过程并无二致，即最先完成了学科的社会建制，获得了行政合法性，同时学科共同体也获得了维系其生存与发展的各种专业期刊和学科组织机构。

## 二、成熟的高等教育学是否一定要有独特的研究方法

高等教育研究方法是近些年来高等教育学界十分关注和讨论颇多的问题，这可能与高等教育学学科意识的日益增强有关，可能与高等教育学的日趋成熟有关，也可能与高等教育立场的捍卫与操守有关，还可能与高等教育及其研究的日趋复杂有关。现在看来，其最为核心的根源恐怕还是学科独立的假设（即一门学科之所以可以成为独立的学科，通常被认为应具备两个基本条件：一是具有"独特的研究对象"，二是拥有"独特的研究方法"）。20 世纪 90 年代中期以来，国内不少学者对高等教育研究方法进行了探讨，提出了"改造说""学科方法论层次说""价值评价说""问题研究说""多学科研究方法说""社会科学方法论说""独特的方法组合说""混合方法说"等多种论说（田虎伟，2007）。但是，与高等教育理论与实践研究相比，高等教育研究方法的探讨仍显滞后。这种研究状况不仅没有缓解甚至还加重了人们对高等教育学学科属性的质疑。事实上，质疑之声并不限于高等教育学，教育学自成为一门"学科"以来，其学科地位也因为类似的原因而一直处境尴尬甚或狼狈。这种状况也不限于中国，而是一种普遍的世界性现象。哈佛大学教育研究生院第五任院长拉格曼认为，美国当代的教育研究是一门"捉摸不定"的科学，美国当代的教育研究的历史是一段"困扰不断"的往事。许多人直截了当地批评，如果以美国教育研究协会（AERA）的年会活动为衡量标准的话，整个教育研究领域仍然漫无边际，缺乏重点，方法上有许多缺陷，无足轻重的研究充斥着这个领域。（拉格曼，2006）历史学家卡尔·克斯特尔认为，教育研究一直"受到其他领域学者们的贬抑，遭到实践者的忽视，受到政治家、决策者以及公众的戏弄或者批评"（拉格曼，2006）。

为了改变我国高等教育研究方法滞后的尴尬局面，提升高等教育理论与实践研究的品格，推动高等教育学从稚嫩走向成熟，潘懋元先生于 2001 年主编出版了《多学科观点的高等教育研究》一书。该书认为，高等教育是一个复杂系统，高等教育研究需要多学科的介入，高等教育学独特的研究方法可能就是多学科研究方法。（潘懋元 等，2001）事实上，不单高等教育学如此，任何一门学科正在产生和发展时，"要想取得进步，必须借鉴所有现成的科学，将这些学科中宝贵的经验弃之不用，显然是不明智的"（迪尔凯姆，1998）。2008 年，潘懋元先生在"高等教育多学科研究方法"的基础上，又主编出版了《高等教育研究方法》一书。作为国内第一部高等教育研究方法的著作与研究生教材，该书对高等教育研究方法进行了系统研究，突出了方法论的探讨，对思辨研究方

法的地位再次进行了确认，对定性方法和定量方法的辩证关系重新进行了阐释，对高等教育研究方法的应用性进行了强化和解读，是一部融学术性与通俗性于一体的学术力作，极大地丰富了高等教育学的理论园地，巩固了高等教育学的学科地位，并在一定程度上捍卫了高等教育学作为学科的合法性。

但近些年来，国内一些学者开始对多学科研究提出这样或那样的质疑甚或批判。批判者担心，多学科的高等教育研究可能会引发或导致高等教育学被彻底改造成为"吸收各个学科成果的一个领域"，也可能会成为"一个公共跑马场"，还可能成为"其他学科的殖民地"。有这样的担忧是可以理解的，但无疑也是多余的。因为无论研究方法或研究范式如何改变和变换，都无法改变高等教育学的"独特研究对象"，也就无法动摇高等教育学作为学科的合法性的根基。高等教育的复杂性和特殊性，决定了高等教育研究或高等教育学研究应融合各种方法的合理元素，形成整体性的研究方法，否则其研究将是不完全的，所产生的高等教育学知识也是不完整的，因为"个别方法的特殊性不会比整体模式更重要"（格里斯利，2006）。令人遗憾的是，很多研究者忽视了这一点，抑或压根不愿这么想，他们要么过于强调某种自己所认同的特定方法的优长，要么过分指责那些未得到自己认同的研究方法的不足，让人觉得某些研究方法完全可以包打天下，而另外一些研究方法则一无是处。也就是说，不同的研究者由于其哲学假定和研究方式不同，容易鼓吹某种或某类方法，而贬低和拒绝其他方法，抑或认定某种研究比其他种研究更加令人信服。但事实业已证明，没有一种方法是完整的和无懈可击的，也没有一种方法适用于所有的研究对象。正因为如此，对于复杂的高等教育，我们提倡多学科的、综合的、复杂的研究方法，主张参考和借鉴各种不同的研究范式。

多种不同的研究方法的客观存在，不仅意味着正确的研究很难有绝对一致的判定标准，也意味着强调研究方法的"独有性"或"专用性"并非明智之举。从这个意义上说，无论是出于对高等教育学学科的自我防御，还是出于对高等教育学学科的学术自信，我们都不能抱残守缺而固守某种单一的研究方法，相反要敢于突破高等教育学的学科畛域，大胆借鉴其他学科的理论与方法。多学科研究"不应被视为高等教育研究因缺乏学科成熟的'无奈之举'。即令高等教育学达到'相当成熟'的程度，多学科研究的方法也不会从这个学科的研究视野中消失"（冯向东，2006）。当然，虽说多学科研究可能是高等教育学的独特的研究方法，但它并非高等教育学"独有"或"专有"的研究方法，它还适用于许多其他的人文社会科学。事实表明，每一种研究方法可以有自己的"专利"，但它们绝不会是"专用"的，当下各种"范式"或"主义"在不同领域的交替使用就是最好的佐证。另外，研究方法有时就像表演的舞台，迷恋或热衷于一种研究方法，无异于固守在同一舞台上跳舞，时间足够长也许会让你的舞跳得更好，但同时也会让你失去在其他更大更好的舞台上跳舞的机会。对高等教育研究而言，何尝不是如此。更何况，高等教育是十分复杂的系统和异常特殊的问题域，我们很难找到某种单一的方法或范式可以完全抓住高等教育的丰富性和揭示高等教育的特殊性，因而围绕高等教育系统整合不同的研究方法或研究范式是必要的和理性的。

研究方法还类似于生产工具，同样的生产工具掌握在不同的人手里，所起的效用往往不同。比如说，同样是天文望远镜，不同的人用它，所看到的景象绝不会完全相同：教皇看到的可能是"小天使正在针尖上跳舞"，而天文学家看到的也许主要是天文现象。不同的研究者进行某项研究，即使采用的研究方法完全相同，他们所得的研究结论也可能截然不同。另外，即使获得相同的结论，有时也不能证明研究结论的科学性或真实性，而只能证明研究方法的信度高。更何况，在很多时候，科学性或真实性也并非唯一有价值的方面，"黄金规则"也不是科学研究的唯一追求。站在历史的长河看，一项研究的影响或价值，无疑与该项研究结论的真实性有关，但也经常取决于它在多大程度上回答了问题，提出了新问题，或者改变了人们的认识和看法。比如说，"地心说"是现代科学早已否定了的一种理论，但它有着不可抹杀的历史意义或历史的合理性，仍然是今天科学体系之整体不可或缺的元素。因为"地心说"本身也是基于科学精神而建立的，是历史的产物，是总结几千年观察与测算的成果。科学发展史昭示：科学的发展过程恰如"日心说"取代"地心说"的过程，是一步一步向前推进的。今天，如果一味地指责"地心说"是愚昧、迷信、宗教独裁的工具等，试图把它从科学整体中割掉是不恰当的，这样做会阉割科学的精神。从相对真理的视角看，"地心说"无疑也可算是一种历史性的科学理论。如果看不到这些，就难以很好地理解"地心说"的价值，更无法把握科学的内在精神。同样的道理，对于高等教育学乃至任何一门学科而言，其理论与研究方法都是不断演进的，沉迷于追求拥有独特的和永恒的研究方法，妄想通过一次性努力就达到一劳永逸的目的，有违学科发展的内在规律，也是不现实的。

## 三、高等教育学学科建设与发展之路在何方

我国高等教育学的发展具有典型的"中国特征"：一是高教研究起初主要侧重于高等教育学学科的建立及其学科体系的构建；二是高等教育学学科建立之后，高教研究大体上沿着两条并行而又相互交叉的轨道发展，即以高等教育学学科建设为重点的理论研究和以对中国高等教育改革与发展实际问题研究为重点的应用研究。（潘懋元，2006）历经近30年的建设与发展，目前高等教育学已基本形成自己的"话语体系"，拥有庞大的"学术共同体"，但总体上还是一门年轻的学科。正因为它还年轻，往后我们必须着力于其研究对象的深化和融合、基本原理的更新和充实、理论体系的改革和综合、研究方法的探索和创新，增

强高等教育学认识与引领高等教育实践的功能，提升高等教育学反省与批判高等教育理论的功能，提高高等教育学学科的人才培养质量与水平。一言以蔽之，我们要致力于高等教育学之强本固基，推进高等教育学从幼稚走向成熟，进而增强其科学性、解释力和认可度，强化其人才培养的不可替代性。

## （一）增强高等教育学认识与引领高等教育实践的功能

理论来源于实践，同时又指导实践。因此，理论创新的根本目的，不是为了理论本身的发展，而是为了引领实践走出困境，突出重围。也就是说，当实践遇到困境与迷惘而实践本身不能解决时，理论必须先于实践而前行，为实践走出困境和迷惘提供新的视野、路径与方法。与实践进行实质性的对话，是理论成立的最充分的理由。高等教育是一种实践性很强的社会活动，高等教育研究或建立高等教育学的真正动因，绝不是研究者为了追求纯粹的"闲逸好奇"，而是为了引领高等教育实践走出困境和迷惘。从某种意义上说，能否指导高等教育实践，是判定高等教育理论到底有无创新品质和创新张力的重要标准。目前，诸多高等教育研究尚缺乏这种引领高等教育实践脱离困境的纯正动机，高等教育研究的理论成果与高等教育的实践需求相去甚远，从而降低甚至失去了应有的理论价值和指导意义。高等教育研究应以实际问题为中心，时刻关注变化着的高等教育实践呈现出来的各种新问题，在发现与解决新问题的过程中总结新经验，揭示新规律，从而不断推动理论发展，而不是一味地用现有的理论去解读政策、迎合实践。同时，还要不断地将理论运用到实践中去检验，当发现理论成果的某些方面不能适应实践的需要时，要及时对其进行补充、修改乃至摒弃，使之更加接近实际与真理，以规避理论本身的不足给实践带来的负面影响。这是高等教育研究的一种社会责任。

近30年来，中国的高等教育发生了巨大变化，高等教育领域呈现出许多新问题，当中有不少还是"两难问题"，这些问题需要科学的高等教育理论来解释和回答。比如，大学应坚守和捍卫经典的办学理念，还是根据外部变化不断调适自己的办学理念？大学应当尽量追求自治，还是密切联系国家与财团？大学生应当被培育成复合型人才，还是被培训成专门技术人才？大学的教学内容要旁及博雅通识，还是锁定在单一的学科专业领域？大学应依凭科技发明，还是倚重人文底蕴？大学的重心在于培养学生，还是在于教师发展科学研究？大学究竟以学生为中心，还是以教师为中心？大学把权力交给学生，还是仍由教师掌控？教授地位取决于学术水准或教学水平，还是募集资金或筹措经费的能力？评价教师的核心指标是教学效果，还是科研成果？教师应像探究型的学究，还是管理型的知识老板？校长应做学术的楷模，还是掌控知识的官员？大学的氛围应当尽量超脱，还是鼓励功利？校园应当保持单纯而宁静，还是竭力营造活跃的氛围？大学的办学规模应当有所控制，还是尽量扩大？大学是有机社群，还是杂糅而成的知识集市？大学应该个性化或特色化发展，还是追逐同质化的一流？……还有像厦门大学邬大光教授提出的系列教学管理问题：一所大学究竟该设置多少个院系，按什么原则或标准设置院系？一所大学究竟应该开设多少个专业，哪些专业应该设置或不该设置？一个专业究竟应该开设多少门课程，其中哪些课程所涵盖的知识是最有价值的？……这些问题是我们经常碰到的问题，也是困扰每一所大学的现实问题。问题是如此常见和突出，但我们现有的高等教育学或高等教育理论似乎还不能很好地回答这些问题，更不能给出一个明确的答案。

高等教育学不应回避这些问题，而应回答这些问题，帮助高等教育实践者找出解决之道。高等教育学是为高等教育实践而诞生、存在和发展的，倘若高等教育学根本不关注和直面高等教育实践中的真问题，那么无论我们对它多么钟爱，也无论它以何种看似科学和严谨的逻辑、术语、方法和概念体系作为支撑，充其量也只属于诠释性的和概念性的高等教育学，将无法应对鲜活的高等教育变化。正是基于这样的认识，有些学者认为高等教育学应能"对症下药"，能为高等教育的发展与改革开"妙方"，我们应致力于建设"临床性的高等教育学学科群"。

## （二）提升高等教育学反省与批判高等教育理论的功能

任何一门学科在成熟之前，往往缺乏自觉的反思意识和自我反省能力，经历相当长的一段时间后才会开始对学科本身进行哲学反思，分析本学科的理论范式和研究方法论。我国的高等教育学自创建至今已有近30年，对先前的研究成果进行系统研究和科学总结的时机已经成熟，我们应对高等教育学自身业已形成的理论进行自我反思与自我批判，进而揭示高等教育学学科的生发规律，规范和引导高等教育学学科的建设与发展。有鉴于此，有学者主张整合不同类型的高等教育学知识，建立其他学科无法替代的"学术性的高等教育学学科群"。

高等教育学通过自我反省与批判现有的高等教育理论，以促进高等教育学从经验走向科学，从稚嫩走向成熟。诚然，这种自我反省和批判并非是漫无边际、毫无指向和缺乏重点的，它有许多本位性或具有元理论性质的命题需要回答。例如：高等教育学的学科定位、学科性质、学科边界等；高等教育学的元范畴、概念体系、逻辑框架等；高等教育学的学科来源、学科基础以及学科对象的内在联系、结构关系、运动规律、功能效应等；高等教育学的学科价值，高等教育研究的社会责任和历史使命等；高等教育学的研究方法体系，包括哲学的原理方法、科学的原则方法、技术的模式方法、技巧的程序方法等；高等教育学学科系统所属的基础学科、应用学科、开发学科，抑或其所属的应用学科、历史学科、理论学科、比较学科、元学科的生发规律，以及这些学科之间的相互关系及其相互作用的方式与理路。如果这些问题不能得到很好的解答，高等教育学圈内和圈外人士就难以认同其科学性，高等教育学就难以摆脱持续不断的困扰与烦恼，高等教育学作为学科的合法性也难免遭受质疑甚或震荡。

## （三）全面提高高等教育学学科的人才培养质量与水平

"有为"才能"有位"。一门学科能否拥有崇高的社会地位，能否成为"受人尊敬"的学科，在很大程度上与该学科人才培养的社会需要性、社会适应性和不可替代性密切相关。某学科的人才培养是不是社会发展所需要的是一回事，而这种人才能否适应社会发展需要则又是一回事。一门学科若想获得人们的尊重和社会的认可，那么该学科培养的人才必须是社会发展所需要的，同时这种人才有自己独特的规格和要求，一旦其人才培养达到规定的标准，便能很好地适应社会的发展需要。相反，如果一个学科的人才培养不是社会发展所需要的，而且这类人才的培养缺乏自己特有的标准，抑或说该学科培养的人才完全可以被其他学科培养的人才所代替，那么这个学科就很难成为"受人尊重"的学科。事实也表明，当下一些专业性颇强的学科专业之所以有较高的社会认可度，关键在于其人才培养具有很强的社会需要性、社会适应性和不可替代性。经过近30年的发展，目前我国高等教育学专业和以高等教育为研究方向的教育经济与管理专业的硕士点已经过百，人才培养累计突破万人，毕业生就业分布广泛，涉及各行各业。尤其在高校的教育科学学院（或教育学院）、高教所、教务处、研究生处、科研处、发展规划处等部门，拥有大量的高等教育学专业的研究生，他们在不同的岗位上发挥着不可估量的特殊作用。即使如此，高等教育学在我国很多高校的地位依然有些尴尬，只是在为数不多的高校（如厦门大学等）拥有比较"尊贵"的地位。为什么会出现这样的情况？当中原因固然很多，但它无疑与高等教育学学科人才培养的质量与水平有直接的关系，与该学科人才培养的"专业性"有关。

今天，我们有必要对高等教育学学科的某些人才培养问题进行深刻反思和重新评估，诸如高等教育学学科的人才培养目标与规格要求是什么？高等教育学学科的人才培养功能是其他学科不可替代的吗？社会各界对高等教育学学科的人才培养满意吗？高等教育学学科的人才培养究竟该开设哪些基本课程？……就拿课程设置来说，对于一个学科专业的人才培养，究竟设置哪些课程，这些课程的质量如何，不仅关系到该学科人才培养的质量和水平，同时也关系到该学科人才培养的专业化水平。某学科若不能提供系统而高水平的课程与教学，其人才培养质量和水平必然受损，其学科的合法性也必然遭到质疑。据调查和不完全统计，目前我国各高校的高等教育学硕士点的课程设置，除了高等教育学、中外高等教育史、高等教育研究方法、高等教育管理学等课程的开设较为一致外，其他课程的开设整体上带有较强的"因人设课"色彩，不成熟的或个性化的课程开设颇多。直白地说，我国高等教育学学科人才培养尚未形成相对统一的标准，课程设置随意性较大。此外，高等教育学学科的招生很少有专业背景限制，这也使高等教育学常给人以"专业性不强"之感。事实上，吸纳不同学科专业背景的人员进入高等教育研究队伍，不仅有助于高等教育研究领域的拓展，也有助于揭示高等教育的丰富性和特殊性。但是，我们也要看到跨学科专业招生的局限性，高等教育学的人才培养一方面要设法发挥不同学科专业背景人员的优势，引导他们用自己所擅长学科的理论与方法研究高等教育问题，另一方面也要创新教学管理机制，要求学生掌握扎实的高等教育学知识，以确保高等教育学人才培养的专业性，进而捍卫高等教育学作为学科的合法性。

高等教育学学科的人才培养是一个复杂的系统工程，我们必须明确其人才培养目标和规格要求，探明其人才培养的最佳路径，合理设置课程，改革教学方法，创新人才培养机制，切实提高人才培养的质量和水平。否则，无论我们的学科意识何等强烈，学科立场何等坚定，也无论我们采取何种手段捍卫高等教育学的学科地位，都不足以让高等教育学获得应有的尊重和认可。

## 四、结语

知识形态的学科是由思想、学说构成的系统的理论体系，人们最初提出某种思想、学说时，未必就意味着有意识地去建立一门理论体系系统的学科。学科的形成和发展过程是一个由知识的思想化（或学说化）到知识的理论体系化的转变过程，是一个要经历一定时期相关知识、思想、学说的积累的过程。学科的建立要经受科学的检验与时间的考验，学科的存续要有从业团队（或学术共同体）的增加和社会的认可。

学科的诞生、发展和成熟，与人类社会的发展进步密切相关，与相应领域的社会实践活动及其从业团体的崛起密切相关。作为一门学科或一种学问，高等教育学的孕育、诞生、发展和成熟，不仅与社会的发展进步休戚相关，更与高等教育本身以及高等教育从业团体的发展密不可分。可以说，没有人类社会的发展进步，没有高等教育的发展壮大，没有高等教育工作者对高等教育理论的期待与诉求，就不可能有高等教育学的诞生、发展和成熟。人类社会的发展进步所引发的高等教育的演化发展及其不断呈现出来的新问题，不仅是高等教育学发展的内在动力，更是高等教育学走向成熟的前提和基础。

作为一种知识门类的划分，高等教育学有自己独特的研究对象，其诞生有着特殊的时空背景和社会需要，但相对成熟的高等教育学不是一个单调的"知识集合"，而是一个包括经验知识、理论知识和元理论知识的复杂的"知识系统"。作为一个知识系统，高等教育学与本学科之外的其他学科知识共处于复杂的关系网络之中，我们不能用简单化的绝对标准把高等教育学的理论与方法同其他学科的理论与方法截然分开，更不能人为地让高等教育学变成学科家族中的"孤岛"。

每一门学科都包含各种并不绝对真的理论和方法，不可能都是由证明了的和绝对真的知识所组成，因而不存在绝对成熟和绝对科学的学科。高等教育学在今天是一门年轻的学科，即便在遥远的未来，恐怕也只能是一门相对成熟和相对科学的学科。此外，由于知识是普遍联系的，判定高等教育学是否成熟或科学，有必要把它放到知识系统的整体和联系中去审视，放到高等教育理论与高等教育实践的互动关系中去考察，看它能否对高等教育理论问题和高等教育现实问题做出合理的解释，看它能否对高等教育的改革与发展做出科学的预测，看它的人才培养是否具有社会需要性、社会适应性和不可替代性。

---

**参考文献**

陈燮君. 1991. 学科学导论：学科发展理论探索［M］. 上海：上海三联书店：10.

迪尔凯姆. 1998. 社会学研究方法论［M］. 北京：华夏出版社：118.

冯向东. 2006. 高等教育研究中的"范式"与"视角"辨析［J］. 北京大学教育评论（3）：107.

格里斯利. 2006. 管理学方法论评判：管理理论效用与真实性的哲学探讨［M］. 北京：人民邮电出版社：6.

华勒斯坦. 1997. 开放社会科学［M］. 北京：生活·读书·新知三联书店：31.

拉格曼. 2006. 一门捉摸不定的科学：困扰不断的教育研究的历史［M］. 花海燕，等，译. 北京：教育科学出版社：212.

毛泽东1966. 毛泽东选集：第1卷［M］. 北京：人民出版社：284.

潘懋元. 1984. 高等教育学［M］. 北京：人民教育出版社：3.

潘懋元. 2006. 中国当代教育家文存：潘懋元卷［M］. 上海：华东师范大学出版社.

潘懋元，等. 2001. 多学科观点的高等教育研究［M］. 上海：上海教育出版社：4-6.

田虎伟. 2007. 我国高等教育研究方法论研究述评［J］. 江苏高教（5）：18.

**作者简介** 李枭鹰，广西民族大学教育科学学院院长、教授，教育学博士，主要研究方向为高等教育理论和高等教育管理。

尹宁伟，厦门大学教育研究院2010级博士生，主要研究方向为高等教育发展战略。

# Disciplinary Properties of Higher Education and Its' Development

Li Xiaoying & Yin Ningwei

**Abstract**：Chinese higher education is a very young discipline. Now, we should strengthen its base, promote it to grow into a mature and scientific discipline, enhance higher education's function of understanding and leading the higher education practice, advance higher education's function of reflecting upon and criticizing the higher education theories, totally improve the quality and level of higher education discipline in talent training, increase the explanatory power and approbation degree, and intensify the non-substitutability of higher education discipline.

**Key words**：higher education    disciplinary properties    disciplinary development

# 高等教育质量与管理

# 协同创新——一种新高等教育质量观

卢晓中　李　晶

**摘　要：**高等教育质量观由社会发展的时代特征所决定，协同创新作为一种新高等教育质量观，是知识经济时代的必然产物。协同创新的高等教育质量观是一种系统的质量观、实践的质量观和开放的质量观。围绕人才培养质量这一高等教育质量的核心，必须对人才培养目标、人才培养模式和人才培养制度进行协同创新，全面提升高等教育质量。

**关键词：**协同　创新　高等教育　质量观

质量一直是高等教育发展的一个主题，尤其是当我国高等教育进入大众化时期后，高等教育质量受到愈来愈多的关注和重视。为贯彻落实《国家中长期教育改革和发展规划纲要（2010—2020 年)》，教育部最近相继出台《关于全面提高高等教育质量的若干意见》和《高等学校创新能力提升计划》（以下简称"2011 计划"）等文件，其中"协同创新"是"2011 计划"的一个关键词，也为认识高等教育质量提供了一种新视角。

## 一、"协同创新"的释义与高等教育质量观

在《汉语大词典》里，"协"字有"和睦、合作、协调、汇集、汇合、联合、协助"等意思，"协同"则表示"相互配合、协调一致地行动"。"创新"被解释为创造新的，抛弃旧的，或是创造性的意思。根据已有的阐释，"协同"在英文中有"synergy""collaboration"两个对应单词，"创新"则无异议，一般对应于"innovation"，所以对"协同创新"的把握需要更深入地分析"协同"一词。

1971 年，德国学者哈肯（Haken）最早提出了协同（synergy）的概念，并于 1976 年发表《协同学导论》，系统论述了协同理论。协同理论认为，在一个系统内，若各种子系统（要素）不能很好地协同，甚至互相拆台，这样的系统必然呈现无序状态，发挥不了整体性功能而终至瓦解。相反，若系统中各子系统（要素）能很好地配合、协同，多种力量就能集聚成一个总力量，形成大大超越原各自功能总和的新功能（薛传会，2012），即系统中各子系统的相互协

调、合作或同步的联合作用及集体行为，结果是产生了"1 + 1 > 2"的协同效应。另一种观点认为"协同"英译作"collaboration"，在《牛津高阶英汉双解辞典》中"collaboration"的意思是合作，故而问题的关键就在于协同与合作的区别。也许在某种情境中，协同与合作可以互换，但是在"协同创新"一词中，两者却不能等同。比如美国学者迈尔斯（Miles）等人指出，"协同"在哲学意义上是一个与"合作"不同的过程，协同的预期结果是相对明确的，未来回报的分配可以事先协商，而合作各方则是以自身利益为基础开展活动。（Miles，2005）因此，"协同"强调对整体利益的考量，而合作是以各自利益为基础，侧重于自身利益和目标的完成。两者最大的不同在于"协同"更强调系统内部子系统的互动、沟通以及系统结构和功能的最大化。由此可见，"协同"的英文单词应以哈肯提出的"synergy"更为合适。

"协同创新"（synergistic innovation）就是要把协同的理念贯彻到创新的全过程中，在各个创新主体、创新要素的协同作用下，实现整个系统的高效创新。对于一个系统或是组织而言，具备"协同创新"的机制是这个系统或组织长盛不衰、保持竞争力的关键；对于个体而言，具有"协同创新"的素质是对系统或组织最大的贡献。因此，能否以及在多大程度上"协同创新"，实际上是衡量一个系统或个体质量高低的标准，从这一意义上说，"协同创新"本身就是一种质量观。

社会发展的时代特征深刻影响着高等教育质量观，不同历史时期都有过不同的高等教育质量观。在历史上，"高等教育质量"这一概念曾出现过八大类界定：不可知观，产品质量观，测量观或达成度观，替代观，实用观，绩效观，内适应或学术、学校本位观，准备观。（安心，1999）每一类界定或多或少都受到社会时代发展的影响。在"文革"时期，"以阶级斗争为纲"是这一时期的主要社会特征，高等教育也历经了一场空前浩劫，甚至沦为阶级斗争的工具，政治标准就成为衡量高等教育质量的唯一标准，这一时期高等教育质量观也自然是政治取向的。"文革"结束后，经济振兴成为当时"振兴中华"的第一要务，教育的经济功能也逐渐凸显出来，高等教育质量观具有明显的知识和能力取向。20 世纪 90 年代随着以高科技、信息化为特征的知识经济时代的到来，对人的创新素质和综合素质提出了更高的要求，这一时期高等教育质量观则体现出对人的创新素质和综合素质的高度重视。

今天，我们正处在知识经济不断深入发展的新时代，创新依然是当今时代的一个重要特征，而且在知识经济中创新体系内不同参与者的互动，对知识的生产、积累和扩散具有至关重要的作用。（Lundvall，Johnson，1994）因而，这就更需要通过参与主体的互动来实现创新产出，从而形成国家创新体系框架下新的创新模式。在新的创新模式里这些参与主体主要是以政府为主导，实现企业、科研机构、大学等其他主体间紧密联系和有效互动。"整个创新过程就是企业之间或是企业与其他主体之间的互动与合作。"（AnnamariaInzelt，2004）从这个意义上说，创新本身就是一个协同的过程，也就是说创新即协同，"协同创新"也成为反映当今社会发展最具时代意义的特征之一。这一社会时代特征在相当大程度上决定了一种新的高等教育质量观，即协同创新的高等教育质量观。协同创新的高等教育质量观既包括高等教育系统内部各子系统间、各元素间的协同创新，也包括高等教育系统与外部系统的协同创新，还包括各区域之间的协同创新。比如，《广东省中长期教育改革和发展规划纲要（2010—2020 年)》明确提出广东未来教育发展的一个重要战略选择，就是"促进粤港澳共同建设以紧密合作、融合发展为特征的我国南方教育高地"，"建设南方教育高地"。这一战略选择实际上就是一种协同创新，它意味着南方教育高地关涉区域的教育发展，将从以往"竞合发展"向"融合发展"转变。如果说前者着眼于区域各主体自身利益目标、以取长补短为特征的共同发展，而后者则着眼于区域群体、以优势互补为特征的一体化发展，香港提出成为"大中华教育枢纽"，实际上也表达了通过协同达成一体化的意愿。而且，这一融合发展将凸显南方教育高地的"群体"特色，同时南方教育高地的各区域主体也将纷呈个性，从而形成一种"马赛克式"的"群体"整合效应。这是区域教育发展的新阶段、新境界、新天地。（卢晓中，2012）

## 二、作为高等教育质量观的协同创新

如前所述，协同创新的高等教育质量观是社会时代发展的必然产物。同时，某个词的意义往往存在于对它的使用当中（"意义即用法"），把"协同创新"作为一种新的高等教育质量观，对于全面提升高等教育质量具有特别重要的现实意义。

### （一）建立协同创新的高等教育新质量观

#### 1. 协同创新是一种系统的质量观

协同创新的高等教育质量观与多层面的高等教育质量观密切相关。所谓多层面的高等教育质量观，指的是联合国教科文组织在 20 世纪 90 年代提出的"高等教育的质量是一个多层面的概念，应包括高等教育的所有功能和活动：各种教学与学术计划、研究与学术成就、教学人员、学生、校舍、设施、设备、社区服务和学术环境等"（联合国教科文组织，1999）。作为高等教育质量观的协同创新，其意蕴主要在于以下两方面：一方面着眼于高等教育这些功能和活动的协同创新，另一方面强调这些功能和活动的整合功效，从而形成高等教育的协同创新系统。

系统的最优化是协同创新的高等教育质量观要义之一。从教育的内外部关系规律来看，协同创新要求高等教育与社会各子系统之间配合、沟通、互动和高等教育系统内部结构与功能的最优化，从而更高效地实现创新。一方面协同创新是由高校、科研院所、企业等各个创新主体，在国家政府的引导下，以任务驱动为主，促进优势资源共享，形成类型多样、层次丰富的协同模式，进而生产出更多的创新成果。另一方面，人才、学科、科研是高校最为核心的创新要素。增强人才培养、学科建设、科研三者之间的协同与互动，增加创新要素的有效集成是提升高校协同创新能力的有效途径。

2. 协同创新是一种实践的质量观

无论是高校的人才培养、科学研究，还是其社会服务职能，都是与实践紧密相关的。就人才培养而言，胡锦涛同志在2011年清华大学百年校庆上的讲话对大学生提出了三个"紧密结合"的希望，其中一个希望就是"创新思维与社会实践的紧密结合"，这为破解长期以来困扰高校的学生创新素质培养这一难题提供了一种重要指引，也就是高校要注重在社会实践中培养大学生的创新思维。

对于科学研究来说，其本质就是创新。当今科研从选题到研究过程，再到研究成果的取得，越来越与实践紧密相关。离开实践，往往难以做出高质量、高效益的科研成果。高校科研一直存在与实践相脱节的问题，研究成果也常常不能及时有效地转化为现实的生产力。高校科研协同创新的实践意义就在于选题要从国家和社会的实际需要出发，面向国家战略和区域发展重大需求，研究过程除了校内的协同、校校协同和校所协同外，更要加强校企（行业）协同、校地（区域）协同。通过这种实践导向性的协同，做出能够真正推动国家和社会发展的创新性研究成果，并使之得到及时有效的转化。

高校的社会服务无疑是实践性的，而社会服务的质量显然也是与实践高度相关的。高校主要通过人才和学科的优势来履行社会服务职能和践行社会责任，只有与社会实践紧密联系，高校人才和学科的优势在服务社会中才能得到充分的发挥，才能高质量地为社会提供优质服务。

3. 协同创新是一种开放的质量观

封闭的质量观只关注高等教育系统内部的问题，是一种运用内部资源，解决内部矛盾，强调内部互相适应的内适性质量观。这种质量观忽视了现代高等教育系统的本质属性——动态开放。高等教育系统能够而且必须迅速而灵活地适应环境的变化，经常改变自身系统的结构，成为哈肯所说的"自组织"系统。"自组织"系统在一定的外部能量流、信息流和物质流输入的条件下，按照某种默契的规则，各尽其责而又协调自动地形成有序结构。开放是"自组织"系统最大的特性。

首先，协同创新的高等教育质量观强调高等教育系统的开放，也就是高等教育系统与其他社会子系统之间，以及本区域高等教育系统与其他区域高等教育系统之间不断进行的资源交换和需求满足的互动性发展，继而内部子系统之间能够按照某种规则自动形成一定的结构或功能。如果高等教育系统不能与外界环境进行资源和信息的交流，其本身就会处于孤立或封闭状态，导致高等教育内部有序结构的破坏，造成高等教育停滞不前。

其次，协同创新的高等教育质量观强调学科的开放。学科是人们对知识的人为划分，随着人类认识的不断深入，学科之间的界限越来越模糊。促进学科之间的开放、交叉、融合，树立大学科的意识，能够为培养协同创新型人才以及科学研究的创新发展打下坚实基础。

最后，协同创新的高等教育质量观强调人的开放，即在培养什么人、怎么培养人的核心问题上秉持开放的理念。比如，培养人的协同创新素质所重视的协同意识、角色定位能力、沟通能力无不首先要求具备开放的视野。仅仅局限在高等学校这样一个狭小的空间和领域内不可能培养出协同创新型人才，培养人的协同创新素质需要在一个开放的空间和领域内实施联合培养。

### （二）加强人才培养的协同创新

高等教育质量的根本是人才培养的质量，教学则是关系人才培养质量的主要要素，也是高校的主要社会职能。1999年《中共中央国务院关于深化教育改革全面推进素质教育的决定》提出高等教育的人才培养质量，就是"要重视培养大学生的创新能力、实践能力和创业精神，普遍提高大学生的人文素养和科学素质""培养基础扎实、知识面宽、具有创新能力的高素质专门人才"。实际上这一认识透露出了对人的创新素质、实践素质和综合素质的极大重视。从协同创新的高等教育质量观来看，关键是要培养人的协同创新素质，而所谓协同创新素质，可从以下两方面来认识：一是从人的知识与能力结构来看，通过协同构成，使人的素质结构达到创新力的最大化；二是强调人（学生）的协同意识、角色定位能力、沟通能力等协同要素。联合国教科文组织在多份报告书里都强调要把"学会合作""学会共存"作为当代人的重要素质。而且，从通过协同达成创新的角度来看，人的"合作"与"共存"素质不仅有助于营造一种和谐、宽松的人际氛围，更重要的是通过合作与共存，促使人的创造力得到极大的发挥和彰显。此外，培养具有协同创新素质的人才不仅是高校内部协同创新的过程，也包括高校与其他社会机构的协同创新。具体可从以下几方面来认识。

首先是加强人才培养目标的协同创新。从高等教育系统来看，该系统的各层次及其与前期教育之间都应当是相互联系、相互衔接的，这种衔接首先体现在培养目标（包括人才规格等）的衔接上。比如，从职业教育体系来看，当前的一个重要趋向就是建立"中职学校—高职院校—应用型本科—研究生专业学位教育"系列，这就要求不同层次的教育相互衔接。其中，高职院校与中职学校在目标定位上应有一个层次不同的衔接，但现在的状况是两者在目标定位上出现明显的衔接不足，有的甚至出现趋同情况。而目前高职院校与应用型本科院校的人才培养目标之间的衔接所面临的问题就更多。至于研究生专业学位教育与应用型本科教育的人才培养目标之间的衔接，则是另一个亟须探索的问题。

其次是加强人才培养模式的协同创新。包括：创立高校与科研院所、行业企业联合培养人才的新机制，推进创业教育，推行产学研联合培养研究生的"双导师制"，推动高校创新组织模式，培育跨学科、跨领域的科研与教学相结合的团队，促进科研与教学互动。长期以来，我国高校普遍存在的一个问题就是人才培养模式陈旧，远远不能适应经济社会发展的需要。据《金融时报》报道，麦金赛咨询公司的一份调研报告称教育模式影响了中国产业转型，缺乏训练良好的毕业生已经妨碍了中国经济的增长和发展更高层次的产业。比如，中国从现在的制造型模式转向服务和研究型模式所面临的一个最主要的困难就是相关的人才缺乏。随着跨国公司在中国不断扩展业务，它们面临着招聘高质量工作人员的困难，用某公司负责人的话说："这是丰裕中存在匮乏的悖论，大批量的中国毕业生，很少有人能够游刃有余地在出口服务行业工作。"与印度 25%的大学毕业生具备去外国公司工作的技能相比，中国的这个比例不到 10%。中国每年培养的工程师数量比美国多 9 倍，然而在其中的 160 万名年轻工程师中，只有约 16 万人具备为跨国公司工作的实用技能和语言能力。在 10 年内，中国将需要 7.5 万名具有一定国际资历的经理，但现在中国只有 5000 名这样的人才。该研究报告认为根本性的问题在于，"中国学生的教育模式使他们难以学到跨国企业公司内所需的实用技能和团队精神。大学教育采用的是理论化的局限于书本的和老师传授的方法"。它建议应当建立大学与企业之间的"联合机制"，让毕业生能够学到公司所需要的各种技能。（佚名，2005）

最后是加强人才培养制度的协同创新，一是继续深化高校管理体制的改革创新，积极推动社会参与大学管理。如借鉴并实施高校董事会制度等形式的改革，吸收社会精英参与大学治理，充分发挥董事会联系社会的优势。高校通过引入社会参与治理，进一步完善实验、实习等实践条件，有益于推进课外协同创新实践，为培养协同创新型人才营造更加有利的环境。二是建立高校协同创新联盟，探索同其他高校特色与优势教学资源共享机制，为培养协同创新型人才提供更加广阔的平台。由于历史原因，高校之间往往画地为牢，各自为政，造成资源利用率较低。有关研究表明，"一些发达国家的仪器的设备利用率高达170%—200%，而我国拥有的科学仪器设备的数量比欧盟的总量还多，但大多利用率不到 25%"（赵德武，2012）。比如在一些高校，国家斥巨资建立的重点实验室往往只允许本校师生使用，其他高校师生被排除在外。诸如此类人为设置的制度障碍严重制约了高校创新型人才的培养。因此，如何建立和创新高校间优质教学资源共享的协同机制，是当前高校人才培养制度改革的重要任务。

三是创新高校教学与科研的协同机制，尤其是通过充分发挥评价的导向功能，促使高校科研及其成果有效和自觉地转化为人才培养的优质资源。

**参考文献**

安心. 1999. 高等教育质量保障体系研究 ［M］. 兰州：甘肃教育出版社：62 – 66.

卢晓中. 2012. 区域教育发展的一种战略选择——对南方教育高地的若干认识 ［J］. 高教探索（4）.

薛传会. 2012. 论高等学校的协同创新战略 ［J］. 当代教育科学（7）.

佚名. 2005. 教育模式影响中国产业转型 ［N］. 羊城晚报，10 – 22.

联合国教科文组织. 1999. 21 世纪的高等教育：展望与行动世界宣言 ［J］. 教育参考资料（3）.

赵德武. 2012. 推动协同创新 为建设创新型国家提速增效 ［J］. 中国高校科技（3）.

AnnamariaInzelt. 2004. The evolution of university-industry-government, relationships during transition ［J］. Research Policy（33）：975.

Lundvall B-A. Johnson B. 1994. The learning economy ［J］. Journal of Industry Studies（1 – 2）.

Miles R E. 2005. Collaborative entrepreneurship：how communities of networked firms use continuous innovation to create economic wealth ［M］. Stanford University Press：33.

作者简介 卢晓中，华南师范大学教育科学学院院长、博士生导师，广东省高等教育学专业委员会理事长。

李晶，华南师范大学教育科学学院高等教育学博士生。

# Synergistic Innovation：
# A New Quality View of Higher Education

Lu Xiaozhong & Li Jing

**Abstract：** The quality view of higher education is determined by the characteristics of social development. Synergistic innovation, as a new quality view of higher education, is the inevitable result of intellectual economy times. Synergistic innovation is a systematic quality view, a practical quality view, and an open quality view. Around the quality of personnel training. Which is the core quality of the higher education, we must start synergistic innovation by the goal of personnel training, the mode of personnel training, and the system of personnel training, so as to improve the quality of higher education comprehensively.

**Key words：** synergy　innovation　higher education　quality view

# 高等教育管理方式转型的知识解读

**摘　要：**在过去的近百年时间里，世界高等教育在追求效率的市场化和商业化倾向影响下，其管理方式发生着深刻的转型，这种转型的缘由何在、面临何种问题以及如何改进是高等教育经历"高校管理革命"后值得人们探讨的话题。本文力图从高等教育发展与社会之间许多基本关系的急剧变化所导致的对知识诉求的变化的视角，就这一问题做点理性的思考。

**关键词：**高等教育管理　转型　知识视角

　　20 世纪是世界高等教育管理方式转型的时期，高等教育经历了"高校管理革命"后，走上了追求效率的带有市场化和商业化倾向的发展道路。这种转型，同高等教育发展与社会之间许多基本关系的急剧变化所导致的对知识诉求的变化有着密切关系，这种诉求的变化导致了高等教育在社会中扮演角色的变化，从而导致高等教育管理取向的变化。如何认识以及应对这种变化，需要人们做出理性的思考。

## 一、高等教育管理方式转型的表现

　　20 世纪的后二三十年是世界高等教育发展的转型期，高等教育的管理体制面临着巨大的变革。在西方国家，这一时期高等教育在经历了"高校管理革命"（Keller，1983）后，走上了市场化和商业化的道路。20 世纪 70 年代以来，随着大学获取公共资金的额度逐渐减少，寻求更有效的管理方式和经营方法以促进大学的发展成为改进大学管理模式的重要手段。1972 年美国一名市场学教授在《高等教育月刊》上发表了题为"给高等教育带来市场营销的理念"的研究文章，率先提出高等教育要进入市场，要接受市场竞争的考验，认为在当时的时代背景下"不管以什么名义、由谁实施或者发生在机构的哪个部分，总之大学正在进入市场"（Krachenberg，1972）。

　　在我国，1985 年发布了《中共中央关于教育体制改革的决定》，明确提出了我国高等教育管理体制的弊端之一就是"在教育事业管理权限的划分上，政府有关部门对学校主要是对高等学校统得过死，使学校缺乏应有的活力；而政府应该加以管理的事情，又没有很好地管起来"。在这个决定里第一次明确提出了"扩大高等学校的办学自主权"。此后，随着我国经济体制改革的目标确定为建立社会主义市场经济体制，高等教育的改革发展也进入新阶段，1993 年《中国教育改革和发展纲要》明确指出："在政府与学校的关系上，要按照政事分开的原则，通过立法，明确高等学校的权利和义务，使高等学校真正成为面向社会自主办学的法人实体。……学校要善于行使自己的权力，承担应负的责任，建立起主动适应经济建设和社会发展需要的自我发展、自我约束的运行机制。"由此，为适应市场经济体制而建立的具有自我定向、自主运动、自我发展和自我约束的高等教育发展的机制在我国开始启动。

中外高等教育管理体制运行机制的转换，使高等学校在管理上转而对其运作所依赖的环境变化以及自身运行的结果更为关注。这种追求的结果使今天的大学正变得越来越像公司，越来越具有企业的性质。2009 年年初笔者到密歇根大学教育学院高等教育研究中心做高级访问学者时，看到美国加州大学伯克利分校公共政策教授大卫·科伯（David Kirpd）撰写的书名为 "Shakespeare, Einstein and the Bottom Line"[1] 就感到一丝惊奇，书名为何要冠以"莎士比亚""爱因斯坦"这些举世瞩目的大文豪、大科学家的名字，且将其与高等教育的管理变革纠结在一起。大致看过以后方才释义，文中分析描述了基于不同类型与层次的美国大学在面对市场的残酷性与保持市场中的竞争力时所采取的管理变革措施，同"美国大学一直期望成为学者和自由思想的园地""市场不能超越它的领地"之间的摇摆不定、内在纠结与矛盾冲突，对这些问题的关注成为人们关注、议论的焦点，也是对美国大学在现实发展的情境中是把大学视为一种无政府、松散的乌托邦状态，还是将其当作一项投资来加以管理之间的步履维艰与蹒跚前行的真实写照。金钱进来，质量出去。所以赫钦斯写道："当一所大学决定要挣钱的时候，它必须要放弃它的精神。"（科伯，2008）这样的话语就是对这种现实的回应。

在这种现实的回应中，大学为了达成在市场中的收支平衡，形成了以收益为中心的独霸专权的大学管理，通过密谋商议预算和升降个人的待遇，导致了"盈亏底线的暴政"（科伯，2008），校长办公室成为"克里姆林宫"（科伯，2008）。大学里一切都有了它的价格，但人们却忘却了它的价值。大学的管理者不再有吸引他们的伟大思想，有的只是自己与大学存在的需要。对学生而言，世俗化的追求也成为必然。"厌倦了阅读莎士比亚的作品？那就抛弃（通识教育）要求，坐在椅子里，吃着爆米花，看人们的表演吧。"（科伯，2008）

由此可见，世界高等教育的发展正在经历着市场化的洗礼已经是一个不争

---

[1] 直译为"莎士比亚、爱因斯坦与底线"，国内翻译的书名为"高等教育市场化的底线"（北京大学出版社，2008）。

的事实，难怪就连诺贝尔经济学奖获得者都如此评价高等教育的性质："高等教育是一个竞争性行业——是一个庞大的、应当比较繁荣的竞争性行业。"（斯蒂格勒，2001）缘起于20世纪80年代的世界高等教育的管理变革，把竞争机制、效益观念、企业化经营以及顾客导向的服务意识等市场因素引入高等教育的发展之中，导致世界高等教育领域里的竞争在近年来愈演愈烈，对高等教育的发展产生的作用越来越明显。

竞争导致不管什么样的大学都在学科的发展上追求"胜者通吃"的原则，都希望在每一门重要的学科上强大起来。"专业化的教育机构以它们在这个领域的不足感到羞耻：科技学科的大学，比如麻省理工学院，则因为它们在社会科学和人文学科领域不断强盛而沾沾自喜。"（斯蒂格勒，2001）但现实情境下的大学发展竞争中没有任何一所大学——即使是最富有的大学——有足够的资金和能力来雇用每个传统艺术和科学的领域里最杰出的6个人之一。"世界上最富有的博物馆，也不能得到举世闻名的荷兰画家伦布朗的全部画作；同样，世界上最富有的大学，也不能雇佣所有的精英。"（斯蒂格勒，2001）

乔治·斯蒂格勒这位经济学领域诺贝尔奖的获得者，就如何适应这种大学之间的激烈竞争，给芝加哥大学提出了这样的建议：努力保持在最经久不衰和最基础性的学科上居于领先地位，同时在其他基础学科保持至少是值得尊重的地位。"芝加哥大学不会变成一位街头的应召女郎，但我也不希望她变成一位老处女。"（斯蒂格勒，2001）竞争导致的专业化程度越来越高，同时也使专业人士越来越局限于自己狭隘的研究领域，其结果使人们被迫去承认一个悲哀的事实，"即使一人最圆满精通一个专业的知识，也不能排除他在其他专业领域里出洋相"。"一个在专业领域里知名的人士，一旦他们走出自己的专业领域，他们的逻辑能力和证据标准就崩溃了。""专业化没有造成他的缺陷，相反专业化只是倾向于把他局限在某个领域，在这个领域他的缺陷没有表现出来。"（斯蒂格勒，2001）

## 二、高等教育管理方式转型的原因

高等教育管理转型和高等教育发展，与社会之间许多基本关系的急剧变化导致知识诉求的变化密切相关。这种转变反映为，高等教育在社会中扮演着主要角色的判定、高等教育的定位仍以学术取向为主导的认识以及高等教育在传承文化方面起着不可替代作用的理解，在现实社会急剧变迁面前面临着挑战。这种挑战在高等教育与知识、社会之间的关系上得以充分地彰显，导致高等教育管理的知识重点发生了急剧的变化。

从高等教育发展的历史来看，高等教育所涉及的活动主要就是学术活动以及这种活动的专业化过程，基于此，学科和专业为学术思想所独有的理念成为大学的主要取向，而且这种取向从中世纪的大学就已经开始了。"中世纪大学的历史加强了这样的观点，如果要使智力活动的契机不被消散，那么在取得学术成就之后，必须迅速做出制度上的反应。缺乏固定的组织，在开始时也许为自由探究提供机会，但是经久不息和有控制的发展只有通过制度上的构架才能得到。"（克拉克，1994）大学的产生是适应保存知识和学术成就的制度性安排。因此，高等教育围绕知识的特性所进行的学科分工和制度安排，学术组织所遵循的学术信念和价值观所具有的与众不同的、强有力的象征性作用，在高等教育系统中从事的学科及相应的学术信念所产生的学术权力，使得高等教育成为控制高深知识和方法的社会机构。由于它所传承的是各个国家以及各个民族文化中较为深奥的思想和相关的技能，因此生活在高等教育组织中的教师的活动主要就是发现、保存、提炼、传授和应用知识。"如果说木匠的工作就是手拿榔头敲打钉子的话，那么教授的工作就是围绕一组一般的或特殊的知识，寻找方式扩大它或把它传授给他人。"（克拉克，1994）因此，"知识材料，尤其是高深的知识材料，处于任何高等教育系统的目的和实质的核心。不仅历史上如此，不同的社会也同样如此"（克拉克，1994）。

自中世纪大学诞生以来的近 8 个世纪里，认为学科和专业为学术思想所独有的理念逐渐在大学里大行其道，大学的本质是发展纯学术。因此，纽曼主张大学是保存和传授普遍知识的场所，断言大学存在的目的不是为了追求功利，而是为了传播永恒的真理，大学的核心是知识的发现。高等教育这一学术组织所呈现的高深知识的专门化特征，使得学术专业的发展日新月异，专业的发展变得越来越细化，面越来越狭窄，内部变得越来越有序，专业化的过程也越发需要更多的时间和更为独特的路径及方法。这一取向导致融于高等教育组织中的人们热衷于保存、提炼和传授的不再仅仅是普通的知识，而是他们以专家的身份所拥有的特定、高深的知识体系。

但这种大学发展的理念在现实生活中越来越"只是代表一种对理想化了的过去的回忆，一种并不能阻止现实向另外方向发展的怀旧观念"（克拉克，1994）。在人们看来，这是因为在知识型社会之前，知识的生产和传播是小规模的，是艰深的，社会能够赋予这些数量不多的拥有极大自主权和特有权利的大学这些职责，大学扮演的角色仅仅是社会的点缀物与装饰品，并没有发挥巨大的社会作用。其所发挥的作用仅仅只是传播高深知识，高等教育扮演的角色和定位仅仅是"社会中的高等教育"。在高等教育、知识、社会三者的关系中所凸显着的高等教育的地位和作用是相对独立的，它无须更多地了解社会的需要，而是游离于社会的发展之外。现今一切都被颠倒了过来，正在发生着变化。社会、知识、高等教育三者关系的重新排列重构着三者的关系，高等教育在社会中扮演的角色已从"社会中的高等教育"转化为"社会的高等教育"，它已难以游离在社会的现实需要之外独善其身，它必须满足、适应社会发展变化的需求。

这是因为：

1. 社会和高等教育在旨趣与承担的义务上的重叠正变得日益扩大和彰显，高等教育越来越倾向于成为社会的组织，而不仅仅是一个在社会中的组织；

2. 社会正在建构自己对知识概念的界定与理解，知识生产不再仅仅是高等教育独此一家，知识正日益变成游离于高等教育之外的一个独立的力量；

3. 高等教育正在被要求呈现这些外在于高等教育系统的知识定义，而且满足这些要求是高等教育发展的必由之路。（Barnett，1994）

在以往的高等教育与知识和社会的相互关系中，高等教育通过研究强化人们的理解，通过教学满足人们求知的欲望，高等教育扮演着传授知识给社会的角色，它有着自己的知识定义，并把自己所理解的知识通过所培养的学生和研究成果的传播两种途径来影响社会的发展。然而到了当今社会，这两种以学术取向为标准进行知识生产和传递知识的方式，已经不能适应现代社会传递技术知识的现实需要。这是因为技术知识日益产生在大学之外的、科学家所工作的大型工厂的实验室里——他们也在进行知识和技艺的生产，寻求在知识传递中的学术认可。所以，大学不可能是也不再是提供知识和技艺的唯一场所，也不可能是培养高水平专家的唯一地方。在现代社会里，社会的旨趣已不仅仅是对学术的追问，随着市场化的取向的发展，人们日益把在劳动力市场中具有可操作和可计算性质的、具有使用价值的知识类型置于优先考虑的地位。在这种知识观的观照下，高等教育越来越被视为经济的产物，不仅仅被个人所关注，而且在很大层面上也日益被社会所关注。由于高等教育所具有的传授知识的作用，它在现代社会越来越被看作一种经济投资。当今高等教育特征的变化，突出地表现为人们日益关心的是高等教育发展的规划、数量、收入、产出、绩效、产品的提供能力以及社会贡献率，而不是其他。

由此导致高等教育的发展方向有了一个基本的转化，这一转化突出地表现在高等教育培养的学生应从对问题的沉思转换为对问题的解决。因而在高等教育中出现了一个日渐起到主导作用的观念，它的话语表现就是"操作主义"。它的出现导致在对高等教育的描述和对学生质量的诉求上，直觉、理解、反思、智慧和批判被淡化了，取而代之的是技巧、能力、输出、信息、技术和灵活性。因此，在高等教育中把知识仅仅视为来自学科的观点，把知识视为"给予"的观点，把知识解读为关于知识的理解的观点，在"操作主义"的眼中都是可怀疑的，都是虚妄的。在"操作主义"看来，学生应是具有运用知识的能力的个体，应是展现操作能力于实际工作中并高效工作的个体。

随着这种变化发展，知识概念已得到极大的扩展，传统的知识观受到批判，以学科为基础的知识不再能够囊括所有的知识，传统的知识范式需要转换：从以学科为基础的知识转换到操作主义的知识。现代社会在高等教育中唱主角的应是操作知识，占统治地位的意识形态应是操作主义。现代社会所偏爱的是技能、能力、结果、信息、技术与灵活性。（Barnett，1994）像经验学习、迁移技能、问题解决、小组工作、基于工作的学习这类盛行的辞藻，其所指不仅仅是新的教学方法，更是知识自身界定正在发生着的变化，合法知识的边界被扩展到至少包括"知道怎样"（knowing-how）和"知道那样"（knowing-that）的知识。（Barnett，1994）利奥塔尔也指出，由于这种关注操作能力提升的知识被人们推崇，"一个辽阔的操作能力市场展现出来了。不论现在还是将来，这种知识的占有者都是收购的对象，甚至是政治引诱的赌注。从这个角度看，知识的末日不仅没有来临，而且正相反"（利奥塔尔，1997）。

在这种知识范式的转换下，知识的生产性日益受到人们的重视，知识在生产领域中变得越来越重要，知识的生产性具体表现为两点。一是知识变成资本，知识资本可用于投资，人们对待知识的态度从闲逸的好奇变成资本的投资，从"爱智慧"变成"求回报"。从物质资本到人力资本再到知识资本的变化轨迹，生动地体现了这一点。二是知识变成商品，可以自由地交易，知识从无产权变成有产权，从装饰物变成流通商品，从交流思想变成交易知识。由此，知识的评估从内在价值转变为外在价值，从智慧的价值变成金钱的价值（value for money），从理论的价值变成实践的价值，高等教育相应地也就从"社会中的高等教育"变成"社会的高等教育"。（Barnett，1994）效率、效益、成本—收益、金钱的价值等变成高等教育管理中最常见的口号与词汇，追求绩效的管理与评价成为了大学谋求发展与质量好坏的主要尺度。

知识的生产特性使政府与社会介入高等教育管理尤其是对高等教育质量保障的关注成为必然，而政府与社会关注的焦点是知识的实际效用。同时，与之伴生的更为严酷的现实是，高等教育的知识生产虽然也越来越重要，但是知识生产的机构却远非高等教育机构一家。各种各样的政府研究机构、大公司大企业的科研开发机构、各种社会组织的研发机构等如雨后春笋一般不断出现，成为在知识生产上与大学竞争的对手，大学沦为众多知识生产机构中的一家，大学正逐渐丧失作为知识生产者的垄断者地位。由此，在这样的竞争环境中，大学的知识生产在如此巨大的压力之下，也必然趋炎附势，走上追求知识效用的道路，高等教育自身也开始对质量管理提出绩效诉求，回应现实社会的实际需求。因此，在这样的知识诉求之下，大学所扮演的象牙塔角色必然被社会的现实打破，大学的"社会轴心"地位也将被剥夺，演化为"机器加工厂"，在社会中的角色定位由"瞭望塔"演变为"加油站"。由此"培养出来的人越来越呈现出躯壳化的倾向"（毛亚庆，2006），导致高等教育的"产品"虽然拥有较好的操作技术和职业技能，能够最大限度地满足社会的物质需求，但作为社会一分子的他们自身却不断陷入精神、人格和道德危机的深渊中。

## 三、高等教育管理方式转型的缺陷

现代社会正日益按照自己的愿望决定着它所希望的知识类型的生产，它对知识的理解与诉求不再让位于对学术的理解。它要求高等教育对知识从更为广义的社会角度做出应有的回答。尤其是在现代国家都致力于提升经济和产品能力的背景下，现代社会里的国家、市场和经济组织对高等教育的特征都产生着直接的、深刻的影响。现代社会正在构建着自己明确的发展旨趣和意向，这突出地体现为在全球经济竞争的背景下，如何在激烈的竞争中能够立于不败之地，如何能够通过教育社会的群体使他们达成对国家自身目标的共识，从而导致人们在对知识的诉求上呈现出一种实用主义的取向。高等教育作为现代社会知识生产的关键组织，并不游离于这些旨趣的影响之外，而且从更广泛的社会意义上讲，这些旨趣和取向已经溢出了高等教育所赋予的学术知识的定义之外，受到了现代社会所盛行的技术思想发展观的极大影响。

现代社会所盛行的技术思想，在很大程度上决定着现代社会人们的生活秩序以及现代社会生活自身的意义。现代社会往往将技术看成社会文化发展的决定性因素，人们把当代文明称为科技文明，并将科学与技术当作文明的本质特征。在技术与文化之间的相互条件关系中，技术的发展是自变量，而社会文化的发展是因变量，技术的利用与发展决定着社会的自由程度与发展，人与社会都被"技术形态化"。这种文化上的技术决定论虽然遭到来自不同方面的反驳：作为文化发展指示器的财富增长和文化发展本身之间并不完全成正相关，但这种社会的发展理念在高等教育的发展中也必然有所反映。现代社会中的这些旨趣，反映的就是"操作主义"取向在高等教育中日益占据了主导地位，现代社会召唤着高等教育发展所有学生有效操作的能力，否则高等教育就没有适应社会的发展需要。

在这种知识观的观照下，高等教育管理关注的是效率，因此当看到程星在其文章《管理时尚与大学效率》中所举到的一则幽默时，笔者不禁深有感触：公鸡指着一只鸵鸟蛋对母鸡说："我并不是埋怨你，我只是提醒你注意，亲爱的，你看看人家外国，看看人家是怎样干活的。"（程星，2007）这则幽默对于大学的管理者而言有着现实的意义：要像企业学习，追求效益，将大学视为企业加以运营。2006 年在翻译马里兰大学帕克学院高等教育学教授罗伯特·伯恩鲍姆（Robert Birnbom）的《Management Fads in Higher Education》[①] 一书时，笔者深切地感受到了作者对于美国的"大学母鸡"在从 20 世纪 50 年代到 90 年代

---

① 中译本名为"高等教育中的管理时尚"（北京师范大学出版社，2008）。

的三四十年里，为了更好地学习"企业鸵鸟"，提高大学的生产效率，将企业的管理创新理论运用到大学管理实践中而发起的七次运动①所做的条分缕析的分析。在这本书中，作者对于高等教育管理所呈现的在"某段时间里以超乎寻常的热情所推崇的实践或兴趣"这些管理时尚来自何处、为何得到采用、有何影响细细道来，使人意识到大学与工商企业的组织结构是不同的，用"老美的话说，大学和公司实在是两只不同的'动物'"（程星，2007）。

很遗憾的是，"'在本世纪绝大多数关于管理和组织结构这一课题的论著中，通常都含蓄的把组织的机械结构当作统一的模式'——官僚体制、形式化、等级制或与其紧密相关的结构体制。而恰恰相反，大学和学院都是专业的组织机构——是松散结合的系统，在其中管理者们具有相对有限的权力，他们为专家学者们提供支持，而专家学者们在相对稳定的组织结构中从事复杂的研究工作，他们具有相对自治的权力——这两个系统并不是紧密联系的。绝大多数关于高等教育改革的批判都源自对组织结构和运作差异的重要性没有给予足够的重视"（伯恩鲍姆，2008）。大学的合法性的基础，不是以利用效率和效能作为评价的标准来判定其是否应该继续生存下去。

在中国，追求大学组织的效率和效能与西方国家有所不同，在这一追求的过程中演变为市场化和行政化交织发挥着影响作用，一段时间高等教育的管理被描绘为入口是行政化，出口却是市场化。行政化对大学发展产生着独特的作用，大学发展中的"工程""计划"不胜枚举，现实中的中国大学的发展呈现出"学术行政化、学校衙门化、学界官场化、学者奴才化"的趋势，大学组织行政化、作风衙门化、职能官位化、品质应试化、内容平庸化、方式填鸭化，思之令人心痛。高等教育管理在一定程度上呈现出政府行政管理的延伸取向，高等教育体制内的评价体系也凸显官僚化的"政绩评价"，高等教育体制体现出官僚体制的附属品的性质。不懂教育或者教育理念被官僚化的管理者在评价高等教育时，运用的首要指标就是所谓的量化的学术成果。因此有人戏称"SCI"（Science Citation Index，科学引文索引）为"Stupid Chinese Idea"。在一段时间里，大学处在量化指标的重压之下，许多学者呼吁要给创新和原创留有充裕的创作时间，要允许"十年磨一剑"。但我们的管理者接着就发问："我怎么知道他是在十年磨一剑还是在磨洋工呢？"这种以"政绩观"为导向的评价机制使人们变得急功近利，这很容易理解的。最终的结果是导致马克斯·韦伯所描绘的那种德国大学在教育行政体制与大学长期的斗争中所形成的，在"国家资本主义"和"官僚制度"的侵蚀下变了质的大学管理的情形。新一代的学者被改变成为

① 分别是规划—设计—预算法（PPBS）、零基预算（ZBB）、目标管理（MBO）、战略规划（StrategicPlanning）、标杆管理（Benchmarking）、全面质量管理/连续质量改进（TQM/CQI）以及流程再造（BPR）。

学术的"生意人"，变成了没有自己思想的体制中的"植物人"。他们陷入一种良心的冲突之中，步入错误的道路，甚至任由这种错误的道路贯穿他们的整个学术生涯，并承担由此而来的痛苦。这样的历史事实我们不能忽视。

这种以关注效率而建构设计的大学组织，只会关注对行为进行工具性的或者程序性的评价标准的建构，它挪走并取代了道德标准，尽管它给组织带来了效率。然而，随着现实大学组织活动的展开，隐含在其中的问题也日益暴露无遗：组织对组织成员的异化、组织中的管理者对组织的盲从、组织的"去道德化"等组织病态问题。因此，英国哲学家齐格蒙·鲍曼认为，在现代组织中的角色被要求承担的只是技术责任，而不是自然类似家庭中的角色，它同时具有道德品质的要求。现代组织作为人类在社会分工和协调中的一项伟大发明，是一种智慧，是一种文明创造。但组织与家庭、共同体不同，它并不要求整个人的加入，个人只是通过角色参与。因而，除家庭外，个人可以历时、共时地加入许多组织，承担许多角色，这些角色可能发生冲突，与生命历程并无内在的逻辑一致性。这样，个体在社会角色的流变中自我摇摆不定，出现碎片化及分裂化的状态。

因此，现代组织被称为"使人的行为免受行为者个人的信仰和情感影响而设计的新发明。在此，纪律是唯一的责任，他排除了所有其他责任，详细地说明一个人对其组织的职责的伦理准则取代了所偶遇的其他责任，详细地说明一个人对其组织的职责的伦理准则取代了那些可用来处理成员行为的道德问题"。"处于官僚主义行为轨道里的人不再是负责的道德主体，他们得到的主体性被剥夺了，并且被训练成了不执行（或相信）他们的道德判断的人。"（鲍曼，2002）在追求效率的组织中，管理者将管理过程变成了技术的操作过程，在操作的过程中，管理者丧失了天然的情感，丢失了自己的道德本性，这种遗失导致了"恶"的产生。由于在现代组织中出现了为实现最终目标的具体手段往往也演变为目标本身的"替代特征"这种现象，在现代组织这种"目标—手段"发生置换的行动的过程中，目标中原有的价值取向被遮蔽、抛去，使得整个组织的行动链丢失了价值缰绳，行为者自身的道德意识与道德意志也悄然隐退与消失，失去道德约束的行为主体就处在作恶的待发点上，只被组织的效率所驱使，一旦行动的方向发生偏差，管理过程中的行为者就有可能踏上恶的历程，且效率越高，速度越快，罪孽越深。（阿伦特，2003）

## 四、高等教育管理方式转型的改进

对于现实中的高等教育发展来说，虽然高等教育扮演的角色和定位已从"社会中的高等教育"转化为"社会的高等教育"，高等教育与社会的关系已不能只是凸显高等教育自身地位和作用，强调自身的相对独立性，它需要更多地了解社会发展的实际需要，而且已难以游离在社会的现实需要之外独善其身以适应社会发展变化的需求。但高等教育的发展不应简单地满足社会无所不包的需求，对急切变化和盛行一时的事物持反对态度，要比全盘接受它们所冒的风险更小。这是由于社会已对这些事物持开放态度，但这种开放态度导致社会既不检测自己所接受的东西，也不给予旧事物足够的尊重。在这样的背景下，大学坚持毫不妥协的高标准要比过分包容的风险更少，看重英雄事迹要比关心普通事情风险更少。"大学必须抵制诱惑，不要试图事事都为了社会。大学是许多利益中独一无二的，它必须时时盯着这种利益，以避免向希望它更实用、更现实、更随俗的要求妥协。"（阿伦特，2003）"大学不捍卫社会，不是因为大学只反映它们自身的利益，而是因为这种社会中各种力量的均衡最需要尽量尊重思想自由，因而也最需要保护思想自由。"（阿伦特，2003）"最成功的暴政不是武力确保一统天下，而是使人们意识不到还有其他可能性，把还有其他道路可走当作不可思议的事情，使人们失去对外部世界的感受。"（阿伦特，2003）

艾伦·布卢姆在其专著《美国精神的封闭》中指出，现有的大学教学体制除了受市场需求的左右之外，全然不能分辨什么重要和不重要。（布卢姆，2007）现在的大学教育"失去典籍，使人们变得更加狭隘和平庸。说他们狭隘，是因为他们缺乏生活中最必要的东西；说他们平庸，是因为缺少对事物的解释，缺乏诗意或活跃的想象力，他们的心灵就像镜子，反映的不是本质，而是周围的影像"（布卢姆，2007）。大学所培养的学生仅仅成为追求"洞穴影像"的"囚徒"，而不是在"学园"里询问、追求真理的具有批判精神的理性之人。所以大学教育赖以生根的土壤更加贫瘠了，"导致大学生既没有多少文化上的自负，也拒绝对高雅文化表现出礼节性的虚伪恭敬，就此而言，他们活得'很真实'。"（布卢姆，2007）"因此，不读好书，既削弱了洞察力也助长了我们最致命的倾向——以为此时此地就是一切。"（布卢姆，2007）

而我们希望的大学"是这么一个地方：你选择一个你最喜欢的东西，看看你干自己最喜欢的事情能干的多么出色。这才是检验你才能的一把尺子，也是最好的训练"（薛涌，2009）。"大学的根本，就是这种心灵的自由。如果你老盯着什么是'热门'，盘算着什么'有用'，你的心灵就会像一个总盯着老板颜色的雇员一样唯唯诺诺。"（薛涌，2009）"大学是一个让探索和哲学开放精神自行其是的地方。它旨在鼓励人们对理性本身的非工具性运用，它提供一种气氛，使统治者意志的道德优势和自然优势不至于吓跑哲学上的怀疑。而且，它维护着滋养这种怀疑的伟大行为、伟大人物和伟大思想的丰富宝藏。"（布卢姆，2007）

现代大学的核心使命在于对知识的责任，对知识的发现、创新、传承，最基本的责任应该是对知识的发现责任，既包括对"真"的发现的追求，也包括对"善"的思索和探究。人类社会赋予现代大学许多责任，但责无旁贷的无疑是用理性的知识揭示真实的世界，用理性的知识指引良序社会的建构，是恪守对知识的责任，是在经济社会中坚持学者的责任。因此，大学的内在逻辑应该是什么？阿什比认为，大学是探索和传播真理的堡垒；洪堡认为，大学是高等知识的机构，是把科学和学术当作解决无穷无尽任务的工具，他们从事永不停止的探索过程；赫钦斯则把金钱，即大学愿意承担外部社会机构付钱的任何任务看作学术界弊端的根源。他警告说："如果我们认为政府和企业为大学提供经济补助，是毫无私利地追求永恒的而不是一时的真理，那纯粹是自欺欺人。"（布鲁贝克，2002）诺斯·怀特海在论述大学的作用时说，大学之所以有理由存在，是因为它使老少两代人在富于想象力的学习中，保持了知识与生活热情之间的联系。大学提供信息，但它是富于想象地提供信息。一所大学如果做不到这一点，就没有理由存在。大学的任务就是要使想象和经验融为一体。因此，大学的正确作用就是通过想象创造性地获取知识。一所大学不具有想象力，即便不是一文不值，至少也是没什么用处的。罗伯特·伯恩鲍姆在其专著《大学运行模式——大学组织与领导的控制系统》中译本序中引用英国诗人约翰·曼斯菲尔德（John Masefield）充满诗情的语言歌颂过大学："世间再无堪与大学相媲美的事物。在国破家亡、价值沦丧之时，在大坝坍塌、洪水肆虐之时，在前途暗淡、了无依赖之时，不论何地，只要有大学存在，它就巍然屹立，光芒四射。只要有大学存在，人的自由思想、全面公正探索的冲动仍能将智慧注入人们的行为之中。"（伯恩鲍姆，2003）他进而义无反顾地认为"我坚信，技术不能也不会取代伟大的大学。"（伯恩鲍姆，2003）因此，大学应该是实现年青一代社会化的场所，是批判性文化传统得以延续的场域，是社会得到建设性批判的学园，是追求思想和智慧的家园。

**参考文献**

阿伦特. 耶路撒冷的艾希曼：伦理的现代困境［M］. 孙传钊，译. 长春：吉林人民出版社：2003.

鲍曼. 2009. 生活在碎片之中：论后现代道德［M］. 侑建兴，等，译. 上海：学林出版社：304.

伯恩鲍姆. 2003. 大学运行模式：大学组织与领导的控制系统［M］. 别敦荣，主译. 青岛：中国海洋大学出版社：6-7.

伯恩鲍姆. 2008. 高等教育中的管理时尚［M］. 毛亚庆，范平军，译. 北京：北京师范大学出版社.

布卢姆. 2007. 美国精神的封闭［M］. 战旭英，译. 南京：译林出版社：15.

布鲁贝克. 2002. 高等教育哲学［M］. 王承绪，等，译. 杭州：浙江教育出版社：12.

程星. 2007. 细读美国大学［M］. 北京：商务印书馆：209.

怀特海. 2002. 大学和大学的作用［J］. 刘小梅，译. 中国大学教学（11）.

科伯. 2008. 高等教育市场化的底线［M］. 晓征，译. 北京：北京大学出版社：33.

克拉克. 1994. 高等教育系统：学术组织的跨国研究［M］. 王承绪，等，译. 杭州：杭州大学出版社：4.

利奥塔尔．1997. 后现代状态［M］．北京：生活·读书·新知三联书店：107.

毛亚庆．2006. 高等教育发展的知识解读［J］．教育研究（7）：24－29.

斯蒂格勒．2001. 诺贝尔经济学奖获奖者学术精品自选集：知识分子与市场［M］．何宝玉，译．首都经济贸易大学出版社：53.

薛涌．2009. 北大批判——中国高等教育有病［M］．南京：江苏文艺出版社：10.

Barnett R. 1994. The limits of competence：knowledge，higher education and society［M］．Open University Press：22.

Keller G. 1983. Academic strategy：the management revaluation in American higher education［M］．Baltimore：the Johns Hopkins University Press：15.

Krachenberg A R. 1972. Bring the concept of marketing to higher education［J］．Journal of Higher Education，43.

**作者简介**｜毛亚庆，北京师范大学教育学部党委副书记、教授、博士生导师。

# Higher Education Management Mode Transformation in Knowledge Interpretation

## Mao Yaqing

**Abstract**：Management mode of higher education has a sharp change under the influence of seeking of marketization and commericalization in higher education in recent hundred years，and it result in the profound transformation in the management mode of higher education. So it is an important research iusse that how to understand the reasons，to deal with problems and to make some improvement in transformation of higher education. This article tries to discuss the transformation through the perspective of knowledge.

**Key words**：management of higher education　transformation　perspective of knowledge

# 论大众高等教育与多元参与治理模式建构<sup>*</sup>

王洪才

**摘　要**：在大众高等教育状态下，大学治理结构必须反映多元利益诉求。美国是世界上最先进入高等教育大众化的国家，它创造了社会参与治理的大学管理模式，从而有效地保障了高等教育发展与社会需要的有机统一。这一成功经验的重要启示是：我国要建立现代大学制度就要积极地吸收社会力量参与大学治理，并充分发挥市场机制的作用。如此，就必须建构一种多元参与的大学治理模式，从而有效地反映不同利益主体的价值诉求。

**关键词**：大众高等教育　大学治理　多元治理模式　建构

## 一、大众高等教育必须承认市场评判的主体地位

高等教育质量应该由谁说了算？这是一个关系高等教育治理的核心问题，因为它关系到高等教育发展方向、资源配置方式、制度安排和治理结构建设等一系列问题。在计划经济时代，这并不成为问题，因为那时高等教育质量完全由国家计划决定，完成了国家计划即万事大吉。但在进入市场经济之后，特别是在高等教育进入大众化阶段后，这种计划管理模式就逐渐失效了。实际上，我国自实施高校毕业生分配制度改革以来，人们就开始思考高等教育质量究竟该由谁来评判的问题。但由于受传统体制和传统观念影响，这一问题迟迟没有答案，直到今天也没有出现比较一致的意见。所以，传统的评价方式仍然在延续着，政府是第一位的评判人。市场的声音虽然开始发挥作用，但总体上还比较弱小，还没有成为高教发展的主导性力量。所以，高教评价机制建设问题一直没有获得突破性进展。

不难发现，传统的高教评价方式是以国家意志为主，简言之就是以政府的意志为主导，由政府来决定评价目的、评价方式和评价过程，这种评价实质上仍然是一种行政检查模式的延续，而非科学的评估方式。在政府主导的办学体制下，仍然由政府来主导评估其客观有效性值得怀疑，因为人们普遍相信"运

---
　＊　本文为教育部人文社会科学重点研究基地重大项目"现代大学制度原理与中国大学模式探索"（编号：11JJD880021）研究成果之一。

动员不能同时是裁判员"。在目前，市场力量已经开始参与高等教育评价，但主要是通过人才市场的筛选机制进行的，这种评价的缺陷是带有严重的滞后性，而且常常出现失灵状况。为此，特别需要一个中立的、专业的评价主体参与评价，引导高教发展。虽然社会力量已开始介入高等教育评价，如今天名目繁多的"大学排行榜"的出现就是一个突出代表，但由于缺乏公认的评价标准，所以至今还没有出现一个为社会广泛公认的评价组织。这一切都表明：高等教育治理模式变革迫在眉睫。

事实也如此，自从高校毕业生分配制度改革开始之后，问"谁应该成为高等教育质量的评判者"就与之相伴而生。人们已经明确地意识到，必须承认用人单位对高等教育质量评价权，高等教育质量不能由高校自己说了算。但在传统的精英高等教育体制下，这个问题并没有受到重视，因为当时毕业生总体上处于供不应求的状态。当高等教育大众化进程启动后，这个问题就凸显了出来，因为越来越多的高校毕业生开始面临就业困难，这说明就业市场形势发生了巨大变化，高校毕业生就业已经从"供方市场"转向了"用方市场"，即用人部门渐渐地开始主导毕业生就业市场的话语权。这一形势的出现，说明高等教育质量观必须改变，必须改变由国家主导高等教育质量话语的局面，必须把更多的权力交给市场，让高校直接面对市场来调整自己的办学模式，从而更好地适应市场需要，否则，高等教育中将出现越来越多的无效行为甚至负效行为。

无法否认，在进入大众化高等教育阶段后，入学者的目的也发生了巨大转变。如果说传统的高等教育入学者主要是为了知识的目的而来的话，那么现在入学者的第一位目的则是为了就业。换言之，人们更多是为了功利的目的而来，一般是为了社会流动的目的而来，而不像传统精英那样是为了传承和发展知识的目的。自然而然，入学者也拥有了实质性的评价权，他们往往是根据教育效果对其流动是否具有作用来做出判断。说到根本，仍然是根据就业市场的形势来判断。鉴于此，高等教育的质量高低就不能再完全由大学说了算或是完成计划规定要求就可以了，因为这对于需要接受市场检验的广大受教育者而言是不公平的。那么，高等教育质量必须在相当大程度上交给它的接受主体——就业市场——来评判。

这一转变并不意味着大学和政府就无所作为了。事实上，它要求大学和政府更积极主动地作为，要求其通过改变自己的行为直接应对市场的需要。其实，大学仍然掌握着评判的主动权，因为无论什么样的质量标准最终都必须通过大学来实施，换言之，大学所面临的质量责任更大了。因为无论何时，大学都必须保持一定的学术水准，不然大学作为学术组织存在的价值就将丧失。但仅有基本的学术水准显然是不足的，因为大学还必须同时兼顾社会各方面对质量的要求。而政府的责任则是督促大学进行角色的调整，但前提是其自身观念和角色必须首先进行调整，这无疑是对政府职能转变提出了较高的要求。

当市场评价逐渐成为一个主导性评价维度时，大学就开始面临一个比较尴尬的局面：一方面它不是质量标准的最终决定者，另一方面它又必须制定出一个切实可行的标准来，否则就无法实际操作。这意味着，大学必须接纳多元评价主体的意见并综合出一种新的质量标准。如此，大学就不可能完全按照自己的逻辑行事，而必须接受社会外部评价，这就是问责的要求。虽然在历史上，大学从未实行过完全的自治，但总体而言大学坚持了学术主导的价值观，而在大众化高等教育阶段，能否继续坚持这一逻辑就值得商榷。这正是现代大学制度探讨的问题，同时也说明，传统的封闭性的大学办学模式必须改变。（王洪才，2004）

## 二、美国大学的成功经验是吸引社会参与治理

事实上，高等教育发展变化的一个根本标志就是办学决定权的转移。中世纪大学是由教会控制的，大学依靠行会自治才获得了相对自由；进入近代之后，民族国家逐渐成为办学主体力量并控制大学发展方向。此时大学办学目标主要是反映国家的意志，即学术意志是实现国家目标的手段。（王洪才，2004）在这一阶段，因为学术目标与国家意志基本上是一致的，所以国家尊重学术自由并提供经费和制度的保障。这导致了近代大学模式的兴起，柏林洪堡大学的建立就是一个标志。与此同时还出现了法国大学模式和美国大学模式。

然而，当国家开始控制大学时，大学内部学术自由意志不可避免地会与国家意志产生龃龉，那么如何在政府与大学之间建立一个合适的关系就是大学制度建设思考的核心内容。因为政府作为国家权力的代表，不免要产生主宰大学的愿望。（徐健，2007）此时大学要么选择依靠传统的自治来进行自我保护，但这容易使大学进入象牙塔式的封闭状态，要么进行改革，走向社会，以避免政府的过分干预。前一种方式是私立大学办学模式，也是一种传统的大学办学模式，后者则是一种社会参与治理的大学办学模式，也是大学从"近代"向"现代"转型的标志。在美国，这两种办学模式同时存在，这就形成了美国多样化大学办学特色。但在美国，即使是私立大学，大部分也放弃了纯粹的大学自治模式，也在积极吸引社会参与大学治理。所以，美国大学治理结构的特色是社会参与治理。可以说，这是一种现代大学制度原型。

因此，现代大学制度的核心特征就是大学治理结构向社会开放，实现社会参与治理制度，建立一个多元平衡的权力结构，即大学治理权力并不完全交给政府、学校或市场中的任何一方来决定。当然，在大学治理结构中，学术力量仍然是主导性的力量，这是大学自治精神的体现，但它需要获得其他社会力量的认同。这就是说大学发展不能再走纯粹的学术象牙塔之路了，必须面向社会需求，强调社会服务。这恰恰构成了美国大学模式的特色。（博克，2001）

美国大学模式的优点就在于社会服务功能不是外部强加的，而是大学主动适应社会要求的结果，因此是大学自我选择的结果。甚至可以说，强调纯粹的学术研究不是美国大学模式的优势，而强调实用主义才是美国大学的传统。（赫钦斯，1980）"实用主义"在美国具有丰厚的思想源泉，它受美国实用主义哲学支持，在大学办学中它的中心含义就是学术研究要反映社会需要，培养的人才要符合市场需要。（舸昕，1999）这一点也有赖于美国没有设立国立大学的优势。因为建立国立大学虽然能够较为直接地反映国家意志，但也容易导致样板化、模式化，最终造成千篇一律，形成一个僵化的模式。而且在建立国家大学之后还会造成一种大学内部的等级制，从而会削弱学术竞争，这不利于学术进步，同时也不利于大学反映社会需要。（舸昕，2000）所以，美国大学体制的高明之处，实际上就体现为国家不直接控制大学，大学发展由地方决定，由社会需要决定。这样自然就形成了美国大学的社会服务风尚，大学也就不会以自我为中心了。这也成就了美国多样化的高等教育体制的风格。

美国大学的社会参与治理结构的特征集中反映在校外董事会制度上。校外董事会制度指董事会的主要成员是由校外人士构成的，并非来自大学内部，他们一般是工商界代表，同时还是校友的代表。这种制度就将各种有利于大学发展的外部力量整合在一起了。固然，校外董事会制度并不能完全反映学术意志，甚至在不少时候对学术发展起到掣肘的作用，但从其主导方面看，董事会在大学发展中发挥了十分积极的作用，特别是为大学筹集发展资金的作用非常突出。校外董事力量的发挥，决定性地使大学学术工作不能过分脱离社会需要，这一点是任何其他力量所无法比拟的。同时它也有效地消解了大学内部的保守势力。然而，大学内部所代表的力量并不总是进步的、积极的，尤其当学术寡头垄断了学术权力的时候，会对新生事物产生排斥和抵制作用。有人讲"大学本质上是保守的"是有其道理的。（王英杰，2003）而社会发展和科技发展永远不是保守的，它客观地要求大学对外开放。

正是由于美国大学的社会参与特征，美国大学最早地向大众开放了门户，从而开了高等教育大众化的先河。因而美国高等教育入学率始终是世界领先的，人均接受高等教育的机会也是世界最多的。这些事实也证明：美国的大学制度是最有利于大众接受高等教育的。而最能够代表美国高等教育特色的就是社区学院，这是一个多功能的教育组织，将培训功能、学术训练和继续教育等功能融为一体，其收费低廉和形式灵活多样的特色，客观地满足了社会各个方面的需要，尤其是那些低收入阶层子女的入学要求。当然，州立大学系统和私立大学也在美国大学制度塑造方面发挥了不可替代的作用，它们共同构成了美国多样化的高等教育体系，从而能够满足社会各个方面的需求。

## 三、多元参与治理结构需接受市场机制的检验

美国高等教育发展经验告诉我们，在大学制度建设过程中，大学不再是高等教育质量唯一的责任人了，社会各界也是高等教育质量的共同责任人，而就业市场状况则是反映高校业绩和社会各界共同治理业绩的晴雨表。市场的激励功能是其他机构无法替代的。在这种机制中，学生也是一个非常重要的责任人，因为他们有充分的选择机会，他们可以用自己的行动来代表自己的意见，所以他不能将质量问题完全归罪于别人。当然，这也呼吁大学生建立一个健全的组织，能够充分表达他们的理智思考，从而成为参与大学决策的一个方面力量的代表。

客观地说，如果大学实行完全自主管理的话，那么它就不能逃避社会各方面的质量问责。显然，大学不可能只对自己的学术质量负责，还必须对学生负责，毕竟学术质量并非大学职责的全部，而学生才是其工作的主要对象。如此，大学的任务必然是全方位的，也必须负责任地将大学生安全地由学校交到社会，并听由社会对大学生质量进行评判。所以，尽管大学试图以自治的名义来主宰质量评判标准，但仍然不可能逃脱社会的评判。而社会评判的标准当然是独立于学术之外的，它是根据自己在实际使用过程中的体验进行评价的，因而其评判标准并不由大学自己确定的质量标准来指挥。所以，大学所进行的人才质量的塑造并不单纯是学术质量方面的塑造，而应该是全人方面的塑造。

而当社会各界开始参与大学决策时，他们也必然同时担负起对高等教育质量的建议和监督责任，他们在参与大学质量标准的制定过程中表达自己的意见，包括他们对大学质量标准的期望。而且，他们中许多人也非常乐意将自己认为理想的标准拿到大学里来试验。在这样具有决定意义的董事会组织中，质量标准是多元化的，最终形成的质量规格也是综合化的，从而可以避免形成比较偏颇的质量观，实现高等教育质量观的均衡。（王洪才，2002）此时，高等教育不存在一种最优质量，只存在一个适合的质量，而这个适合质量是均衡质量观的最佳体现。

在大学决策过程中，大学校长是反映社会各方面意志的最重要的中介，因为他具有多重身份，既是大学董事会的参与者，又是董事会意见的执行者，同时还是学术意志的反映者。所以他的作为非常重要，他必须精力非常充沛、善于进行沟通并长于集中学术群体的意见，这样他才能很好地进行学术领导并将董事会的意见有效地传达到大学的各个工作层面。因此，大学校长是大学发展中的风云人物，当然他遭受的质量指责也最厉害。（王洪才，2010）

不管承认与否，大学生必然要成为高教质量的评判人，因为他们是教育结果的直接承受者。为此，他们也应该具有充分的话语权。在欧洲大陆，大学生

代表参与大学治理已经成为法律事实，（范德格拉夫，1989）在美国，大学生对质量的意见是通过"用脚投票"来表达的。这反映了两个不同的机制。一是大学生直接参与决策的机制，当然这种参与会因大学生自身素质而受到局限。这种体制的突出优点在于决策过程是透明的，大学生熟悉决策的全过程，从而能够很好地充当大学决策机构与学生意见之间的沟通人的角色。他们以自己的亲身经历来说服学生的效果，的确要比大学派自己的代表人进行解释更胜一筹。而且，这个机制比较能够保证学术自由或学术质量，符合民主生活规则。当然，这个制度的不利方面也很明显，这主要表现为大学生势力微弱，特别是由于大学生自身的不成熟，他们往往难以对学术决策发挥非常重要的影响。二是市场机制，采用这种机制的国家非常注重学生的直接行动，即通过选择入学和转学等机制来表达学生的意志。这一机制要求市场发育完善，各种办学信息公开透明。特别是办学信息是可靠的，不能被污染，否则就有很大的欺诈性。[①] 但当学校为了生存进行竞争时，就很难保证这种信息完全准确透明，这样大学生的选择成本会变得很高。为了减少选择风险，就必须采取相应的补救措施，如采用转学机制来加以补充。而转学机制以学分制为基础，同时还必须以大学之间的互认协议为保证。

所以，现代大学制度是一个开放性的整体构造，一个最基本的要求就是高校办学信息公开透明。信息公开制度也是打破传统大学自治的重要一步，因为在强调传统大学自治的情况下，大学内部的信息没必要向公众公开。[②] 也只有在现代大学制度的构造中，或将大学放在市场中，在竞争的压力下，大学才会主动地将信息公开。这种公开既是为了方便外部观察和监督，也是为了表达自己为社会服务的诚意，同时还能够促进大学自律。如此，大学办学信息公开并不是为了应付上级检查，也不是为了广告宣传，而是要为其服务对象负责，这也是为了吸引那些潜在的客户的必然举措。

当然，如果高等教育入学机会不充分的话，市场竞争机制将难以充分发挥作用，外部监督也不可能发挥作用。目前我国高等教育总体供求趋于平衡，这为市场机制发挥作用提供了有利条件。但仍然存在有效供应不足的情况，这对竞争机制全面发挥作用产生了制约。具体表现就是人们入学竞争仍然是对学校声望的选择，而非对学校办学实力及与自己需要适合性的选择，换言之，人们追逐的是名牌而非实用。如不少人拒绝高职院校而选择普通院校就反映了这一心理，人们用"复读"的办法来争取更好的入学机会。[③] 目前不少高职院校学生报到率比较低就反映了高等教育机会短缺状态已经成为过去。在这种情况下，

---

① "信息污染"指诸如招生中出现的虚假宣传之类的现象。
② 传统大学自治主张大学对学术事务的独立处置权，因此不需要外部指导和干涉。
③ 在国内"复读生"经常被人们戏称为"高四生"。

高职层次教育率先进入了市场竞争时代。①　这意味着他们必须通过提高质量、提高社会服务水平来提高市场地位，从而使自己从被选择转变为主动选择。

但对于其他高等学校而言，它们虽然还处于供求基本平衡的状态，但潜在的危机很大。可以设想，随着入学人口的减少，如果它们仍然没有办学特色的话，就很可能成为下一个被淘汰的对象。所以，在适应就业市场过程中，它们必须注意发展自己的特色，亮出自己的品牌，因为这是争取市场地位最关键的一步棋。换言之，没有特色就没有市场，就随时可能被替代，或者说它们仅仅是作为代用品而已，一旦有了正品，则会面临马上被淘汰的危机。

而对于重点大学而言，它们目前仍然是市场上的紧俏品，因为它们占有先天的资源优势，并且形成了一定的声望积累，所以在就业市场上处于优势地位。但是，一些学校盲目扩张，匆忙上马了一批热门专业，其培养质量不能被社会认可，这样就对其整体质量形象造成了相当大的损害，并正在瓦解其传统信誉。加之管理不善，它们可能事实上已经沦为二流或三流大学，但它们仍在勉强地维持"准一流"的地位。如果市场选择机会充分的话，它们可能很快就会降入二流或三流大学之列。

市场机制最大的优点在于促进大学自律，树立社会服务理念。只有在大学自律的基础上，大学才能办出特色。但市场机制需要一个比较完备的调节手段，第一个基础建设就是信息的过滤和处理系统的完善，即实现信息的透明化、准确化和完善化。

## 四、多元参与大学治理模式建构的基本策略

现代大学制度建设从本质上讲就是要克服封闭的大学办学模式，要求大学必须面向社会、面向市场开放自己，这就要求大学在具体管理过程中适应这一变革趋势。

大学要面向社会和面向市场，必须大力推进大学专业设置和课程设置变革，使大学专业设置和课程设置更加符合社会需求，因为专业和课程是大学联系社会和市场的直接纽带。为此，必须推动大学课程与教学管理走向精细化，即推行课程的分层化和多样化。在入学需求越来越多元的情况下，试图在大学里推行一种单一的课程模式是不可取的，只有通过不同课程设计才能反映多样性的社会需求，也才能适应不同的学习兴趣的要求。如此，就要求大学在教学管理上采用学分制，在课程设计上采用模块制，从而反映学习兴趣多样性和管理灵活性的要求。因为学分制更能够反映学生的学习意愿，而模块制课程则能够将

---

①　"竞争时代"是指入学机会比较充分、入学者有充分挑选机会的时代。

不同的需求组合在一起。所谓模块制课程即指每一课程单元都应该有明确的目标，是可用于评价和考核的，从而每个课程单元都能够反映一定的培养目标要求。

由此，大学课程与教学管理的重心也需要随之进行调整。传统的大学管理重心集中在学校一级，这一管理方式适应于统一计划课程模式，但不适合于灵活多样的课程模式。为此课程与教学管理的重心也应该转移到学院层次，因为学院既是学科建设的中心，又是人才培养方案设计的中心。学院工作重心集中在建立专业课程体系上，负责人才培养规格设计；系级组织工作重心集中在专业教学管理上，重点是提高学生的学术水平和实际才干；学校管理工作重心集中在服务网络建设和不同学科资源的协调及不同院系课程教学的督导上，重点是提高办学声誉和办学效率。管理重心的转移意味着大学在学科建设和科研管理上应采用一种弹性机制，避免形成一种僵化的模式，因为单一模式会导致行政意志主导现象发生。

为了避免行政主导现象发生，大学管理应普遍采用教授委员会决策模式，即在学校、院和系三级都设有教授委员会组织，负责各层级学术事务讨论审议并做出决定，如果达不成一致意见则由上级教授委员会讨论决定，校长对学校教授委员会的意见有最终否决权。大学行政机构负责实施教授委员会的决定并进行统筹协调。可以看出，在这一设计中，教授委员会始终是大学决策议政的主体，各级行政首脑是当然的召集人。校内最高行政机构是大学校长办公会，它由大学各部门和各院系的主要负责人组成，校长是会议的当然主席。党委会则是一个内部领导和监督机构，同时也是一个重要的参谋咨询机构。

目前，在中国公立大学中，董事会还仅仅是一个名义上的咨询机构，还没有发挥参与治理的功能。在未来，大学董事会建设将是大学治理结构变革的重点，即要发挥其对大学重大决策的审议作用，如听取学校发展报告，平衡学校内部决策和学校预算，引导大学决策不至于脱离社会需要太远，这是改变大学决策由内部人决定状况的根本办法。在中国，如果要使大学董事会发挥实质作用，就必须吸收政府代表参与，否则，它将永远是一个名义上的咨询机构。董事会主体是由校友代表构成的，校友代表则主要是社会贤达人士。校长是董事会当然成员，甚至包括主管教学的副校长，此外还要吸收教授会代表参加。只有当政府代表、社会代表、教授代表和行政代表都参与的时候，董事会才能综合社会各方面的意见。此时，董事会才可能发挥更大的作用，如对大学校长选拔发挥影响。这意味着大学治理结构将发生根本性改变，由垂直的领导体系转变为一种矩阵式组织，唯有如此才能打破大学的封闭式治理结构。如此，校长选拔需要获得大学内外部双重承认——不仅要获得教授会承认，而且还要获得社会承认，最后才是行政承认。但教授会承认是基础，即校长人选首先要获得学校教授会通过。

所以，现代大学的治理结构特色在于建立一个大学内外部力量的平衡机构——既不完全听命于外部行政意志，也不能依赖于大学内部自治，同样也不能完全依靠市场决定。因为它们的作用都是有限度的，都有发生武断行为的时候；只有建立一个平衡机制，才能抑制某种力量专断行为的发生。这种平衡机制既可以是一种社会中介组织（王洪才，2004）或第三部门组织（邬大光，王建华，2002），也可采取一种社会参与管理的模式。在中国，产生独立的第三部门或中介组织甚是不易，似乎建立社会参与管理大学的机制要更容易一些，而大学董事会建设最接近这一目标。

**参考文献**

博克.2001.走出象牙塔：现代大学的社会责任［M］.徐小洲，等，译.杭州：浙江教育出版社：1-101.

范德格拉夫.1989.学术权力：七国高等教育管理体制比较［M］.杭州：浙江教育出版社：30-31.

舸昕.1999.从哈佛到斯坦福［M］.北京：东方出版社：292.

舸昕.2000.漫步美国大学［M］.哈尔滨：哈尔滨工业大学出版社：35.

赫钦斯.1980.今日美国教育［M］.汪利兵，译.北京：人民教育出版社：1-34.

王洪才.2002.论均衡的高等教育质量观［J］.教育与现代化（1）：3-8.

王洪才.2004.大众高等教育论［M］.广州：广东教育出版社：358，143.

王洪才.2004.论中介组织的培育与教育制度创新［J］.江西教育科研（4）：3-5，15.

王洪才.2010.大学校长：使命·角色·选拔［M］.上海：上海交通大学出版社：34-38.

王英杰.2003.论大学的保守性：美国耶鲁大学的文化品格［J］.比较教育研究（3）：1-8.

邬大光，王建华.2002.第三部门视野中的高等教育［J］.高等教育研究（2）：6-12.

徐健.2007.19世纪初德国的自由主义国家理论及其实践［J］.北京大学学报：哲社版（2）：45-50.

**作者简介** 王洪才，厦门大学高等教育研究中心教授、博士生导师，主要研究方向为现代大学制度和教育研究方法论。

# On Mass Higher Education and the Construction
# of Multiple University Governance Mode

Wang Hongcai

**Abstract**: In the time of mass higher education, the university governance must reflect the appeal of multiple stakeholders. America is the first country come into mass higher education, who has created a mode of social participation university governance, that make the development and social need become organic united. This told us when we build modern university system we must attract social forces participated into university governance and make a great advantage of market mechanism. Therefore, it is needed to construct multiple university governance in order to reflect the value appeals of different stakeholders.

**Key words**: mass higher education　university governance　multi-governance mode　construction

# 学院组织及其治理结构

周 川

**摘 要:** 我国大学现在多以学院作为二级组织形式。学院拥有自己的教师和学生,有行政级别、相对独立的经费和下属机构,是大学各项主要职能的直接承担者和教学科研工作的直接组织者,具有实体性,也兼具学术性和行政性。为了实现我国建立"现代大学制度"的改革目标,在路径上可以建立"现代学院制度"作为起点和突破口。为此,首先需要在学院决策程序、院长产生方式、院学术委员会和教职工大会实际赋权等方面改变学院的治理结构。

**关键词:** 学院 组织 治理结构

学院是大学各项主要职能的承担者,是大学各项职能性活动的实际组织者,也是高等教育管理体制中的一个基本行政层级。本文主要针对我国大学的实际,以组织学理论和"现代大学制度"理念为基础,着重探讨学院的组织特性及其治理结构问题。本文所称"学院",特指我国大学里作为二级组织的实体性学院。本文所探讨的主要问题,应该也能适用于我国大学里作为二级实体机构的"学系"等其他组织形式。

## 一、学院组织的演变历程

清末高等教育机构内的二级组织,有称"馆"者,也有称"斋""院"者;维新运动后,则以称"科"者(亦称"分科大学")为多。1903年颁布的《奏定大学堂章程》规定:"大学堂全学名称:一曰大学院,二曰大学专门分科,三曰大学预备科。其附属名目:曰仕学馆,曰师范馆。"同时规定,"分科大学"每科设"监督"一人,"掌本科之教务、庶务、斋务一切事宜"。(朱有瓛,1987)民国初年,《大学令》颁布,明文规定"大学"以下设"科","各科设学长一人,主持一科事务"。(宋恩荣,1990)

大约到了20世纪20年代中期,大学的二级组织出现了"学院"的名称,如当时的国立广东大学,设有"法科学院""理科学院""农科学院"等。(吴定宇,2006)1927年年底实行大学区制,"大学本部"之下基本都设置"学院"，如《第四中山大学本部组织大纲》规定，"大学本部设若干学院，院设若干系或科"。（佚名，2002）1929 年 7 月，国民政府颁布了《大学组织法》，第一次以法律的形式统一规定："大学分文、理、法、农、工、商、医各学院。凡具备三学院以上者，始得称为大学。大学各学院及独立学院各科，得分若干学系。"（宋恩荣，1990）由此，大学—学院—学系的组织系列得以确立，并且一直延续到 50 年代初。

中华人民共和国成立后，于 1951 年开始了全国范围的"院系调整"。通过这次大规模的"院系调整"，建立了与计划经济相对应的高校专业体制，除个别大学（如安徽大学、福州大学）因为某些特殊原因还短暂保留有"学院"外（胡建华，2001），全国的大学几乎清一色地都取消了学院层级，大学以下直接设"系"作为二级组织，系下再设教研室。自此，大学—系—教研室的体制得以确立，这一体制稳定地延续了将近半个世纪。

20 世纪 90 年代中期，随着高等教育体制的变动，"学院制"（郭桂英，1996）重新被提起，"学院"作为二级机构又纷纷回到了各个大学的组织系列里。当然，90 年代中期兴起的"学院制"，并不是恢复到 1952 年前的"大学—学院—学系"系列，而是体现了许多新奇的"中国特色"。1993 年《中国教育改革和发展纲要》提出，要在"机构设置"方面"进一步扩大高等学校的办学自主权"，因而校内机构的设置与变更就成为高校可以自主的事情。与此同时，自上而下的"院校合并"运动几成燎原之势，单科院校合并成为或合并进入综合大学后，通过拆分组合，自然成为大学中的二级学院。在这些合并院校的示范下，高校里原有的学系也争先恐后开始"升格"，于是就有了"数学学院""历史学院""哲学学院"之类极富"中国特色"的二级学院。如今，我国大学里的二级实体机构，除了个别"学部"或少数"学系"之外，绝大多数均已改为学院；学院已经成为我国大学二级实体机构的主要形式。

## 二、学院组织的实体性征

如今我国大学的二级学院，是以学科为基础设置的实体性机构。二级学院的这种实体性，可以从以下几个方面体现出来。

第一，从学院的构成主体看，学院主要由特定学科的教师集结组成；学院拥有了教师，学院首先是教师的组织。教师在某一学科学有专长，术有专攻，他们在大学里实际上就是该学科的活的载体和化身，是该学科得以存在的标志。首先有了学有专长、术有专攻的教师，然后才有学科，再后才能形成学院。如果没有这些教师，学校图书馆里相关的图书著作再多，官方文件规定的"学科点"在学校里分布得再多，那也只是空的学科，并不意味着学校"真有"了这个学科。教师，是学科的化身；学科，是学院的基石；归根到底，从事某一学科教学与研究的教师，是构成学院的最重要的基石。因此可以说，学院归根结底是由教师构成的，是教师的组织。学院一旦在大学里设置起来，教师在身份上和业务上一般就直接隶属于学院，学院因而也就成为特定学科教师的基本工作单位，成为教师身份及其业务活动的基本组织者和管理者，于是就获得了最重要的实体要素。

第二，学院拥有学习相关学科专业的学生，学生也是学院的重要实体要素。当然，学生由于其流动的特点，在学院里一般只待四年左右，即便直升研究生，也就6—7年或者9—10年左右，他们迟早要毕业离开学院进入社会，从这个意义上说，他们只是学院的过客。但是，这些过客一旦入学，一般都直接隶属于大学里的某一学院；最起码他们在学期间都是学院的重要组成要素。没有学生的存在，学院同样也就没有了设置的"缘由"（洛索夫斯基，1996）。如果大学里的某个机构只有教师没有学生，那么这个机构一般只能称为研究院而不能称为学院。即便是研究院，学生的存在对于教师的研究工作依然是极其重要的，这一点早在两百年前就由洪堡证明过了。

第三，学院是大学主要职能的直接承担者、各项职能性活动的直接组织者，学院是在特定学科层面上实现大学主要职能的基本单位。大学承担着培养人才、发展科学、服务社会的三大职能。这三大职能在大学的校、院、系三个层级中并不是平均用力的，而是有轻重之别。显然，学院是承担大学三大职能的核心层级，是履行和实现三大职能的主力。大学培养的是高级专门人才，并且是按照学科专业来培养这种专门人才的。大学主要也是按照学科专业来组织科研活动的，大学发展科学的职能主要也是在学科专业的层面上实现的。大学还承担着直接服务社会的职能，这种职能本质上是大学前两项职能的延伸，主要也是在学科专业的层面上开展的。然而，大学是综合的，除了大学的公共事务和跨学科协调之外，它本身并不直接从事这些职能性工作。院下的学系是更专业性的，但它又以教学工作的组织和协调为主，难以全面承担三大职能的繁杂事务。因此，大学培养高级专门人才、发展科学、直接服务社会的职能，主要是以学院为单位来承担的，主要是在学院的层面上履行的，主要也是通过学院来实现的。

第四，学院具有行政级别。在我国现行的高等教育体制中，大学里的学院都是有行政级别的。不论大学本身的行政级别是正厅级还是副部级，学院的行政级别一般为"正处级"，或者说是"县团级"。这种行政级别，对于学院履行其基本职能来说也许并不重要，但是对于学院成为一个实体机构来说却很关键。因为有行政级别，于是学院就设有一套与整个体制相应的领导机构，有学院行政和学院党委（或总支），其下分别设有院办公室和学生工作办公室、团委等；因为有行政级别，于是学院就有了一套领导班子，有了"正处级"的院长、书记，若干"副处级"的副院长、副书记，也就有了正科级的院办公室主任、院团委书记、院学生工作助理等；因为有了行政级别，学院领导者也就自然被授予了一系列的行政权力，包括专业与课程设置权、人事岗位调配权、经费使用权、教职工职务与业绩考评权、学生奖惩权、"三公"活动决定权等，几乎囊括了学院一切重要或不重要的事务。总之，在我国现行的高等教育体制之下，正是因为有了这种行政级别，学院才能被纳入体制之中，才能获得相应的行政性质，因而也才能被体制认为是实体性的。

第五，学院具有可以独立核算的经费。学院虽不是经费独立核算单位，但其经费核算的独立性正日益增强。目前我国大多数大学都是实行校、院二级财政，学校将各类"办学经费"按一定标准下拨至学院，学院对这些经费具有较大的自主权，这些经费包括："教学工作经费"（"本科生包干经费""研究生业务费"等）"科研工作经费""学科建设经费""学生工作经费""学生社团经费""招生就业经费""社会服务经费""人事工作经费""外事工作经费""离退休专项经费""实验室管理工作经费""后勤工作经费"以及各种各样的专项经费等。尤其是各学院通过"社会服务""创收"提留的所谓"自有经费"，近乎学院的"小金库"，进一步强化了学院在经费上的独立性和实体性。

第六，学院具有自成体系的下属机构和人员，有自成体系的办公场所和工作设施。除了前面提到的学院行政和党委两套系统及其相关人员外，大学里的学院一般还下设有若干作为三级机构的学系。三级学系一般设在次一级的学科专业层面上，它主要是专业教学的一个协调机构，没有行政级别，不是实体性的机构。其次，学院往往还下设有实验室、资料室等教学科研的辅助机构以及专业辅助人员。另外，大学里的二级学院一般都有自成体系的相对独立的办公场所和工作设施，条件较好的学院可能独自拥有一栋甚至若干栋大楼及其附属设施，这也是学院作为大学中一个实体性机构的外显标志。

## 三、学院的双重组织特性

我国大学的学院具有双重的性质，它既是学术的组织，又是行政的组织，既有学术性，具有行政性。学院以教师为主体，以培养人才、发展科学为基本职能，以教学、科研为主要的职能性工作，因此，学院首先是一个学术的组织，具有学术性。但是，学院又负有对相关学术事务进行管理的职责，设有相应的管理机构和职位，在我国还有特别的行政级别，因此，我国大学的学院同时也是一个行政组织，具有行政性。伯顿·克拉克在研究各国高等教育体制的基础上，归纳出"高等教育系统组织的三个基本要素"，即"工作""信念""权力"（克拉克，1994）。以这三个基本要素为分析工具对学院组织进行分析，将有助于我们更深入地认识学院的组织特性。

在"工作"要素层面上，教师是真正的主体；教师从事的是教学和科研工作，本质上都是学术工作。学术工作的重要前提条件，就是要保证工作者的"独立之精神，自由之思想"，保证他们的学术自由和一定的教学自由。因此，作为学术组织的学院，它的组织特性首先是松散的：学者个人的独立思考和自由探索是所有工作的基础；工作的创造性成分越多，其工作的方式和方法就越是个体化，越是与众不同，因而学术性学院在组织形式上是松散的、动态的。其次，学术性的学院是无边界的：学者在工作过程中主要属于整个学术共同体，他需要与分散在世界各个角落里的同行保持最广泛的交流，身心都需要不断地超越校院系的边界。最后，学术性学院是独立的：它建立在特定学科专业的基础上，在大学中具有独一无二性，不能被其他学院所代替，因此它与大学不仅仅是部分与整体的关系，而且更多地还是同一性的关系，在这个特定学科层面上，学院就代表着大学，学院就是大学。而作为行政组织的学院，其工作特性全然不同。行政性学院是规制严明、计划明确、分工明晰的，各项工作主要是通过行政渠道自上而下层层布置、分解进行的；行政性学院是有边界的，有岗位的边界、工作任务的边界，这种边界原先主要在教学工作领域，现在也迅速地扩展到科研工作领域；行政性学院之间是同质的——同样的级别，同样的管理机构和职责。相应地，行政性学院与大学的关系也不仅仅是部分与整体的关系，更主要的是上下级的关系，它是大学的下级组织，因此它必须遵守下级服从上级的原则，必须贯彻执行好校方的部署和要求。

在"信念"要素层面上，克拉克认为，学科和学院都在"号召他们的忠诚"（克拉克，1988），这就产生了阿什比所谓的"双重忠诚"："教师不可避免地既忠诚于他们所专的学科，又忠诚于他们所服务的大学"（阿什比，1983）。但是，这种"双重忠诚"在不同性质的学院里是有区别的。对于作为学术组织的学院，一位专业上合格的教师一般会更多地忠诚于他所从事的那个学科和那个学术共同体，因为"他个人声誉的主要基础并非聘请他和付他薪金的学校，甚至他在校内的评价也都靠他在校外的声誉"（阿什比，1983）。因此，教师的"学科忠诚"会多于他的"学校忠诚"，也多于他的"学院忠诚"（至于"学校忠诚"和"学院忠诚"的多寡，则与两者的相对地位和状况有关）。但是，作为行政组织的学院，是与教师工作条件和切身利益直接相关的单位，因此总是倾向于培植教师的"学院忠诚"，致力于使教师们成为"好员工"。虽然教师的"学院忠诚"一般都远不及他的"学科忠诚"，但是由于他个人在身份上牢固地隶属于学院，身处学院职场之中，他即使没有什么"学院忠诚"，但至少是有"学院意识"的，尽管这种"学院意识"可能是正面的，也可能是负面的。

在"权力"要素层面上，作为学术组织的学院，主要通过协商、投票的方式来实现其影响力。虽说在协商的过程中，"谁的知识越多、学问越大，谁就越有发言权"，但是协商的过程在本质上是平等的，人人均可参与。在投票的环节，人手一票，所有人都是平等的。因此；学术本身并不需要"权力"，只要能保证其"权利"——发言的权利、投票的权利，"权力"也就自然体现在其中了。从学术组织的角度就可以理解，为什么许多教师不愿意担任学院行政领导职务。"人们不愿意担任院长之类的学术领导职务的根本原因基本可以确定为，人们认为在高校内部担任学术领导不是一个好的职业生涯选择。"（博尔顿，2010）但是，在作为行政组织的学院，权力是职位赋予的，具有强制性、不可替代性。掌有权力的人，通过做出决定、审批、授予等方式，控制和影响学院的各项事务。而且更厉害的是，在目前的体制下，这种行政权力既可以通过领导集体的方式来行使，也可以以相当个人化的方式来行使。以什么方式来行使这些权力，目前尚无明确的章程和制度约束，很大程度上只能取决于学院领导者的个人素质和意愿。也正因为如此，作为行政组织的学院，其领导职位对于那些热衷于权力的人来说，就成为一个极具诱惑力的官位，进而也就常常成为你争我夺的目标。

## 四、学院治理结构的组织学设计

当前，建立"现代大学制度"，已然成为我国高等教育管理体制改革的重要方向，也成为高等教育内外议论的热点。但是，"现代大学制度"从何建起，路径何在，无论是官方文件，还是学者论述，大多语焉不详。其实，从二级学院的性质和特点来看，通过建立"现代学院制度"来建立"现代大学制度"，也许是一条合理的路径。一方面，学院在学科上代表着大学，在体制上是大学的实体终端，是大学里的一个关键层级，它既有可能将现行高教管理体制的某些优点在这个层级上或是放大或是缩小，同样也有可能将管理体制中的各种缺陷和弊端在这个层级上或是放大或是缩小。因此，从学院改革入手，首先建立起"现代学院制度"，也许距离"现代大学制度"的目标就为期不远了。另一方面，学院是大学的二级组织，规模相对较小，结构相对不那么复杂，涉及的面相对不那么广，改革的难度相对也较小，因此，以建立"现代学院制度"为改革的起点和突破口，为建立"现代大学制度"的改革打下基础，并提供自下而上的动力，改革的可行性也将得到增强。

学院兼具学术性和行政性，作为学术组织的学院和作为行政组织的学院，纵横交错形成克拉克所描绘的那种"矩阵"。建立"现代学院制度"的治理结构，关键就在于找到这个"矩阵"的平衡点，既确保"学术权利"，又合理行使"行政权力"，既突出学术的根本，又不失行政的效率。为此，针对我国高等教育体制的实际，按照"现代大学制度"的要义，本文对学院治理结构的四个要点做了以下简要设计。

## （一）设立院务联席会作为学院的综合决策机构

作为学院的综合决策机构，院务联席会的组成人员不能仅仅由行政领导（院长、副院长，书记、副书记）组成，院学术委员会主席和院工会主席分别代表着教师和教职员工，应该成为院务联席会的组成人员。院长可为院务联席会主持人，院办公室主任可为联席会秘书。

院务联席会的主要权限至少应该有：（1）编制学院发展规划、学科专业建设规划、系室机构设置方案；（2）决定院内各种岗位职责、待遇及奖惩办法；（3）编制各层次、各专业年度招生计划；（4）决定系、室负责人（系主任、办公室主任、实验室主任等）；（5）编制学院事业经费和自有经费年度预算，决定大宗经费支出项目；（6）制定年度师资引进计划；（7）审批院学术委员会及其他各职能委员会议提交的相关事项；（8）决定学校布置重要工作的执行方案；（9）决定日常工作中的其他重要事项。

作为综合决策机构，民主的议事规则对于决策结果具有极为重要的作用。院务联席会议事规则应保证：联席会成员对所议事项均具有平等发表意见的权利；各项决定应在充分讨论取得一致意见或表决通过后生效；涉及人事、经费的议项，原则上均应采取无记名投票的方式予以表决；对于任何一个议项，只要有一位成员明确表示"反对"或"不同意"，在讨论仍不能取得一致意见情况下，都应采取无记名投票方式表决。

## （二）学院主要行政领导职责与产生方式

院长是学院的主要行政领导，其主要职责应为：主持院务联席会；负责执行、落实院务联席会决定的事项；主持学院日常行政工作；对外代表学院。为体现"党管干部"和"教授治校"原则，学院院长的产生应采取校党委组织考察和教授投票选举相结合方式，具体程序可为：公开岗位；校党委组织部门考察，确定至少两位候选人；由全院教授、副教授（含各系、室主任）投票表决，得票多者当选生效，学校任何领导机构无权更改。院长是兼具学术性和行政性的职位，应可连选连任；院长应有任期（三至四年一任），但可不设届限。

在此前提下，业务副院长可由院长提名，由学院党委会表决产生；如果还有行政副院长，则可由校党委考察选定，在校内调配。学院党委书记、副书记按党的规章选举产生，但院党委书记以兼职（由教师兼任）为宜。

## （三）赋予学院学术委员会在本院教学、科研等所有学术事务方面的评定权

学院学术委员会应成为学院所有学术事务的评定者，其主要权限应包括：

（1）教师职务任职资格评定（代行院教师职务评定小组职责）；（2）教师任课资格评定；（3）根据学院年度引进计划，负责引进师资的业务考核，确定引进人选，报院联席会审批；（4）主持制定专业培养方案；（5）根据学院年度招生计划，制定并执行各专业招生的具体标准；（6）各级各类学术项目、奖励、荣誉的评定及推荐；（7）院内其他学术事项的评定。

院学术委员会委员应由本院教授互相推选产生；院学术委员会主席、副主席由委员民主推选产生，院行政领导不得兼任；院学术委员会的推选应在院长换届后一个月内进行；院学术委员会的工作方式，也应以委员平等讨论协商为主，重要事项通过无记名投票表决；需要报院务联席会审批事项（如引进教师考核），院务联席会有权不予批准，但不得更改结果。

## 五、赋予学院教职工大会实际权力

当前，大学和学院的教职工代表大会基本是一个形式，关键就在于没有赋予它应有的权力。学院的教职工大会，应由全院教职工参加，并赋予其民主审议院务的实际权力。其中最重要的事项应包括：（1）审议学院行政领导年度述职报告；（2）审议学院年度事业经费、自有经费决算报告（特别应公开"三公"经费支出情况）；（3）对学院行政领导进行民意投票，可分"合格""基本合格""不合格"三档，凡"合格"票数未满二分之一，或"不合格"票数超过三分之一者，应进入罢免程序。院教职工大会应由院工会委员会主持。院工会委员会换届，应在院长换届后一个月内进行，可由学院党委主持，实行全院民主推选；院行政领导不得兼任院工会主席。

学院治理结构，还涉及其他许多方面，以上仅仅是对于我国大学学院来说四个比较重要的关节点。这些"设计"纯属笔者一家之言，难免书生之见。然而，学院治理结构又是如此之重要，它不仅关系到"现代大学制度"的改革目标，关系到我国整个高等教育的管理体制，也直接关系到教师的职业满意度和职业行为。本文旨在抛砖引玉，希望能引起更多业内人士的关注和探讨，以推动学院治理取得实质性突破。

参考文献

阿什比.1983.科技发达时代的大学教育［M］.滕大春，等，译.北京：人民教育出版社：101.

博尔顿.2010.高等院校学术组织管理［M］.宋维红，译.南京：江苏教育出版社：69.

郭桂英.1996.学科群与学院制［J］.高等教育研究（6）：42.

胡建华.2001.现代大学制度的原点［M］.南京：南京师范大学出版社：113.

克拉克.1988.高等教育新论［M］.王承绪，等，译.杭州：浙江教育出版社：125.

克拉克. 1994. 高等教育系统［M］. 王承绪，等，译. 杭州：杭州大学出版社：6 - 7.

洛索夫斯基. 1996. 美国校园文化［M］. 济南：山东人民出版社：5.

宋恩荣. 1990. 中华民国教育法规选编：1912 - 1949［M］. 南京：江苏教育出版社：403，416.

吴定宇. 2006. 中山大学校史［M］. 广州：中山大学出版社：24 - 25.

佚名. 2002. 南大百年实录：上［M］//中央大学史料选. 南京：南京大学出版社：249.

朱有瓛. 1987. 中国近代学制史料：第二辑：上［M］. 上海：华东师范大学出版社：817.

**作者简介**｜周川，苏州大学教育科学研究院院长，高等教育学专业博士生导师。

# On School Organization and Its Management Architecture

## Zhou Chuan

**Abstract**：Universities in China take schools as their second-level operational organization. Schools, in the institutional, academic and operational aspects, function as direct bearers and organizers of a variety of principal roles at universities, having their own faculties and students, bearing certain official rank, enjoying relatively independent finance and affiliating subordinate offices at different levels. "Modern School System" will be a breakthrough and surely lay a solid foundation for the establishment of "Modern University System". Therefore, the primary task is to reform the school management architecture in terms of decision-making procedure, dean appointment, school academic committee and staff authorization as well.

**Keywords**：school organization management architecture

# 大学生学习情况调查的要素解析<sup>*</sup>

史秋衡　文　静

**摘　要：** 大学生是高校基本职能的实践对象，是高等教育研究的重要调查对象之一。大学生是高等教育最重要、最直接的利益相关者，随着高等教育准公共产品性质的确立、学习理论的推进和高等教育测量与评价的深入发展，国内外大学生学习情况调查正日益广泛地展开。本文在对当前有关国内外大学生调查方案与问卷进行文献分析的基础上，深入剖析由本课题组主持的国家大学生学习情况调查所涉及的各类要素，并将其提炼成为外部适应型要素、内部驱动型要素和综合型要素。在对大学生学习情况调查特征进行理性分析的同时，进一步展望此项调查的前景。

**关键词：** 大学生学习情况　问卷调查　要素　特征

　　近年来，依托大学生调查进行各种项目研究已经成为高等教育研究一种不可逆转的趋势，作为高等院校基本职能的实践对象，大学生学习及发展研究日益盛行。国内外研究者、管理者都在这种潮流风向标下，针对不同主题对大学生开展各项调查，其目的一来是更加充分地了解和掌握学生的动态与想法，二来是以实证的方式研究大学生的学习、生活状态，从多维度审视人才培养的过程。总体说来，大学生学习情况调查是一项讲求客观真实和科学合理的研究，在相关理论指导下从不同角度对大学生学习状态的多个层面进行调查研究。根据不同的调查目的和背景，大学生学情调查通常遵循某条主线，考虑多方面的因素及其构成结构、比例，对大学生过去、现在甚至将来的学习情况进行调查，以状态指标引领研究过程，并分析各组成要素之间的相关度、作用度和重要性，揭示被调查大学生的状态及特征，并为决策研究提供有力的参考。

## 一、大学生学情调查的学理背景

　　发达国家较早开展了对大学生的调查，成为以大学生为视角进行学习研究

---

　　\* 基金项目：国家社会科学基金（教育学科）国家重点课题"大学生学习情况调查研究"（AIA100007）；教育部人文社会科学重点研究基地重大项目"大学生学习质量调查研究"（10JJD880012）。

的先驱，也引起了人们对大学生主体的广泛关注。20世纪80年代末期，澳大利亚以课程体验为中心对大学生进行调查，英国从2005年开始在全国范围内推行官方性质的全国学生调查（NSS），而美国也有高校或者其他机构组织开展了对全美大学生学习投入、体验、需求或者满意度的各项调查。在以英美为代表的发达国家内，针对大学生开展的各类调查活动正如火如荼地进行，并且随着对学生因素重视程度的加强，以大学生学习为核心指向的调查分量日益加重。

## （一）大学生学情调查源自对高等教育不断深入的认识

随着发达国家率先进入高等教育大众化时代，人们对高等教育的质量产生了隐忧与质疑，批判声促进了理论反思和实践改革。从"学会生存"到"学会学习"，对"学"（learning）的关注力度逐渐加强，学生主体视角和学生发展研究也得到重视。以调查的形式收集信息，把握大学生的学习状况，成为时代的潮流与关注点。

1. 高等教育性质的确立成为学情调查的学科背景

经济学家将高等教育的性质界定为准公共产品，并得到了充分的论证与认可。高等教育既然作为一种"产品"，必然存在供需双方，并且学生是该"产品"的接受者、体验者和参与者。当学生消费时代声势不断上涨时，大学生作为高等教育需求方的贡献日益突出，催生了从需求角度来考虑大学教学与大学生发展，从教育需求者角度来进行质量保障与强化。此时，全面或者多维度地研究大学生学习情况已经进入研究视野，客观真实的调查成为进行学生研究的重要方式。

2. 高等教育测量与评价的发展为大学生学情调查做好了充分准备

主流发达国家进入高等教育大众化时代之后，各界人士对大学教育质量的担忧引发了对高等教育评价、测量、质量管理、价值判断方面的关注，并推动后者取得了进展（杜威，2007）。而高等教育"准公共产品"的性质及其在"投入—产出"上的可测量性，更是凸显了从大学生学习角度考察高等教育质量的必要性。根据利益相关者理论以及工商业领域企业顾客满意度测量的影响，高等教育被认为也可以从顾客的角度出发，测量其对高等教育"产品及服务"的体验和满意度，以输出投射输入和过程，由此催生了对大学生在校学习、生活经历的调查，并以此作为考察高等教育服务质量的重要维度。

## （二）大学生学情调查的理论依据不断成熟

作为一项意义重大且受到广泛关注的研究，对大学生的学习情况进行调查的目的不仅仅在于数据的堆集，在每一次调查的背后，都有教育学、心理学、管理学、社会学等学科作为综合性的支撑。在对设计大学生学习调查的相关理论进行归类与梳理并强化理论基础的同时，还应深入阐释调查的重要性和必要性。

1. 贯穿于高等教育教学过程的三要素理论是进行调查的内部核心理论

教师、学生和教学环境是高等教育教学过程的三大基本要素，这三者之间也形成了一种三角循环的逻辑关系，它们之间相互作用、相互影响、相互制约，成为教师引导下学生发挥主体性进行学习并受制于学习环境影响的学习过程。大学生学情调查就是牢牢抓住这种三角关系中"学生"这一角进行审视，通过对学生学习各方面的考察，反映出学生学习、教师教学引导与学习环境的真实状况。学情调查以此作为最核心的理论，以调查教育对象为视角反观大学生学习过程和人才培养过程，揭示出大学教育、教学的状况，剖析问题并给予反馈，从而推动这种三因素的三角循环能够达致整体改良与提升的良性状态。

2. 时代背景下大学"学习"概念的重置成为学情调查的基石

从教学过程三因素理论出发，在后大众化时期来考察大学生的学习状况，不难意识到这一时期的学习不再单一、刻板，而应被赋予更多的内涵和拓展更宽广的外延。随着学生消费时代的来临，人们对学习过程的理解从过去的单一质量观逐渐演进至多元质量观，对学习的价值判断也从单一走向多元。当然，"学习"概念的内涵也在被重新认定和探讨，包括大学学习本质、目的、手段、内容与形式等方面，涉及各种影响因素下更高层次的大学生学习观的构建。（陆根书，于德弘，2003）以此为据，不仅将助力大学学习学的发展，更是奠定了大学生调查的理论基石。

3. 对"大学生学习"的认识从理论走向实证，使得学情调查趋于明确化

随着大学学习理论的发展，研究者们意识到理论的突破应该有实践做支持，有理由将理论应然的思辨与实然的状态调查相结合，探索大学生的现实状态。在此基础上，有关大学生学习、成长、发展等各种规律的提出及其印证，更进一步加深了人们对大学生学习的认识。（史秋衡，林秀莲，2007）理论与实践有意识的结合，使学情调查的目的、过程以及结果分析呈现明确的趋势，有助于更广泛地开展深层次的调查。

4. 学生发展理论及高等教育质量评估体现学情调查的社会责任

从大学生自身出发，学生发展理论视野下的学生智力、道德、心理、职业和自我的发展是学情调查涉及的重要内容，因而分别由认知结构理论、社会心理学理论、类型学理论和人与环境互动理论与之相支撑。（杨晓慧，2010）而学生学习范式转变之后，大学生学习质量广受关注，以学生学习与发展为视角的高等教育质量评估则从社会责任的角度为学情调查提供了支持，并以此作为高等教育质量管理的一个重要观测点。

综上所述，从以高等教育教学过程三要素理论中对学生视角的重视为核心，

到对学习概念的深入理解，再到对大学生学习的进一步认识，体现了学情调查理论内部具体化、精细化的走向，而学生发展理论和高等教育质量评估与管理则从外部对学情调查提供了理论支持。因此，理论的内推外促，使得大学生学情调查研究走向新的高度。

## 二、要素视野下的大学生学习情况调查

由于数量众多的大学生分布在各个不同的高校内，因而对大学生进行学习情况调查最为适用、有效的手段即是大规模问卷调查。以此作为主要调查工具，随即进行多视角访谈或者持续跟踪调查。目前，全球范围内有各类目的、方式、角度不同的针对大学生的问卷，其共同的元素可以被剥离、抽取和提炼，从而使学情调查中的核心要素得以呈现。

### （一）国内外主要大学生调查问卷的归类分析

目前，涉及大学生学习方面的问卷调查种类繁多，将全球范围内具有代表性的问卷进行整理，按照调查对象、主要调查内容、国别和组织单位归类，如表1所示，能够很清晰地看到各调查问卷的着眼点，这成为深入分析调查要素的基础步骤。

表1　部分国家主要大学生调查问卷归类

| 名称 | 调查对象 | 主要调查内容 | 国别 | 组织单位 |
|---|---|---|---|---|
| 麦可思新生调查 | 大一新生 | 大学学习体验 | 中国 | 商业性第三方 |
| 大一新生调查问卷 | 大一新生 | 择校因素 | 中国 | 高校 |
| CIRP 新生调查（CIRP Freshman Survey） | 大一新生 | 体验与发展 | 美国 | 高校 |
| CIRP 大一学生调查（CIRP First Year Survey） | 大一学生 | 体验与发展 | 美国 | 高校 |
| CIRP 大四学生调查（CIRP Senior Survey） | 高年级 | 体验与发展 | 美国 | 高校 |
| 英国大学生调查〔National Student Survey（NSS）〕 | 高年级 | 满意度 | 英国 | 政府 |
| 国家大学生学习情况调查（NCSS） | 跨年级 | 学习、体验、发展 | 中国 | 高校 |

续表

| 名称 | 调查对象 | 主要调查内容 | 国别 | 组织单位 |
|---|---|---|---|---|
| 全美大学生学习投入调查（NSSE） | 跨年级 | 教学、学习、发展 | 美国 | 高校 |
| 中国大学生学习投入性调查（NSSE-CHINA） | 跨年级 | 教学、学习、发展 | 中国 | 高校 |
| 全美大学生满意度调查（Noel-Levitz） | 跨年级 | 需求与满意度 | 美国 | 第三方 |
| 增强教与学环境调查（Enhancing Teaching-Learning Environments） | 跨年级 | 教学、学习、发展 | 英国 | 高校 |
| 澳洲大学生课程体验调查（Course Experience Questionnaire，CEQ） | 跨年级 | 教学、学习、体验、满意度 | 澳大利亚 | 高校 |

上述各类型问卷调查在各国高等教育发展进程中发挥了相应的作用，亦能为我国进行大学生学习情况调查提供铺垫和参考。近年来，我国逐渐开始重视学生主体视角下的高等教育研究。由厦门大学史秋衡教授主持的课题组在结合国内外相关理论与我国大学生学习的具体情况的基础上，自主开发设计出调查工具，并在 2011 年进行了首次全国范围内的"国家大学生学习情况调查"（NCSS），完成了我国目前在校大学生学习状态全面而深入的自我测评工作。

## （二）国家大学生学习情况调查中的相关要素抽取

国家大学生学习情况调查（National College Student Survey，NCSS）采用整群分层抽样的方法邀请全国东中西部大学生填写在线问卷，大学生根据其主观实际感知对其学习体验进行自我评价。根据学习情况调查的目的、内容以及调查对象特点进行深入挖掘与梳理，可以将调查要素进行抽取剥离，分为外部适应型、内部驱动型和综合型三大类。在此之下再加以层层细分，从宏观主题到内容分块，再到具体研究问题的精细化处理，结构条理清晰，并且逻辑层次分明。（史秋衡，郭建鹏，2012）要素分析是形成指标的基础，以此为据进行问卷问题的设计，使得各个要素条目化、具体化。

1. 大学生学习过程中的外部适应型要素

外部适应型要素主要是指大学生在大学学习生活中所需要经历、体验的外部环境情况，重点在于考察大学生是否能够很好地适应大学学习生活的各个方面，是否能够顺利实现入学前后的社会角色转变并投入大学学习状态，是否能够体验到来自大学生活的外在刺激。

从类别来说，这类外部适应型要素又可划分为三类。第一类可以称为学校投入与支持要素，主要内容涉及学校的实体性支持（包括设备、硬件设施等）和政策与制度支持，观测点在于从学校投入的角度考察其对大学生学习的影响，并以此观测学校支持力度对大学生学习的影响程度。第二类要素涉及大学生对环境的适应，主要是对物质环境的适应和对社会环境的适应，包括大学校园以及周边实体环境、制度环境、大学的学习环境以及师生之间、生生之间的人际交往环境，从体验的角度来考察大学生是否能够适应大学学习的外在环境，能否顺利完成高中到大学生涯的转型，并以此来考察大学生群体与教师群体的交往环境和大学生内部个体之间的交往环境处于何种状况。第三类要素主要考查学生反应，包括对学校培养模式是否能够正确、适当地感知，是否能够有效利用学习资源。这类外部适应型要素从人与环境相互适应的理论出发，从外界环境、资源的角度考察各个因素对大学生学习的刺激与影响。

2. 大学生学习过程中的内部驱动型要素

在大学生大学阶段的学习生活中，外部适应型要素是影响其学习的一个重要因素，而通过内部要素分析，从内部驱动视角来考察大学生学习是学情调查最重要的组成部分。因此在这部分的分析中，可以将内部驱动型要素划分为对大学学习的认识、大学学习的过程以及对大学学习生涯的认同三类。第一类认识型要素主要体现为学生对大学学习的认识，包括学习态度、学习目的、学习期望、学习动机方面的因素。第二类过程型要素则可分解为投入型要素和体验型要素两个部分。投入型要素主要涉及对课堂参与、教学参与、课外活动、团队活动等情况的考察，当然还涉及学生的学习策略和时间管理，以此来考察大学生对学习的投入程度与方式。体验型要素主要涉及大学生对参与教学的体验、对学习的体验、对参与科研的体验、对职业生涯成长的体验以及学生自我行为管理，以学习为关键词，将学生发展理论下的智力、职业和自我发展的内容融入该部分考察中。而第三类认同型要素可以具体细分为对自我的认同、对群体的认同、相互之间的认同和对组织的认同，以这四个角度来考察大学生在学习过程中建立起来的自我评价机制，并考察其对学习生涯的满意度，以及是否形成了身份认同和对大学生涯的归属感，从而促进其心理的发展。

3. 大学生学习过程中的综合型要素

在外适与内驱的要素之外，还有一组较为综合的要素存在，该类综合型要素主要用于相关要素分析，以跳出学习过程本身来搜集对大学生学习过程产生影响的其他类别因素，因而具有重要的应用价值。首先需要提出的是学习成效与个人发展方面的要素，从知识增加、技能增长和道德情感发展的角度衡量学习成效，包括学生学习成果、学术成果的考核，具体涉及达标达优、评优评奖方面的内容，主要考察大学生在学习过程中所取得的收获，以此为证从结果反馈至过程，并以逆向推理的方式来看待学生学习过程。其次值得考察的是学生的规划指标，包括对大学毕业之后的规划（升学、就业、出国等）和对职业生涯的规划，以获取学生的职业发展信息。还有部分信息采集要素，涉及学生人口统计特征信息、所属单位特征、心理特征、个性测试和时间数据采样，考察大学生作为自然人的角色特征指向和作为社会人的角色特征指向，主要目的在于进行有效的归类和归因分析。

## 三、当前大学生学情调查的特征分析

大学生学情调查主要以问卷调查的方式进行，而通过上述对问卷调查内容要素的拆解，通过归类梳理与分析，能够发现众多调查中的共性，再结合学情调查的理论基础，从而提炼出目前学情调查中的特征。

### （一）以学生发展视角来研究多样化学习质量体系

高等教育在进入大众化阶段以来，随着学习概念内涵的更新和外延的扩展，学情调查吸收了学习质量观中多样化的内容（潘懋元，2000），能够以更加理性、更加多元的视角来调查大学生的学习状态，允许各种不同学习状态的存在，且以更加包容的态度将学生学习过程中的存量型数据、流量型数据统一收集。在调查设计中，有意识地输入学生发展的概念，注意对大学生在心理发展、角色转变上的变化和追踪，并特别强调以学生的视角来看待当今大学生的学习状况。

### （二）以学习结果来反思学生学习过程的重要性

目前，大多数针对大学生进行的学情调查着眼点都放在了大学生学习的全过程上，以理性、客观的眼光来调查大学生学习过程中的各个环节，并且搜集各种影响因素，做到不以单一的评判标准来下简单的结论，而是以学习体验过程中的各种数据、各种情况或者影响因子来进行综合分析，并与所搜集的结论性数据进行对比分析，将理论与实际紧密结合。设计学习收获、学习结果的调查搜证亦是利用这种结果反映出学习过程的情况。通过大学生参与学情调查的自我评判过程，进一步强化学习过程，并由此鼓励多样化学习和师生、生生、校生之间的多方协调与互动。（史秋衡，郭建鹏，2012）以学习体验的自我评价与分析，带动教与学的良性互动与互促。

### （三）以结构分析来整合学生学习信息数据系统

现有大学生学情调查问卷中，不少问题涉及学生的各种基本信息，包括个人信息与家庭背景资料。这类信息已经得到调查者的广泛重视，主要原因一来在于更有效、更广泛地搜集数据，形成不同的特征变量，以便进行多维度的统计分析，二来在于扩大学习影响因素的范围，强调各种因素对学生学习的影响，以更宽广的视角来开展学习情况的调查研究。更进一步说，搜集这类数据能够为建立强大的学生资源数据库做好铺垫，成为今后进行学生研究、院校研究、群体研究的有力支持。

### （四）以本土化问卷设计来改进的问题解读的科学性

"国家大学生学习情况调查"（NCSS）是我国自主研发方案在全国性大学生中进行大规模调查方面的首次尝试，调查覆盖范围广且深入程度高，在我国高等教育发展进程中具有里程碑意义。而综观现在具有代表性的学情调查问卷，不难发现研究者对于调查科学性的重视程度在不断加强，全部阶段都按照科学严谨的步骤进行，力求以最客观真实的数据着手分析，并将最科学有效的结论呈现出来，从而建立起长期有效的良性循环调查机制。当然，在不断完善的过程中也存在着一些问题需要解决。首先，目前一些发达国家处于学情调查的"领跑"阶段，因而在将其先进成果引入我国时，要特别强调如何进行根本性的本土化，不仅仅是克服语言表述中的文化差异问题，更重要的是解决引进国际问卷时国内外大学生学情的基础性差异。（罗燕，罗斯，岑逾豪，2009）其次，目前主要发达国家学情调查问题数量参差不齐，是否能够适合我国国情还有待研究，因此在引入时需要加以甄别，才能让结论在我国范围内具有普适性。

## 四、大学生学情调查的前景展望

大学生学情调查从产生到推广再到大规模应用所经历的时间并不是太长，尤其是对我国来说正处于起步阶段，因而还有很多值得开发利用的空间。尽管近年来各种针对学生的调查层出不穷，但至今尚未真正建立起系统性、全局性的大学生学情调查，当然全国范围内大学生的学习状况也亟待得到研究者的了解和掌握。因此，在全国范围内开展大学生学习情况的调查、研究、分析更具有实际意义，未来也具有更多的应用价值。

首先，开发适合国情的本土化问卷是大学生研究的基础性任务。针对目前局部调查和国际问卷汉化中所存在的问题，根据我国高等教育的实际情况开发适应本土大学生的调查问卷是具有积极意义的，也是进行该类研究的根基。（史秋衡，郭建鹏，2012）在此基础上，进行大规模调查与跟踪调查，使得尽量多的大学生参与该项调查，并推动全国大学生数据库的建设，有助于将此项调查发展为一个全国性、系统性、持续性的调查研究项目。

其次，注重以"学习"为中心，进一步完善学习的全过程和涉及面。学习是进行该项调查的核心词，因而与学习有关的各种因素都应该被考虑，将学习全过程的参与要素都纳入调查研究的范围，从而使得学习情况的完备性和针对性均有所加强，有利于进行相对全面的完整分析和相对深入的细部分析。

再次，在广泛的基础上突破现有的调查模式。目前，大多数学习情况调查只针对在学的本科生，然而高等教育系统内部也存在着纵横分割和前后衔接。因此，学生、教师、管理者均可成为学情调查的对象，以不同的角度来看待大学生的学习。此外，高职学生、研究生理应进入学情调查的视野，从而弥补现有调查在类别上的缺失，也能够以时间为序进行深入连续的追踪调查。

复次，深入挖掘与利用调查结果，推动学习质量评价标准、模型的建构以及学习质量管理。在大规模的调查背后，数据采集只是第一步，而如何利用现有的数据挖掘技术使这些数据得到深入研究则是需要进一步考虑的问题。同时，应根据深挖的调查结果，结合质性研究，使学习质量的评价标准得以更新，从教学、自主学习的角度推动有针对性的学习质量管理，做到把数据搜集上升到理论应用的高度，并用于决策参考和政策指导。

最后，助力我国大学生学情调查国际化程度的提升。目前大多数的研究是引入国外的调查进行简单比对，然而在开发本土化问卷之后，国际比较要"走出去"，把我国大学生的学习情况与世界其他国家和地区进行交流，同时也将我国先进做法推广至国外，并根据各国实际情况有针对性地做出调整，将国外数据也纳入大学生学习情况调查研究数据库中，从而能够更加有效地进行深入的比较。

**参考文献**

杜威.2007.评价理论［M］.上海：上海译文出版社：59－62.

陆根书，于德弘.2003.学习风格与大学生自主学习［M］.西安：西安交通大学出版社：117－132.

罗燕，罗斯，岑逾豪.2009.国际比较视野中的高等教育测量：NSSE-China工具的开发：文化适应与信度、效度报告［J］.复旦教育论坛（5）.

潘懋元.2000.高等教育大众化的教育质量观［J］.江苏高教（1）.

史秋衡，郭建鹏.2012.我国大学生学情状态与影响机制的实证分析［J］.教育研究（2）.

史秋衡，林秀莲.2007.中国大学本科生学习过程规律研究：以厦门大学为个案［J］.清华大学教育研究（4）.

杨晓慧.2010.当代大学生成长规律研究［M］.北京：人民出版社：21－36.

作者简介　史秋衡，厦门大学高等教育发展研究中心教授，教育研究院副院长，博士生导师，主要研究方向为高等教育理论、高等教育管理与评估、高等职业技术教育、高等教育经济学。
文静，厦门大学教育研究院博士生，主要研究方向为高等教育经济与管理。

# A Study on Elements of College Students' Learning Situation Survey

## Shi Qiuheng & Wen Jing

**Abstract**：College students are objects for both higher education and investigation in higher education research, as well as higher education institution fundamental function. College student is the most important and direct stakeholder for higher education. Depending on establishment of quasi-public goods for higher education and the development of measurement and assessment in higher education, surveys for college students are increasingly popular. Meanwhile, learning theory is also a driving force. Based on the literature review and analysis of several main surveys in the world, elements of ongoing National College Student Survey (NCSS) are explored in three categories, extracting as external adaption elements, internal motivation elements and comprehensive elements, and features are summarized as well. Moreover, there is still space for improvement and development in this research field in the future.

**Key words**：college students' learning situation　questionnaire and survey　elements　features

# 创新人才大中学衔接培养实践探析
## ——兼论高中创新班设立的必要性[*]

郑若玲　万　圆

**摘　要：** 在创新人才大中学衔接培养的实践中，大学层面探索较少，局限于少数院校；高中层面探索较多，不仅有政府推行的创新人才培养工程，还有高中自发的探索行为，包括面向全体学生的创新素养培育和面向部分潜质突出学生的集中培养。高中创新班系统变革传统培养方式，通过与大学的合作前置大学人才培养的理念与方式，是创新人才大中学衔接培养实践中的代表。高中创新班为具有创新潜质的学生提供适合的教育，为高中全面进行创新人才的培养先行探索经验，其设立不仅合理而且必要。

**关键词：** 创新人才　大中学衔接培养　高中创新班

　　自 2006 年我国提出建设创新型国家开始，创新人才培养已然上升为事关国家发展转型的核心战略任务。作为一项系统工程，这项任务牵动着各级教育阶段为之"上下求索"：不仅有作为主战场的大学在进行诸多改革，中小学同样置身其中，或专门探索创新素质如何养成，或努力营造有助于创新能力"生根发芽"的氛围。其中也不乏各教育阶段携手进行联动探索，以高中与大学衔接培养创新人才的尝试最为"有声有色"。创新人才大中学衔接培养是指高中与大学作为完整教育链中两个相连环节之间的提前对接培养，旨在为创新人才的成长奠基，以高中为培养主体，大学给予办学资源的支持，使大学人才培养的理念和方式得以向高中延伸。在创新人才大中学衔接培养的实践中，大学层面和高中层面都进行了探索，但探索范围有着明显的差异：大学层面探索较少，局限于少数院校；高中层面探索较多，呈现出多区域、多学校、多形式等特点。

　　创新人才大中学衔接培养是近年来出现的新鲜事物，仍处于"摸着石头过河"的探索阶段，对其的研究更可谓一片亟待开垦的"处女地"。为了解创新人才大中学衔接培养的现况，本课题组就近对所在地 X 大学教师、K 中创新班一线教师共 12 人进行个别访谈，并于 2011 年 11 月赴北京、上海两地，对其创新

---

　　* 基金项目：福建省教育改革试点项目"创新人才培养改革试点——大中学衔接培养创新人才模式研究"。

班办学相对较为成熟的 3 所学校（北京的 B 校、S 校，上海的 J 校）进行座谈调研，对参与上海市创新素养培育项目的专家进行个别访谈。本文将着重从大学与中学层面的合作培养实践、大中学衔接培养的典型代表——高中创新班的设立等角度，来阐述创新人才大中学衔接培养的实践探索。

## 一、大学层面的探索

大学层面的探索形式主要包括大学在高中建立创新人才培养基地和创新实验室，实施后备人才培养计划等。《国务院办公厅关于开展国家教育体制改革试点的通知》（国办发［2010］48 号）（以下简称《通知》）关于大学推进创新人才培养的重点任务有两项：第一项是在北京大学等部分高校设立试点学院，开展创新人才培养实验，第二项是在 17 所大学实施基础学科拔尖学生培养试验计划（即"珠峰计划"）。这两项任务都涉及创新人才的大中学衔接培养。

在第一项任务中，同济大学土木工程学院作为首批 15 个试点学院之一，主动将创新人才培养过程向高中延伸，探索大中学贯通式衔接培养之路。该学院主要采取中学生进大学、大学实验室进中学、大学教授进中学等措施，引导学生尽早聚焦兴趣，形成志向。具体做法包括：举办首届中学生结构设计邀请赛，并向参赛学生投放自主招生名额；与上海晋元高级中学合作共建"结构设计创新实验室"等。（佚名，2011）为扩大影响，该校又于 2012 年 3 月推出"苗圃计划"，携手全国 20 所知名高中，选拔兴趣特长突出、富有发展潜质的优秀高一或高二学生进入"苗圃基地"。"苗圃基地"将根据高中所在地的文化特色和经济发展需要，设立相关学科专业基地，包括兴趣小组、实验小组和特色班等。学生所修学分获得学校认可，并可享受自主招生优惠政策，进入大学后有机会对接该校的本硕博贯通培养模式，或者优先进入各类人才培养创新实验区。（董少校，2012）

在第二项任务中，上海交通大学作为"珠峰计划"参与校之一，除了成立"致远学院"探索大学培养创新人才的新举措外，还与国内 8 所知名高中共建拔尖创新人才培养基地，通过设置高中创新班、开发共建课程、建设实践创新体系、共建实验室等 8 种合作模式，以自身优质资源的输出直接支持中学的创新人才培养工作，从而促进创新人才培养，为大学阶段的创新教育发挥先导作用。（佚名，2010）厦门大学在实施"珠峰计划"时，也与其附属的科技中学合作共建高中创新班，通过给予师资、实验室、自主招生优先权等资源支持该校进行创新人才培养的探索。

遗憾的是，目前主动与高中合作探索创新人才培养之道的大学屈指可数，笔者认为原因主要在于以下三点。其一，多数大学更注重自身的改革，尚未意识到与高中携手提前培养具有创新素养生源的重要性。其二，大学和中学教育阶段之间存在的鸿沟一时难以跨越。长期以来，大学教育对中学教育漠然，中学教育对大学教育茫然，彼此没有什么交流和沟通，高考录取的刚性机制使中学只管被动输出学生到大学，大学只管被动接收学生来读书。原本是系统化的衔接教育链条，被人为隔断，二者的关系相当疏离，甚至有相当长一段时间处于"老死不相往来"的尴尬局面。其三，许多大学在发挥社会服务职能时具有浓厚的功利主义色彩，只顾提供"校企合作""科研项目""专利转化"等有利于获取资金或提升知名度的社会服务，忘却了自身作为教育系统"领头羊"还具有扶持中小学进行创新人才培养的义不容辞的责任。

## 二、高中层面的探索

高中层面主动与大学合作进行创新人才衔接培养的探索范围广、力度大——不仅有政府主动发起的区域联合创新人才培养工程，而且有高中自发的探索行为；不仅有面向全体学生的创新素养培育，而且有面向部分潜质突出学生的集中培养。

根据探索者的角色划分，高中层面的探索包括政府行为和"民间行为"。由于单个学校力量单薄，部分地区通过政府行为推行专门的高中创新人才培养工程，联动区域内丰富的教育、科学资源，采取中学与大学及科研院所合作的方式，由大学及科研院所给予师资、实验室等资源的支持。《通知》提到中学推进创新人才培养的重点任务为"在三市三省（北京市、天津市、上海市、江苏省、陕西省、四川省）开展普通高中多样化、特色化发展试验，建立创新人才培养基地"。政府推进的联合培养项目主要集中在试点省市（浙江省宁波市虽不属于国家规定试点区域，也自行开展了相关实验），具体情况见表1。江苏省和四川省虽然没有推行专门的工程，但作为试点省份，分别挑选了14所和6所学校[①]进行相关的探索。

表1　高中创新人才培养工程

| 项目名称 | 时间 | 组织者 | 参与单位 | 宗旨 | 培养形式 |
|---|---|---|---|---|---|
| 北京市"翱翔计划" | 2008年 | 北京市教委、北京青少年科技创新学院 | 多所中学、20个学科基地、26所大学及科研院所的900多个重点实验室 | 在科学家身边成长 | 全市选拔学员：生源学校、学科基地校及高校和科研院所实验室联合培养制 |

---

① 江苏省试点学校名单见：http：//jypgy. ccit. js. cn/details. asp？id＝1936；四川省试点学校名单见：http：//e. chengdu. cn/html/2011－05/06/content＿233123. htm。

续表

| 项目名称 | 时间 | 组织者 | 参与单位 | 宗旨 | 培养形式 |
|---|---|---|---|---|---|
| 天津市"朝阳计划"[1] | 2010 年 | 天津市科协、教委 | 3 所中学、大学及科研单位若干 | 对高中学有余力且热爱科技的学生进行培养 | 高中创新班 |
| 上海市"创新素养培育项目" | 2009年[2] | 上海市教委 | 4 所重点中学 + 22 所示范中学 + 4 区；大学及科研单位若干 | 培养每位学生的创新素养，让部分学有潜力特长突出的学生有更好的探究实践舞台 | 高中创新班、面向全体学生的学校探索、创新教育实验区 |
| 陕西省"春笋计划" | 2010 年 | 陕西省教育厅 | 7 所大学、9 所中学 | 培养高中学生的科学探索兴趣和创造性思维能力 | 课题研究（面向全市选拔 38 名学生）；专家报告团、开放大学实验室（面向 9 所高中全体学生） |
| 宁波市"创新素养培养项目" | 2010 年 | 宁波市教育局 | 10 所中学、大学及科研单位若干 | 探索拔尖创新人才早期培养的途径与方法 | 高中创新班 |

注：[1] 即天津"特色高中建设工程"，为"天津市青少年科技创新人才培养工程"的子项目之一。

[2] 该项目率先在 4 所学校试点，2010 年正式发文全市推行。

"民间行为"指学校自行开展的创新人才培养计划，以南京金陵中学的"培养拔尖创新人才系列计划"、上海七宝中学的"高中生创新素养培育院士支撑计划"、北京四中的"道元培养计划"等为代表。这些计划基本上都以大学的理念来培养人才，采取与大学或科研院所合作的形式实现提前对接。例如，南京金陵中学与南京大学、东南大学合作，上海七宝中学与中科院上海生命科学研究院生化与细胞所合作。在表 1 的项目中，除了北京的"翱翔计划"和陕西的

"春笋计划"以教育主管部门推动为主，其他项目均以学校自发推动为主。但是，不管是政府行为还是民间行为，都采取大中学合作培养的方式，工作的着力点都在高中而非教育行政部门。

根据受众范围来划分，高中进行的创新人才培养探索主要包含两种范围：一种是面向全体学生的创新素养培育，重在营造创新素质培育的浓厚氛围，推动学校的教学、管理和服务围绕学生创新素质培养来开展；另一种是面向部分潜质突出学生的集中培养，注重其创新能力的显著提高，多以高中创新班的形式进行专门探索，也包括一些专项培养计划。由于受众的范围与数量不同，大中学衔接实现的程度在这两种探索实践中也不同：面向全体学生开展的探索往往通过邀请大学专家开设讲座、进入科研实验室、参观科研机构等方式实施，与大学的合作不多，大中学衔接的程度十分有限；面向少数人开展的探索与大学的合作则更多，往往包括大学专家为中学生开设专门课程、担任学生导师、指导课题研究等，其中高中创新班更是得到大学尽可能多的支持，并从整体上变革了传统的培养方式，实现了大中学的有效衔接。

## 三、高中创新班：创新人才大中学衔接培养的代表

高中创新班指普通高中的专设创新教育实验班，它以试点项目的形式存在，旨在通过变革传统培养方式探索创新素养的培育，为学生将来成为创新人才奠定基础。"高中创新班"（以下简称创新班）是一个统称，具体到各学校有不同的名字。从表 2 可以看出，开设创新班是多数高中创新人才培养工程的共同选择，除这些工程外，很多中学也自行开设了创新班。从整体来看，创新班开设时间较短，分布区域较为集中。2008 年，上海中学成立"科技实验班"在国内始设创新班；2009 年，上海市其他几所高中也开设了创新班；从 2010 年始，北京、天津、江苏等地陆续开设创新班。据笔者掌握的资料，截至 2012 年 4 月，全国共有 55 所学校设有该类班级，表 2 列举了各省市代表性班级。

表 2  部分高中创新班举例

| 地　区 | 代表性学校 | 班级名称 | 始设时间 |
|---|---|---|---|
| 北京市（共 13 所） | 北京四中 | 道元班（创新后备人才培养实验班） | 2010 年 |
| 上海市（共 17 所） | 上海中学 | 科技实验班 | 2008 年 |
| 天津市（共 3 所） | 南开中学 | 拔尖创新人才培养实验班 | 2010 年 |
| 江苏省（共 4 所） | 南京一中 | 崇文班（创新实验班） | 2010 年 |
| 浙江省（共 10 所） | 宁波中学 | 理科创新人才培养实验班 | 2010 年 |

| 地　区 | 代表性学校 | 班级名称 | 始设时间 |
|---|---|---|---|
| 河南省（共2所） | 郑州九中 | 宏志班（创新教育实验班） | 2011年 |
| 广东省（共1所） | 邓发纪念中学 | 创新人才培养实验班 | 2010年 |
| 辽宁省（共1所） | 东北育才学校 | 创新实验班 | 2010年 |
| 四川省（共1所） | 德阳外国语学校 | 拔尖创新人才基地班 | 2011年 |
| 重庆市（共1所） | 西南大学附中 | 创新实验班 | 2011年 |
| 福建省（共1所） | 厦门大学附属科技中学 | 启瑞班（厦大创新班） | 2011年 |
| 山西省（共1所） | 运城康杰中学 | 创新实验班 | 2011年 |

创新班开设的整体情况有以下特点。

第一，培养领域以科技为主，人文为辅。传统上所谓的创新人才多指科技人才，所以涉及科技领域人才培养的班级数量较多，如北京十一学校的科学实验班、上海交通大学附属中学的科技实验班等。部分创新班甚至将这一领域细化，提出专门学科人才的培养，如北京166中学的"生命科学拔尖创新人才培养实验班"、北京十二中的"钱学森航天实验班"等。涉及人文领域人才培养的班级数量极少，目前只有北京101中学以及华东师范大学第二附属中学设有人文创新实验班。还有许多未明确指出培养领域的班级则可分为两种情形：一是实质上属于科技领域，如厦门大学附属科技中学的"启瑞班"以培养科技人才为主；二是不局限于某一领域的培养，如复旦附中的创新实验班提出培养在数学及自然学科方面学业优秀，在人文学科方面卓有特色，在艺术、体育等方面具有一定专长的学生，具有培养各方面领军后备人才的任务。（沈之菲，2010）值得注意的是，不管是科技班还是人文班，科技与人文素养的兼备成为创新班共同关注的话题。另外，部分创新班的培养领域与学校的特色结合较紧密。例如，北京师范大学附属实验中学过去专门承担教育部理科实验班的教学任务，后来一度中断，现在又"借创新之风"推出理科拔尖创新班，可谓"旧邦新命"。

第二，很多学校为创新班命名，以发挥其激励作用，所命之名多为人名或创新班所追求的精神。例如：厦门大学附属科技中学以"启瑞班"命名，以激励学生学习蔡启瑞院士（厦门大学教授，厦门大学附属科技中学名誉校长）认真踏实的科研精神；郑州九中以"宏志班"命名，以督促学生追求宏伟志向；南京一中的"崇文班"以"崇文"命名，体现了该校对文化及文明的不懈追求。笔者认为，给创新班命名将成为今后创新班的普遍趋势。

第三，开设学校多为名校，其中不乏区域内顶尖的学校或老牌名校，如上海中学、上海交通大学附属中学、复旦大学附属中学、华东师范大学第二附属中学这四大名校率先拉开了上海市创新人才培养的序幕。集中了大量优质资源的名校，也的确有义务率先承担起创新人才培养探索的重任。

通过查阅创新班项目的大量文本，访谈部分创新班的学校领导及任课教师，并结合课题组部分成员参与创新班办学的实践，笔者发现，创新班基本上是从培养方式的系统变革入手，在探索创新人才培养路径时主动走上大中学衔接培养之路的。培养目标是办学的指南针和方向，创新班培养方式的变革首先体现在培养目标上。笔者通过对所收集的部分创新班的培养目标进行词频分析，发现它们具备以下关键词：兴趣（4次）、自主学习/学习能力（5次）、创新/创造（6次）、实践能力（5次）、人文/科学素养（5次）。由此推知，虽然具体的培养目标因校而异，但均关注以下内容：激发学生对科学探究的兴趣，注重学习能力和实践能力的培养，强调创新精神和人文素养。这些内容都是创新人才成长必须具备的基本素质。创新能力培养的起点是发现问题的能力，知识探究是创新人才培养的基础，能力建设是创新人才培养的核心，而人格养成是创新人才培养的根本。（杨明方，2011）创新人才的成长不仅需要培养创造力，而且需要扎实的学习知识、能力及人格等方面的共同发展，从而为进一步发展奠定坚实的基础。因此，创新班的根本目标是"为创新人才的成长奠基"。

创新班旨在为大学输送对接培养的创新人才，那么创新班的培养目标与大学的要求是否一致？大学教师又想招收具备什么素质的本科生？带着这样的疑问，笔者访谈了几位大学教师，他们认为：

首先是基本的学习能力，其次是好奇心，最后反思的学习习惯也很重要。[①]

高中阶段我觉得创新更多的是人格上面、学习习惯或者兴趣上的一些培养。[②]

大学需要的人才首先一定要基础过硬，第二问题解决能力要非常强，第三要做一个人，也就是说道德、价值观要正确。[③]

首先是品行端正，这是第一位的，就像学校里考核一名学生，德育为首。第二位是态度，态度决定一切。第三位，要有才能，在组织里要能脱颖而出成为佼佼者。[④]

从心理学的角度看能够胜任事务，具备学习能力、心理素质、自我管理能力、创造能力、合作能力等。[⑤]

虽然访谈对象用语习惯及关注的具体点各有侧重，但"扎实的学科知识、

---

① 根据 X 大学教师 H1 访谈内容整理所得，2011 年 9 月 26 日。
② 根据 X 大学教师 L1 访谈内容整理所得，2011 年 9 月 19 日。
③ 根据 X 大学教师 G 访谈内容整理所得，2011 年 9 月 18 日。
④ 根据 X 大学教师 N 访谈内容整理所得，2011 年 10 月 26 日。
⑤ 根据 X 大学科研行政人员 W1 访谈内容整理所得，2011 年 9 月 19 日。

对科学的兴趣、问题解决能力以及健全的人格"四方面的素质成为大学教师们提出的共同要求。对比创新班培养目标的关注内容及大学教师的观点，可以发现二者基本上达成共识，创新班的培养目标可以说满足了大学教师的要求。因此，高中创新班的培养目标与大学"培养创新人才"的目标相衔接，体现出人才培养的阶段性和连续性。

在这一目标的引领下，创新班首先在招生上进行改革，多由大学专家和中学教师共同进行自主招生。其次进行了相应的课程建设：在课程理念上以丰富教育为主，加速教育为辅，力图使学生有更多的时间参与创新实践；在课程体系上打破传统的课程结构，压缩基础性课程的课时，大幅提高拓展性课程及研究性课程的比例，重新构建符合创新人才成长规律的个性化课程体系。最后进行了教学改革，这也是创新班培养方式改革的重要内容，包括：实施导师制与生涯规划，为学生提供双重的成长指导；采取弹性学分制、走班制、流动机制等多元灵活的教学管理方式；坚持多元评价并突出对创新能力发展的评价。此外，为支撑创新人才的培养，创新班办学所需资源如师资、管理、经费、设施等，都得到较为充分的保障。

在这些改革中，大学给予了很大的支持，不仅派出专家参与招生，为学生授课，担任导师，还为创新班开放实验室、图书馆等场所，为学生提供体验大学学习生活的机会，并在升学上给予优惠，通过多种合作方式将大学的人才培养理念下移至高中创新班，保障了高中与大学教育的过渡与衔接，从而使创新人才的培养成为一个统一与相承的过程。概言之，创新班在培养目标设定、课程建设、教学改革等方面与大学提前对接，体现出大中学衔接培养的鲜明特色，是创新人才大中学衔接培养实践中的典型代表。部分创新班与大学的具体合作情况见表3。

表3　部分创新班与大学的合作情况

| 创新班名称 | 合作大学 | 合作内容 |
| --- | --- | --- |
| 上海中学（科技实验班） | 上海交通大学、复旦大学、华东理工大学 | 以开设课程为主，部分单位派出教师指导学生课题研究，参与招生工作，开放相应实验室等 |
| 上海交通大学附属中学（科技实验班） | 上海交通大学生命科学技术学院、机械学院、电子信息学院 | 与上海交通大学为共建关系，上海交通大学把关创新班人才培养的全过程，即对招生、课程、评价、升学等过程都参与其中 |

续表

| 创新班名称 | 合作大学 | 合作内容 |
| --- | --- | --- |
| 东直门中学<br>（叶企孙班） | 清华大学物理系 | 1. 清华大学物理系将安排十几位教授负责实验班的指导，每位学生都将拥有来自清华大学的导师<br>2. 清华大学物理系 30 位研究生也将一对一辅导实验班的学生<br>3. 清华大学从实验班中挑选 10 位优秀学生，从 10 月开始每周到清华大学上课，提前接触大学物理课程，定向培养优秀人才 |
| 北京 166 中学<br>（生命科学班） | 北京师范大学生命科学学院、美国冷泉港实验室、美国医学总署 | 1. 北京师范大学 20 位博士生导师举行讲座，开设校本课程，指导研究性课题等<br>2. 学生利用暑假在冷泉港进行为期 3 周的学习，内容包括课程教学、实验课、论坛以及与科学家交流等<br>3. 美国医学总署下属的诸多院校为部分学生提供为期 3 个月的暑期实习机会 |
| 厦门大学<br>附属科技中学<br>（启瑞班） | 厦门大学 | 1. 厦门大学师生参与招生、授课、指导课题研究等环节<br>2. 与厦门大学海洋学院、信息技术学院等众多院系专家共同组成"专家委员会"，指导创新班各项工作<br>3. 与厦门大学合作开展创新班办学研究 |

## 四、高中创新班设立的必要性

开设创新班进行高中阶段创新人才培养路径的集中探索是很多学校的共同选择。然而，由于面向的群体有限，质疑创新班有失公平的声音也同时存在，例如有人认为"现有的高中特色实验班大部分面向科技等高端领域，只有少部分学生能够触及，更多的普通学生的兴趣爱好还未受到关注"，"高中是基础教育的一部分，应该坚持面向全体学生的原则，不能筛选学生"。（贾晓燕，2011）然而，笔者认为，要使创新人才培养在我国现有教育环境下取得突破，创新班的设立不仅合理而且必要。

加德纳的多元智力理论认为，每一位学生都有相对的优势智力领域，教育应该注意鉴别并发展学生的优势智力领域。（霍力岩，2003）不可否认，高中学生中存在着一批具有明显创造性潜质的可造之才，他们对科学研究具有浓厚兴趣，不满足于传统学校教育传授的知识。对于这部分学生，我们应该创造适合的条件，让他们从单调、重复、烦琐、乏味的应试教育中解放出来，并因材施教，为其创新能力的发展提供平台和机会。教育公平不是简单的一刀切，"为适合的学生提供适合的教育"才是教育优质均衡发展的应有之义。

当然，创新能力发展的平台和机会，不是传统的开设科研讲座、进行简单的课题研究所能提供的。如果不从培养方式的系统改变入手，在目前仍然以高考为主导的选拔模式下，培养学生的创新能力往往会沦为一句空话。学校层面的一些尝试性措施多为片断式的、形式上的尝试，没有实质性的突破。诚如东北师范大学附属中学校长李桢所言："在学校层面推行的创新教育只能是一部分学生在一个特定时间内产生一些效应，当他回到课堂教学中的时候又被我们惯有的思维方式所冲淡和消解了，他的思维方式没有改变，这种创新能力是很难产生的。"（李桢，2008）因此，设立创新班，从系统上变革培养方式并贯穿高中三年的完整过程，把具有创新潜质的学生集中起来进行专门培养十分必要。只有这样才有可能深入探索创新人才的培养路径，这些学生也才能够得到较快的发展，才有可能成长为创新人才，并在将来取得创新性成果。

从另一个角度而言，高中阶段的创新人才培养仍处于尝试阶段，许多改革措施仍有待观察后效，只能选点突破，先行先试。学校层面一步放开面向全体学生进行探索既不可能也不现实，创新人才的培养必须是一个由点及面、逐步深化的过程。因此，选择创新班作为突破口先行探索经验是现实之举。而且，面向少数群体的创新班与面向全体学生的创新素养培育并不冲突，相反，二者可以互相推动，相得益彰。创新班取得了成功的、成熟的经验后，可以发挥辐射作用，将"点上独养"变成面上的"满仓丰收"，推动学校创新氛围的营造，提高全体学生的创新能力。笔者通过对上海J校的调研认为，该校的实践证明创新班的存在本身就是一种示范。正如该校领导在座谈时所言：

很多专家认为是不是一定要专设创新班，不要可不可以。我们跟踪下来，这个班的设立是很有必要的。第一，群体的激发很重要。少了这么特殊的环境、群体，激发作用显得相当薄弱。在创新班，人人都在做科学研究，人人都有很强的积极性以及能力，创新班对于促进每个个体不甘落后很有必要。第二，前后对比表明设立这个班很重要，这个班没有之前，创新的整体氛围很难形成。创新班设立之后，从个别同学的课题到全校范围内每位同学都有课题，获奖面从创新班到其他平行班级，数量不断增加。第三，创新班的设立不仅给全体同学带来学业成绩的引领，而且发挥了科技实验在科技创新中的巨大作用。创新班发挥的辐射全体功能越来越强大。①

①　根据J校座谈内容整理所得，2011年11月18日。

"创新班的设立既针砭当下教育的弊端，又着眼未来发展的蓝图，具有现实意义和实验价值。"（沈祖芸，减莺，2009）通过创新班的先行先试，既能形成创新人才早期培养的"普适性"规律，又能产生"特适性"经验，从而为探索创新人才的培养方式提供借鉴和引领。而且，创新班的设立联动大学与中学，解决了两个教育阶段之间关联性和继承性不足的问题，成为使二者衔接的新途径。创新班还具有推动学校特色化发展，进一步落实高中新课改精神，深化素质教育等益处。然而，大中学衔接培养创新人才作为人才培养改革模式的良好构想，毕竟是一项试行不到四年的新鲜事物，其探索也面临很大困难，尤其在大学与中学的合作程度、师资力量以及高校招生政策这三个制约培养成效的关键因素上实施情况均不理想。关于创新人才大中学衔接培养的问题及对策，将另文探讨。

**参考文献**

董少校．2012．同济大学与全国20所高中开展"苗圃计划"试点［N］．中国教育报，03－22（001）．

霍力岩．2003．多元智力理论与多元智力课程研究［M］．北京：教育科学出版社：31.

贾晓燕．2011．高中特色班探路创新人才培养［N］．北京日报，11－21（010）．

李桢．2008．让学生养成质疑精神和创新意识（第二届著名大学中学校长峰会圆桌论坛文字实录）［EB/OL］．（10－23）．http：//www.jyb.cn/xwzx/gnjy/zhbd/t20081023_202391_2.htm.

沈之菲．2010．高中生创新能力培养的探索：从上海"创新实验班"看资优学生的创新教育［J］．教育发展研究（8）：27.

沈祖芸，减莺．2009．上海探索创新人才培养多元模式：四所高中"实验班"观察报告［J］．上海教育（05B）．

杨明方．2011．拔尖创新人才如何"冒"出来［N］．人民日报，11－11（18）．

佚名．2010．上海交通大学与中学共建拔尖创新人才早期培养基地［EB/OL］．（05－24）．http：//dangban.sjtu.edu.cn/html/gzdt/102927226.html.

佚名．2011．同济大学土木工程学院试点人才培养向中学延伸衔接［EB/OL］．（11－06）．http：//www.shmec.gov.cn/web/wsbs/webwork_article.php?article_id=63294.

**作者简介**　郑若玲，厦门大学教育研究院教授、博士生导师，研究方向为高等教育理论与历史、考试制度等。

万圆，北京师范大学珠海分校高教研究团队成员，研究方向为高等教育基本理论及创新教育等。

# Practical Exploration of Creative Talents Cultivation Characterized by Transitional Education Preparing High School Students Better for University —and the Necessity of Setting up High School Creative Classes

Zheng Ruoling & Wan Yuan

**Abstract**: In the practical exploration of creative talents cultivation characterized by transitional education preparing high school students better for university, only a few universities is on the way of exploring, while many high schools are in quest of cultivating innovative literacy to all students or to potential outstanding students by concentrated trainings, which are not only government projects, but also spontaneous behaviors. By reforming traditional cultivating way systematically, and proposing universities' educating idea and methods through cooperating with universities, high school creative classes become the representation of university aiding high school in cultivation of creative talents. Setting up high school creative classes can not only provide proper education to outstanding students with creative potential, but also gather experience for overall creative talents cultivation to all students, so its existence is both reasonable and necessary.

**Key words**: creative talents　transitional education of preparing high school students better for university　high school creative classes

# 高等教育财政与就业

# 日本国立大学的财政制度：历史性展望<sup>*</sup>

[日] 天野郁夫

陈武元　译

**摘　要**：如何确保国立大学在财政方面的自立与自律，是关系到能否保障国立大学的大学自治和学术自由乃至实现大学使命的重大课题。日本政府自明治初期创建国立大学以来，先后引入基金制、特别会计制度、讲座制、校费制等，均旨在构建自立的国立大学财政制度。在这一过程中，既有成功的经验，也有失败的教训。现在，国立大学法人化的施行，能否解决明治以来的这个问题，正在引起有关人士的极大关注。

**关键词**：日本　国立大学　财政制度

在日本，伴随着国立大学的法人化，国立大学的财政财务的应有形态正在发生很大变化。但是，与法人化问题一样，财政财务的问题并非最近才突然浮出水面。它具有明治以来，即日本近代大学成立以来的悠久历史。于是，现代改革的各种问题，与其悠久的历史就不是没有关系的。但是，在这个历史中，包含着区分改革成败的许多教训。以下本文将从现代改革的视角，尝试追溯围绕国立大学财政财务的应有形态而展开的、历史性探索的过程。

这个过程的核心是财政方面的自立与自律的问题。基金制、特别会计制度、讲座制、估算校费制等，均是作为确立财政制度的策略而引入的，而且与法人化问题也有很深的关系。倡导财政自立的国立大学法人的建立，究竟能够在何种程度上有助于解决明治以来的这个问题？探讨这个问题的各种各样的线索，便隐藏在这种探索的历史过程中。

## 一、帝国大学的成立与财政制度

由于明治19年（1886年）《帝国大学令》和诸学校令的颁布，从近代高等教育的制度基础确立至"二战"结束（1945年）期间，国立学校的财政制度基

---

* 本文系教育部哲学社会科学研究重大课题攻关项目"高校财务管理创新与财务风险防范机制研究"（07JZD0020）的阶段性成果。

本上是以把帝国大学和其他国立学校分开，并给予帝国大学特别地位的形式展开的。这是因为，帝国大学不仅具有与其他国立学校不能比较的预算规模，而且事实上长期作为唯一的大学，在整个高等教育制度中占据着特别地位。虽然在制度建立之初，人们并没有充分意识到大学自治和学术自由相结合的帝国大学的特殊性或特权性与财政财务的关系，大学有关人士对作为"学术中心"的大学自治问题的认识也不够深刻，但是，与此同时，带有此后大学财政特征的若干基本思考已经显现。

### （一）基金或资金制的构想

对"二战"结束前的大学财政最具特征的思考之一，就是重视自己创收收入，以及构想以此建立"基金"乃至"资金"制。

明治 21 年（1888 年），日本政府颁布的《文部省直属学校收入金规则》规定，"文部省直属学校可以将征收的学费、考试费、证明费等其他收入积累起来建立基金"。当初，国立学校中尽管有实施官费生制度的学校，但是不久以后征收学费已形成常态。特别是，明治 18 年（1885 年）就任文部大臣的森有礼采取了大幅度提高学费，并将其作为大学和学校自己创收收入支柱的政策。其构想是，不是把以学费为主的自己创收收入列入一般会计并把它用完，而是另项累积起来，谋求建立能使大学将来具有财政自立的"基金"。这可能是向欧美的大学或学校学习借鉴来的经验。这种"基金"的构想早在明治 12 年（1879 年）就已经有了，但直到明治 21 年才被明文化。

当然，从（国立学校）整体所需要的经费来看，学费等收入本身是很少的，从累积起来的"资金"中获得的收益还不足以成为重要的财源。比如，明治 23 年（1890 年）年末，帝国大学的基金额为 5.6 万日元，由此得到的利息收入为 2800 日元，与政府支出金额 44.6 万日元相比是微不足道的。但是，值得注意的是，在近代学校制度建立初期，在政府内部就已经有了这种财政自立化的构想，而且为此积累资金的工作到"二战"结束前一直持续着。据说，至 1945 年日本战败时，国立学校积累的基金总额为 5630 万日元，相当于昭和 22 年（1947 年）国立学校年预算总经费的 6%。

### （二）特别会计制度的建立

一直到"二战"结束以前，与基金制同时起作用的、与大学财政有关的另一个重要制度是"特别会计制度"。明治 23 年（1890 年）施行的《官立学校及图书馆会计法》是其最早的制度形式。它是伴随着帝国议会的建立，从建立与官立学校相关的财政制度的需要出发而引入的，就帝国大学而言，它与下面将要谈到的"帝国大学独立论"有很深的关系。甚至可以说，整个"二战"期间一直维持的特别会计制度的终极目的在于实现包括大学在内的整个国立高等教育机构的财政自立。

根据这个制度，为了使文部省直属学校"拥有资金，允许将政府支出金产生的收入、学费、社会捐赠以及其他收入充作其岁出而设立特别会计制度"。这里所说的学校拥有的"资金"相当于以前的"基金"，"以往拥有的积累资金是由政府拨款、或其他捐赠的动产不动产以及岁入余款构成的"。就国立学校的预算而言，这个在整个"二战"期间一直使用的、在设计上与一般会计制度不同的特别会计制度的最初形态，正是在这个时期制定的。根据这个会计法，预算是按每个学校编制的，然后提交帝国议会批准实施。

明治 23 年（1890 年），根据上述会计法制定并颁布的《官立学校及图书馆会计规则》规定，官立学校应把政府支出金、学费及考试费、社会捐赠、利息或股票分红、土地和房产的租金、供实验用的生产用品的出售收入、杂收入作为"经常性的财政收入"。其中，规定构成利息或股票分红的母本之"资金"分为维持资金和特别资金，"由维持资金产生的利息及其他收入充作学校的一般经费"，"由特别资金产生的利息及其他收入充作特定的用途，若有剩余，则充作该资金的增值"。同时还规定"经常性的财政收入"专门用于"经常性的支出"，临时支出的财源另行规定。从这个意义上说，帝国议会的建立成为建立官立学校会计制度的动因。

但是，必须指出的是，这个特别会计制度在其预算的决定或执行上，即使最有特权的帝国大学也不能保证其自主性。另外，建筑物等设施经费作为临时性经费，被置于特别会计的框架之外。从这个意义上说，这个特别会计制度还是不完整的制度。

## （三）大学独立与法人化议论

在官立学校中，被明确规定为"以适应国家需要，教授学术技艺及探究其奥蕴为目的"（《帝国大学令》第一条）的帝国大学，在明治 22 年（1889 年），在政府和帝国大学内部已经有包含财政在内的各种各样的独立议论，乃至法人化构想。也就是说，当时政府内部有把帝国大学作为"法律上享有权利并承担义务"的独立法人，而作为法人的帝国大学"隶属皇室，由文部大臣监督，并以皇室御赐的保护金及学生缴纳学费等帝国大学的收入维持之"的构想（《帝国大学令修正案》），而帝国大学内部则有与这个构想相似的"帝国大学独立之我见"和"帝国大学组织之我见"等方案。各新闻媒体也对这个问题表现出极大关注，并展开了以"谋求大学经费的稳定就是谋求大学独立的捷径"为主题的"大学自治"的讨论。

从新闻媒体报道中可以归纳出以下三种方案：第一种方案是基本财产方案，即从国库一次性给予大学数百万日元作为基本财产，用其利息收入维持大学运作；第二种方案是法人方案，即在议会的预算审议权的框架外，每年给大学一定数额的经常性经费；第三种方案是皇室费方案，即从天皇皇室经费中支付大学预算。这些方案都是以摆脱议会谋求大学财政自立为目的的，但是，其结果并未实现，而只是如上所述的依据会计法拨款。

附带说一下，1893年修订的《帝国大学令》决定设置作为大学自治根基的"评议会"和引入"讲座制"。与此同时还制定了《帝国大学官制》，明示教职员不同职级的编制以及教员的薪酬表，除基本工资外，还采用了与担当讲座配套的"职务工资"制度。这些条文的修订，使帝国大学与其他国立学校在制度上的差异更加明显，也意味着预算开始具有一定的加权作用。但是，这个时期的讲座制还没有达到将教师定编与预算直接挂钩的程度。

## 二、特别会计法的建立

尽管颁布了官立学校会计法，但是，由于官立学校特别是帝国大学的预算必须接受议会的严格核定，帝国大学的财政还是明显缺乏稳定性。据《东京大学百年史》记载，预算每年被削减，政府和帝国大学为了谋求大学财政的稳定，要求数百万日元规模的基本财产的拨款，但这个要求并未实现。而且，随着京都帝国大学的新办以及东京帝国大学规模的扩张等，官立学校预算规模还将年年扩大，特别是日俄战争后，由于议会要求严格的财政紧缩，帝国大学的财政问题更加严重。下面将要论述的"定额支出金制"正是为解决这个矛盾而采取的策略。

### （一）《帝国大学特别会计法》的制定

明治40年（1907年），政府废除以前的《官立学校及图书馆会计法》，重新制定并颁布《帝国大学特别会计法》和《学校及图书馆特别会计法》这两个特别会计法。做出这种财政制度的改变，其主要理由是，随着直属学校数量的不断增加，为每个学校设置特别会计变得十分繁杂，政府意识到有必要把预算规模大而且地位特殊的帝国大学从一般的国立学校中分离出来处理。

由于这个时期设置的帝国大学仅有东京、京都两校，《帝国大学特别会计法》对两校做出以下三条规定：第一条，允许东京帝国大学及京都帝国大学拥有资金，以政府的支出金、资金产生的收入、学费、社会捐赠等其他收入充作其一切的经常性支出，特设立特别会计；第二条，上一条之政府支出金，东京帝国大学每年度130万日元，京都帝国大学每年度100万日元，由一般会计转入（即所谓的"定额支出金制"）；第三条，各帝国大学的资金由政府拨款及其他捐赠的动产不动产和经常性收入的余额构成。据此，帝国大学在财政上实行与其他国立学校不同的处理办法，也与议会的审议无关，并被保证一定数额的预算。

与此同时，这意味着帝国大学在预算执行方面获得了一定的自立性。因为在如何分配和支出政府每年拨付的定额预算及自己创收收入上，帝国大学被允许有一定的自由。与在以前的会计法下"大学的财政多数情况下受一般会计的预算编制所左右，大学的经济自主性极其小"相比，特别会计法被认为"采取定额政府支出金制度是具有划时代的事件"。人们总算认识到在财政方面允许帝国大学的自主性，是与教学科研的发展有关联的。从这个意义上说，建立特别会计法的确是"划时代"的事件。

如上所述，定额支出金的额度，东京帝国大学为 130 万日元，京都帝国大学为 100 万日元。以明治 41 年（1908 年）东京帝国大学的预算为例，岁入总额为 170 万日元，其中政府定额支出金 130 万日元，占 76%；从大学自己创收收入的主要项目看，"附属医院病人收入"为 15.5 万日元（9%），学费为 13.8 万日元（8%），由"资金"而获得的收入（利息收入）仅为 1.1 万日元（0.7%）。从这个预算中可以知道，即使《帝国大学特别会计法》第一条把"资金"列为收入的首位，也不能达到在自己创收收入中占大部分的状态。尽管仅有两所拥有特权的帝国大学，但也达不到主要依靠自己创收收入来经营学校的地步。

因此，虽说帝国大学被允许有一定的自立性，但是在预算的编制和执行方面，其自主性并不是很大。明治 40 年（1907 年）在颁布《帝国大学特别会计法》的同时，还制定了《帝国大学经理委员会规则》，这个规则规定委员会由帝国大学分科大学校长及秘书官一人、文部省专门学务局长及办公厅会计处处长、大藏省主管局长及秘书官一人组成。也就是说，帝国大学预算的分配和执行要在文部省和大藏省的监督下进行。尽管"实际上在经理委员会的前面，为了东京帝国大学独自进行决策，设置了有关预算概算决定的校内委员会"，但是，（帝国大学）在财政上的自主性，实际上并不大。

附带说一下，帝国大学以外的其他官立学校（含图书馆）在《学校及图书馆特别会计法》颁布后，正如规定指出的"通过它制定一个特别会计"那样，从整体上引入统一化的特别会计制度。其理由是，对已经达到 30 多所的每所小规模学校都编制预算，不仅十分繁杂，而且"在不同的年份，在出现预算多少有些充裕的学校的情况下……在一方感到不足的情况下可由充裕的一方挪给他用，通过消除不经济而获得学校经营上的便利"。不过，与帝国大学不同，官立学校不采用政府支出金的定额制，也没有设置经理委员会。由此可见，两所帝国大学是如何受到特别对待的。

## （二）围绕定额制度的议论

众所周知，围绕定额制的引入，帝国议会有过激烈的争论。由于包含着与现在的国立大学法人化问题相同的、颇有意思的观点，因此，先简要介绍其概况（原史料为帝国议会议事录）。

首先，提出法案的文部大臣（牧野伸显）做了以下说明：帝国大学自建立以来，经历近 20 年，总算确立了其基础。今后不是每年在议会讨论预算，而是根据法律保证大学一定额度的预算，做到大学能够自己思考数年后的事业而有计划地使用预算，正是"大学经营上的方便"。当然，学术年年都在进步，因而便需要新的预算。但是，大学有"学费、医院收入、其他杂收入"。"经营此等，谋求增收计划，还是有很大的余地。"经费的增加可以靠这种财源来供给。另外，一方面预算项目尽量减少，形成项目之间的"挪用空间"，多少允许经费使用的自由，另一方面相应地设置"经理委员会"，以便"严格监督"。

花井卓藏议员对此持反对意见。首先，他把矛头指向对帝国大学在会计上的特别对待，并强烈批评说，那种因为授予大学"在财政上的独立职责"就认为是"学术独立的一个阶段"的想法，只不过是"一个幻想"。其次，他根据"帝国大学的分科大学的实际状况"提出了严厉批评——"各分科大学似是群雄割据一般，法科大学城、工科大学城、理科大学城、医科大学城各自构建自己的边界，各自为自己的预算最大化相互展开竞争，实际状况惨不忍睹"，"甚至达到各分科大学的教室互不共用的地步"。在这种状态下，如果保证并允许自由分配定额的预算，那么将会"导致大学无法治理……以至成为各分科大学争吵的媒质"。当前重要的是，必须更加强化对大学的监督。如果颁布特别会计法，"无异于剥夺文部大臣对大学监督的权力，鼓励各分科大学的分割主义，把学术圣地演变成财利争夺的场所"。

尽管有一部分人持这种强硬的反对意见，但是特别会计法还是按照政府的原有方案获得通过，并颁布施行。

### （三） 定额制度的现实

定额制度在使大学可以自主地、有计划地编制和分配预算方面的确有优点。但是，由于大学教学科研活动的扩大以及通货膨胀等原因，难免会遇到不断需要修改其额度这样的困难。在制度建立之初，文部省虽然认为在 10 年左右无须变更定额，但很快就明显地发现这样的预想太乐观了。

以东京帝国大学为例，自明治 40 年（1907 年）制度建立以来，由于明治 43 年（1910 年）"公务员提薪"、明治 45 年（1912 年）"增设商业科"、大正 3 年（1914 年）"行政改革"、大正 5 年（1916 年）"接管传染病研究所"、大正 7 年（1918 年）"物价上涨"、大正 8 年（1919 年）"增加教师工资和设置教育学科等"、大正 9 年（1920 年）"物价上涨和增加教师工资"等原因，几乎每年都要增加定额。不仅如此，在定额的政府支出金无法维持的情况下，常常要通过另行法律，进行"临时政府支出金列支"，这样的情况在 1920 年之前已多达

6 次。

　　而且，特别会计制度也有一个前提，就是用经常性岁入供给具有临时性质的设施设备费支出，有些年份还需要定额以外的政府支出金作为设施的修缮或新建筑物的费用。因此，定额制度事实上已经开始显现出有名无实的征兆。

## 三、"二战"结束前的特别会计制度

　　在两个特别会计法中，《帝国大学特别会计法》于大正 10 年（1921 年）改为《大学特别会计法》。这是因为，1918 年末，由于《大学令》的颁布，允许帝国大学以外的官立大学的设置。虽然修订后的会计法规定，"除了帝国大学以外，其他官立大学设立一个特别会计"，但是根据大正 14 年（1925 年）的再次修订，所有的大学都被统一成一个特别会计。

### （一）新会计法与定额法

　　新特别会计法的重要问题在于政府支出金的定额制上，即仅有东京、京都两所帝国大学继续使用这样的定额制度。正如前面所述，由经济发展引发的通货膨胀，以及教育机会的扩大和教学科研活动的增加，大学有必要大幅度地扩大规模。这种必要性意味着，日益显示出有名无实化的定额制度，不仅难以保障这两所帝国大学的自立发展，而且作为制约因素已经开始在起作用。

　　这个问题早在大正 9 年（1920 年）的帝国议会上就已经引起关注，不断有议员提出对定额制度进行重新研究的要求，比如，"既然大学方面甚感不便，为什么不废除呢"，"学术研究之事没有止境，因此在政府支出金达到稳定不变的时候，不就等于没有目标了吗"，等等。实际上，根据《关于临时政府支出金增支的法律》而转入特别会计的临时支出金，已经达到相当高的额度，如大正 12 年（1923 年）的东京帝国大学为 1314 万日元，达到定额支出金 2884 万日元的近一半。不仅如此，定额支出金的额度本身也赶不上经常性支出的增长，大学的财政压力日益严峻。

　　帝国大学的经费来源，除定额金以外，还有定额以外的有指定用途的政府支出金（含临时政府支出金），以及自己创收收入。自己创收收入本来应该是与定额金一样可以由大学自由使用的资金。但是，其大部分为医院收入和演习林收入，因而不得不优先分配给创造这些财源的事业。这意味着，即使自己创收收入和指定用途金的额度增加，预算规模变大，只要定额金的增长被抑制，大学财政上的自由不仅不会增大，反而会受到抑制。事实上，从大正 12 年（1923 年）的政府支出金来看，临时支出金和指定用途金，即不能自由使用的政府支出金的总额为 2478 万日元，基本上达到了与定额支出金相同的金额。

### （二）定额制的废止与讲座制

在与讲座制的关系上，定额制的局限性也开始被意识到。也就是说，不采用定额制的其他帝国大学在新设讲座时都能增加人员编制和预算，而采用定额制的这两所帝国大学，其新办事业的预算要求则被限于"重要且需要巨额经费的事业"，对小规模的人员增加或增加讲座的预算，只能在其定额金与自己创收收入的范围内解决。文部省认为"每增加一个讲座，就要为其一个一个增加定额，实在是太麻烦了"。

正如前面指出的那样，讲座制被引入帝国大学是明治 26 年（1893 年）的事。但是，这个讲座制并没有与人员的配置和预算的分配直接挂钩。不过，为了谋求教学科研的长远发展，把讲座作为预算的加权和人员配置的基础单位的想法在文部省内部并非没有过。大正 10 年（1921 年），就新增设讲座采取了以下对策，即将讲座分为实验讲座和非实验讲座，根据不同类别的讲座确定讲座工资标准和校费的额度，并将其作为大学预算的计算标准。比如，大正 12 年（1923 年），东京帝国大学就是根据以下标准向文部省提出预算要求的：有实验的学科（医学部、工学部、理学部和农学部），一个讲座设教授 1 人、副教授 1 人、助教 2 人，讲座经费（人头费与物件费的合计）20000 日元；而文科（法学部、文学部和经济学部），一个讲座设教授 1 人、助教 1 人，讲座经费 8000 日元。

提出这种估算校费想法的背景是，采取定额制的这两所帝国大学在经费方面已经走向贫困化。比如，从大正 13 年（1924 年）一个讲座的平均经费来看，不采用定额制的北海道帝国大学为 14000 日元，东北帝国大学为 9500 日元，而东京帝国大学仅为 7800 日元。同年（1924 年），东京帝国大学在要求增加定额金额度的文件中感慨道："与东北、九州、北海道等各帝国大学相比，（东京帝国大学）学费和研究费显著寡少。当初鉴于大学的本质，为推进独立研究的发展，在国运兴盛时期创设的定额制反而给研究带来不便，并招致阻碍大学发展的结果。"

其结果是，大正 13 年（1924 年），这两所帝国大学的定额制被废止，全部帝国大学的预算实行统一标准。与此同时，以讲座为单位的预算计算方式被引入，而且把物件费与人头费的一部分（雇员工资、助理经费）合起来，首次设计出"校费"这个科目。

把讲座与教师定编和预算挂钩，正是为解决上述财政问题而出台的。但是，"二战"以后在国立大学延续的讲座制的雏形直到 1926 年才被固化。据此，讲座分为三个种类，各类的教师定编是，非实验讲座为教授 1 名、副教授 1 名、助教 1 名，实验讲座为教授 1 名、副教授 1 名、助教 2 名，临床讲座为教授 1 名、副教授 1 名、助教 3 名。但是，这个标准仅适用于新设的讲座，已设的讲座仍然保留原样，结果产生了不配套讲座的问题。这个问题的产生，多数出现在曾采用定额制的东京帝国大学和京都帝国大学。

附带说一下，昭和 19 年（1944 年），政府颁布《学校特别会计法》，将《大学特别会计法》和《学校及图书馆特别会计法》合二为一，并把图书馆（具体说是帝国图书馆）转为一般会计。在学校特别会计中，既把官立学校区分为帝国大学、官立大学、直属学校，也对帝国大学群按每个大学进行了区分，因而与以前的特别会计制度基本相同。从该会计法的第十二条规定中我们可以知道，政府依然提出（大学）依靠基本财产的积累而谋求财政自立的理想。总之，"二战"以后的国立学校特别会计制度正是继承了这个时期形成的制度遗产。

## 四、新制国立大学的财政问题

战败后的昭和 22 年（1947 年），《学校特别会计法》被废止，国立大学和学校的预算作为一般会计的一部分来对待。《东京大学百年史》认为，这是为了财政制度的民主化和合理化而做出的制度安排，而《国立学校特别会计三十年历程》则指出，"为恢复因'二战'被烧毁大半的国立学校设施，必须尽快获得巨额资金和确保设施，面对这种情况，要在国立学校财政自主独立体制下解决这个问题是很困难的"。后者的说法尽管重视"二战"结束前的《学校特别会计法》所倡导的"依靠资金积累，谋求国立大学和学校的财政自立"的目的，但是正如前面看到的那样，这个目的只不过是个理想。总之，现实的情况是，直到昭和 39 年（1964 年）颁布《国立学校特别会计法》为止，国立大学的预算都是在一般会计的框架内处理的。

### （一）大学法试行纲要

昭和 23 年（1948 年），文部省发表了以新的国立大学制度为前提的《大学法试行纲要》（以下简称《试行纲要》）。《试行纲要》是一份指明了计划于昭和 24 年（1949 年）开始实施的、新制国立大学管理运行的应有形态的文件，其模式被认为是源自美国的州立大学。《试行纲要》的第一条规定"国立大学所需经费的大部分由国库支付"，第十一条就大学财政进行了详细的规定。其内容如下。

1. 学费

文部省根据中央审议会的咨询报告，决定应向学生征收的学费、入学注册费等最高额的标准。最高额因学部（例如，医学部、文理学部）不同而异。

2. 来自国库的收入

各大学从国库接受年度的金额。

（1）主要充作大学总行政费的经费。

（2）对修完上一年度课程的每生（或相当于此的学生）的费用。

（3）对上一年度专任教师的各个教师的经费。

3. 生活费调整

（上述的）金额依据每年日本银行零售价格指数进行调整。

4. 特别计划及研究资金

大学在基于文部省或其他政府机构等合法审议机构之特别推荐的特别计划及研究事业等方面，全校或一部分可以接受国库的资助。

5. 设施改善费

大学根据文部省及中央审议会的特别推荐，在土地、建筑物、设备等设施改善费方面，可以从国库接受更进一步的资助。

6. 都道府县税

都道府县议会拥有为经常费、临时费或特别目的而通过都道府县税筹措经费的权限。

7. 社会捐赠

各大学的管理委员会拥有为建筑物或研究等特殊目的而从个人或团体接受特别捐赠的权限。

8. 为了防止一年的经费过度增加，学生数的增加不得超过上一年该大学及附属分校在册学生总数的10%。

这个《试行纲要》方案引起了大学有关人士的强烈反对，结果未能实施。不过，其显示的关于国立大学财政的基本想法，在不少方面与现在的国立大学法人化的构想有共同之处。例如，学费收入为自己创收收入、以学生数和教师数为基础的估算、研究费与设施设备费另行配置、地方政府负担经费等就是例证。

附带说一下，众所周知，针对这份《试行纲要》，东京大学新制大学筹备委员会下设的学校财政法特别委员会在昭和24年（1949年）年初，以此为蓝本，提出了"与'二战'结束以前一样的由国库全额负担的特别会计制度"的方案。其概要如下。

国立大学的财政是各大学的特别会计，经费原则上应由国库全额支出，总经费的金额由以下各项决定。

1. 学费收入

应向学生征收的学费、报考费、入学注册费等由大学提出申请，经国立大学委员会审议决定。

2. 附属医院、演习林、农场、研究所等事业产生的收入对照该事业费，根据大学提出的申请，经国立大学委员会审议决定。

3. 来自国库的收入

各大学每年度从国库接受以下金额：

（1）教师、行政人员、技术人员的工资；

（2）主要充作大学总行政费的经费；

（3）对修完上一年度课程的每生的费用；

（4）对上一年度现有的讲座的经费；

（5）研究生院、研究所、演习林、农场等研究以及实验、实习机构运行所需的经费。

4、5、6 与《试行纲要》基本相同

7. 社会捐赠

各大学拥有为建筑物、设备或研究等特殊目的而从个人或团体接受特别捐赠的权限。都道府县在进行上述捐赠时，可以通过都道府县税来筹措。

这些内容明确地表明了作为旧制帝国大学、长久享有特权地位的东京大学的立场。时任校长南原繁在大学行政官会议上对这个方案进行说明时强调："全国的大学的预算如何提供、如何调节是一个颇为重要的问题。为此，要尽量使大学的财政合理化，通过找出某些客观的标准，努力使预算编制更科学。"他进一步提出以下课题——"不得使各种不同的众多的大学统一化，以致使预算机械地平均化，要考虑各个大学的规模和职能，不能妨碍它们的事业运行。要保障作为研究机构的大学的职能，即对拥有研究生院和研究所的大学要保障其经费"。

虽说是提议设置特别会计，但并不是企图像以前那样通过拥有资金来确保财源，而是将确立新制国立大学的财政之'客观标准'和'科学编制'作为一项课题提出来，在此基础上，探索如何保障拥有研究所和研究生院之旧制帝国大学职能的财政形式。

此后，昭和 26 年（1951 年），文部省向国会提交了《国立大学管理法》议案，但没有获得通过。不过，这个管理法议案中没有有关财政的条文，可见管理运行与财政的问题是分开处理的。

## （二）教育刷新审议会的咨询报告

同年（1951 年），教育刷新审议会提出了《关于教育财政问题》的咨询报告，要求尽快解决"国立大学财政问题"。该咨询报告在考虑设置特别会计制度等此后国立大学财政的应有形态方面，包含了值得关注的建议。其概要如下。

1. 大学财政的综合计划

国立大学已经达到 71 所，其财政的实际状况颇为贫弱，谋求扩充与均衡是一项紧急要务，为此有必要制定关于大学财政的综合计划。

（1）关于设施的新增改造及复兴，在土地方面要制定一定的年度计划，每所大学或学部要确定轻重缓急顺序，逐步充实完善。同时，对其间新大学的设置要加以控制。

（2）在确立综合计划过程中，要将71所大学中设置研究生院（特别是博士课程）的大学与没有设置研究生院的大学分开，谋求与之相应的设施的扩充和完善。

2. 国立大学特别会计

为了使国立大学永久地完成其使命，而不受一般的政治、财政变动的影响，必须采取措施充实大学的预算，在设计国立大学特别会计制度，保障政府每年以预算拨付一定的支出金的同时，对能够把事业收入、超收入金额、没有支出的金额、由动产不动产产生的收入、社会捐赠等作为财源而积累资金的大学，除开辟使之成为可能的渠道外，还应当设计准备金和贷款制度等。这个特别会计的内容如下。

（1）所有国立大学作为一个特别会计，但应对每个大学做区分。

（2）大学的经常性开支，原则上在坚持其财源由政府支出的方针的同时，也应一并考虑由资产产生的收入、学费、社会捐赠等其他收入。

（3）必须设计资金、准备金和贷款等制度。

3. 国立大学预算的估算方法

为了使国立大学的预算合理且公正，应当根据以下方针，设定预算的估算标准。

（1）设施费

①关于建设费，应当根据非实验、实验和临床的类别，按各学部各学科确定每生的单价……根据学部的规模与结构，并依据各个标准单价估算建设费。

②关于设备费，特别是研究设备费，鉴于各学部各学科的特殊性，应当分别设定一定的最低设备标准，并据此估算设备费。

③应当重新设定设施更新费，谋求老旧设施的更新。

（2）经常费

①与学部有关的经常费，应当将其区分为运行经费、学生经费、研究经费及差旅费，再把运行经费细分为行政经费、各项工资和维持费，把学生经费细分为教学经费和生活保健辅导费，并根据各自的经费项目，确定标准教育经费。

②关于行政经费和教学经费，应当根据非实验、实验和临床的类别，确定每生的标准单价；关于生活保健辅导费，不必对学生做区分地确定平均每生的标准单价；关于研究经费，应当区分为非实验、实验和临床三种，按每个讲座或每个教师确定标准单价。

③综合性大学的本部经费不应依赖学部经常费，而应作为独立的经费项目

设定，并根据学部结构、本部的规模和学生数等，做适当考虑。

④关于学部经常费，对设置研究生院的大学应另项区分并计算在内。

（3）设置研究生院的大学

关于设置研究生院的大学，鉴于其有作为培养研究者机构的使命，在避免滥设的同时，需要特别着力予以充实。

①关于设施费，应对照学部设施的状况，建设必要的设施。

②应根据非实验、实验和临床的类别，分别设定最低标准，并确定标准单价。

③关于经常费，在对运行经费和学生经费等确定标准单价的同时，应对研究经费给予特别考虑。

教育刷新审议会的这份咨询报告即使在现在看来，也仍然是一份深思熟虑、内容妥当的报告。可以认为，此后的国立大学的财政政策基本上是根据这份报告的原则展开的。不过，特别会计制度并没有马上实现，而且，关于运行经费、学生经费和研究经费的区分，本部经费与学部经费、学部经费与研究生院经费的区分，还是在模糊不清的情况下进行预算分配的，下面我们将会看到，很多问题便是由此产生的。

## （三）估算校费制与讲座、学科目

由于向新制大学过渡而一举超过 70 所的国立大学，其财政的最重要课题，正如咨询报告所显示的关于标准教育经费和标准单价的思路那样，是如何"科学""客观"地设定预算的编制和分配标准的问题。但是，面对严峻的国家财政状况、旧制度下形成的预算分配标准各异且不甚明确以及刚刚完成重组合并的新制大学与学部，将根据什么样的新标准来分配预算呢？文部省先把客观性和科学性的问题搁置下来，抓住讲座制和学科目制这两种教学科研组织的构成形态的差异，采取了所谓"估算校费制"的方略。

除另项预算的作为国家公务员的教职员的人头费以外，国立大学的经费总称为物件费，由一般管理费、教师研究费和学生经费三部分构成。这三者最初是被明确区分的，但是由于一般管理费的增长受到抑制，其不足部分由其他两部分补充。因此，教师研究费和学生经费并不是如文字表述那样仅仅用于教师和学生的经费，而只不过是预算分配时的标准或单位，后来被用"估算校费"或"人均校费"这样模糊不清的词汇来称谓。

其中，不论从金额还是从分配方式来说，教师研究费的地位是最为重要的，即"教师人均校费"。前面已经说过，"二战"结束前的帝国大学采用讲座制，并把表示教学科研的学术领域的讲座作为教师以及研究经费的分配单位。与此相对，帝国大学以外的其他官立学校则采用按照每个"教学"的必要领域配置教师的学科目制。如何看待这种内部组织的构成方式的不同，是向新制大学制度过渡时的一个重要争论点。但是，最终结果是，新制国立大学和学部还是原封不动地继承其前身校的组织原理的差异。也就是说，旧制的大学和学部采用讲座制，而前身为旧制高等学校、专门学校、实业专门学校和师范学校的大学和学部则采用学科目制，而且，讲座制被定位为教学和科研的组织，而学科目制则仅被定位为教学的组织。

教师人均校费的分配基础就是这种讲座制与学科目制的差异。讲座如教育刷新审议会咨询报告建议的那样，分非实验类（主要是人文社会科学类）、实验类（主要是自然科学类）、临床类（主要是医科、牙科类）三种，而学科目制则分为非实验类、实验类两种，并分别设定不同的估算单价。各自的单价及其变化，如表 1 所示。据此，在估算单价上，非实验类与实验类、临床类有 1:3 至

### 表 1　教师人均估算校费的变化（实数）

（单位：日元）

| 年　度 | 讲　座 | | | 学科目 | |
|---|---|---|---|---|---|
| | 非实验 | 实验 | 临床 | 非实验 | 实验 |
| 1949 | 89000 | 273000 | 302000 | 82000 | 244000 |
| 1950 | 133000 | 386000 | 419000 | 122500 | 353000 |
| 1951 | 266000 | 772000 | 838000 | 122500 | 353000 |
| 1952 | 266000 | 772000 | 838000 | 122500 | 353000 |
| 1953 | 274000 | 802000 | 876000 | 126000 | 367000 |
| 1954 | 267150 | 781950 | 848250 | 122850 | 357845 |
| 1955 | 253793 | 942853 | 805838 | 116709 | 339935 |
| 1956 | 303000 | 887000 | 962200 | 116709 | 339935 |
| 1957 | 334000 | 976000 | 1059000 | 129500 | 375000 |
| 1958 | 340179 | 1136064 | 1232676 | 131896 | 400125 |
| 1959 | 363100 | 1432900 | 1554800 | 140800 | 485500 |
| 1960 | 435720 | 1719480 | 1865760 | 168960 | 582600 |
| 1961 | 514300 | 2029700 | 2202400 | 199400 | 687700 |
| 1962 | 591500 | 2334200 | 2532800 | 229350 | 790800 |
| 1963 | 653700 | 2579400 | 2798800 | 253400 | 873800 |

　　注：1. 讲座的教师构成如下：非实验类为教授 1 名、副教授 1 名、助教 1 名，实验类为教授 1 名、副教授 1 名、助教 2 名，临床类为教授 1 名、副教授 1 名、助教 3 名。

　　2. 学科目制的教师人均估算校费以教师为单位估算，但是这里为了比较，采取以下教师构成作为学科目制单位予以计算。非实验类为教授 1 名、副教授 1 名、助教 0.5 名，实验类为教授 1 名、副教授 1 名、助教 1 名。

　　教师人均估算校费在讲座与学科目之间有差距，是因为讲座要承担研究生的课程，而学科目则不需要。

1:4的差距。还有讲座与学科目制的估算单价方面，起初基本相同，但是随时间推移，越来越显示出差距，昭和38年（1963年）当年，讲座制是学科目制的近3倍。估算的预算额度在讲座制与学科目制，以及非实验类与实验类、临床类之间有很大的差异。

与学术性质有关的非实验、实验和临床的类别暂且不说，关于如何能够使讲座制和学科目制的差异正当化的问题，正如上面所述，是为"教学和科研"和为"教学"这两种目的的差异被强化了。在"二战"结束以前的高等教育系统下，仅有大学被要求承担教学与科研两项职能，而除此以外的学校只被要求承担教学的职能。其前身校担负作用的不同，在新制度下所有高等教育机构变成新制大学后，也以讲座制和学科目制这两种不同组织原理的形式被延续下来了。昭和28年（1953年），尽管新制研究生院同时设立，但是在国立大学方面，被认可设置研究生院研究科的仅是那些被期待担负教学与科研两大职能的讲座制（换句话说是旧制）大学与学部。也就是说，教育刷新审议会的咨询报告中建议的对"设置研究生院的大学"的考虑，以讲座制和学科目制导致教师人均校费的差异这种形式被具体化了。

这意味着，是否拥有研究生院（博士课程研究科），在制度上被统一化的国立大学和学部之间，在预算分配方面出现了很大的差异。而且，研究生院的设置在此后相当长时间内，仅有旧制度下的大学和学部才被认可。正如上文所述，适应讲座制和学科目制差异的教师人均估算校费不是不折不扣的教师研究费，而是被用于填补一般管理费的不足部分。

昭和26年（1951年）进行的"大学等研究费的实际状况调查"显示，国立大学的预算分配状况如表2所示，在扣除本部和学部的提扣部分（用作一般管理费等）后，实际分配给学科的金额，教师研究费只占40%，学生经费占35%。

**表2　预算分配状况（1951年度）**

（单位：日元）

| 预算分配 | 管理费 | 教师研究费 | 学生经费 |
|---|---|---|---|
| （A）文部省分配 | 5105600 | 1939011490 | 24204307 |
| 本部提扣额 | 742650 | 24112060 | 7425410 |
| 学部分配 | 4362950 | 169789430 | 16778960 |
| 学部中心提扣额 | 3783740 | 92431507 | 8260699 |
| （B）学科分配 | 579210 | 77357923 | 8518261 |
| （B）／（A） | 11.3% | 39.9% | 35.2% |

## 五、对改善的要求

国立大学财政的这种状况令当事的国立大学感到危机。国立大学协会于昭和29年（1954年）向文部省提交了意见书，要求改善这种状况。

新的学校制度实施以来……没有对国立大学制定整体的且持续的建设与充实的计划，实在令人遗憾。各种国立大学的定位不明确，因而没有采取适应其个性发展与充实的策略。在大学财政方面，度日如年的预算缺乏持续性和稳定性，在建筑物及各种设施的充实方面，没有前景。在这种情况下，具有各种定位的大学无法充分履行各自的使命，国立大学协会对此深感忧虑。因此，有必要确立国立大学的财政计划，以此谋求大学的发展。希望政府能够符合上述宗旨，在文部省内部设置由具有热情和权威的合适委员组成的强有力的审议会。

尽管意见书重点在于建设和充实设施设备，但在同年（1954年）其内部资料《关于确立国立大学财政的改善方案》中，我们看到该协会还提出了包括特别会计制度的引入和改善预算制度的综合性建议。

但是，国立大学财政制度的改革进展不大。昭和38年（1963年），中央教育审议会发表了"二战"以后最早的关于大学问题的综合性咨询报告——《关于大学教育的改善》，其中一项内容就是关于大学财政的，在这项内容当中，对国立大学的财政问题进行了相当详细的研究。"国立大学的财政是……大学自治的实质性方面的体现，因此，其应有形态应是适应教学与科研方面的需要，具备自主性和弹性，而且从长远的观点看能使大学有计划地运用的制度"。基于这样的认识，报告"要求采用特别会计制度以实现国立大学财政的这种应有形态"。报告指出，过去的国立大学财政"伴随着经济情况的变化和大学的发展，未必能够充分达成所认识的目的"，以及"现在的国立大学处于内涵与规模的快速发展和扩充的过程中"，并对慎重研究（国立大学财政）的必要性表现出迫切的期待。

与此同时，报告还认为"在一般会计制度的现阶段，至少必须采取适当的措施，开拓大学特别会计制度所见的财政上的自主性与弹性，而且能够使大学有计划地运用的渠道"。为了使国立大学达成其目的和使命……在财政上做到与一般官厅①不同，尽可能确保其自主性，报告要求在以下三个方面加以改善：一是要有适应教学与科研长远计划的预算措施；二是在预算执行上要能弹性运作；三是社会捐赠的接受与使用。

该咨询报告受到关注的还有要求"扩充教学科研经费"方面。报告指出，

---

① 日本的官厅相当于中国各部委。——译者注

人头费占大学总经费的比例近年来基本上占60%，人头费以外的管理经费和教学科研所需的各项经费约占40%。这个比例与"二战"以前（1925—1930年）的比例正好相反，这种现象显示教学科研所需经费相对下降。比如，从教师研究费来看，在讲座研究费方面，非实验类为"二战"以前的1/3，实验类为"二战"以前的2/3，而学生经费为"二战"以前的1/9。针对这种状态，报告呼吁必须对全体国立大学增加预算经费。

对国立大学财政的这种窘境，当时担任文部省高等教育行政要职的天城勋有详细且具体的分析。据他的分析，从如上所述的人头费约占60%、物件费占40%来看，昭和36年（1961年），国立大学经费由研究费、学生经费和事业费（修缮费和差旅费等）三部分构成，其比例分别是41%、9%和50%。但是，这是从预算看到的结构。"如果从实际的支出来看，尽管按大学机构的管理费、研究费以及教育费三要素来分析，但这三者的区别在观念上和实际管理上都不很明确，因而并非是按前述的预算原原本本使用的。"特别是，预算科目上被称为校费的研究费，在内容上没有明细和估算依据，因而被认为是往哪儿用都行的科目。

与此相对，"二战"结束前的研究费是讲座研究费，"尽管在实验、非实验和临床类别上理所当然会有金额的差别，但是全部都有明细和估算的依据……讲座研究费（大致分为事业费和工资，也包含旅费等）是极其综合性的，而且很稳定。"但是，"'二战'结束时，由于物价飞涨和各项开支失衡，昭和22年以来，讲座经费的明细结构瓦解，讲座研究费中的事业费单独变成校费，而旅费和工资等从中分离出来，各自变成不同款项，每年修订，有时被缩减，直到现在"。

"另一方面，昭和24年以来，尽管新制大学是以旧制的高等学校、专门学校和师范学校等为母体创设的，但是由于旧制的学校中没有研究费这项预算，因而也就没有应承继的做法，而是作为学科目制并按照讲座研究费的基数重新给教授、副教授、助教分别配置教师研究费。此后，学科目制研究费并没有按照讲座研究费的单价修订的比例增长……出现了两者的差距。""另外，旧讲座研究费明细中的工资……伴随着人事行政体系建设而作为工资费用进入另外的体系，管理费分别按教师与行政管理人员的人均计算，旅费也作为研究旅费另项设立。"

这种难说是经过了充分研究的"二战"以后的大学财政制度，究竟产生了什么样的问题？天城勋有以下的看法。

为了实现大学的目的，大学经费根据功能以管理费、研究费和教育费的形式出现。预算既考虑到这三种费别的大致区分，也在具体方面根据经费性质按不同科目予以估算。但是，管理、科研和教学这三大功能，无论在观念上还是在实际上都难以明确划出界限。比如，即使能够将行政办公室与研究室的光电水费分为管理费和研究费，但是教室、实验室的光电水费就很难区分为管理、科研和教学的不同费用。研究室的光电水费如果做非常严密的区分，则应该包含在管理费的费别内。特别是，现在在管理费方面，由于没有像研究费那样的综合性预算，大学本部、学部行政管理和教室管理的各项经费，在作为广义的科研和教学一环的意义上，是包括研究费和学生经费在内的整个大学的校费，也就是说由管理费来提供。

据昭和 29 年（1954 年）会计年度的"国立大学财政实际状况调查"，这种预算估算与实际支出的关系是，"在校费方面，预算估算是科研与教学经费占 67.8%，管理费占 8.8%，设备费占 12.5%，而从实际支出来看，则表现为科研与教学费占 29.4%，管理费占 24.4%，设备费占 31.4%，显示出科研与教学费被挪作管理费和设备费的结果"。由此可以看出这样的实际情况，即预算分配是根据很难说是"客观的、科学的"标准进行分配的，而支出是根据需要自由支出的（此后也基本不变）。

## 六、特别会计制度的建立

在昭和 38 年（1963 年）中央教育审议会发表被认为已充分包含上述文部省当局问题意识的咨询报告时，文部省与大藏省便围绕向特别会计制度过渡的问题进行了协商。

### （一）文部省的犹豫

文部省在昭和 38 年（1963 年）起草的文件《关于把国立学校会计改为特别会计时存在的问题》中，表达了当时文部省对这个问题的复杂态度。这份文件列举了特别会计有以下几个积极面。

1. 国立学校财政运作的自主性在制度上可以得到保证，在学校运行方面也可期待预算执行上的若干弹性。

2. 用于附属医院、委托研究等有特定岁入财源事业的经费，在特别会计下，由于与岁入相称，比较容易被认可列入岁出预算，因而被认为预算易于增加。

3. 像以前的《帝国大学特别会计法》那样，在政府支出金固定的情况下，能够制定适应教学科研计划的长期事业计划，并在考虑其轻重缓急情况下推进数年度的事业（但是，政府支出金法定化在国立大学处于扩充建设过程的现阶段下未必合适）。

与此同时，也列举了以下几个消极面。

1. 以教学科研为目的的国立学校会计制度正如过去所经历的那样，不适合使用以独立核算为目的的事业特别会计。

2. 在国立学校的规模内涵稳定、长期的财政可预见的阶段下，过渡到特别会计尚不可知，在今天这样的发展扩张时期，反而是在一般会计范围内谋求充实完善更合适。

3. 构成国立学校大宗收入的是学费、入学注册费以及报考费等，但是这些收入占国立学校收入的比例与旧学校特别会计不同，是极其小的。即使在现阶段过渡到特别会计，也无法期待经济独立，反而有可能使预算规模缩小。

4. 拥有特定岁入财源（演习林等）的事业，尽管预算内容充裕，事业会扩大，但是可以预想到与其他事业之间会产生预算上的差距，而且还由于国有财产保有量的多少、有无社会捐赠等情况，学校相互之间也会产生预算上的不均衡。

5. 在特别会计下，积极致力于确保收入和增收，反而会流于企业式的经营方式，并因此可能产生与本来的教学科研事业不相称的事态。

由此可以看到，文部省对于定额法的引入以及伴随着向独立核算制过渡（与"二战"结束前接近）而带来的向特别会计过渡，是持消极和警戒态度的。

在这份文件中，文部省的结论是："如果特别会计制度能够确保国立学校管理运行所需的预算，并谋求预算有弹性的执行"就赞成；"如果改为特别会计制度的目的是谋求独立核算这种经济独立，这不仅不可能，而且从教学科研的本来形态看也是不合适的"就不赞成。

## （二）大藏省的态度

大藏省在昭和38年（1963年）年末以大幅度采纳文部省见解的形式，提出了《关于国立学校特别会计制度》的要点，并以以下内容回应文部省方面的担忧。

1. 特别会计以谋求国立学校内涵的充实，并促进今后扩充与完善为宗旨。

2. 国立学校会计不以独立核算制为目的，因而不会以谋求减轻一般会计负担为目的来企图提高学费。

3. 设计贷款制度，引入财政投融资资金以利于促进设施（附属医院）的建设。

4. 现在国立学校管理的国有财产原则上作为特别会计的财产投资，今后即使在其财产不能供作国立学校的使用目的的情况下，变现的价款不作为一般行政的财源，而是作为特别会计的岁入用于充实国立学校的内涵。

5. 研究费及其他国立学校的运行费，只要符合特别会计，可以根据实际情况使用。

国立学校特别会计议案通过两部委的这种协商后，提交给昭和39年（1964

年）春召开的国会表决，同年度的预算便按照这项制度施行。

获得国会批准的《国立学校特别会计法》的第一条强调："为了有助于充实国立学校，明确其经营管理，设置特别会计，与一般会计分开管理。"第三条规定："本会计以一般会计转入金、学费、入学注册费、报考费、附属医院收入、公积金提取款、贷款、财产处置收入、社会捐赠以及附属杂项收入作为其岁入，以国立学校的运作费、设施费、小额拨款、贷款的偿还金及利息、临时贷款的利息以及其他各项费用为岁出。"

比较新的《国立学校特别会计法》与"二战"结束前的旧学校特别会计法，主要有以下不同。

1. 旧特别会计法设立资金制度，以资金产生的收入等支付支出，谋求学校财政的独立，而新特别会计法的设置是为了有助于充实国立学校，明确其运营管理。

2. 旧特别会计法把帝国大学、官立大学以及直属学校分开，并按每个学校处理，而新特别会计法是将所有国立大学统一化。

3. 新特别会计法可从决算后的剩余金中把一定额度作为公积金储备起来，但该公积金应统一处理，以备必要时充作设施建设的经费，不像旧特别会计法的资金那样按每个学校分类管理。

4. 新特别会计法认可贷款制度，谋求附属医院充实和完善设施。

# 七、国立大学的设置形态与财政制度

可见，政府是在搁置国立大学财政自立问题的情况下，颁布并实施新的特别会计法的，但是进入昭和40年代（1965—1974年），国立大学的法人化与财政自立的问题再次浮出水面。

## （一）中教审咨询报告与法人化构想

昭和46年（1971年），中央教育审议会在咨询报告《关于今后学校教育综合扩充完善的基本对策》中，在高等教育改革方面专门分出一大部分针对国立大学，建议"改变现行的设置形态，使其成为接受一定财政支持、自主运行管理、直接承担责任的具有公共性质的新形态的法人"。

咨询报告认为："关于大学的管理运行，由国家……担负管理方面的一切责任，实际上是困难的。而且，把大学作为一种行政机构，使用一般官厅在人事、会计等方面的准则，不仅会妨碍教学与科研的有效运行，而且会有不少弊端，如安于制度保障、自主运行的热情与责任感变淡等等。……从目的和性质来看，既然把大学作为适切的新型的具有公共性质的法人，使其接受一定的财政支持，那么，使其担负管理运行方面的一切责任并自主运行反而有助于大学的发展"。

关于对"新型的具有公共性质的法人"给予财政拨款的问题，咨询报告建议："在根据大学的目的和性质把经合理估算的标准教育经费的一定比例作为资助金拨付给大学的同时，认可大学可以有弹性的、有效率地使用"；"大学在接受根据定额公式计算出的定额资助后，可以在其事业计划、工资水平和收入金方面有相当大幅度的弹性，并通过自己努力的运作来发挥独自的特色"。

咨询报告的建议还附带了一些条件，诸如"对学费等受益者的负担应考虑恰当程度的金额""财政资助必须保持国家的主体立场，并以资助效果要经常接受严格的评估为条件"等。

尽管咨询报告所提出的法人化构想还没有具体化就结束了，但是不言而喻，它已经包含了与现在国立大学法人共同的内容。

## （二）临教审咨询报告与法人化议论

关于与财政自立有关的法人化问题，昭和 59 年（1984 年）设立的临时教育审议会也把它作为一个重要的研究课题。在昭和 62 年（1987 年）的第三次咨询报告中，临教审认为："国立大学在广义上被定位为国家行政组织，这使得其常常表现得僵硬，其应有形态很容易整齐划一，大学的主动性受到抑制"；"虽然大学财政的基本部分由国家供给，是不得已的事情，但是各大学在大学的组织计划、预算编制及执行、资产管理和职员人事等方面的自由度和自主性被限制，其结果是大学的个性被剥夺，主动性被削弱"。基于这样的认识，咨询报告阐述了"今后在各大学责任确立的基础上，有必要推进规制的弹性化"。

这里虽然只是强调了强化各大学财政自主性的必要性，但是在涉及国立大学设置形态的部分，咨询报告认为："由于在此之前就被指出国立大学在组织和运行方面有不少地方需要改革或改善，尤其是要确立各大学的自主和自立，要开展面向社会开放的活动，并从各方面提出必须改变现行国立大学设置形态的议案，因此我们接受这些议案，就对国立大学给予具有公共性质的法人资格，并定位为特殊法人的可能性进行了多次研究。我们得出的一个结论是，在国家干预的应有形态、（国立大学）管理与运行的制度、教职员的身份、待遇上的处理办法、从现行设置形态过渡的措施等诸多方面，有许多事项应该从理论和实际操作两个方面予以考虑，为了解决这些问题，有必要展开更广泛的真正的调查研究。"

由此，大学财政自立的问题便与激活教学科研的活力连接起来，并逐渐展开了对国立大学法人化问题的讨论。

## （三）估算校费制的废止

明治以来，对国立大学之间以及国立大学内部的预算分配发挥重要作用的、以讲座制和学科目制的区别为基础的估算校费制，在完全没有正式讨论的情况下，于平成 12 年（2000 年）突然被废止。

同年的预算参照文件阐述了以下理由：近年来，由于随着学术领域的发展，分化融合或跨学科领域越来越多，单纯地按照实验及非实验分类已缺乏妥当性，因此平成 12 年（2000 年）经费的性质及用途不做变更，（预算）估算在废止以往的组织等细化分类的基础上，采用以根据教师数及学生数进行估算的校费，加上以各大学等为单位进行估算的校费，即把以往的教师人均估算校费和学生人均估算校费整合起来，在新规则中新列入以教师数预算估算部分、学生数预算估算部分及大学部分为明细内容的"教学科研基础校费"。由此可知，这个长期持续下来的以讲座（及学科目）为基础单位的预算估算方式，就是在极其技术性的理由在没有经过充分讨论的情况下，被简单地废除了。

但是，作为伏笔，必须指出的是，从昭和 50 年（1975 年）开始，在国立大学预算中就出现了与教师人均估算校费不同的"特别教学科研经费"这样的项目，在估算校费的增长受到严格抑制过程中，年年都有增加金额。这个额度在平成 2 年（1990 年）已经达到教师人均估算校费的约 1/3，此后还在继续增加。从名称我们可以知道，这项"特别教学科研经费"的目的是，为了使研究活动更加活跃，完善其基础等各项条件，发挥作为对特定的大学、学部、研究科和学术领域给予重点投入手段的作用。也就是说，以讲座或学科目为基础的估算校费制，实质上已经走向崩溃。

总之，估算校费制被废止后，校费的名称改为教学科研基础校费，以学生数和教师数为基础计算的校费加上"大学部分"，以不低于上一年度的分配额之预算，被分配到各大学。这不仅改变了大学之间的分配标准，而且各大学内部的预算分配的办法也显著地增加了自由度。这是因为，在以往的估算校费制下，教师人均估算校费被"理解"为本来应该按讲座或学科目单位分配给教师，其中一部分为弥补一般管理费的不足而被本部和学部抽走，但是这种"理解"的制度基础已经失效了。在以往预算中的一般管理费、教师研究费、学生经费这种虚拟的区分消失后，（校费）以什么样的标准分配给学部、学科、讲座和教师，管理、科研、教学各自如何分配，都是必须重新加以研究的课题。

实际上，不少大学重新研究了分配标准，各个大学的教师拿到手的研究费的金额也已经发生了很大的变化。可以认为，这直截了当地表明，与文部省极力推进的抑制教师研究费形成鲜明对照，伴随着科研经费的大幅度增加，研究费政策正在向竞争性的、重点配置的方向转变。

## 八、国立大学的独立行政法人化——代结束语

正如上文所述，与财政制度具有密切关系的、明治以来常常被提起的国立大学法人化问题，由于平成 12 年（2000 年），作为国家行政机构一部分的独立

行政法人化构想也波及国立大学，文部科学省内部设置了调查研究会议，而开始快速展开。

这个被认为模仿英国"民营化"的特别行政法人制度，其构想原本不是以国立大学为直接对象的，从政治经纬看，其起始也与过去围绕国立大学的法人化的议论没有直接的关系。现在，尽管以平成14年（2002年）3月发表的调查研究会议的报告书为基础，谋求以考虑了大学特性的《国立大学法人法》的形式加以应对，但是，在研讨过程中，关于法人化后的大学财政自立性如何保证的问题，几乎没有参考过去议论的痕迹。

据《新的"国立大学法人像"》，法人化后的国立大学以国家拨付的"运行费拨款"和"自己创收收入"为财源，进行自立的大学运营。具体内容如下。

1. 运行费拨款由两部分构成：一，根据学生数等客观指标，按照各大学共同的计算公式计算出的标准收入与支出的差额（标准运行费拨款）；二，难以根据客观指标计算的、承担特定教学科研设施运营和事业实施所需的经费额（特定运行费拨款）。在估算拨款时，"基于各大学、学部等的理念、目标、特色、条件等，应考虑弹性的……计算方法的可能性"，还有在估算时，"要恰当地反映第三者评价的结果"。

2. 自己创收收入分两部分：一，伴随通常业务的完成必然可预见的收入（学生缴费、附属医院收入等）；二，除此以外的收入（社会捐赠等）。前者用于运行费拨款的计算，后者原则上与运行费拨款做不同处理，不反映到运行费拨款的计算上。

由于期待大学运营能够自立与自律，因而废止了国立学校特别会计制度。一方面，政府积极鼓励大学谋求自己创收收入的增加；另一方面，把包括运行费拨款在内的预算的分配与使用全面下放给各大学，这样大学就有了自主的裁量权。但是，各大学必须设定中期目标、制定中期计划并得到文部科学大臣的批准，6年后的达标程度还要接受国立大学评价委员会的第三者评估。正如上面所见的那样，评估结果将反映到运行费拨款的计算上。

始于明治初期的帝国大学特别会计制度的日本国立大学财政制度，在经历了一个多世纪的今天，通过国立大学的独立行政法人化，正在走进全新的时代。它将给国立大学的管理运行系统和教学科研活动带来什么样的变化？大学的自主性和自律性在多大程度上受到保障？运行费拨款的计算标准能否"客观""科学"？许多问题都留待今后回答。日本国立大学财政史上最大的制度改革的走向，值得我们密切关注。

**参考文献**

大崎仁. 戦後大学史［M］東京：第一法規出版，1988.

東京大学．東京大学百年史［M］．通史一，通史二，通史三．東京：東京大学，1985.

国立学校特別会計研究会．国立学校特別会計三十年のあゆみ［M］．東京：第一法規出版，1994.

海後宗臣、寺崎昌男．大学教育［M］．東京：東京大学出版会，1969.

教育事情研究会．中央教育審議会答申総覧．［M］．増補版．東京：ぎょうせい，1992.

日本近代教育史料研究会．教育刷新委員会・教育刷新審議会会議録［M］．東京：岩波書店，1998.

神山正．国立学校特別会計制度史考［M］東京：文教ニュース社，1995.

寺崎昌男．日本における大学自治制度の成立［M］．増補版．東京：評論社，2000.

天野郁夫．日本の高等教育システム［M］．東京：東京大学出版会，2003.

佐藤憲三．国立大学財政制度史考［M］．東京：第一法規出版，1964.

作者简介｜天野郁夫，厦门大学高等教育发展研究中心客座教授，东京大学教育学院原院长、教授，日本高等教育学会原会长。

# Financial System of National University in Japan: Historical Outlook (Internal Summary)

Amano Ikuo

Translated by ChenWu-yuan

**Abstract**: For National University of Japan, how to ensure financial self-reliance and self-discipline is a major issue that related to the protection of its university autonomy and academic freedom, even realization of university mission. Since the creation of National University in the early Meiji, the Japanese government had introduced fund system, the special accounting system, chair system, school fee system and so on, which are designed to build the self-reliance of fiscal system of National University. In this process, there are successful experiences and lessons of failure. Now, whether the implementation of the National University Corporation can resolve this problem since the Meiji, it is causing great concern.

**Key words**: Japan  national university  financial system

# 中国高等教育规模扩张中的软预算约束问题分析[*]

阎凤桥

**摘　要：**自 1978 年改革开放以来，中国大学与政府之间的关系处于不断调整的过程中，逐渐从科层型转向市场型。但是，科层型的特征仍然存在，并在 1999 年开始的高校扩招中突出地表现出来。政府之所以能够在经费不足的情况下启动扩招政策，快速地实现高等教育大众化的目标，在于政府与大学之间的科层关系在起作用，它使得政府有权将高等教育发展置于满足经济发展需求的从属地位，并且超越自身的财政预算约束，也就是所谓的"逆向软预算约束"。随之形成的高校银行贷款和债务问题，与高校的责任心理预期和偿还能力存在着密切的关系，高校债务最后由政府和高校双方共同化解，具有"软预算约束"的特征。要遏制高校的发展冲动和投资饥渴症，提高公共教育经费使用效率，应继续改善大学与政府之间的关系，明晰彼此的权利和责任，增强大学的独立性和自主性。

**关键词：**中国高等教育　规模扩张　科层关系　非完备合约　软预算约束

## 一、大学与政府关系的一个理论分析框架

大学与政府既可以选择建立一种市场型关系，也可以选择建立一种科层型关系。作为一种制度选择，大学与政府之间的关系受到"交易成本节约"原理的制约。经济学家科斯（Ronald Coase）在 20 世纪 30 年代回答企业为什么会存在这个问题时，提出了交易成本理论，其核心思想是，市场交易是有成本的，企业存在的本质就在于它可以节约交易成本，企业与市场之间的边界就是根据交易成本与组织成本达到均衡点上而划定的。（Coase，1937）在扩展和抽象意义上可以应用科斯的交易成本原理，来分析大学与政府之间的关系，即如果将市场与科层看作一个连续频谱图上的两个端点，如果政府与大学之间的市场交

　　\* 本研究得到教育部人文社会科学重点研究基地课题"我国综合性大学的环境适应、组织变迁与运行机制研究"（10JJD880006）的资助。

易成本大于组织成本，就应选择建立近科层型关系；反之，如果两者之间的组织成本大于交易成本，就应选择建立近市场型关系。

在科斯开创性工作基础上，另一位经济学家威廉森（Oliver Williamson）进一步发展了交易成本理论，他从有限理性和机会主义这两个基本假定出发，提出了"资产特定性"和"交易频率"等概念，分析在不同资产特定性和交易频率组合情况下组织间交易方式的差异，并且用"合约"来描述交易形式。相对而言，市场在交易双方可以签订比较完备合约的情形下有效，而组织（或称等级结构、科层结构）在交易双方可以签订不那么完备合约的情形下有效。为什么这么说呢？因为，在市场中常常会出现短期交易行为，交易过程中机会主义行为普遍，只有签订完备合约才能有效地防止机会主义行为；而在组织内部，雇主与雇员签订的是一种长期而不完备的合约，在工作范围内，雇主可以随时调整雇员的工作任务，雇员要无条件地服从雇主提出的合理要求，作为一种回报，雇主可以采取激励措施对雇员的行为进行奖惩，从而在组织架构内克服机会主义的短期行为。（Williamson，1981）如果我们将上面的组织与个体换成政府与大学的话，也可以用同样的原理来分析它们之间的关系。如果政府和大学都是独立的法人，平等地交往，这样政府与大学之间就是建立在完备合约（法律）基础上的一种市场型关系，双方对于合约之外的其他活动内容不承担义务和责任，政府不能随意要求大学如何，大学也不能随意要求政府怎样；反之，如果政府与大学是一种主辅关系的话，它们之间就是建立在不完备合约基础上的一种科层型关系，即使政府提出的要求有不合理之处，大学由于地位相对较低也不得不屈从。

市场和科层是两种不同的制度形式，在不同的市场型或科层型制度安排下，大学与政府的关系不同，各自的行为方式也不一样。（Clark，Burton，1983）匈牙利学者科尔内（Janos Kornai）在《短缺经济学》一书中，对于科层制下组织的软预算约束行为做了深入的分析。他指出，与市场制下的需求约束不同，科层制是一种资源约束机制。具体而言，前者的生产计划是在一定的资源条件下由企业在需求约束水平上自主制定的，后者的生产计划是在一定的需求条件下由上级科层机构在资源约束水平上制定的。（科尔内，1986）在科层制关系下，由于存在着政府对组织的庇护关系，所以组织对于自身的经营状况并不十分在意，即使经营不善且出现入不敷出的情况，也不会倒闭，政府的出面救助使得低效率的机构仍然能够存活。另外，由于不存在硬的预算约束，所以容易造成组织投资扩张的冲动，即患上所谓的"投资饥渴症"。组织负责人"深信自己负责的单位的活动很重要，因此必须发展"（科尔内，1986）[198]，"领导者的权力、社会名望，从而他本人的重要性随着企业或非营利机构的发展而增长"（科尔内，1986）[199]。最后，科层制导致的最终结果是普遍存在着短缺现象，即虽然企业不断地增加生产供给，但是社会需求却被忽视而得不到满足，因此生产效率不高。这是采取计划经济体制国家的普遍特征。科尔内用"父爱主义"来描述政府与组织之间的亲疏关系。他指出,虽然市场经济体制国家也存在着一定程度的父爱主义,如出现经济危机时政府积极采取财政和金融干预措施,保护企业不至于倒闭,以保障充分就业,遏制经济危机的扩散,但是父爱主义在计划经济体制国家表现得尤为明显,计划经济体制国家的改革就是逐步降低父爱主义的程度,增强组织的独立性。(科尔内,1986)[276-279]软预算约束除了有父爱主义、就业目标、领导人出于政治目的考虑等外生性的因素外,还有内生性的影响因素,比如对一个未完工的低效率投资项目的追加投资,其边际收益大于项目的废弃而带来的边际成本。(胡汉辉,许素友,2001)

科尔内分析的是科层制下的组织行为。对照科尔内研究的问题和提出的理论,周雪光在研究中国地方政府向下摊派税费行为时,提出了"逆向软预算约束"这个概念。(周雪光,2005)他的分析对象是科层制下的地方政府行为。地方政府的行为不是科尔内所说的组织自下而上地向上级部门索要资源,而是地方政府自上而下地向基层组织和个人索要资源,以追求超越其正常财政能力的发展目标和政绩。两者的共同之处在于,政府和组织的行为都不受预算的约束;两者的不同之处在于,科尔内揭示的现象是经营不善的组织在软预算约束下仍然得以存活,周雪光揭示的现象是政府可以支配合理限度外的财政支出。为什么会出现"逆向软预算约束"呢?从宏观看,在于缺少约束这种行为的制度;从微观看,在于政府官员的这种行为往往可以在职位晋升等方面得到激励。(周雪光,2005)虽然逆向软预算约束从表面上看超越了地方资源约束并促进了地方事业的发展,但是其却潜伏着一定的政治危机。如果说科尔内是从"父爱"角度来审视政府与企业和非营利组织之间的关系的话,那么我们可以将周雪光的研究看作"子孝"视角,两者是同一对矛盾关系的两个不同方面。

综合前面几位学者各自提出的交易成本理论、合约理论以及软预算约束理论,我们不难发现它们之间的对应关系,并且可以归纳出两种基本的模式:科层体制—不完备合约—软预算约束—资源约束型生产方式("模式Ⅰ");市场体制—完备合约—硬预算约束—需求约束型生产方式("模式Ⅱ")。既然市场体制比科层体制具有相对明显的制度优势,那为什么还有不少国家采取科层体制呢?影响国家制度的选择可能有多方面的原因,但是科层制有一个重要的特点,那就是政府可以在不受需求约束的情况下,快速地干预经济或其他公共事务,以摆脱经济危机或者达到其他政治目的。美国学者汉斯曼(Henry Hansman)认为,政府对于高等教育的干预(包括提供财政经费),主要不是因为高等教育具有准公共产品属性(在他看来,高等教育的私人产品属性是明显的),而是因为政府通过干预可以快速地扩张高等教育的规模,提高入学机会,这在市场体制的美国是难以做到的,也是欧洲科层制存在的原因。(汉斯曼,2005)

下面,笔者将从上面这个分析框架出发,首先对于20世纪70年代末以来中国高等教育管理体制改革和财政体制改革做一个较为简要的回顾与总结，然后对于1999—2006年这个时段内高校扩招行为以及出现的高校债务问题进行一些分析。

## 二、中国大学与政府关系的演化

从20世纪70年代末以来，中国开始探索适合其自身特点的社会与经济发展之路。经过"摸着石头过河"式的尝试，时至今日，我们可以说，中国已经且正在进行的改革是从计划经济体制向市场经济体制的转型，以及与此相关的其他政治和社会变革。在这样的宏观背景条件下，我们也对高等教育管理体制和财政体制进行了改革。虽然说高等教育体制改革要滞后于其他领域的改革，但是它们的改革方向是基本一致的，即从上面所说的"模式Ⅰ"向"模式Ⅱ"转变，换句话说就是，政府对于大学的父爱程度在逐渐降低，大学的独立性和自主权在逐渐增强。

中国高等教育财政体制改革的宏观背景是，分权化的财政体制取代了中央集权式的财政体制。在1980年之前，我国实行的是中央集中财政管理制度，地方没有任何财权，财政支出都是由中央统一安排的。相应地，这个时间大学的财政拨款均来自中央政府，除此之外，大学没有其他经费渠道。1980年开始实行中央和地方财政"分灶吃饭"，确立了地方政府的财政地位。相应地，中央部委所属大学的办学经费由中央政府划拨，地方大学的办学经费由地方政府划拨，从而加强了大学系统与地方社会之间的联系。1992年，中国明确了建立社会主义市场经济体制的发展方向。1994年，为进一步厘清和稳定中央与地方之间的财税关系，划分了中央征收和地方征收的税种，实行了"分税制"，中央与地方在税收和财政责任上相对独立，同时为了解决地区之间在财政收入上的不平衡性问题，建立了中央财政转移支付制度。

高等教育管理体制逐渐由中央集中管理过渡到中央和地方分级管理，并且由中央政府直接管理高校所占的比例越来越小，在校生规模所占的比例也越来越小；相反，由地方政府管理高校所占的比例越来越大，在校生规模所占的比例也越来越大（表1）。中国高等教育管理体制，在1985年中央教育体制改革文件中的提法是中央、省、中心城市三级管理，在1993年《中国教育改革和发展纲要》中的提法是中央和省两级管理，以地方为主。2001年，地方政府获得了专科学校设置的批准权。无论从理论还是现实情况看，在调动办学积极性和提高办学效率方面，分权化高等教育管理体制都比集中高等教育管理体制有所改进。（钟洪，朱学红，2005）

表 1　1989 年、1999 年和 2010 年中国中央和地方所属高校及学生规模结构

| 年　份 | 中央高校 | | | | 地方高校 | | | |
|---|---|---|---|---|---|---|---|---|
| | 高校数（所） | 高校数比例（%） | 在校生（人） | 在校生比例（%） | 高校数（所） | 高校数比例（%） | 在校生（人） | 在校生比例（%） |
| 1989 | 353 | 32. 83 | 913841 | 43. 89 | 722 | 67. 17 | 1168270 | 56. 11 |
| 1999 | 248 | 23. 16 | 1242943 | 30. 42 | 823 | 76. 84 | 2842931 | 69. 58 |
| 2010 | 111 | 6. 59 | 409742 | 8. 74 | 1573 | 93. 41 | 4278001 | 91. 26 |

资料来源：1989 年、1999 年和 2010 年的《中国教育事业统计年鉴》（北京：人民教育出版社）。

　　与高等教育管理体制分权化改革相伴随的是市场化的改革。从大学收入角度看，首先是在财政拨款之外，增加了非财政性经费来源，政府允许高校通过招收委培生和自费生以及开展其他社会服务，扩宽经费来源渠道，增加办学经费，以弥补财政经费之不足。1997 年，所有大学生都要缴纳学费。表 2 为三个不同年份中国高等学校经费来源构成，从中可以看出，国家财政性经费投入所占的比例呈现下降的趋势，而来自学生缴纳学杂费的事业收入所占的比例呈现上升的趋势。其次是改变政府拨款模式，1986 年之前实行"基础加发展"方式，1986—2001 年，政府对于普通高校的拨款实行"综合定额加专项补助"，2002 年实行"基本支出预算加项目支出预算"。（黄永林，2010）[150-153] 改革使得政府拨款更能够反映大学的成本行为，提高了理性化的程度。最后，在办学经费使用方面，政府赋予大学一定的自主权，多支不补，结余留用，强化经费的预算管理。

表 2　1996 年、2002 年和 2009 年中国高校办学经费来源

（单位：万元）

| 年　份 | 合　计 | 财政性经费投入 | 社团及个人办学投入 | 社会捐赠 | 事业收入（含学杂费） | 其　他 |
|---|---|---|---|---|---|---|
| 1996 | 3678981（100. 00%） | 2890358（78. 56%） | 14491（0. 39%） | 39245（1. 07%） | 553973（15. 06%） | 180915（4. 92%） |
| 2002 | 15832129（100. 00%） | 7875176（49. 74%） | 417624（2. 64%） | 279514（1. 77%） | 4264517（26. 94%） | 2995298（18. 91%） |
| 2009 | 47827760（100. 00%） | 23273842（48. 66%） | 330962（0. 69%） | 263895（0. 55%） | 20836562（43. 57%） | 3122499（6. 53%） |

注：括号内的数字为各项经费占总经费的比例。

资料来源：国家统计局网站（http：//www. stats. gov. cn/tjsj/ndsj/）。

通过上面对于改革开放后中国高等教育管理体制和财政体制的简要回顾，不难看出，分权化的管理改革使得过去中央政府统一管理模式下的一个"父爱"，变成了中央和地方两级管理体制下的多个不同的"父爱"，中央院校、经济发达地区的高校因为"父亲"经济实力强大，所以得到的"父爱"更多一些，而欠发达地区的高校"父亲"经济财力有限，难以与发达地区高校的"父爱"相媲美。但是，从时间变化角度看，大学得到"父爱"的程度比以往有所降低，从某种意义上说，大学不能完全依赖政府，必须自谋生路。随着高等教育成本分担和成本补偿政策的执行，大学经费的多元化程度提高了，在经济上的独立性也提高了。

## 三、从扩招看大学与政府之间的不完全合约关系及预算约束特征

从 20 世纪 80 年代初开始，中国政府采取了一系列的政策措施来调整政府与大学之间的关系，如上节所述，它们之间的关系开始从科层型向市场型转变，以不断扩大高校办学自主权为标志。1998 年颁布的《中华人民共和国高等教育法》进一步明确了大学的法人地位。这是不是就可以认为，大学与政府之间的市场型关系已经建立，科层型关系不复存在呢？1999 年开始的高校扩招、90 年代末开始的大范围的院校合并以及随后发生的一些事情（特别是在扩招和院校合并过程中出现的经费短缺、银行贷款以及高校债务偿还），恰好为我们考察大学与政府之间的关系提供了典型的事例。

国内学者对于高校扩招过程中的经费问题有一些研究，包括债务的形成以及化解问题，并且也有相当一部分研究借鉴了科尔内的软预算约束理论，对于债务形成的原因进行了分析和解释。（钟洪，朱学红，2005；王红萍，2009；帅相志，毛有高，傅庆民，2010；林莉，2008；刘英，2010）本文在借鉴相关研究成果基础上，根据前面提出的理论分析框架，对扩招过程中政府的行动逻辑做一些理论探讨。

### （一）高校扩招政策制定的背景与执行：逆向软预算约束

1999 年开始的中国高校的扩招行为并非主要缘于高等教育自身发展的需要，而是缘于经济发展的需要，具体地说是亚洲金融危机及其对中国经济发展的负面影响。时任国务院总理的朱镕基在 1999 年全国教育工作会议上提出了高校扩招的四条理由，它们分别是：经济建设对于高素质人才的需求，群众对于子女接受高等教育的需求，推迟就业、拉动内需的需要，以及扩招对于改变基础教育阶段应试教育状况的需要。（改革开放 30 年中国教育改革与发展课题组，

2008）[191] 在上述四条理由中，只有第三条是当时最迫切的需要，其他几条理由早已存在，并不能算是高校急剧扩招的真正原因。让我们回顾一下当时的经济发展态势。中国经济在 20 世纪 90 年代初出现了发展过热和通货膨胀的倾向，于是中央政府在 1993—1998 年实行了适度从紧的财政政策，到 1997 年时出现了通货紧缩的趋向，内需不足，缺少促进经济发展新的增长点，经济发展表现出明显的疲软现象。1997 年爆发的亚洲金融危机进一步加剧了国内通货紧缩的危险，国企改革面临大批下岗职工的再就业问题。于是，政府在 1998 年不得不调整经济发展方向，实行积极的财政政策，加大基础建设投资力度，刺激和鼓励消费，同时也鼓励银行放贷。（刘英，2010）（改革开放 30 年中国教育改革与发展课题组，2008）[187-191] 中国高校的扩招政策就是在这样的经济背景下出台的，高等教育被认为是当时少有的供不应求的"卖方市场"，因此扩招被认为有利于拉动经济增长，可以延缓社会就业压力。

中央于 1999 年制定了在 2010 年实现高等教育大众化目标的发展规划①，并于当年开始大幅度地扩大高校招生规模，普通高校招生规模比前一年增长了47%。由于高校招生规模扩张速度过快，因此教育部在《教育事业"十五"规划和 2015 年发展规划》中，将实现高等教育大众化的时间进程表提前到 2005年，但是实际发展速度仍然快于这个调整后的进程表。中国高等教育毛入学率在 2002 年就达到了 15%（表 3），比最初制定的实现大众化目标的预计时间表提前了 8 年，比"十五"规划提前了 3 年。从表 3 可以看出，1999—2006 年是中国高等教育规模的急剧扩张期，在校生规模的年增长幅度超过了 10%。

表3　中国高等教育几个主要发展指标（1998—2010 年）

| 年份 | 学校数（所） | 本专科在校生数（万人） | 本专科在校生数比上一年增加 | | 专任教师数（万人） | 校均规模（人/校） | 生师比 | 毛入学率（%） |
| | | | 绝对数（万人） | 比例（%） | | | | |
| --- | --- | --- | --- | --- | --- | --- | --- | --- |
| 1998 | 1022 | 340.87 | 23.43 | 7.38 | 40.7 | 3335 | 11.62 | 9.8 |
| 1999 | 1071 | 413.42 | 72.55 | 21.28 | 42.6 | 3815 | 13.37 | 10.5 |
| 2000 | 1041 | 556.09 | 142.67 | 34.51 | 46.3 | 5289 | 16.30 | 12.5 |
| 2001 | 1225 | 719.07 | 162.98 | 29.31 | 53.2 | 5870 | 18.22 | 13.3 |
| 2002 | 1396 | 903.36 | 184.29 | 25.63 | 61.8 | 6471 | 19.00 | 15.0 |

①　1999 年 1 月国务院批转的《面向 21 世纪教育振兴行动计划》指出，到 2010 年，高等教育规模有较大扩展，入学率接近 15%。

| 年份 | 学校数（所） | 本专科在校生数（万人） | 本专科在校生数比上一年增加 | | 专任教师数（万人） | 校均规模（人/校） | 生师比 | 毛入学率（%） |
|---|---|---|---|---|---|---|---|---|
| | | | 绝对数（万人） | 比例（%） | | | | |
| 2003 | 1552 | 1108.56 | 205.20 | 22.72 | 72.5 | 7143 | 17.00 | 17.0 |
| 2004 | 1731 | 1333.50 | 224.94 | 20.29 | 85.5 | 7704 | 16.22 | 19.0 |
| 2005 | 1792 | 1561.78 | 228.28 | 17.12 | 96.6 | 7666 | 16.85 | 21.0 |
| 2006 | 1867 | 1738.84 | 177.07 | 11.34 | 107.6 | 8148 | 17.93 | 22.0 |
| 2007 | 1908 | 1884.90 | 146.06 | 8.40 | 116.8 | 8571 | 17.28 | 23.0 |
| 2008 | 2263 | 2021.00 | 136.10 | 7.22 | 123.7 | 8931 | 17.23 | 23.3 |
| 2009 | 2305 | 2144.66 | 123.66 | 6.12 | 129.5 | 9086 | 17.27 | 24.2 |
| 2010 | 2358 | 2231.79 | 87.13 | 4.06 | 134.3 | 9298 | 17.33 | 26.5 |

资料来源：根据《中国教育事业发展统计公报》（http://www.moe.edu.cn/publicfiles/business/html-files/moe/moe_ 335/index.html）整理得出。

在高等教育规模扩张的过程中，高等教育的财政性拨款并没有相应地增加，出现了财政性经费和基建资金短缺的严重问题。从可比价格计算，中央部委直属高校生均政府拨款从 1998 年的 8697 元增加到 2006 年的 12483 元，但是，地方高校生均政府拨款却从 1998 年的 6498 元降低到 2006 年的 4751 元。（王善迈等，2012）对于体量大的地方高校来说，财政经费的不足主要是通过提高学费标准来弥补的。再从基建投入看，扩招需要增加的基建投入为 5000 亿元以上，但政府实际投入不足 1000 亿元，出现的缺口除了用来自高校自筹的经费弥补外，其余都是高校向银行贷款而形成的债务，大约有 2000 亿元。（王守军，2010；帅相志，毛有高，傅庆民，2010）

高校招生规模的扩张在中央部委直属院校和地方院校之间是非均衡分布的。由于之前进行的高等教育管理体制分权化改革，地方高校数量所占比例有了大幅度的提高，而中央部委直属高校所占的比例相应地降低了。因此，可以说，在高校扩招和高等教育大众化过程中，地方院校发挥了最重要的作用。（阎凤桥，卓晓辉，余舰，2006）2010 年，地方院校学生规模占高等教育阶段学生规模的 91.26%（见表1）。但是，从财政能力和投入水平看，地方院校远不及中央部委直属院校，另外地方院校之间的差别非常显著。因此，高校债务问题主要集中在地方院校身上。① 扩招 4 年后，随着一些问题的出现，教育部于 2002 年要求高校不能再像前几年那样大幅度地扩招，每年招生增长率应该控制在 5%—10%，原因是高校扩招已经超出教学资源和后勤服务设施允许的范围。但是，2003 年实际招生人数比计划招生人数仍然超出了 47 万，此后连续几年都是每年实际比计划多招 10 余万人。（刘英，2010）这说明地方政府和院校对于扩大高等教育规模具有更大的热情和动力。

中国政府之所以能够在如此短的时间内实现高等教育大众化的目标，是由于政府具有强大的动员能力，也是由于大学与政府之间的特定关系决定了大学不得不服从国家发展大局，为了帮助国家拉动经济内需，在办学条件和质量方面自觉或不自觉地做出了一定的让步和牺牲。20 世纪 90 年代开始的大范围的院校合并也是同样的情况，它在很大程度上是由政府主导的一场变革，我们暂且不论其对于中国高等教育结构调整所产生的长远并且可能是积极的影响，单就调整方式看，如果放在一个大学与政府之间是市场型关系的国家中，是难以想象的。高校扩招与院校合并从一个侧面反映了大学的"子孝"行为，它们服从于政府的要求，使得政府的改革动议可以不受约束地进行。按照前面提出的理论框架看，这个过程具有典型的"逆向软预算约束"特点，即政府超越了自身的财政预算能力，在国家经济状况严峻和财力有限的情况下，快速地实现了高等教育结构调整和高等教育大众化的目标。

## （二）高校扩招过程中的银行贷款与债务化解：软预算约束

在 1999—2006 年的高校扩招过程中，高等教育财政经费并没有保持同步增长，造成了办学经费的严重短缺。从总体收支情况看，高校预算内财政经费收入主要用于负担教师工资支出，学生学费收入主要用于公用开支，而扩招过程中学生住宿、食堂和教室的基建经费需求却得不到满足。这就是高校银行贷款和债务形成的根源。对于扩招中需要新建的校舍和新增的设备，政府没有能力提供足够的经费，只制定了"各高校要利用银行贷款加大校园改造和建设力度"的相关政策。于是，高校采取了向银行贷款的方式②，以解决经费需求问题，由此而形成的负债，是中央政府、地方政府、商业银行与高校管理者缺少明确的偿还责任约定、各有期待、相互作用的结果。（王红萍，2009）在政府政策鼓励下，高校举债大兴土木；各级政府希望通过扩大高等教育规模以拉动消费需求；银行认为给公立高校贷款有政府托底，没有还贷风险。（佚名，2007a）实际上，在 1999 年高校扩招之初，一些高校领导在银行贷款问题上是感到犹豫的，是地

---

① 中央部委直属高校在下放地方管理的过程中，按照当时的规模划定了经费标准，并且在一定时期内经费由中央财政负担，但是扩招后增加的经费则是由地方财政负担的。

② 高校的资产为非经营性国有资产，高校不能进行担保贷款和资产抵押贷款，只能进行信用贷款。

方政府协助还贷的承诺消解了他们的顾虑，从而推进了高校贷款行动。（林莉，2008）在有些地方，甚至出现了教育行政部门将银行贷款指标强行下达给地方高校的情况。（介新，2004；刘英，2010）据有关统计，1999—2006年，高校银行贷款的年均增幅达到了71%，超过了高校经费收入的增幅。（王守军，2010）[105]截至2006年年底，公办普通高校银行贷款余额为2389亿元，其中地方高校1933亿元，中央部委直属高校456亿元。（王守军，2010）[117]2007年，高校债务问题表现得越来越严重，并且开始引起社会的关注。中国社会科学院发表的《2006年：中国社会形势分析与预测》指出，截至2005年年底，公办高校贷款余额为1500亿—2000亿元，几乎所有高校都有银行贷款。2007年5月，全国政协对重庆、湖北高校贷款问题进行了专题调研。在经过对30余所高校调查后，得到的结论是：高校贷款主要是由1998年高校布局调整和1999年开始的大规模扩招所导致的。

高校向银行贷款形成的债务问题，总是需要通过某种方式解决的。虽然教育部、财政部2004年7月联合颁发的《关于进一步完善高等学校经济责任制加强银行贷款管理切实防范财务风险的意见》提出"谁贷款谁负责"的原则，但是高校债务的实际化解过程，仍然反映了在政府与高校之间存在着"软预算约束"的关系。换句话说，就是高校并没有因为自身无法偿还银行贷款等债务而倒闭，中央政府和地方政府分别帮助相关的高校偿还银行贷款，化解学校的债务。

政府相关政策对于高校债务的形成具有直接的影响作用，换句话说，就是政府过高地估计了金融领域创新的可能性和作用，对于学生付费意愿和能力、高校自身的债务偿还能力也估计过高。高校无法独立偿还债务有一定的必然性，因为高校是非营利组织，没有确切的经费收入结余。（王英杰，刘慧珍，2005）在学校向银行借贷之前，谁来还贷就没有一个明确的说法。在高校债务形成过程中，由于缺少明确的合约，甚至政府表现出来对于还贷责任的暧昧态度，所以造成高校在向银行贷款时并没有充分的独立偿还的心理准备。在高校负责人眼里，高等教育是社会公益事业，扩招政策是中央制定的，"银校合作"也是政府倡导的，那么还贷责任也应该由政府全部或部分地承担。他们预期，政府不会让高校独自承担债务问题，不会因此限制他们的职务升迁，更不会让负债学校倒闭，政府终会出面帮助高校解决债务问题。例如，在调查湖南高校债务问题时，调查组发现"少数高校始终抱有'国家将最终埋单'的幻想；没有贷款或少贷款的高校因为怕吃亏，也开始贷款或增加贷款。出现'撑死胆大的，饿死胆小的'的不良贷款倾向"。（湖南财政厅教科文处，2009）

实际情况也确是如此，政府没有将还贷的责任完全推给高校。2007年，教育部负责人指出，从根本上看，要加大财政投入，提高生均拨款投入，逐步偿还基本建设债务，寻求银行的支持，将短贷变为长贷，高校采取土地置换等措施偿还债务。这说明，政府、银行和高校三方在解决债务问题上都有责任。中央财政从 2009 年开始每年拿出 40 亿—50 亿元专项资金，主要用于化解中央部委直属高校的债务。地方院校的债务化解，则主要由地方政府与高校来解决。有些地方政府既帮助付息，也帮助还本，而有些只帮助付息。（林莉，2008；帅相志，毛有高，傅庆民，2010）例如，江苏省高校有上百亿元债务，江苏省将通过"三三制"来化解——政府拿出三四十亿，另外通过资金运作再筹集三四十亿，余下部分由高校自己承担。（佚名，2007b）

由于地方院校在校生规模大，经费缺口大，债务问题严重，在高校债务问题中占有绝对的比例。地方政府与地方院校距离近，从理论上说更容易觉察到高校发展中的贷款和债务问题。[1] 但是，为什么地方性的治理措施是在中央出台相关文件后才制定出来的呢？这也说明地方政府与中央政府之间存在着博弈关系。在中国特定的制度环境下，地方政府的理性行为方式常常是要利用好中央的政策，至于在执行中央政策过程中可能出现的问题，则不必过分在意，责任不全在自己身上。

我们可以将高校扩招过程看作一场博弈，并且是信息不充分和不对称的博弈。对此，我们可以做一些讨论和分析。假如高校事前知晓扩招要在经费不足情况下完成，并且招生规模越大，经费缺口也越大[2]，那么它势必会从理性角度出发做出判断和不扩大招生规模的决定（暂不考虑规模扩大背后的政治意义），但是由于招生指标的确定在前，经费划拨在后，所以高校就出现了在不知晓经费收入情况下的扩招冲动。虽然事后才知晓扩招的不良经费后果，但是由于偿还贷款的责任不明确，所以高校还会盲目地扩招下去。另外，从集体行动的逻辑看，如果一所学校不扩大招生规模，而其他学校都扩大了招生规模，生均经费已经在其他院校扩招的情况下被稀释了，本校如不扩大招生规模，就意味着从经费总额中分到的部分相对更少，于是在这种利益机制驱动下，出现了集体不理性，大家都在继续进行着不利于整体利益的扩招行为。

林莉在博士论文研究中指出，高校向银行借贷形成的债务关系的根本原因在于"公立高校和国有银行的国有性质，以及与此相应的政府为贷款双方提供的各种显性或隐性担保"（林莉，2008）。"政府不能把因学校盲目贷款而导致的还贷危机与因承担政府指令而导致的还贷危机区分开来，政府只好承担为所有高校的贷款危机提供解救的责任，从而导致了高校与政府之间软预算约束关系的形成和显性化。"（林莉，2008）因此，我们可以说，由于大学与政府之间的科层关系，以及非完备的合约关系，导致在扩招过程中出现了软预算约束现象。

---

[1] 由于高校预算编制未包括贷款收入还本付息的支出，是一个不完整的预算，不能反映高校全部活动的经济属性。

[2] 一些研究确实发现，地方院校的在校生规模越大，银行贷款也越多，形成的债务就越大。参见刘英：地方高校债务与可持续发展 [M]．哈尔滨：哈尔滨工业大学出版社，2010：45.

## 四、结语

本文在借鉴组织学相关理论基础上，提出了分析大学与政府关系的一个理论框架，指出在科层制度下的大学与政府之间的关系是一种非完备合约关系，软预算约束是在经费分配和使用时的一个典型表现。笔者应用这个框架来分析扩招时期大学与政府之间的关系，分别从逆向软预算约束和软预算约束视角分析了高校债务的形成和化解过程。一方面，办学经费供给不能与办学规模同步增长，是造成高校银行贷款和债务形成的根本原因；另一方面，即使在办学经费短缺的情况下，资源浪费和资金使用效率不高的问题依然存在。这正是软预算约束的具体表现。

另外，这里比较一下公办高校与民办高校的负债及偿还行为是有意义的。与公立高校在扩招过程中的行为相比，民办高校在实现高等教育大众化过程中也扮演了重要的角色，大约有1/5的在校生在民办高校，而且民办高校因为没有财政拨款，所以向银行贷款的情况普遍存在。（阎凤桥，2008）但是，民办高校却没有表现出公立高校那样明显的债务问题，即使有债务问题，由于民办高校对于政府没有依赖关系，债务偿还责任清晰，因此在预算约束机制作用下，民办高校的债务问题没有变成一个公共问题。

其实，软预算约束关系不仅出现在高校扩招和院校合并过程中，在其他事件上也有所反映，比如在"211工程"和"985工程"中，高校同样表现出一种发展的冲动以及投资饥渴症，想方设法争取地位和资源。这种表现既有高校"成本最大化"的一面，也有中国高校缺少预算约束的一面，从政府那里获得经费不存在任何机会成本，这与缺少一个明确的问责机制有着密切的关系。相反，西方国家大学问责机制的存在，使得任何经费的获取都有机会成本，这就迫使高校在争取经费时有所约束和收敛，表现得不那么冲动而比较理性。

虽然我国高校规模扩张的急剧期已过，政府也采取了切实的行动解决高校扩张过程中出现的债务问题，将高等教育的发展重点转移到提高质量上来，但是从理论上看，这段历史有利于我们反思在特定任务目标下大学与政府的关系。在我国完成高等教育大众化目标后，随着后大众化时代的到来，将会出现诸如生源紧张、办学资源相对短缺甚至院校倒闭等问题，以及始终存在的高等教育资源有效配置效率方式的问题，如何解决这些问题，需要从大学与政府关系再调整的角度加以思考。今后改革的方向是继续改善大学与政府之间的关系，切实增强大学在办学过程中的独立性和自主性，进一步提高财政预算约束的硬度。

**参考文献**

改革开放 30 年中国教育改革与发展课题组 . 2008. 教育大国的崛起：1978—2008 ［M］. 北京：教育科学出版社 .

汉斯曼 . 2005. 高等教育中国家与市场的关系 ［J］. 黄丽，译，北京大学教育评论（3）：32 - 40.

胡汉辉，许素友 . 2001. 预算软约束理论的进展 ［J］. 东南大学学报：哲学社会科学版（4）：61 - 71.

黄永林 . 2010. 新中国教育财政六十年 ［M］. 武汉：华中师范大学出版社 .

介新 . 2004. 普通高等学校贷款问题研究 ［M］. 北京：高等教育出版社 .

科尔内 . 1986. 短缺经济学 ［M］. 张晓光，等，译 . 北京：经济科学出版社 .

林莉 . 2008. 中国高等学校贷款问题研究 ［M］. 广州：广东高等教育出版社 .

刘英 . 2010. 地方高校债务与可持续发展 ［M］. 哈尔滨：哈尔滨工业大学出版社 .

省财政厅教科文处 . 2009. 关于我省高校贷款问题的调研报告 ［R/OL］.（07 - 22）. http：//www. hnczt. gov. cn/cztllyd/DiaoXingBaoGao/6894. html（湖南财政网）.

帅相志，毛有高，傅庆民 . 2010. 高校负债办学：风险的规避与偿还对策 ［M］. 北京：科学出版社 .

王红萍 . 2009. 基于预算软约束理论的高校过度负债行为分析 ［J］. 商业时代（1）：58 - 60.

王善迈，等 . 2012. 公共财政框架下公共教育财政制度研究 ［M］. 北京：经济科学出版社 .

王守军 . 2010. 论大学：我国高校支出特征及影响机制研究 ［M］. 北京：中国社会出版社 .

王英杰，刘慧珍 . 2005. 2005：中国教育发展报告：高等教育的发展、问题与对策 ［M］. 北京：北京师范大学出版社 .

阎凤桥，卓晓辉，余舰 . 2006. 中国高等教育大众化过程与普通高等教育系统变化分析 ［J］. 高等教育研究（8）：1 - 7.

阎凤桥 . 2008. 我国民办高等学校的区域分布、时间变化及其影响因素分析 ［J］. 大学研究与评价（5）：20 - 26.

佚名 . 2007a. 化解高校巨债的上中下三策 ［EB/OL］.（05 - 30）. http：//cppcc. people. com. cn/GB/45853/5801443. html（中国政协新闻网）.

佚名 . 2007b. 透视高校债务升温 ［EB/OL］.（05 - 30）. http：//cppcc. people. com. cn/GB/45853/5801203. html（中国政协新闻网）.

钟洪，朱学红 . 2005. 中国公立大学预算软约束的解释及其对策建议 ［J］. 清华大学教育研究（5）：89.

周雪光 . 2005. 逆向软预算约束：一个政府行为的组织分析 ［J］. 中国社会科学（2）：132 - 43.

Clark B R. 1983. The higher education system academic organization in cross-national perspective ［M］. Berkeley：University of California Press.

Coase R. 1937. The nature of the firm ［J］. Economica（4）：386 - 405.

Williamson O. 1981. The economics of organization：the transaction cost approach ［J］. American Journal of Sociology（87）：548 - 577.

**作者简介** 阎凤桥，北京大学教育学院教授，研究方向为教育经济与管理。

# Soft Budget Constraint in China's Higher Education Expansion

## Yan Fengqiao

**Abstract**：Since reform and open door policy in 1978, China has been adjusting its relationship between government and university, which is evolved from bureaucracy type to market type. However, bureaucratic characteristics remain, and they are remarkably reflected in China's higher education expansion started from 1999. The reason why Chinese government could expand its higher education and has achieved massification dramatically and with insufficient resources is due largely to superior status of government in hierarchical system. This allows government to align higher education subject to economic development and go beyond budget constraint. This is so called reverse soft budget constraint. The university debt arisen from expansion is closely related to insufficient resource and liability expectation. Consequently, the debt is repaid jointly by universities and governments, and governments share universities' financial responsibility. This is attributed to soft budget constraint. In order to ease university's aspiration for resources, its relationship with government needs to be improved further. University's autonomy and independence should be strengthened.

**Keywords**：China's higher education  expansion of enrollment  bureaucracy incomplete contract  soft budget constraint

# 影响大学经费筹措的主要理论综述[*]

陈武元

**摘　要：** 经费筹措是大学在其发展过程中始终必须面对的重大问题。在 20 世纪 50 年代以前，对这个问题的关注一般仅限于举办者或办学者。60 年代以来，在舒尔茨的人力资本理论的推动下，世界各国先后掀起了政府投资高等教育的热潮，而高等教育的大发展引发了大学的财政危机。为了解决大学普遍存在的财政危机，世界各国尤其是欧美发达国家的学者通过大量研究，先后提出了很多理论。其中最具影响力的除了人力资本理论以外，还有公共产品理论、成本分担与补偿理论、利益相关者理论以及绩效管理理论等。这些理论不仅成为各国政府制定高等教育财政政策的理论依据，同时也已经或正在影响着大学经费筹措方式的变化。

**关键词：** 大学　经费筹措　主要理论　综述

大学经费筹措问题自大学诞生之日起便有，但是在大学长达数百年的发展过程中，关注这个问题的一般仅限于举办者或办学者，这个问题真正进入研究者的视野则是"二战"以后的事情。

大学在"二战"中发挥了关键性作用，因而"二战"以后受到各国政府的高度重视，加快发展高等教育成为各国政府的普遍做法。一方面，发达国家将发展高等教育作为继续保持其人才优势和科技领先地位的重要政策；另一方面，发展中国家也把发展高等教育作为国家复兴和推进经济社会发展的重要手段。从 20 世纪 50 年代开始，随着世界高等教育的大发展，各国先后进入高等教育大众化阶段，发达国家已经或正在迈入普及化阶段。

在这个发展过程中，由于市场经济发展的周期性，世界经济不可避免地发生了多次经济危机，使得高等教育发展需要稳定的财政支持与市场经济发展的周期性规律之间产生了矛盾。与此同时，随着高等教育规模的不断扩张，大学所需经费与国家提供的财政支持不足之间也产生了矛盾。这些矛盾和问题引起了各国政府和众多学者的高度关注。半个世纪以来，世界各国学者通过大量研

---

　＊　本文系教育部哲学社会科学研究重大课题攻关项目"高校财务管理创新与财务风险防范机制研究"（07JZD0020）的阶段性成果。

究，先后提出了很多理论。其中，人力资本理论、公共产品理论、成本分担与补偿理论、利益相关者理论以及绩效管理理论等，成为各国政府制定高等教育财政政策的理论依据。同时，这些理论也已经或正在影响大学经费筹措方式的变化。

# 一、人力资本理论

人力资本理论是西方经济学关于人力资本的形成、作用和收益的理论，是现代西方经济理论的一个重要流派，是西方教育经济学的理论基石。它是美国著名经济学家舒尔茨于 20 世纪 60 年代在前人研究成果的基础上发展起来的新理论。人力资本理论在肯定教育消费性的基础上，改变了教育纯消费性的传统观点，视教育投资为生产性投资，认为教育投资所形成的人力资本无论对于受教育者个人还是整个国家和社会都有非同寻常的经济和非经济意义。由于教育投资是人力资本投资的主要部分，因此以人力资本投资为研究对象的人力资本理论便成为制定包括高等教育在内的教育财政政策的理论基础。

## （一）人力资本的定义与特征

人力资本是指体现在劳动者身上并以其数量和质量表示的资本，劳动者质量必须通过投资才能形成。舒尔茨认为，人力资本主要指凝集在劳动者身上的知识、技能及其所表现出来的劳动能力，这是现代经济增长的主要因素，是一种有效率的经济。他认为人力是社会进步的决定性因素，但人力的取得不是无代价的，需要耗费稀缺资源。人力包括知识和技能的形成，是投资的结果，掌握了知识和技能的人力资源是一切生产资源中最重要的资源。综合现有的人力资本理论研究，可以归纳出人力资本主要具有以下特征。

### 1. 人力资本具有生产性

人力资源是一切生产资源中最重要的资源，经济增长必须依赖于物质资本和人力资本的增加，人力资本能使国民收入增加，说明人力资本与物质资本一样具有生产性。

### 2. 人力资本的形成需要投资

舒尔茨在《人力资本投资：教育与研究的作用》（1971 年）和《人力投资：人口质量经济学》（1981 年）两本专著中认为，劳动、人力资本具有异质性。"在对提供未来服务的资本分类时，最好是从两分法（即人力资本和非人力资本）入手。这两类资本都不是同质性的；实际上两者都由多种不同的资本形态构成，因而都是非常异质性的。"同时他还认为，人力资本包括量与质两个方面，量的方面指一个社会中从事有用工作的人数、百分比及劳动时间，一定程度上代表着该社会人力资本的多少；质的方面指人的技艺、知识、熟练程度与其他类似可以影响人从事生产性工作的能力的东西。在这些方面，每个劳动者也是不一样的，就是同一个劳动者在受到一定教育和训练前后，他的劳动的质量或工作能力、技艺水平和熟练程度，也是有差别的。（江涛，2008）由此可见，投资在人力资本的形成中具有重要作用。

3. 人力资本对于经济发展的推动作用大于物质资本

经济学家们在比较了美国1957年和1929年国民收入增长情况后发现，增加的1520亿美元中竟有710亿美元是增加的资本和劳动力数量所不能解释的"余数"。舒尔茨通过研究分析，认为"国民产量的增长比较土地和按人时计算的劳动量以及能再生产的物质资本的增长更大，这种情况已经普遍可见。对人力资本的投资大概就是这个差额的主要说明"。他进一步说："总的来说，我们在做出这些估价时，过于重视非人力资本。我相信，我们误入歧途的原因是我们脑子里没有全部资本这一概念，因而未能考虑到人力资本及其在现代经济生产中所起的重要作用。"（江涛，2008）由此可见，人力资本对于经济发展的推动作用大于物质资本，这也是人力资本与物质资本的显著区别所在。

4. 人力资本的所有权不能被继承或转让

人的健康、体力、经验、生产知识、技能和其他精神存量的所有权只能不可分地属于其载体；这个载体不但必须是人，而且必须是活生生的个人。人力资本存在于人体中，并与其承载者不可分离，换句话说，人力资本与其所有者天然融为一体，不可分离。因此，它不能被继承或转让。众所周知，非人力资本与其所有者是可以分离的，非人力资本可以在不同的所有者之间相对容易地转移，而人力资本却做不到这一点。周其仁的研究表明，不管在什么样的社会中，人力资本与其所有者不可分离的状况都是无法改变的。（周其仁，1996）这是人力资本与物质资本的又一显著区别。

## （二）人力资本理论与教育投资

20世纪50年代末以来，以美国著名经济学家舒尔茨为首的西方经济学家提出的人力资本理论，使教育投资有了理论上的强力支持，成为教育投资和教育改革的经济学基础。人力资本理论关于教育投资的阐述如下。（马娴，2004）

第一，对经济发展的作用，人口质量重于人口数量。人口质量主要是人在后天获得的能力。它包括知识、技能、文化水平等。人们为了获得或者增强后天技能所花的费用、所用的时间、所做的牺牲，都是人力投资或人力资本。决定人类前途的并不是空间、土地和自然资源，而是人口的素质、技能和知识水平。

第二，教育投资是人力资本投资的主要部分，也是推动经济发展的重要因素。教育投资是一种生产性投资，教育活动是使隐藏在人体内部的能力得以增长的一种生产性活动。作为一种投资，教育显然增加了无形的积累，它隐藏在人的体内，会为将来做出贡献。

第三，在经济发展中，人力资本投资的作用大于物质投资的作用，应当确立二者的最佳比例。如果没有人力资本投资，物质资本再多也不能发挥作用。

第四，人力资本增长的速度比一般物质资本增长的速度快得多。从长期看，教育投资比物质投资赚得更多的利润，进而持续推动经济的发展。

第五，资本积累的重点应当从物质资本转向人力资本，物质资本的边际效益是递减的，只有人力资本的边际效益是递增的，教育投资比物质投资收益率高的情况将持续下去。当前的情况是，发展中国家普遍对人力资本的投资重视不够。

由于人力资本理论把人力资本视为由投资形成的，因此，考虑人力投资的效益就要计算不同程度不同种类人力投资的收益，并与物质资本投资相比较。根据舒尔茨的测算，美国各级教育的收益率，初等教育为35%，中等教育为10%，高等教育为11%，整个教育的平均收益率为17.3%，可见教育投资具有很高的收益率。有学者认为，舒尔茨对高等教育乃至整个教育的经济价值的研究，无论在深度还是在广度上，可谓前无古人。世界高等教育在20世纪六七十年代的大发展，除了经济、政治、文化及人口等因素的影响外，人力资本理论深入人心，无疑也起到了推波助澜的作用。（朱国仁，1999）

从人力资本理论提出以来，许多经济学家运用各种方法对教育的经济作用进行了实证分析。迄今，国内外许多学者都认为，教育尤其是高等教育对于中长期经济增长有促进作用。20世纪80年代以来，美国经济学家罗默、卢卡斯等人提出了"新增长理论"，将知识和技术看作经济增长的内生变量，并且认为通过教育和培训获得特殊知识和专业化的人力资本是经济增长的主要因素，它们不仅可以使自身获得收益，而且能够促进其他要素收益的增长，从而保证长期的经济增长。罗默的经济增长模型说明，拥有大量人力资本的国家会取得较快的经济增长速度，人力资本水平低下是欠发达国家经济增长速度较慢的原因。（许琳，2007）

## 二、公共产品理论

公共产品理论是西方现代经济学的一项基本理论，也是正确处理政府与市场关系、政府职能转变、构建公共财政收支、公共服务市场化的基础理论。政府职能的理论基础是公共产品理论，原则上公共支出的目的在于为社会提供公共产品，发展教育事业是政府的社会职能之一，因此公共产品理论是教育财政的基础。

## （一）公共产品的定义与特征

美国著名经济学家萨缪尔森在《公共支出的纯粹理论》（1954 年）一文中将公共产品定义为这样一种产品：每个人对这种产品的消费并不减少任何他人对这种产品的消费。这一描述成为经济学关于纯粹的公共产品的经典定义。（赵艳芹 等，2008）我国有学者将这一定义描述为，"公共产品（Public Goods），是指为一个人所用的，也可以在没有任何额外成本的情况下同时为他人所用的物品或服务。公共产品不论个人是否愿意购买，都能使整个社会每一成员获益；公共产品每增加一单位的消费，其边际成本为零，也就是说，每增加一个单位公共产品的供给，不需要增加额外的成本。"（刘天佐，2007）

萨缪尔森在 1954 年提出的公共产品理论中，把全部社会产品划分为公共产品、私人产品、准公共产品三类，并以公共产品为基准来划分其他两类产品。公共产品的需要或消费是公共的或集合的，即使是混合型公共产品，它也存在一定程度的利益不可分割性，它的需要或消费也存在一定程度上的公共性或集合性，即一定程度的非竞争性。所以，萨缪尔森认为公共产品通常具有区别于私人产品的两个特征：一是消费上的非竞争性，即某个人或群体对某公共产品的消费不会妨碍或减少其他人或群体对这种产品的消费；二是受益的非排他性，即某个人或群体在消费某公共产品的同时，无法将另外一些人或群体排除在该公共产品的受益范围之外。因此，根据萨缪尔森的公共产品理论，确定一种产品是否是公共产品，关键看它是否具有非竞争性和非排他性。如果二者都具备，则是公共产品，如国防、公共秩序等；如果二者都不具备，则是私人产品，如食品、衣物等生活用品；只具备二者之一的，则是准公共产品，如教育、保健、公园、道路等。

在现实生活中，公共产品并不普遍存在（实行计划经济体制的国家除外），而准公共产品却大量存在。"拥挤性的公共产品"就属于准公共产品的范畴，它是指虽然某种产品的效用可为全社会所享用，但由于消费者数量的增加会导致拥挤，因而每个消费者从中所获得的效益下降，即消费上具有一定的竞争性。另外，"价格排他的公共产品"也属于准公共产品的范畴，它是指某种产品的效用虽然可以被全社会享用，但产品却可以定价，在技术上能够实现排他，那些不愿意支付费用的消费者会被排除在消费范围之外，即消费上具有一定的排他性。准公共产品所提供的一些利益对个人来说是可分的，这一点具有私人产品的特征；而准公共产品提供的另一部分利益对社会来说却是不可分的，因此准公共产品具有明显的外部效应。（刘天佐，2007）

外部性有两种表现形式：一种是正的外部性，又被称为外部经济；一种是负的外部性，又被称为外部不经济。正外部效应是指某活动给他人带来了利益；负外部效应是指某活动给他人强加了成本。高等教育是具有正外部效应的产品，人们投资高等教育可以获得个人的直接受益，如社会地位的提升、工资收入的提高与工作选择机会的扩大等，与此同时，受过良好高等教育的公民也能给全社会带来广泛的利益。

## （二）公共产品理论与政府公共教育经费投入

公共产品理论是公共财政框架最基本的核心理论，同时也是构建教育财政框架的基本理论。公共产品理论认为，"公共经济和政府介入应限制在市场失效的范围内"，而"提供公共产品正是政府主要的活动范围之一"。人力资本理论和经济增长理论突出了教育发展与人力资本积累对经济增长的贡献，为各国政府增加和优化教育投资、加快国民教育发展，提供了理论基础。有关教育外部性、公平性与市场不完善性的分析表明，教育这种产品的消费与分配存在着市场缺陷，这为政府介入教育领域提供了理论依据，也为政府教育支出确立了两个目标：一是提高效率，二是增进公平。

根据准公共产品的特性，政府公共财政对教育投资就成为必然。公共教育经费应该是教育经费来源主渠道的理由主要有三个。（刘天佐，2007）

第一，根据人力资本理论，教育通过授予劳动者知识和技能，使人们提高了生产能力，并由此获得更多的收益，因而接受教育有助于创造未来所得，这意味着教育的分配影响着未来收益的分配。因此，教育投资的公平内涵具有极其重要的意义。在 20 世纪 60 年代初，教育主要被看成一种与消费有关的"基本人权"；现在，教育作为一种能够提高未来生产能力的投资所具有的作用已经得到了广泛的承认。教育投资的社会效益不仅体现在教育对国家经济增长和个人收入的贡献上，还应包括相当程度的外溢收益。教育的外溢收益包括犯罪率的下降、社会凝聚力的增强、技术创新和代际收益（即父母从自身教育中获得的收益和他们传递给自己子女的收益），等等。因此，既然教育投资不仅可以获得较高的社会收益，而且具有较为显著的外部效应，那么政府就应该对教育进行投资。

第二，从教育公平和机会均等的观点来看，如果教育是根据市场情况来提供的，那么只有那些能付得起学费的人才能上学。这样，不仅会出现教育投入的不足，而且由于教育会在很大程度上影响个人的终身收入和收入分配，因此由于受教育机会不均等而带来的收入分配不公平就会世代延续下去。如果付不起学费的人可以通过贷款支付学费，那么只有当教育投资的私人收益高于借贷资本时，依赖贷款支付学费才算得上是有利的私人投资。

第三，教育受到规模经济的影响，所以由公共经费来资助教育，其效率会更高。由于人力资本市场是一个不完善的资本市场，在这个市场中投资对象是没有担保的，学生一般很难拿出可以接受的担保品，同时由于高等教育作为一项长期投资，其收益率大小受个人性格、机遇、健康等不确定因素的影响很大，对人力资本进行投资的回报也是很不确定的，私人信贷机构一般不愿意冒风险为他们提供贷款，因此现实的选择是由政府出面通过免费教育、教育补贴和教育贷款的方式，来资助学生完成学业。

但是，必须指出的是，尽管教育具有外部正效应，但是社会资源的稀缺性和政府财政能力的限制，决定了教育资源合理配置的必要性。如果教育服务完全依靠国家财政，而享受任何类型教育服务的个人并不支付费用，并不进行成本分担，那么有限的财政资源不仅难以支撑教育的庞大支出，而且还会导致明显的公共资源的过度投资。为了避免公共资源的消费过度，使稀缺的资源被合理有效地使用，政府必须在有限的资源范围内，有选择地对不同类型的教育给予程度不同的财政支持。（刘天佐，2007）在原则上，一般国家都是根据不同类型的教育所具有的公共产品性质的程度来决定财政负担程度的，即某种教育类型所具有的公共产品性质越强，拥有的积极外部效应越大，财政支持的力度就越大，反之，某种教育类型所具有的私人产品性质越强，财政支持的力度就越弱。欧洲一些福利国家由于深受文化传统的影响，政府一直负担教育财政的全部或大部分。如 20 世纪 80 年代以前，在英国、法国、瑞典等欧洲福利国家，政府特别是中央政府负担了高校的大部分或绝大部分投资，个人只承担极少成本。因此，国家财政究竟应该负担什么类型的教育，在理论上属于规范性问题，在实践中各国的做法也不尽相同，它既受到国家财政承担能力的制约，也是各国对不同价值偏好的公共选择。（袁连生，2003）

## 三、成本分担与补偿理论

人力资本理论诞生后受到世界各国政府的推崇，成为许多国家尤其是发展中国家大力推行扩大高等教育投资、促进高等教育大发展政策的理论依据。但随着高等教育规模的扩大和政府财政危机的出现，各国政府逐渐认识到，世界上没有一个国家能够靠政府财政完全满足高等教育的经费需求，由多方主体共同承担高等教育投资责任的改革势在必行。美国经济学家 D. B. 约翰斯通于 1986 年出版了《高等教育的成本分担：英国、联邦德国、法国、瑞典和美国的学生财政资助》一书，正式提出了著名的高等教育成本分担理论，成本分担理论逐渐成为世界各国制定高等教育学费政策的重要理论依据。

### （一）教育成本的定义与成本分担的客观依据

"成本"是经济学的概念，是指从事一项投资计划所消耗的全部实有资源的总和，在商品经济条件下，成本也是商品价值的一部分，是生产商品所消耗的物化劳动和活劳动。随着社会经济体制的转变及教育观念的改变，在研究教育投资经济效益时人们开始考虑教育成本，于是把经济学中的成本引入教育领域，使用"教育成本"这一概念。

教育成本，是指培养学生所耗费的社会劳动，包括物化劳动和活劳动，其货币表现为培养学生由国家、社会和受教育者个人直接和间接支付的全部费用，它包括政府教育总成本、社会教育总成本与个人教育总成本。政府教育总成本，是指国家每年在教育上的投入量，包括各级政府通过财政支付教育费用；教育免除的税收；达到法定劳动年龄的学生因上学而未就业让国家可能丧失的税收；教育使用的土地、建筑物、设备等如不用于教育而用于其他方面可能获得的利息、租金收入。在我国，2006年政府收支分类改革以前的口径，主要指教育事业费和教育基建费；政府收入分类改革以后的口径，指政府投入教育行政部门及学校的教育支出。（刘天佐，2007）

教育经济学的一般意义上的教育成本，包括个人教育成本与社会成本。教育的个人直接成本，指学生本人、家庭、亲友为学生受教育直接支付的学费、杂费、书籍文具费、文体费、交通费、住宿费、生活费等；个人间接成本指达到法定劳动年龄段的学生因上学而未就业可能放弃的就业收入。社会教育成本，主要是指企事业单位、慈善机构以及其他社会团体或个人对教育的捐款、捐赠等，包括社会直接成本与社会间接成本两个部分。从以上的论述中，我们可以看到教育成本的计算是相当复杂的。

虽然教育成本的计算是复杂的，但是，如果受教育者不分担部分教育成本，仅由政府一方承担，就会阻碍教育的发展以及教育公平的实现。有学者通过研究认为：成本分担意义上的教育成本必须是对教育支付的实际费用，是可以用货币进行计量的教育支出；在个人及其家庭所承担的直接教育成本中，应区分"约束性的家庭教育成本"（学杂费）和"沉落性的家庭教育成本"（如交通费、食宿费等），而真正计入成本分担意义上的教育成本只能是"约束性的家庭教育成本"。并据此提出以下三条成本分担的客观依据。（刘天佐，2007）

一是高等教育支出。高等教育支出是指高等教育管理者与举办者在人才培养过程中发生的直接或间接支出，包括教职工人员支出、学生事务支出、教学支出、图书资料支出、行政管理支出、基本建设支出、后勤服务支出与社会保障支出等。高等学校为了培养能够适应社会发展需要、推动社会经济技术进步的高级人才，需要不断地更新教学内容和方法，配置先进的现代化教学仪器设备，同时，高等学校也应为教师提供必要的生活条件与经费保障。伴随着科学技术的迅猛发展，教学科研所需的高新技术设备经费与人员支出经费不断增加，导致生均高等教育支出增加。这是教育成本分担时必须坚持收益结构原则的客观依据。

二是高等教育收益。根据人力资本理论，高等教育支出是一种人力资本投资。这种人力资本在经济学上具有同物质资本的基本特性相类似的性质，即它是带来一定经济收入（或其他收益）的源泉。一般说来，高等教育投资的收益可大致分为两个方面：一是社会收益。它是指受高等教育者比未受高等教育者为社会多创造的财富。二是私人收益。一个人如果受到更多更好的教育，就能获得更多的知识和技能而提高劳动生产率，获得更多的经济收入，同时，受教育者还会在思想品德、社会声望、文化修养、审美情趣等方面获得精神性收益。这是教育成本分担时必须坚持收益结构原则的客观依据。

三是居民收入水平及增长率。教育可带来社会、政治、经济、文化、伦理等多方面的效益，教育成本分担不能仅依据各投资主体在经济收益中获利的多寡来确定。它涉及教育公平和如何处理好个人教育需求与社会教育需求之间矛盾的问题，同时，居民收入水平及增长率决定着个人对高等教育的支付能力。因此，分担教育成本必须考虑到居民的经济状况，即个人负担的教育直接成本总量不能超过社会大多数人的经济承受能力。这是教育成本分担必须坚持能力结构原则的客观依据。

## （二）成本分担的理论依据与高等教育成本分担的原则

人力资本理论告诉我们，教育作为一种重要的人力资本投资，会给个人和社会经济发展带来巨大的经济收益和非经济收益。有关教育收益率的大量实证研究显示，教育的私人收益率高于社会收益率。因此，按照"受益者付费"的市场原则，个人应当承担部分教育成本。在高等教育阶段，实施个人教育成本补偿的另一个重要的理论依据，是成本补偿的社会公平性效果。成本补偿的社会公平性效果主要体现在两个方面：一是个人成本补偿会使教育资源在初等、中等、高等三级教育阶段的配置和不同收入水平的人群中的配置更加公平；二是个人成本补偿会使收入分配更加公平。这是因为把高等教育成本部分地从国家转移给个人或其家庭，更有利于公平和效率等社会目标的实现。（刘天佐，2007）

教育既是提高人的智力、综合素质、综合能力的培养过程，教育产品的创造与生产过程，教育产业的运行过程，也是教育资源的供给与分配过程，教育成本的形成过程，社会物化劳动和活劳动的消耗过程。根据教育成本的定义，需要由政府、社会和受教育者个人分担的成本是指直接成本中的公共教育成本。因此，教育成本分担也就是指直接成本中的公共教育成本由各投资主体分别进行负担的教育财政政策。约翰斯通认为，高等教育成本分担的原则可以借用西方税收制度理论的两个基本原则，即"利益获得原则"与"能力支付原则"。（刘天佐，2007）

一是利益获得原则。利益获得原则即根据社会和个人收益的大小来确定各自分担的成本份额。高等教育作为一种准公共产品，兼有社会收益和个人收益。因此，在确定高等教育成本分担标准时，从投入与收入相对应的角度考虑，社会必须承担一部分，受教育者个人也必须承担一部分。从总体上而言，高等教育是一种"纯度"相对较低的准公共产品，按利益获得原则就要求受教育者分担教育成本的主要部分，社会只需分担较少部分。就具体的高等教育而言，其"纯度"存在着较大差异。由于高等院校的级别、类型和专业不同，因而社会和受教育者个人获得的收益也不相同，这要求在确定具体的成本分担份额时区别对待。

二是能力结构原则。能力结构原则即以分担能力作为确定高等教育成本分担标准的依据。在一定的经济发展水平下，教育成本分担的能力结构取决于财力分配格局，即财力在政府与个人之间的集中与分散程度。所以，财力分配结构决定了社会和个人对教育成本分担的能力结构，从而也决定了各自的成本分担份额。财力分配的集中与分散程度，是由一个国家的分配政策所决定的，主要表现在财力分配中财政集中率的高低上。在一定的财力分配格局下，教育成本分担的能力结构还取决于各自的支出水平和支出结构。所以，准公共产品成本的社会分担份额取决于纯公共产品公共提供后的剩余能力。就个人而言，在一定的收入水平下，其分担能力取决于家庭的支出水平与支出结构。有研究表明，大学收费政策对高等教育的机会分布会产生不公平的影响。因此，在实施收学费政策时，必须考虑居民个人及其家庭教育成本补偿的负担能力，并辅之以学生资助政策，使每个社会成员有公平的受教育机会。教育发展与经济发展的良性循环，是一个教育与经济两大系统互动的机制，哪一个系统出了毛病，都不利于良性循环。

## （三）高等教育成本个人补偿的必要性

20世纪60年代以来，由于高等教育个人收益率高于社会收益率的结论一再被证实，以及各国教育财政状况的普遍危机，成本补偿——受教育者通过缴纳一定的学杂费承担一定比例的教育成本——已经成为多渠道筹措高等教育经费的一个重要手段。实施高等教育成本个人补偿的必要性有以下三点理由。（刘天佐，2007）

一是有利于体现"谁受益谁负担"的市场经济原则。世界银行专家自20世纪60年代以来对教育收益率的研究表明，高等教育的个人收益率高于社会收益率，而且即使随着规模的扩大、经济的发展，高等教育个人收益率的下降在三级教育中也是最缓慢的。当然，除了直接收入效益以外，高等教育还为个人带来社会地位、健康状况、寿命、子女教育、生活情趣等多方面的无法精确度量的收益。

二是有利于促进教育机会的均等。从世界各国的经验来看，低收入阶层子女在高等教育中不占人数优势。因此，人们通常凭直觉认为收费对贫困学生的受教育机会造成巨大的冲击，不利于机会均等。但是，在政府等其他经费来源总量不变的情况下，高补贴或者免费的高教财政，将产生一种"劫贫济富"的效应，即低收入阶层通过税收为高收入阶层学生支付教育成本，从而影响政府举办高等教育的能力。因此，学费收入适度增加可以扩大高等教育规模，从长远看能够促进高等教育由精英化向大众化过渡，有利于高等教育机会均等。

三是有利于缓解政府财政的压力。在非义务教育阶段实施收学费的政策，发展私立（民办）学校以吸纳社会团体和个人办学资金，实行教育贷款政策等，已被普遍认为是教育成本补偿的可行途径，其中，学费是教育成本补偿的主要途径。在政府财力不足的情况下，如果教育不能走出国家包揽经费的误区，那么教育经费总量的严重短缺将会成为制约教育事业发展的"瓶颈"。

## 四、利益相关者理论

利益相关者理论起源于企业管理领域，尽管大多数有关利益相关者概念的讨论都是针对私人机构的，但是，导致利益相关者概念出现的那些问题同样存在于公共机构中。20 世纪 80 年代以来，利益相关者理论大有进一步扩展之势，已经或正在成为经济、政治和社会发展的一种原则框架或组织模式。例如，当前高等教育领域正在出现大学问责制、与社会各界建立合作伙伴关系等一些新的变化。可见，大学已经越来越受到来自其利益相关者的影响，利益相关者模式正在成为高等教育发展的战略模式。（胡赤弟，2008）虽然利益相关者理论与高等教育财政政策的制定没有直接关系，但是，如果大学没有处理好利益相关者问题，就会使大学筹资计划的实施受阻，进而影响大学的长远发展。

### （一）利益相关者的定义与特征

"利益相关者"一词最早出现于 1708 年，但是西方学者真正给利益相关者下定义则是 20 世纪 60 年代的事。1963 年，斯坦福大学研究所这样定义利益相关者：对企业来说存在这样一些利益群体，如果没有他们的支持，企业就无法生存。安索夫是最早使用"利益相关者"一词的经济学家，他在所著的《公司战略》一书中认为："要制定理想的企业目标，必须综合平衡考虑企业的诸多利益相关者之间的相互冲突的索取权，他们可能包括管理人员、股东、供应商以及顾客。"后来弗瑞曼出版了《战略管理——利益相关者方式》一书，"利益相关者""利益相关者管理""利益相关者理论"等术语在很多地方得到广泛应用。20 世纪 70 年代，利益相关者理论又有了新的发展，其对企业管理的影响越来越深远，正如经济学家蒂尔所言："我们原本只是认为利益相关者的观点会作为外因影响公司的战略决策和管理过程，但变化已经表明我们今天正从利益相关者影响迈向利益相关者参与。"（胡赤弟，2008）可见，所谓利益相关者是指通过利益（害）关系维系在一起的一群人。从广义上讲，任何组织都是由利益相关者群体构成的，企业只是利益相关者组织中的一个特例。就企业而言，利益相关者包括投资人、顾客、雇员、政府、议会、社区等。显然，大学也是由众多利益相关者群体构成的，其中包括教师、校长、行政人员、学生/家长、投资人/出资人、政府、校友、企业、社区等。如此看来，利益相关者是一个范围广泛、成分复杂、性质各异的群体。

由于利益相关者概念模糊、边界不清晰，目前学术界关于这一概念的界定可谓见仁见智。美国学者米切尔把1963—1995年出现的利益相关者定义做了整理和归纳，一共有27种，从中我们可以看到，人们对利益相关者的认识各不相同。我国学者杨瑞龙和周业安把各种利益相关者的定义归纳为三种类型，即最宽泛的定义、中间状态定义和最窄的定义。他们认为，最宽泛的定义是，凡是能够影响企业活动或被企业活动所影响的人或团体都是利益相关者，包括股东、债权人、雇员、供应商、消费者、政府部门、相关的社会组织和社会团体、周边的社会成员等全部都应纳入此范畴。中间状态的定义是，凡是与企业有直接关系的人或团体才是利益相关者。该定义排除了政府部门、社会组织及社会团体、社会成员等。最窄的定义是，只有在企业中下了"赌注"的人或团体才是利益相关者。（杨瑞龙，周业安，2002）

利益相关者不仅"成分"复杂，而且"利益"也十分复杂，没有一个利益相关者的利益与另一个利益相关者的利益是相同的。无论利益相关者的"成分"和"利益"多么复杂，利益相关者定义的"宽"与"窄"都不是问题的关键，关键是利益相关者影响组织或受组织影响的程度。换句话说，无论从多大范围上理解利益相关者，都无法回避他们之间存在的差异性，然而利益相关者之间的种种差异都不是本质上的差异，只不过是"程度"不同而已。

既然利益相关者是这么一个复杂的群体，那么它是否就没有特征呢？有学者从利益相关者与其组织之间的"关联度"入手，对利益相关者进行了分类。笔者认为，这种分类体现了利益相关者的特征。米切尔以组织的管理层作为参照系，通过比较利益相关者与管理层之间的关系，指出利益相关者的三个属性，并根据三个属性对利益相关者进行分类，其所采用的标准和方法具有一定的代表性，值得我们参考。米切尔认为，利益相关者的三个基本属性是：①合法性，即某一群体是否具有法律和道义上的或者特定的对于企业的索取权；②权力性，即某一群体是否拥有影响企业决策的地位、能力和相应的手段；③紧迫性，即某一群体的要求能否立即引起企业管理层的关注。（贾生华，陈宏辉，2002）米切尔认为，要成为一个利益相关者，至少要符合以上一个属性。根据拥有上述三个属性情况的不同，利益相关者可以细分为三类：第一类是权威利益相关者，他们同时拥有对组织问题的合法性、权力性和紧迫性；第二类是预期利益相关者，他们同时拥有上述三个属性中的两个；第三类是潜在的利益相关者，他们拥有合法性、权力性和紧迫性三个属性中的一个。米切尔对利益相关者的分类方法具有普遍性，完全适用于大学利益相关者的确定。

## （二）利益相关者理论与大学经费筹措

在企业中，利益相关者是与股东相对应的一个概念，指除股东以外其他与企业有利益（害）关系的人和团体。与企业利益相关者理论强调股东和利益相关者和谐相处一样，大学的利益相关者理论也有利于其与社会各界建立合作伙伴关系，争取社会各方面对大学的广泛支持。利益相关者理论研究表明，企业除了为股东服务之外，还要为利益相关者服务，是利益相关者之间的"契约网"。由于大学是非营利性组织，所以本质上它更是利益相关者之间的一张"契约网"，是利益相关者共同治理的组织机构。（胡赤弟，2008）利益相关者理论为大学资源主体之间的合作提供了一个有意义的框架。

### 1. 大学责任与大学经费筹措

在现时代的人们看来，大学责任应包括学术责任和社会责任。但是，在"象牙塔"时代，大学通常把自己的责任限制在学术领域。也就是说，传统的大学责任即学术责任，是指大学从事教学和科研所要承担的责任。到了现代，随着大学职能、规模的不断扩大，维持与发展需要大量的资金，而且走出"象牙塔"的现代大学，日益成为社会的"轴心机构"，成为社会政治文明、经济发展、科技进步的动力之源，因此，政府和社会各界都希望大学的活动原则必须符合国家需要和为人们所广泛接受的社会标准，即大学不仅要承担学术责任，还要承担起更多的社会责任。从大学的责任由学术责任到社会责任的扩展，反映出社会对大学提出了更高、更多的要求。学术责任是大学合法性存在的理由，大学的社会责任是大学发挥重要作用的必然结果。所以，社会责任是对于大学学术责任的补充和完善。大学社会责任的产生既是大学从"社会边缘"走向"社会中心"的标志，也是利益相关者群体不断扩大的表现。

不管大学利益相关者群体如何扩大，作为公共财政代表的政府和作为消费者的学生都是大学最重要的利益相关者，都是大学最应该服务好的对象。这是因为：从大学与政府的关系来讲，政府的财政拨款是大学收入的主要来源，甚至在可预见的将来，政府拨款的地位和作用仍是其他经费渠道无法企及的。在"花钱买效果"和"物有所值"的观念深入人心、政府的财政支出要被问责的时代，大学唯有履行好自己的学术责任和社会责任，才能持续获得政府的财政支持。从大学与学生的关系来讲，大学向学生收取学费后，就与学生形成一种法律关系，就民事法律关系而言，学生与大学是一种建立在自愿和平等基础上的服务契约关系。具体地说，学生不仅是受教育者，也是教育的消费者，作为消费者有权要求得到优质服务，大学即收费者有义务向消费者提供优质的服务。

这是市场经济的基本规则。那种光涨学费不提高教育质量的大学将被市场所淘汰。

### 2. 建立合作伙伴关系与大学经费筹措

大学曾经经历过"教授治校"、政府行政管理、董事会托管等模式，现在正开始走向利益相关者合作模式。伙伴关系是利益相关者模式的又一基本特征。正因为如此，1998 年联合国教科文组织在巴黎召开的世界高等教育会议指出："高等教育本身正面临着巨大的挑战，而且必须进行从未要求它实行过的最彻底的变革和革新。"为了适应这一变革和解决所面临的问题，高等教育被要求与社会、政府、企业界、学生等建立广泛的合作伙伴关系。该组织在《21 世纪的高等教育：展望和行动世界宣言》中指出，高等教育"不仅需要各国政府和高等院校的积极参与，而且需要所有有关人士，包括大学生及其家庭、教师、商业界和企业界、公共和私营的经济部门、议会、传播媒介、社区、专业协会和社会的积极参与"。

所谓伙伴关系，首先以独立利益为前提。伙伴关系是在充分尊重各方利益基础上的合作。其次，伙伴关系力求发现其赖以存在的基础——共同利益。"求同存异"是伙伴关系比较确切的内涵。《世界高等教育大会宣言》第 17 条指出："……以共同利益、相互尊重和相互信任为基础的合作伙伴关系，应成为改革高等教育的主要方式。"在高等教育的发展模式中，除上述与政府、学生之间建立伙伴关系之外，与产业界建立伙伴关系也被认为是重中之重。

在知识经济时代，有高科技含量的知识成为生产的关键性因素。为使大学增强针对性，提高质量，人们希望大学与生产部门保持更加密切的合作。《世界高等教育大会宣言》特别指出："学术界与经济界伙伴的积极配合已越来越被看作是高等教育的任务中不可分割的一部分。"正因为如此，产业界已经成为大学重要的利益相关者之一。传统意义上的产学研合作已经向产学研"一体化"方向发展。大学要与产业界建立更加密切的合作伙伴关系，是当今各国和国际社会关于高等教育发展的重要政策导向。

社会捐赠者和传播媒介等也是大学十分重要的利益相关者。欧美国家的著名大学大多拥有巨额的捐赠基金，捐赠基金在大学发展中的重要地位日益凸显。当今时代是信息网络的时代，是传媒发挥巨大影响力的时代，大学正在摒弃"酒好不怕巷子深"的旧有观念，积极与媒体合作，借助强大的信息网络，展示自己良好的社会形象。

综上所述，利益相关者理论能使大学更加理解自己的学术责任和社会责任的深刻含义，也能进一步拓宽自身筹措经费的视野。因为在当今时代，一所大学资源的多寡，既是其自身履行责任的经济基础，也是衡量其自身履行责任效果的表现。

## 五、绩效管理理论

绩效管理起源于企业人力资源管理的评估，后来逐渐被引入政府部门和第三部门管理，是一种高效的资源配置手段和管理方式。绩效评估是绩效管理的核心内容和核心环节。自20世纪90年代以来，绩效评估作为政府绩效管理的重要环节，为50多个国家所采用，并成功地应用于高等教育评估。

### （一）绩效管理的内涵与绩效评估

随着社会经济的发展和对经济效益与效率的追求，绩效管理逐渐成为一种流行的管理模式。20世纪90年代以来，欧美发达国家在其高等教育面临政府财政支出严重不足等背景下，开发出了特别适用于测量办学效率和效益的绩效指标体系，成为政府拨款、大学评估、大学排名和大学招生等重要活动的评价标准。（张民选，1996）

美国国家绩效评估小组曾给绩效管理下了一个经典性的定义，认为绩效管理是"利用绩效信息协助设定统一的绩效目标，进行资源配置与优先顺序的安排，以告知管理者维持或者改变既定目标计划，并且报告成功符合目标的管理过程"（刘国永，2008）。

就形式而言，绩效管理包含静态领域和动态过程两个完整统一的概念。静态领域包括个人绩效和组织绩效两个方面；动态过程包括绩效计划、绩效考核与评估、绩效反馈和改良三个相辅相成的动态循环过程。个人绩效是指员工在某一时期内的工作结果、工作行为和工作态度的总和；组织绩效是指组织在某一时期内任务完成的数量、质量、效率及赢利状况。（杜映梅，2003）

就本质而言，绩效管理是一个多维要素的系统，是"新公共管理"的核心内容，通常包括经济（Economy，指尽可能地降低成本同时又能维持生产的数量和质量）、效率（Efficiency，指投入与产出的比例关系）、效果（Effectiveness，指实现目标的程度），即所谓的"3E"原则。随着新公共管理运动的发展和公共部门改革的深入，质量、公平和责任等要素也日渐进入绩效管理的主流范畴。正是由于这种转变，源于企业的绩效管理在高等教育领域开始被广泛推行。

绩效管理一般包含绩效计划、绩效评估和绩效反馈等三个方面的内容，其中绩效评估是绩效管理的核心内容和核心环节。绩效评估是评估主体参照一定的目标，运用一定的指标体系和评估方式，对评估客体的运行和目标实现情况进行的一种测评。

绩效评估从不同的角度可以分成不同的评估类型，有内部绩效评估和外部绩效评估，有个人绩效评估和组织绩效评估，有管理和改进绩效评估、责任与控制绩效评估等评估方式；包含评估目标、评估途径和制度安排等要素。公共部门绩效评估具有重要意义，是公共管理的必要手段，是提高公共部门绩效的动力机制，有利于提高公共部门的信誉和形象，是一种有效的管理工具。（陈振明，2003）

## （二）绩效管理理论与政府的大学拨款

绩效管理既是一种理论，又是一种实践。它起源于企业管理，旨在通过对企业行为的合理评价，减少成本而增加企业效益。这个理论在 20 世纪 70 年代末在西方兴起的新公共管理运动中被运用于政府管理改革中，作为公共支出的预算管理理念，在实践中主要通过以政府绩效为导向的预算管理模式表现出来。它的运用是政府公共管理领域的重大变革。随着政府成本意识的强化和公民监督意识的加强，当代西方各国都致力于建立以绩效为导向的公共管理体制，其主要理念在于强调市场导向的激励机制在政府管理中的运用，即削减成本，注重效益。

众所周知，政府提供的公共服务不但包括高等教育、其他层次的教育特别是义务教育，而且包括社会保障、公共卫生、福利、国防、基础设施建设，等等，高等教育需要与这些部门竞争公共经费。政府为了增强其合法性就要尽可能大规模地提供公共服务，这就要求扩大公共支出，而过于庞大的公共支出会超出政府的征税能力，从而导致普遍性的政府财政危机。西方有学者认为，当政府预算紧缩，纳税人抱怨大学学费不断增加但教育质量却不见提升时，大学管理是否要讲求绩效管理就会引起关注。（王占军，2011）因此，高等教育规模扩张和资金短缺被广泛认为是绩效管理（绩效评估）得以渗透到高等教育领域的最直接动因。世界各国高等教育从 20 世纪 60 年代以后普遍经历了一个大众化和普及化过程，而这个扩张过程是与公共资金不断加大对高等教育的投入、公共资金在大学收入中所占比例不断增加相伴随的。在这个过程中，大学逐渐形成了对公共资金的严重依赖。但是，70 年代中后期，西方发达国家的经济发展陷入滞胀，财政收入增长率几乎处于停滞状态，政府处于前所未有的财政压力之下。在高等教育领域，公共资金的紧缺状态尤为紧迫：一方面是大众化带来了对公共资金的巨大需求，另一方面是财政收入减少带来了资金供给不足。在这样的背景下，公共资金的使用效率受到公众及政府的关注，人们呼吁公共资金的使用要物有所值。从这个意义上说，经济因素是西方各国推行绩效评估的最直接动因，市场本位是各项改革措施的基本取向，加强政府的监控力度、贯彻政府的质量意图是绩效评估的实质。

正如上面所述，绩效评估是绩效管理的核心内容和核心环节，而绩效指标是绩效评估的重要内容。绩效指标不仅是衡量绩效或分配资金的技术工具，而且是期望带来一系列特定成果的政策工具，它反映了政府对高等教育关注的问题。政府正是通过将其意图（目的或价值）渗入指标的选择和构建中，从而促使大学将注意力置于规定范围内的绩效，关注政府为大学选择的优先发展战略目标。绩效拨款是政府的方案，而绩效指标是绩效拨款的关键，因此，凯夫（Cave）、汉尼（Hanney）和科根（Kogan）认为绩效指标毫无疑问地与政治问责和财政资助重点相关。（王占军，2011）

现有的研究成果和政府公布的统计数据显示，政府对高等教育的投入虽然有所增加，但财政拨款占高等教育总经费的比重却普遍下降，进一步地细分看，高等教育基数拨款增加很少（有的国家甚至有所减少），而专项拨款增加较多，凸显了政府绩效管理的决心。由此可见，追求"卓越"和"绩效"已然成为政府的价值取向。在这种情况下，大学要想获得政府更多的财政拨款，唯有按照政府确定的发展战略目标，追求"卓越"和"绩效"。

# 六、结语

以上综述了 20 世纪影响大学经费筹措的主要理论，这些理论现在还在影响着高等教育的发展，仍是各国政府制定高等教育财政政策的理论基础。

人力资本理论揭示了人力资本对经济增长的作用比物质资本更大，使得国家（政府）对教育投资的热情被激发出来，是国家教育财政拨款持续增长（或增加）的重要促进因素，为世界高等教育大众化乃至普及化奠定了最重要的理论基础。

高等教育是非义务教育。公共产品理论科学地将社会产品划分为公共产品、私人产品和准公共产品三类，并将高等教育定位为准公共产品。该理论通过对公共产品的特征和准公共产品的正外部效应的剖析，增强了人们对准公共产品特性的理解，不仅为政府公共教育经费投入提供了理论依据，而且有助于促进政府职能转变和公共服务市场化。

成本分担与补偿理论是由人力资本理论延伸出来的理论。随着高等教育规模的扩大和政府财政供给不足之间的矛盾的出现，由受益者分担教育经费的改革势在必行。"谁受益谁负担"的原则体现了成本分担与补偿理论的精髓，成为各国政府教育拨款和制定学生学费负担政策的理论依据。

利益相关者理论虽然起源于企业管理领域，但随着高等教育规模的持续扩大、对社会资源需求的不断增大，大学也越来越受到来自利益相关者的影响，呈现出与企业相似的特征。利益相关者理论能使大学更加理解自己的学术责任和社会责任的深刻含义，也能进一步拓宽自身筹措经费的视野。

绩效管理源于企业管理，是一种高效的资源配置手段和管理方式。绩效管理理论被引入高等教育领域，是政府行政改革的结果。公共服务需求的不断扩大与政府财政供给不足，迫使政府高度关注资源的优化配置问题。大学要想获得政府更多的财政拨款，唯有按照政府确定的发展战略目标，追求"卓越"和"绩效"。

**参考文献**

陈振明.2003. 公共管理学：一种不同于传统行政学的研究途径［M］. 北京：中国人民大学出版社：273 – 302.

杜映梅.2003. 绩效管理［M］. 北京：对外经济贸易大学出版社：3.

胡赤弟.2008. 教育产权与现代大学制度构建［M］. 广州：广东高等教育出版社：154.

贾生华，陈宏辉. 利益相关者的界定方法述评［J］. 外国经济与管理（5）：16.

江涛.2008. 舒尔茨人力资本理论的核心思想及其启示［J］. 扬州大学学报：人文社会科学版（6）：85.

刘国永.2008. 关于高等教育绩效评价的几个问题［J］. 大学·研究与评价：57.

刘天佐.2007. 高校经费筹措与管理新论［M］. 长沙：湖南人民出版社：15 – 16.

马娴.2004. 人力资本理论与教育投资问题新探［J］. 云南师范大学学报：哲学社会科学版（2）：72 – 73.

王占军.2011. 高等教育绩效评价历史考察［J］. 教育理论与实践（5）：26.

许琳.2007. 高等教育投资的国际比较研究［D］. 厦门：厦门大学：12.

杨瑞龙，周业安.2002. 利益相关者理论及其应用［M］北京：经济科学出版社：129.

袁连生.2003. 论教育的产品属性、学校的市场化运作及教育市场化［J］. 教育与经济（1）：15.

张民选.1996. 绩效指标体系为何盛行欧美澳［J］. 高等教育研究（3）：86.

赵艳芹，等.2008. 西方公共产品理论评述［J］. 商业时代（28）：70.

周其仁.1996. 市场里的企业：一个人力资本与非人力资本的特别合约［J］. 经济研究（6）：73 – 74.

朱国仁.1999. 高等学校职能论［M］. 哈尔滨：黑龙江教育出版社：198.

**作者简介** | 陈武元，厦门大学教育研究院教授。

# Review of Main Theories that Affect University Financing

Chen Wuyuan

**Abstract**: For University, financing is always a major problem that has to face in the development process, but before the 1950s, the concern about this problem is generally limited to the organizers or school operators. Since the 1960s, under the driven of Schultz's human capital theory, the world has set off a craze of government investment in higher education, but the development of higher education led to the financial crisis of the university. In order to solve the widespread financial crisis, through extensive research, the world scholars, especially those from the developed countries in Europe and the United States have raised a lot of theories. Addition to the human capital theory, some of the most influential theories contain public goods theory, cost-sharing and compensation theory, stakeholder theory, and performance management theory, and so on. These theories have not only become the theoretical basis for governments to make higher education fiscal policy, but also have been or are affecting the changes in the way of university financing.

**Key words**: university  financing  mainly theories  review

# 大学生的就业能力及其影响因素分析

陆根书　刘　敏

**摘　要：**本研究在探析大学生就业能力的内涵及结构维度的基础上，分析了大学生就业能力的现实状况及其影响因素，进而从大学生自身、高校、政府三个层面深入探究了培养与提升大学生就业能力的具体策略。

**关键词：**就业　就业能力　策略

## 一、引言

近年来，大学生就业问题已成为我国高等教育和经济社会发展进程中被公众、媒体和政府高度关注的重要问题。许多学者、政策制定者对大学生就业问题展开了研究，讨论的主要问题包括大学生就业难的原因分析、解决大学生就业难问题的对策建议等。对于大学生就业难的成因，有的研究者侧重于分析大学生供求总量与结构的均衡（戚新，2005），有的研究者侧重于从就业的制度环境及劳动力市场的发育程度进行探讨（王晓娟，2006），还有的研究者侧重于从劳动力市场供求主体及大学生与用人单位的行为特征上寻找原因（张建伟，2005）。在政策层面，国家也提出了以"创业带动就业"的发展策略。面对严峻的就业压力，政府部门希望以创业带动就业，把大学生自主创业作为拓展大学生就业、缓解大学生就业压力的重要途径之一。

大学生就业问题，既受我国社会主义市场经济及高等教育发展的重要影响，也受大学生自身就业能力的重要影响。从经济社会发展和高等教育发展的角度看，首先，随着知识经济和经济全球化的发展，我国产业结构发生了较大变化（图1），逐渐由劳动密集型产业向资本和科技密集型产业转变，这必然会对大学生的能力和素质提出新的、更高的要求。大学生需要不断提高自身的综合素质，使自己的知识、能力与素质同产业结构调整、生产方式转变的要求相匹配，以适应产业升级的步伐。

其次，我国高等教育已经由"精英教育"阶段进入"大众化教育"阶段。高等教育大众化发展，使得大学生数量快速增加，大学毕业生面临的就业压力不断积聚。2003—2011年，大学毕业生的数量逐年增加，平均增幅达到17.61%

（%）

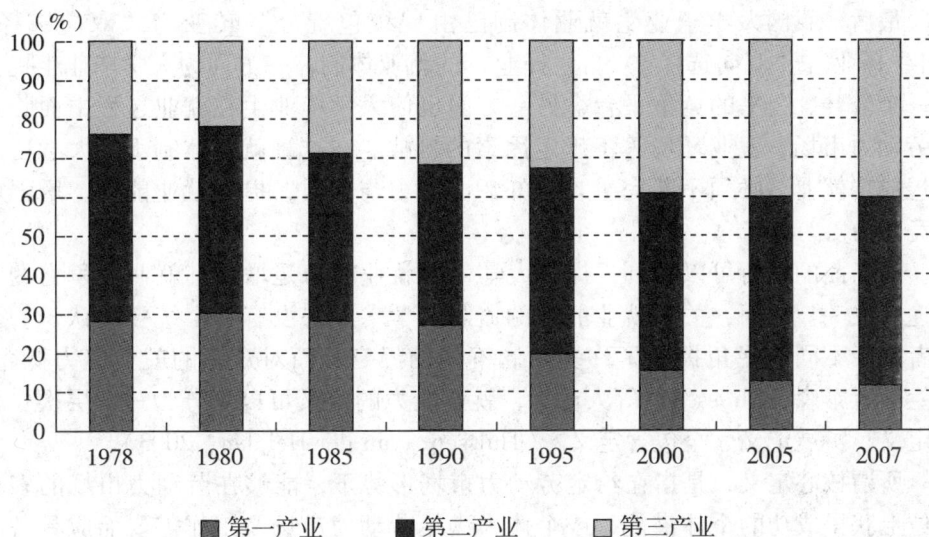

■ 第一产业    ■ 第二产业    ■ 第三产业

**图1　1978—2007年三大产业增加值比重变化情况**

资料来源：国家统计局．改革开放30年报告之三：经济结构在不断优化升级中实现了重大调整〔R〕．2008.

（图2）。在大学毕业生数量持续增长的同时，也存在许多用人单位对人才的需求得不到满足的情况，这就是所谓的用人单位与大学毕业生之间的"就业鸿沟"（胡尊利，刘朔，程爱霞，2008）。出现"就业鸿沟"的最主要原因是大学生就业能力不足。因此，在我国高等教育大众化的发展进程中，提升大学生的就业能力势在必行。

（万人）

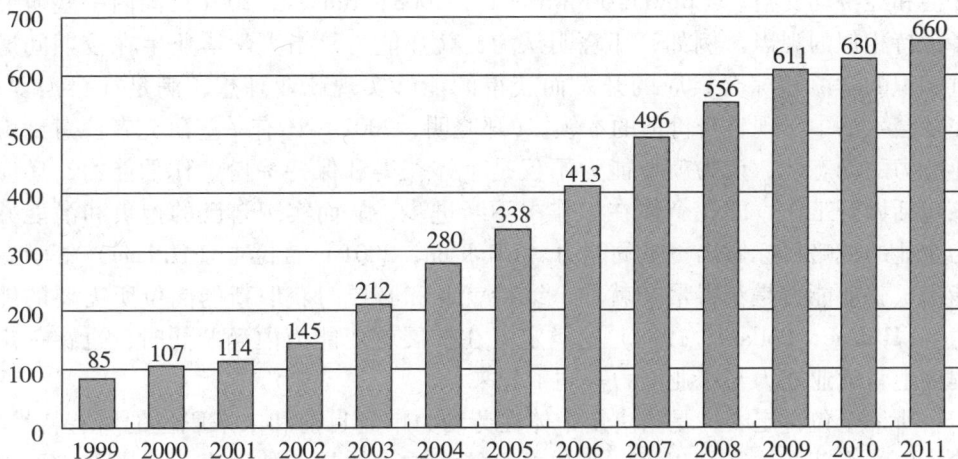

**图2　1999—2011年普通高校大学毕业生数量变化状况**

资料来源：中国大学生就业〔J〕．2000 – 2011.

最后，我国大学毕业生就业体制已由"统包统分"转变为"双向选择""自主择业"。"双向选择""自主择业"的就业体制，一方面为大学毕业生提供了一个公开、公平的竞争平台，另一方面也使大学毕业生在就业过程中面临更多劳动力市场、就业环境等不确定因素的挑战。在这种就业体制下，大学毕业生想成功就业，必须不断完善自身知识、能力与素质，提升就业能力，增强就业竞争力。

从上面的分析可以看到，提高大学生的就业能力是增强其就业竞争力的重要途径之一。然而，关于就业能力的概念，学术界并没有一个统一的认识。研究者基于不同的视角提出了许多内涵不同的界定。面对众多的就业能力概念，荷兰学者泰森（Thijssen）等人认为，就业能力的定义可以划分为三个层次：核心定义、扩展定义、全包含定义。（Thijssen，van der Heijden，2003）

所谓核心定义，是指在给定劳动力市场形势下，能够在劳动力市场的多种岗位上获得成功的个体潜能，或个体为满足劳动力市场及工作需要而应具备的技能。这一层次的定义只关注个体本身的能力，一般不涉及个体的态度、愿望、进取心及环境条件等因素。例如，詹姆斯（James）等人认为，就业能力是指个体具有的劳动力市场和雇主所需要和认为有吸引力的个体技能的总和。（James，Wark，1997）英国工业联合会（CBI）将就业能力定义为"个体实现自己在劳动市场的抱负和潜能而应具备的品质和能力"（CBI，1999）。

所谓扩展定义，是指个体在各种岗位上获得成功的意愿及能力。也就是说，扩展的就业能力是指包含意愿、态度及进取心在内的所有个体特征。哈维（Harvey）等学者都认为，就业能力是个体一系列技能、理解力和特质的组合，这种组合使学生更有可能在他们所选择的职业中获得就业和职业成功，使个人、社会和经济均受益。（Bowers-Brown et al，2003；Harvey，2001）国内一些研究者也持相似的观点。例如，郑晓明认为，就业能力是指大学毕业生在校期间通过知识的学习和综合素质的开发而获得的能够实现就业理想，满足社会需要，在社会生活中实现自身价值的本领。（郑晓明，2002）还有一些研究者注意到就业能力的动态性，认为就业能力不仅是个体获得和保持一份工作的能力，还应该包括做好工作，即让个体在工作中不断进步，从而实现自己的抱负和潜能并为企业的战略目标做出贡献的能力。（Robson，2001）希拉吉（Hillage）等学者指出，就业能力是获得最初就业、维持就业和必要时获取新的岗位所需要的能力。（Hillage，Pollard，1998）这类定义在扩展就业能力内涵的同时，也在一定程度上将就业能力与职业能力等同了起来。

所谓全包含定义，是指决定个体在劳动力市场目前和未来职位的所有特性，除了包括全部个体特征以外，还包括可能影响个体就业的因素，如经济发展周期、劳动力市场形势以及政策制度等。例如，麦奎德（McQuaid）等人认为，就业能力是所有影响求职者获得或保持工作的因素的集合，主要包括三个方面：

个体因素，即个人的就业技能和属性、健康状况、工作寻求能力及适应性和灵活性；个人状况，即个体和家庭的工作福利、工作文化和工作的便捷性；外部因素，即劳动力市场因素、宏观经济因素和可获得支持等因素。（McQuaid，Lindsay，2005）这一关于就业能力的定义认识到了就业能力与经济发展周期、劳动力市场形势及政策制度等因素的密切相关性，但将这些就业能力的影响因素统称为构成要素，无形中扩大了就业能力的外延，可能使其缺乏实际操作性。

就大学生就业能力包含的具体维度而言，研究者也没有完全达成共识。例如，有的学者和机构认为大学生就业能力包括个性特征、核心技能、过程技能三个方面的内容（Yorke，Knight，2004）；有的认为包括智能能力、社会和人际交往能力、经营和创业能力、多元技能四个方面的内容（Mitchell，1998）；有的认为包括职业技能、预期与优化、个体适应能力、团队意识、平衡能力五个方面的内容（Heijde，van der Heijden，2006）；有的认为包括竞聘能力、认知能力、职业能力、适应能力、创新与创业能力、自主能力六个方面的内容（王颖，2006）；还有的认为包括沟通能力、分析能力、问题解决能力、决策评估能力、社会互动能力、全球意识、审美意识七个方面的内容（Mentkowski，Doherty，1984）。如此等等，不一而足，而且有时对同一个维度所采用的测量指标也并不完全一致。

基于上述情况，本文将在阐述大学生就业能力的内涵及结构的基础上，分析我国目前大学生就业能力的现实水平及其影响因素，并在此基础上系统探讨培养与提升大学生就业能力的具体策略，以期为建立提升大学生就业能力的长效机制提供一些参考。

## 二、大学生就业能力的结构与现状分析

### （一）大学生就业能力的结构

本文在分析、归纳海德（Heijde）等人提出的大学生就业技能多维调查量表（Heijde，Heijden，2006）、加拿大会议委员会提出的就业技能量表（The Conference Board of Canada，2007）、美国劳工部21世纪就业技能调查委员会（SCANS）提出的大学生进入工作地的必要基本技能量表（Secretary's Commission on Achieving Necessary Skills，2003）、阿泰德（Athayde）提出的青年创业潜能量表（Athayde，2009）的基础上，将大学生就业能力的基本内涵界定为：大学生在就业过程中，为获取所应聘工作岗位或必要时创造工作岗位而应具备的技能及个人特质的总和，主要包括大学生的职业道德素质、职业规划状况、自我发展情况、成就导向、求职准备、领导能力、社会适应能力、学习能力、求职技

能、沟通能力、创新精神等不同维度。需要说明的是，大学生的就业能力反映的主要是大学生的个人潜质，与其最终求职或创业的实现与否并不是完全等同的。此外，大学生就业能力也不是某种职业资格或某项特殊技能，它不与特定的职业或岗位相联系。

根据对大学生就业能力的上述认识，我们自主设计与开发了《大学生就业能力调查问卷》，并选择陕西省西安市 9 所高校 2009 级的大学四年级毕业班学生进行了调查研究。选择调查样本时，首先根据西安高校的不同类型、水平按一定比例分层选择有关学校，其次根据学生专业分布情况选择有关班级，最后以班级为单位对学生进行调查。本次调查共发放调查问卷 2450 份，回收 2165 份，有效问卷为 2010 份，有效率为 92.84%。表 1 列出了调查样本的基本特征。

**表 1　高校样本的基本特征**

| 样本类别 | | | 样本数 | 百分比（%） |
|---|---|---|---|---|
| 性别 | | 男 | 1241 | 61.7 |
| | | 女 | 769 | 38.3 |
| 高校类型 | 重点高校 | 西安交通大学 | 388 | 19.3 |
| | | 西安电子科技大学 | 170 | 8.5 |
| | | 西北大学 | 171 | 8.5 |
| | 一般高校 | 西安理工大学 | 269 | 13.4 |
| | | 西北政法大学 | 218 | 10.8 |
| | | 西安科技大学 | 180 | 9.0 |
| | | 西安建筑科技大学 | 60 | 3.0 |
| | 独立学院 | 西安交通大学城市学院 | 345 | 17.2 |
| | | 西安建筑科技大学华清学院 | 209 | 10.4 |
| 专业类型 | | 工科类 | 941 | 46.8 |
| | | 理科类 | 212 | 10.5 |
| | | 人文类 | 376 | 18.7 |
| | | 经管类 | 481 | 23.9 |
| 就业状态 | | 已就业 | 1412 | 70.2 |
| | | 未就业 | 598 | 29.8 |

应用上述调查数据，我们对《大学生就业能力调查问卷》进行了因素分析和信度分析，表2 和表3 列出了分析的结果，从中可见，本问卷可以作为大学生就业能力的一个有效测量工具。

**表2　大学生就业能力调查问卷因素分析结果（采用主成分因素分析并进行最大正交旋转）**

| 维度/题号 | 题　　目 | 因素负荷 |
|---|---|---|
| 因素 1 | 职业道德修养 | |
| q42_33 | 我待人友好，具有亲和力 | 0.750 |
| q42_34 | 我很容易接纳别人 | 0.746 |
| q42_32 | 我为人真诚 | 0.721 |
| q42_35 | 我能设身处地为别人考虑，关心别人 | 0.708 |
| q42_36 | 周围的人总是很信赖我 | 0.595 |
| q42_30 | 我能践行承诺 | 0.528 |
| 因素 2 | 职业规划能力 | |
| q42_39 | 我有明确的实现职业目标的计划 | 0.744 |
| q42_40 | 我知道通过什么途径来实现自己的职业目标 | 0.734 |
| q42_38 | 我知道哪种职业能最大限度地发挥自己的长处 | 0.722 |
| q42_37 | 我有明确的职业目标 | 0.670 |
| q42_41 | 我能够根据职业目标有目的地选修有关课程，参加实习或职业培训 | 0.631 |
| q42_42 | 我能积极完成有助于实现自己职业目标的工作 | 0.567 |
| 因素 3 | 自我发展能力 | |
| q42_22 | 当我做某事时我会努力做到最好 | 0.686 |
| q42_23 | 我有强烈的成功欲望 | 0.667 |
| q42_21 | 即使与众不同，我也会坚持自己的正确观点 | 0.663 |
| q42_24 | 我在面对困难时不会轻易放弃 | 0.654 |
| q42_25 | 为了达到目标我能坚持不懈 | 0.600 |
| q42_20 | 我对别人提出的观点总会认真思考它是否有证据支持 | 0.549 |
| q42_26 | 我乐于尝试新的事物 | 0.501 |
| 因素 4 | 成就导向 | |
| q42_56 | 较之承担容易的任务，我更乐于承担困难的任务 | 0.701 |
| q42_57 | 较之承担由大家分担的任务，我更乐于承担由个人承担的任务 | 0.696 |
| q42_58 | 较之承担按指令行事的任务，我更乐于承担需要创造性的任务 | 0.688 |
| q42_55 | 较之承担没有风险的任务，我更乐于承担具有一定风险的任务 | 0.661 |
| q42_59 | 较之承担能够避免失败的任务，我更乐于承担能够满足成功需要的任务 | 0.564 |
| 因素 5 | 求职准备 | |
| q42_45 | 我了解工作场所的方法 | 0.706 |
| q42_44 | 我了解工作场所需要的知识 | 0.703 |
| q42_46 | 我了解应聘的流程与要求 | 0.693 |
| q42_43 | 我能够识别和选择发展的机会 | 0.659 |
| q42_47 | 我了解应聘单位的背景及业务内容 | 0.591 |

续表

| 维度/题号 | 题　　目 | 因素负荷 |
|---|---|---|
| 因素 6 | 领导能力 | |
| q42_63 | 在学校做项目时我乐于承担领导角色 | 0.721 |
| q42_62 | 我在班上乐于承担责任 | 0.717 |
| q42_61 | 我很容易用自己的观点说服同学 | 0.668 |
| q42_64 | 在做学校项目时我总能看到正确的发展方向 | 0.591 |
| q42_60 | 我乐于在课堂上发表自己的观点 | 0.581 |
| 因素 7 | 社会适应能力 | |
| q42_14 | 我能快速适应环境的变化 | 0.701 |
| q42_15 | 我能积极应对环境的挑战与压力 | 0.700 |
| q42_16 | 我在团队工作中与他人合作愉快 | 0.654 |
| q42_13 | 我能采用适当的方法解决学习与生活中发现的问题 | 0.559 |
| q42_17 | 我总是能认真负责地完成团队工作 | 0.525 |
| 因素 8 | 学习能力 | |
| q42_6 | 我能够合理安排自己的时间 | 0.769 |
| q42_5 | 我善于学习 | 0.747 |
| q42_7 | 我做事总是有条不紊，井然有序 | 0.700 |
| q42_4 | 我有明确的学习目标并能充分把握学习机会 | 0.691 |
| 因素 9 | 求职技能 | |
| q42_51 | 我很容易从自己的关系网络中找到需要接触的人 | 0.737 |
| q42_52 | 我很容易把自己所接触的人介绍给别人 | 0.692 |
| q42_53 | 我很容易从自己的关系网络中获取自己所需要的资源 | 0.661 |
| q42_50 | 我很容易从自己的关系网络中获取所需要的信息 | 0.648 |
| 因素 10 | 沟通能力 | |
| q42_8 | 我了解并掌握获取信息的有效途径与方法 | 0.743 |
| q42_9 | 我能准确地判断信息的价值 | 0.728 |
| q42_10 | 我有能力与不同的人主动交流、沟通 | 0.657 |
| q42_11 | 我能准确地表达自己的想法 | 0.531 |
| 因素 11 | 创新能力 | |
| q42_67 | 课堂越有创意越好 | 0.790 |
| q42_68 | 我喜欢能够激发想象力的课程 | 0.711 |
| q42_66 | 我喜欢老师在课堂上尝试不同的教学方法 | 0.705 |

续表

| 项目 | 维　度 | | | | | | | | | | |
|---|---|---|---|---|---|---|---|---|---|---|---|
| | 1 | 2 | 3 | 4 | 5 | 6 | 7 | 8 | 9 | 10 | 11 |
| 特征值 | 4.11 | 4.03 | 3.98 | 3.27 | 3.22 | 3.19 | 3.00 | 2.89 | 2.76 | 2.48 | 2.23 |
| 解释的方差（%） | 7.61 | 7.47 | 7.37 | 6.06 | 5.96 | 5.91 | 5.55 | 5.34 | 5.12 | 4.59 | 4.12 |
| 累积解释方差（%） | 7.61 | 15.08 | 22.45 | 28.51 | 34.47 | 40.38 | 45.93 | 51.27 | 56.38 | 69.98 | 65.10 |

注：题号是大学生就业能力调查问卷中的题号，因素负荷中小于0.400的省略。

表3　大学生就业能力调查问卷信度分析结果

| 维　度 | 项目数 | 信度（α系数） |
|---|---|---|
| 职业道德修养 | 6 | 0.882 |
| 职业规划能力 | 6 | 0.895 |
| 自我发展能力 | 7 | 0.868 |
| 成就导向 | 5 | 0.849 |
| 求职准备 | 5 | 0.860 |
| 领导能力 | 5 | 0.850 |
| 社会适应能力 | 5 | 0.844 |
| 学习能力 | 4 | 0.846 |
| 求职技能 | 4 | 0.864 |
| 沟通能力 | 4 | 0.801 |
| 创新能力 | 3 | 0.829 |

## （二）大学生就业能力的基本特征

图3列出了大学生就业能力发展的基本状态。在大学生就业能力调查问卷中，各维度的得分采用以下方法计算：大学生对各维度所包含题目的赞同程度分为"很不符合""不符合""不太符合""有点符合""符合""非常符合"6个等级，大学生对这6个赞同程度的选择结果分别被赋值1—6分；每个维度的得分则由该维度所包含的题目得分累加后再除以该维度所包含的题目数而得。

从图3可以看出：大学生在职业道德修养、沟通能力、社会适应能力、自我发展能力、创新能力、学习能力等6个维度上的平均得分介于4.5—4.7，介于"有点符合"和"符合"之间，更倾向于"符合"；在求职准备、职业规划

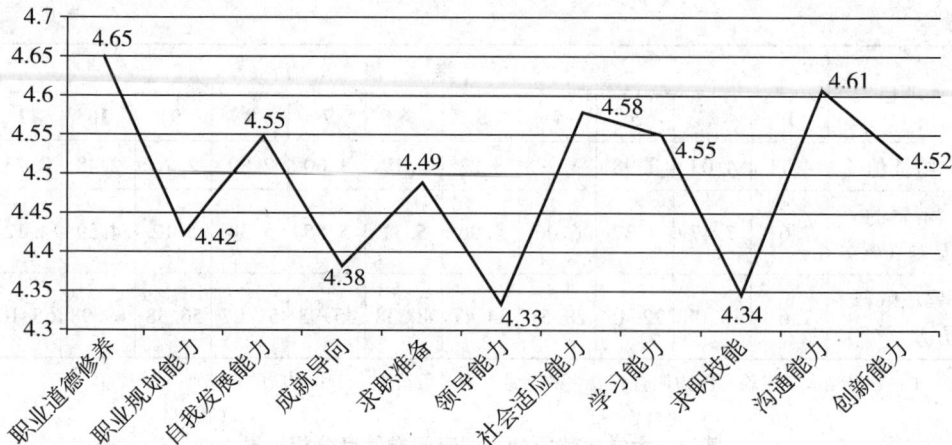

**图3　大学生就业能力问卷各维度均值**

能力、成就导向、求职技能、领导能力这5个维度上的平均得分介于4.3—4.5，更倾向于"有点符合"。这说明，在大学生就业能力的各维度中，职业道德修养与沟通能力较好，社会适应能力、自我发展能力、学习能力与创业能力次之，而领导能力、求职技能、成就导向、职业规划能力与求职准备则处于一般水平。这一结果表明，就整体而言，大学生就业能力水平是比较好的。

## 三、大学生就业能力的影响因素分析

### （一）个体因素对大学生就业能力的影响

表4列出了个体因素对大学生就业能力的影响，从中可得出以下结论。

**1. 性别因素的影响**

男大学生在职业规划能力、成就导向、求职准备、领导能力、求职技能、沟通能力6个维度上的就业能力水平都要显著好于女大学生。

**2. 政治面貌的影响**

政治面貌为中共党员的大学生的就业能力在成就导向、领导能力、求职技能3个维度上显著高于政治面貌为团员及其他的大学生。

**3. 学习成绩的影响**

学习成绩在60—79分的大学生在职业规划能力、求职准备、社会适应能力、学习能力、沟通能力5个维度上的就业能力水平显著高于60分以下的大学生；学习成绩在80—89分的大学生在职业规划能力、求职准备、领导能力、社会适应能力、学习能力、沟通能力6个维度上的就业能力水平显著高于60分以下

表4 个体因素影响大学生就业能力的多元回归分析结果（标准化系数）

| 检验项目 | 职业道德修养 | 职业规划能力 | 自主发展能力 | 成就导向 | 求职准备 | 领导能力 | 社会适应能力 | 学习能力 | 求职技能 | 沟通能力 | 创新能力 |
|---|---|---|---|---|---|---|---|---|---|---|---|
| 性别（以女性为参考类型） | -0.009 | 0.048* | 0.035 | 0.061*** | 0.063** | 0.055* | 0.015 | 0.012 | 0.062* | 0.047* | -0.013 |
| 政治面貌（以非中共党员为参考类型） | 0.015 | 0.029 | 0.019 | 0.051* | 0.042 | 0.054* | 0.002 | 0.032 | 0.043* | 0.007 | 0.032 |
| 学习成绩（以60分以下为参考类型） | | | | | | | | | | | |
| 60—69分 | 0.136 | 0.228* | 0.084 | 0.124 | 0.251* | 0.126 | 0.202* | 0.269** | 0.109 | 0.247* | 0.123 |
| 70—79分 | 0.291 | 0.356* | 0.199 | 0.211 | 0.406* | 0.257 | 0.343** | 0.523*** | 0.211 | 0.456** | 0.201 |
| 80—89分 | 0.350 | 0.418* | 0.279 | 0.246 | 0.449* | 0.321* | 0.405* | 0.643*** | 0.249 | 0.493** | 0.286 |
| 90分及以上 | 0.075* | 0.102 | 0.058 | 0.046 | 0.118* | 0.107* | 0.137* | 0.193*** | 0.080 | 0.193*** | 0.028 |
| 技能证书（以无技能证书为参考类型） | 0.049 | 0.065* | 0.053* | 0.098*** | 0.083** | 0.092*** | 0.047 | 0.092*** | 0.084*** | 0.044* | 0.037 |
| 实习经历（以无实习经历为参考类型） | 0.079* | 0.041 | 0.073*** | 0.052* | 0.039 | 0.020 | 0.059** | 0.063** | 0.022 | 0.080** | 0.058* |
| 兼职工作经验（以无兼职工作经验为参考类型） | 0.021*** | 0.074*** | 0.044 | 0.054* | 0.061*** | 0.081*** | 0.053* | 0.052* | 0.076*** | 0.074*** | 0.019 |
| 创业经历（以无创业经历为参考类型） | -0.127 | 0.036 | -0.056* | 0.045* | 0.082* | 0.043 | -0.053* | -0.013 | 0.039 | 0.106*** | -0.027 |
| 投递简历份数（以50份以上为参考类型） | | | | | | | | | | | |
| 25份以下 | 0.047*** | 0.057 | 0.047 | 0.103 | 0.120* | 0.092 | 0.080 | 0.069 | 0.119* | 0.091 | 0.096 |

续表

| 检验项目 | 职业道德修养 | 职业规划能力 | 自主发展能力 | 成就导向 | 求职准备 | 领导能力 | 社会适应能力 | 学习能力 | 求职技能 | 沟通能力 | 创新能力 |
|---|---|---|---|---|---|---|---|---|---|---|---|
| 25—50份 | 0.061 | 0.063* | 0.065* | 0.051 | 0.082** | 0.068* | 0.080** | 0.070* | 0.046 | 0.066* | 0.088** |
| 接触单位数（以20个以上为参考类型） | | | | | | | | | | | |
| 1—5个 | 0.058* | 0.094 | 0.028 | 0.020 | 0.018 | 0.031 | 0.050 | -0.016 | 0.040 | -0.033 | 0.045 |
| 6—10个 | 0.078 | 0.099* | 0.054 | 0.066 | 0.046 | 0.050 | 0.040 | -0.020 | 0.051 | 0.002 | 0.052 |
| 11—20个 | 0.113 | 0.076* | 0.063* | 0.074* | 0.077*** | 0.064* | 0.087** | 0.047 | 0.080** | 0.022 | 0.081** |
| $R^2$ | 0.069 | 0.065 | 0.048 | 0.067 | 0.077 | 0.069 | 0.054 | 0.067 | 0.069 | 0.061 | 0.054 |
| $F$ | 9.817*** | 9.276*** | 6.681*** | 9.569*** | 11.065*** | 9.901*** | 7.528*** | 9.537*** | 9.851*** | 8.623*** | 7.623*** |
| $N$ | 2010 | 2010 | 2010 | 2010 | 2010 | 2010 | 2010 | 2010 | 2010 | 2010 | 2010 |

注：$*p<0.05$；$**p<0.01$；$***p<0.001$。

的大学生；学习成绩在90分以上的大学生在职业道德修养、求职准备、领导能力、社会适应能力、学习能力、沟通能力6个维度上的就业能力水平显著高于60分以下的大学生。

4. 职业技能证书的影响

除职业道德修养、创新能力2个维度外，有技能证书的大学生的就业能力在职业规划能力、自主发展能力、成就导向等9个维度上都显著高于没有职业技能证书的大学生。

5. 实习经历的影响

有实习经历的大学生的就业能力在职业道德修养、自主发展能力、成就导向、社会适应能力、学习能力、沟通能力、创新能力7个维度上都显著好于没有实习经历的大学生。

6. 兼职工作经验的影响

除自主发展能力、创新能力2个维度外，拥有职业技能证书的大学生的就业能力在职业规划能力、领导能力、沟通能力等9个维度上都显著优于没有兼职工作经验的大学生。

7. 创业经历的影响

有创业经历的大学生的就业能力在成就导向、求职准备、沟通能力3个维度上要显著好于没有创业经历的大学生，而无创业经历的大学生的就业能力在自主发展能力、社会适应能力2个维度上要显著好于有创业经历的大学生。

8. 求职行为的影响

投递简历份数在25—50份的大学生在职业规划能力、自主发展能力、求职准备、领导能力、社会适应能力、学习能力、沟通能力及创新能力8个维度上的就业能力水平要显著高于投递简历少于50份的大学生；接触单位数量在11—20个的大学生在职业规划能力、自主发展能力、成就导向、求职准备、领导能力、社会适应能力、求职技能及创新能力8个维度上的就业能力水平要显著高于接触20个以上单位的大学生。这充分说明，大学生在求职就业过程中，投递的简历份数与接触的单位数量并不是越多越好。

通过个体因素影响大学生就业能力构成要素的11个回归模型可以看出，个体因素是影响大学生就业能力的重要因素，且学习成绩、政治面貌、职业技能证书、实习经历、创业经历、兼职工作经验等人力资本因素对大学生就业能力的影响显著。

## （二）高校因素对大学生就业能力的影响

表5列出了有关高校因素对大学生就业能力的影响，从中可得出以下结论。

1. 高校类型的影响

一般院校大学生的就业能力在成就导向、领导能力、学习能力、求职技能4个维度上好于重点高校的大学生；而独立学院大学生的就业能力在职业道德修养、职业规划能力、自主发展能力、求职准备、社会适应能力5个维度上要显著低于重点高校的大学生。

2. 专业类型的影响

人文类大学生的就业能力在自主发展能力、成就导向、求职准备、领导能力、求职技能5个维度上要显著低于工科类大学生，经管类大学生的就业能力在求职准备维度上要好于工科类大学生。

3. 大学生对高校人才培养模式的满意度显著影响大学生的就业能力

大学生对高校人才培养模式的满意度越高，其就业能力在职业规划能力、职业道德修养、学习能力、自主发展能力、社会适应能力、求职技能及创新能力等11个维度上的水平就越高。

4. 大学生对高校教学内容的满意度显著影响大学生的就业能力

大学生对高校教学内容的满意度越高，其就业能力在职业道德修养、成就导向、自主发展能力、创新能力、社会适应能力、学习能力及职业规划能力等11个维度上的水平就越高。

5. 大学生对高校就业指导工作的满意度显著影响大学生的就业能力

大学生对高校就业指导工作的满意度越高，其就业能力在职业道德修养、自主发展能力、社会适应能力、创新能力、求职技能、职业规划能力、学习能力及领导能力等11个维度上的水平就越高。

6. 大学生对高校提供的实习与实践机会的满意度显著影响大学生的就业能力

大学生对高校提供的实习与实践机会的满意度越高，其就业能力在求职准备、沟通能力、求职技能、领导能力、成就导向、职业规划能力等11个维度上的水平就越高。

通过高校因素影响大学生就业能力构成要素的11个回归模型可以看出，高校因素是影响大学生就业能力的重要因素。其中，高校类型、专业类型等要素对大学生就业能力的影响显著。而大学生对高校的人才培养模式、教学内容、就业指导工作以及高校提供的校外实习与实践机会的满意度状况，直接关乎大学生就业能力水平的高低。

表 5 高校因素影响大学生就业能力的多元回归分析结果(标准化系数)

| 检验项目 | 职业道德修养 | 职业规划能力 | 自主发展能力 | 成就导向 | 求职准备 | 领导能力 | 社会适应能力 | 学习能力 | 求职技能 | 沟通能力 | 创新能力 |
|---|---|---|---|---|---|---|---|---|---|---|---|
| 高校类型(以重点高校为参考类型) | | | | | | | | | | | |
| 一般高校 | 0.013 | 0.015 | 0.012 | 0.060* | 0.030 | 0.094*** | 0.007 | 0.051* | 0.064** | 0.014 | 0.032 |
| 独立学院 | −0.084** | −0.069* | −0.077** | −0.037 | −0.106*** | 0.014 | −0.071* | 0.013 | −0.043 | −0.005 | −0.009 |
| 专业类型(以工科类为参考类型) | | | | | | | | | | | |
| 理科类 | −0.030 | 0.007 | −0.042 | −0.035 | −0.017 | −0.002 | −0.026 | −0.008 | −0.008 | −0.009 | −0.027 |
| 人文类 | −0.017 | −0.043 | −0.047* | −0.078*** | −0.101*** | −0.067*** | −0.026 | −0.008 | −0.101*** | −0.019 | 0.000 |
| 经管类 | 0.003 | 0.031 | −0.013 | −0.009 | 0.059* | 0.021 | −0.017 | 0.016 | −0.003 | 0.027 | −0.031 |
| 高校的人才培养模式 | 0.229*** | 0.237*** | 0.217*** | 0.164*** | 0.135*** | 0.159*** | 0.216*** | 0.223*** | 0.168*** | 0.154*** | 0.168*** |
| 高校的教学内容 | 0.131*** | 0.103*** | 0.129*** | 0.130*** | 0.092*** | 0.103*** | 0.108*** | 0.107*** | 0.083*** | 0.091*** | 0.117*** |
| 高校的就业指导工作 | 0.186*** | 0.121*** | 0.182*** | 0.108*** | 0.085*** | 0.117*** | 0.181*** | 0.121*** | 0.130*** | 0.106*** | 0.163*** |
| 高校提供的校外实习与实践机会 | 0.049* | 0.148*** | 0.035 | 0.150*** | 0.234*** | 0.180*** | 0.057 | 0.112*** | 0.189*** | 0.217*** | 0.023 |
| $R^2$ | 0.141 | 0.177 | 0.160 | 0.158 | 0.167 | 0.173 | 0.153 | 0.155 | 0.175 | 0.163 | 0.112 |
| $F$ | 36.60 | 47.83 | 42.46 | 41.57 | 44.69 | 46.34 | 40.28 | 40.62 | 47.09 | 43.40 | 28.10 |
| $N$ | 2010 | 2010 | 2010 | 2010 | 2010 | 2010 | 2010 | 2010 | 2010 | 2010 | 2010 |

注:*$p<0.05$;**$p<0.01$;***$p<0.001$。

### （三）家庭因素对大学生就业能力的影响

表 6 列出了家庭因素对大学生就业能力的影响，从中可得出以下结论。

1. 家庭所在地的影响

城市大学生在职业道德修养、自主发展能力、成就导向、社会适应能力、求职技能 5 个维度上的就业能力水平显著低于农村大学生。

2. 家庭经济收入的影响

家庭经济收入对大学生就业能力的影响并不显著。

3. 父母亲教育水平的影响

父亲教育水平为中等教育的大学生的沟通能力要显著好于父亲教育水平为小学及以下的大学生；父亲教育水平为高等教育的大学生在求职准备、求职技能维度上的就业能力要显著高于父亲教育水平为小学及以下的大学生；而母亲教育水平为高等教育的大学生的自主发展能力要低于母亲教育水平为小学及以下的大学生。

4. 父母亲工作单位类型的影响

父亲工作单位为政府及事业单位的大学生在职业规划能力、自主发展能力、成就导向、社会适应能力、学习能力、求职技能、创新能力 7 个维度上的就业能力水平要显著低于父亲工作单位类型为务农及其他的大学生；父亲工作单位为企业单位的大学生在职业道德修养、职业规划能力、自主发展能力、成就导向、求职准备、领导能力、社会适应能力、学习能力、求职技能 9 个维度上的就业能力水平要显著低于父亲工作单位类型为务农及其他的大学生。

5. 家庭社会关系的影响

大学生的家庭社会关系越多、越广，其就业能力在社会适应能力、学习能力、沟通能力、自主发展能力、职业规划能力、成就导向、求职技能、职业道德修养等 11 个维度上的水平就越高。

6. 亲朋好友创业经历的影响

亲朋好友有创业经历的大学生就业能力在某些维度上的水平要显著优于亲朋好友没有创业经历的大学生。这说明，亲朋好友开办公司或企业的过程与经历，会耳濡目染地影响大学生的创业态度与意愿，进而对大学生就业能力的提升起到间接的影响。

综上所述，通过家庭因素影响大学生就业能力构成要素的 11 个回归模型可以看出，家庭因素是影响大学生就业能力的因素之一，且家庭所在地、父母亲受教育水平、父母亲工作单位类型、家庭社会关系等因素对大学生就业能力有着不同程度的影响。

表6 家庭因素影响大学生就业能力的多元回归分析结果（标准化系数）

| 检验项目 | 职业道德修养 | 职业规划能力 | 自主发展能力 | 成就导向 | 求职准备 | 领导能力 | 社会适应能力 | 学习能力 | 求职技能 | 沟通能力 | 创新能力 |
|---|---|---|---|---|---|---|---|---|---|---|---|
| 家庭所在地（以农村为参考类型） | | | | | | | | | | | |
| 城市 | -0.056* | -0.025 | -0.060* | -0.063* | -0.043 | -0.031 | -0.059* | -0.049 | -0.062* | -0.024 | 0.001 |
| 家庭经济收入（以低收入为参考类型） | | | | | | | | | | | |
| 中等收入 | 0.014 | 0.020 | -0.013 | -0.010 | 0.018 | 0.014 | 0.044 | 0.041 | -0.015 | 0.038 | -0.014 |
| 高收入 | 0.009 | 0.002 | -0.022 | -0.001 | -0.003 | -0.005 | 0.043 | 0.017 | -0.052 | 0.040 | -0.009 |
| 父亲教育水平（以小学及以下为参考类型） | | | | | | | | | | | |
| 中等教育 | -0.022 | -0.006 | 0.003 | -0.019 | 0.048 | 0.006 | -0.007 | 0.012 | 0.000 | 0.081*** | -0.016 |
| 高等教育 | 0.033 | 0.058 | 0.059 | 0.033 | 0.069* | 0.020 | 0.049 | 0.052 | 0.085** | 0.015 | 0.012 |
| 母亲教育水平（以小学及以下为参考类型） | | | | | | | | | | | |
| 中等教育 | 0.045 | 0.043 | -0.011 | -0.004 | -0.012 | 0.002 | 0.026 | 0.018 | 0.018 | -0.041 | 0.009 |
| 高等教育 | -0.054 | -0.058 | -0.074* | 0.004 | 0.001 | 0.029 | -0.060 | -0.035 | -0.007 | 0.024 | -0.060 |
| 父亲工作单位（以务农及其他为参考类型） | | | | | | | | | | | |
| 政府及事业单位 | -0.069 | -0.103** | -0.107** | -0.105** | -0.066 | -0.069 | -0.088* | -0.085** | -0.125*** | -0.046 | -0.136*** |
| 企业单位 | -0.069* | -0.094** | -0.089** | -0.085* | -0.088* | -0.081* | -0.125*** | -0.098** | -0.105** | -0.057 | -0.058 |

续表

| 检验项目 | 职业道德修养 | 职业规划能力 | 自主发展能力 | 成就导向 | 求职准备 | 领导能力 | 社会适应能力 | 学习能力 | 求职技能 | 沟通能力 | 创新能力 |
|---|---|---|---|---|---|---|---|---|---|---|---|
| 母亲工作单位（以务农及其他为参考类型） | | | | | | | | | | | |
| 政府及事业单位 | 0.023 | 0.059 | 0.046 | 0.052 | -0.009 | 0.054 | 0.037 | 0.018 | 0.091** | 0.009 | 0.079* |
| 企业单位 | 0.006 | 0.041 | 0.006 | 0.008 | 0.004 | 0.033 | 0.039 | 0.010 | 0.065* | 0.010 | 0.009 |
| 家庭社会关系 | 0.144*** | 0.157*** | 0.182*** | 0.156*** | 0.098*** | 0.141*** | 0.194*** | 0.206*** | 0.145*** | 0.192*** | 0.132*** |
| 亲朋好友创业经历（以无创业经历为参考类型） | -0.114*** | -0.022 | -0.047 | 0.028 | 0.062* | 0.021 | -0.072** | -0.020 | 0.024 | 0.055* | -0.053* |
| 亲戚创业（以无创业经历为参考类型） | 0.048 | 0.024 | 0.036 | 0.002 | 0.022 | 0.027 | 0.061* | 0.033 | 0.036 | -0.007 | 0.053* |
| 朋友创业（以无创业经历为参考类型） | 0.064* | 0.018 | 0.077** | 0.055* | 0.020 | 0.023 | 0.079*** | 0.085*** | 0.068** | 0.075** | 0.032 |
| $R^2$ | 0.049 | 0.035 | 0.056 | 0.038 | 0.027 | 0.029 | 0.064 | 0.061 | 0.044 | 0.058 | 0.036 |
| $F$ | 6.855*** | 4.857*** | 7.937*** | 5.317*** | 3.641*** | 3.947*** | 9.123*** | 8.687*** | 6.080*** | 8.213*** | 4.318*** |
| $N$ | 2010 | 2010 | 2010 | 2010 | 2010 | 2010 | 2010 | 2010 | 2010 | 2010 | 2010 |

注：* $p<0.05$；** $p<0.01$；*** $p<0.001$。

### （四） 就业环境因素对大学就业能力的影响

表 7 列出了就业环境因素对大学生就业能力的影响，从中可得出以下结论。

1. 就业政策导向与创业政策导向的影响

就业政策导向与创业政策导向都是影响大学生就业能力的显著要素。就业与创业政策的制定及实施，对大学生的就业或创业有着良好的导向功能，也是有效提升大学生就业能力的重要方面。这也进一步说明，政策环境在影响大学生就业能力的就业环境因素中扮演着举足轻重的作用。社会舆论导向也是大学生就业能力的重要影响因素。舆论导向是一种巨大的精神力量，发挥着其他手段无法代替的作用。

2. 社会舆论导向的影响

在大学生就业与创业的过程中，积极的舆论导向可以为大学生营造一种良好的社会文化氛围，对大学生的价值取向和行为方式产生重大影响，进而对大学生就业能力的提升起到积极的推动作用，帮助大学生顺利实现就业。因此，我们应充分认识到就业环境因素对大学生就业能力的影响，并以此为现实依据，为从就业环境层面探析大学生就业能力的发展策略提供理论保障。

综上所述，个体因素、高校因素、家庭因素及就业环境因素都是大学生就业能力的影响因素。但多元线性回归分析结果表明，各类因素对大学生就业能力差异的解释力是不同的。根据各回归模型中的 $R^2$ 值，我们发现高校因素对大学生就业能力的影响程度最高，其次是就业环境因素，再次是个体因素，家庭因素的影响程度则最低。这充分说明，大学生个体、高校、家庭及就业环境四个层面的因素对大学生就业能力的影响程度是不同的。

## 四、大学生就业能力培养策略

大学生就业能力是由职业道德修养、职业规划能力、自主发展能力、求职准备、社会适应能力、学习能力、求职技能、沟通能力、成就导向、领导能力与创新能力构成的多维度组合，它的培养与提升是一个复杂的系统工程，需要社会各方面的协同配合与共同努力。为此，本研究在前文分析的基础上，主要从大学生就业能力的构成要素与大学生就业能力的影响因素两个层面，探讨大学生就业能力的具体发展策略，以期为大学生就业能力的开发以及大学生就业质量的提升提供一定的理论参考。

### （一） 改进薄弱环节，提升大学生的就业能力

通过前文对当前大学生就业能力基本状况的分析可以看出，大学生在职业规

表 7 就业环境因素影响大学生就业能力的多元回归分析结果（标准化系数）

| 检验项目 | 职业道德修养 | 职业规划能力 | 自主发展能力 | 成就导向 | 求职准备 | 领导能力 | 社会适应能力 | 学习能力 | 求职技能 | 沟通能力 | 创新能力 |
|---|---|---|---|---|---|---|---|---|---|---|---|
| 就业政策导向 | 0.125*** | 0.132*** | 0.112*** | 0.045 | 0.080* | 0.092* | 0.137*** | 0.125*** | 0.075* | 0.062* | 0.073* |
| 创业政策导向 | 0.072* | 0.135*** | 0.117*** | 0.157*** | 0.085** | 0.165*** | 0.085* | 0.136*** | 0.169*** | 0.164*** | 0.134*** |
| 社会舆论导向 | 0.228*** | 0.189*** | 0.218*** | 0.157*** | 0.180*** | 0.172*** | 0.228*** | 0.199*** | 0.173*** | 0.164*** | 0.229*** |
| $R^2$ | 0.102 | 0.115 | 0.111 | 0.073 | 0.067 | 0.103 | 0.113 | 0.117 | 0.097 | 0.086 | 0.107 |
| $F$ | 76.36*** | 87.23*** | 83.12*** | 52.40*** | 47.84*** | 76.37*** | 85.43*** | 88.34*** | 71.81*** | 62.57*** | 79.72*** |
| $N$ | 2010 | 2010 | 2010 | 2010 | 2010 | 2010 | 2010 | 2010 | 2010 | 2010 | 2010 |

注：$*p<0.05$；$**p<0.01$；$***p<0.001$。

划能力、求职准备、求职技能、成就导向、领导能力维度上的就业能力水平相对较低。因此，我们在探讨大学生就业能力的发展策略时，应该从大学生就业能力构成要素的薄弱环节出发，积极寻求提升大学生就业能力的具体策略。

1. 培养学生职业规划能力

大学时代是个人职业生涯规划中的黄金阶段。一方面，在校大学生具有充沛的体力和很强的学习能力，且就业观念、职业理想、人生观、价值观等方面都具有很强的可塑性，因而有着很好的职业生涯可规划性；另一方面，高校为大学生提供了学习基本就业技能的良好条件，大学生可为自己成功的职业生涯打好基础，做好准备。通过分析大学生就业能力的基本状况，我们发现，当前大学生的职业规划能力相对薄弱，应对此予以充分重视。

2. 积极帮助学生做好求职准备

在当前严峻的就业形势下，大学生为了在求职过程中赢得先机，顺利实现就业，就必须事先做好充分的求职准备工作。前文的分析已经表明，求职准备作为大学生就业能力的构成要素，其平均得分并不高，这说明大学生的求职准备工作还需要进一步充实与完善，主要包括就业信息的准备、求职材料的准备等。

3. 帮助学生掌握求职应聘技能

求职技能是大学生就业能力的重要组成部分，但前文的分析显示，大学生的求职技能是比较薄弱的，这应该引起我们的广泛重视。其中，求职面试技巧是求职技能的重要内容，也是关乎求职成功与否的重要因素。因此，大学生在求职过程中应充分做好面试准备，掌握面试的技巧及方法，在面试中适度地表现自己，力争取得求职的成功。

4. 帮助学生树立良好的成就导向

成就导向是个人取得高绩效的动力之源，也是企业家特质及创业能力的重要组成部分。本文中作为大学生就业能力构成要素之一的成就导向，侧重强调的是大学生在学习或工作中体现出的自我愿景、内激励、行动性、挑战性目标及高标准等个人特质。如前文所述，当前大学生就业能力中的成就导向维度较为薄弱。因此，不断提高大学生的就业能力，需要从自我愿景、内激励、行动性、挑战性目标及高标准五个方面引导大学生树立良好的成就导向。

5. 重视发展学生的领导能力

领导能力是大学生创业能力的重要组成部分，是决定大学生能否选择自主创业及将来自主创业能否成功的必要条件。前文中对大学生就业能力基本状况的分析结果表明，大学生的领导能力相对薄弱。因此，需要重视发展大学生的领导能力，增强大学生的领导意识，通过培训和实践活动培养大学生的领导才能。

## （二）改善影响因素，发展大学生的就业能力

如前文所述，个体因素、高校因素、家庭因素及就业环境因素都是大学生就业能力的影响因素。但各类因素对大学生就业能力差异的解释力是不同的，高校因素对大学生就业能力的影响程度最高，其次是就业环境因素，再次是个体因素，家庭因素的影响程度则最低。因此，为全面发展大学生的就业能力，提高大学生的就业质量，本文着重从高校、大学生个体、政府三个层面系统地探讨大学生就业能力的发展策略。

### 1. 高校是提升大学生就业能力的主导阵地

高校是大学生就业能力培养的支持者和大学生就业能力的间接受益者，也是提升大学生就业能力的主导阵地。高校因素影响大学生就业能力的分析结果表明，高校类型是影响大学生就业能力的因素之一，其中需要特别注意的是，重点高校大学生的就业能力水平相对于一般高校及独立学院的大学生而言，并没有明显的优势。因此，无论是重点高校，还是一般高校或独立学院，都应主动顺应社会主义市场经济发展的客观需要，积极提升大学生的就业能力，帮助大学生顺利实现就业，这是体现高校使命与责任的客观要求。此外，高校的学科专业设置、人才培养模式、教学内容、就业指导工作、实习与实践机会等都不同程度地影响大学的就业能力，因此，需要从创新人才模式、调整学科专业设置、加强实践教学环节、完善就业指导机制、大力推进创业教育等方面发挥高校对提升大学生就业能力的主导作用。

### 2. 大学生自身是提升就业能力的关键主体

就业状况直接关系到大学生的切身利益。同时，大学生作为就业的主体，本身也是决定就业能力大小的关键因素。个体因素影响大学生就业能力的分析结果表明，政治面貌、学习成绩、职业技能证书、实习经历、兼职工作经验、创业经历及求职行为都不同程度地影响大学生的就业能力。因此，需要从不断加强党员意识、努力学习专业知识与技能、参加社会实践锻炼、积极而理性地求职、树立正确就业观念等方面探讨提升大学生就业能力的具体策略。

### 3. 政府是提升大学生就业能力的引导力量

政府在培养大学生就业能力、促进大学生就业方面发挥着重要的引导作用。温家宝总理在政府工作报告中明确指出：各级政府要千方百计促进就业，把促进高校毕业生就业放在突出位置。为此，政府部门应采取切实有效措施，进一步强化服务职能，加强宏观调控，完善就业政策法规，加强就业创业政策引导，树立正确社会舆论导向，加大政府财政支持力度等，全力引导与促进大学生就业与创业。

## 参考文献

胡尊利，刘朔，程爱霞．2008．国外大学生就业能力研究及其启示［J］．比较教育研究（8）．

戚新．2005．我国高校毕业生就业问题研究［D］．长春：东北师范大学．

王晓娟．2006．高校毕业生就业问题研究［D］．杨凌：西北农林科技大学．

王颖．2006．基于高等教育影响的个人就业能力研究［D］．大连：大连理工大学．

张建伟．2005．我国大学生就业问题研究［D］．郑州：郑州大学．

郑晓明．2002．就业能力论［J］．中国青年政治学院学报（3）：91 –93．

Athayde R．2009．Measuring enterprise potential in young people［J］．Entrepreneurship Theory and Practice（3）：481 –500．

Bowers-Brown T et al．2003．A review of the graduate apprenticeship scheme：report to Higher Education Funding Council for England by Enhancing Student Employability Co-Ordination Team（ES-ECT）［R］．Bristol，ESECT．

CBI（Confederation of British Industry）．1999．Making employability agenda for action［R］．London：CBI．

Harvey L．2001．Defining and measuring employability［J］．Quality in Higher Education（2）：97 –109．

Heijde C M，van der Heijden B．2006．A Competence-based and multidimensional operationaliza-tion and measurement of employability［J］．Human Resource Management，45（3）：449 –476．

Hillage J，Pollard E．1998．Employability：developing a framework for policy analysis［M］．London：Department for Education and Employment．

James P，Wark V．1997．Replacing the ladders［J］．People Management（11）：28 –31．

McQuaid R W，Lindsay C．2005．The concept of employability［J］．Urban Studies，42（2）：197 –219．

Mentkowski M，Doherty A．1984．Abilities that last a lifetime：outcomes of the Alverno experi-ence［J］．American Association for Higher Education Bulletin（36）：5 –14．

Mitchell A G．1998．Strategic training partnerships between the State and enterprises［R］．Ge-neva：International Labour Organization．

Robson M T．2001．Regional variations in the competitiveness of unemployed job seekers and the rate of outflow from unemployment［J］．Oxford Bulletin of Economics and Statistics（63）：61 –90．

The Conference Board of Canada．2007．Employability skills 2000［R/OL］．［11 –23］．ht-tp：//www．conferenceboard．ca．

Thijssen J G L，van der Heijden B I J M．2003．Employability in the focus of attention［M］．Dublin：Interesource Group Limited：229 –239．

Yorke M，Knight P T．2004．Embedding employability into the curriculum［M］．Heslington：The Higher Education Academy．

**作者简介** | 陆根书，西安交通大学高等教育研究所所长、教授、博士生导师，主要从事高等教育学、教育经济学、教育政策等领域的研究。
刘敏，西安交通大学博士，西安工程大学讲师。

# Analysis on the Employment Ability of University Students and Its Influencing Factors

## Lu Genshu & Liu Min

**Abstract**：On the basis of exploring the connotation and structural dimensions of employment ability of university students, this study analyzes the current situation and influencing factors of employment ability of university students. From the three levels including individuals, universities and government, the systematic strategies of cultivating and raising the employment ability of university students are further discussed.

**Keywords**：employment　employment ability　strategy

# 博士论坛

# 全球化挑战与高等教育范式转型<sup>*</sup>

蔡宗模

**摘 要**：作为人类历史的又一场深刻变革，全球化对高等教育的影响是全面的和根本性的。17世纪威斯特伐利亚体系建立以来形成的高等教育国家化范式正面临严峻挑战，各种修正努力已经难以维系，高等教育全球化范式初现端倪。本文基于库恩的范式理论，从高等教育发展的历史视角，通过对比高等教育国家化范式和高等教育全球化范式，深入分析两者的起源、特征、危机或现状，揭示了它们的历史内涵和转型发展的必然。

**关键词**：全球化 高等教育国家化 高等教育全球化 范式 转型

"二战"后开始形成的高等教育国际化，最初主要还是从属于政府政治和外交的需要。随着20世纪70年代后国际政治经济形势的变化以及信息技术的发展，高等教育才真正主动地把自己推向国际化的舞台，高等教育的政治色彩有所淡化，国际化程度越来越高。而世界贸易组织（WTO）开启了一个全球化的新时代，一个需要有世界视野的时代。（冯增俊，2002）它影响到高等教育组织的生存环境，使得国家不得不重新定位对于高等教育的责任和调控方式。跨越几个大洲的相似改革几乎在同一时期出现，使我们有理由认为教育重建有必要被理解为一种全球现象。（卢乃桂，张永平，2007）

## 一、高等教育的国家化范式及其危机

如果从古希腊的阿卡德米学园（Academia）、吕克昂学园（Lyceum）算起，到中世纪的博洛尼亚大学、巴黎大学，西方最早的大学教育有明显的"学者行会"性质，为知识而知识。它属于概念意义上的全世界，一般不受特定地域和

* 基金项目：全国教育科学"十一五"规划国家一般课题"全球化进程中我国高等教育发展战略研究"（课题编号：BIA080035；主持人：毛亚庆）的阶段性成果。

特定政权的限制。① 在西欧威斯特伐利亚条约之后，以主权、平等为原则的现代民族国家才出现在历史的舞台上，形成了以地理划界、政治分野、民族自决为特征的国家自治系统，经济发展、文化交流受到地理空间和意识形态的双重制约。作为文化传承及再生产的专门场所和民族身份打造的重要机构的高等教育，必然深受影响而显示出明显的国别特征。虽然理想的民族国家高等教育就像概念上的"一民族一国家"，在现实中很难找到其对应物，因而不免存在一些偏差，但我们仍然可以通过勾勒民族国家高等教育的一般特征，来理解高等教育的国家化范式及其面临的危机。

## （一）高等教育国家化范式的特征

下面基于库恩的范式理论，从理念、话语和技术三个维度入手进行论述。

### 1. 高等教育国家化的理念

克尔把古希腊的学园描述为"漫游各国的学者的智慧乌托邦"（克尔，2001），是没有民族国家界限的世界性（cosmopolitan）机构（Kerr，1991）。这种状况一直持续到 16 世纪上半叶西欧的宗教改革，从那时开始"学习世界被扯得四分五裂"，民族国家发展了自己民族的大学，它们越来越多地生活在一个对它们抱有企图的世界，"教育，特别是高等教育，不仅要为民族国家的行政的和经济的利益服务，而且要成为发展民族身份的重要方面；不仅要成为国家的一个工具，而且要成为社会的灵魂和人民大众的组成部分。学习中的普遍主义为教育中的民族主义所取代"（克尔，2001）。大学知识的普遍主义与民族国家的企图之间的矛盾，通过国家拨款主办高等教育并垄断高等教育服务，同时认可高等教育机构建立起相对自治的科学共和国的形式，得到了有效化解。于是，高等教育在科学知识的探究中追求真理，获得有限自由，而民族国家借助高等教育的知识生产发展经济和文化，赢得政治合法性。真理话语与理性国家本质上是一体的。因此，与宗教神权不同，现代民族国家积极支持科学研究，大力维护科学知识的真理性和权威性，不允许对真理本身的质疑。可以想见，这样的"真理"是有边界的，它在给定的权力空间——主要是政治权力范围内获得自我确证。

民族国家的世界是由一个个利益所分割的世界，"从费希特到洪堡、纽曼、阿诺德，甚至索顿·维布伦，大学始终被看成民族文化、国家历史、国家认同和国家统治的一个组成部分，它的核心任务是建构和维系具有一致性的国家"

---

① 这从教育史上记载的学者行会因不满地方当局的不当处置的随时迁移性，以及国王发布有关挽留招引学者的法令中可以看出来。但这并不是说他们不会受到任何影响。克尔指出苏格拉底的审判以及巴黎大学、牛津大学、剑桥大学的早期历史是典型的例证，高深学问常常受到固定的教会教义以及国王和王子个人意愿的限制。但这种限制具有非制度性特征，它主要遵从那种范式规则的约束。

（杰姆逊，三好将夫，2001）。民族利益和国家忠诚是高等教育事业的出发点，专业划分、课程设置、教育教学、科学研究、国际交流等都必须以此为前提和原则。柏林大学的创办者洪堡、费希特等人宣称：大学的根本目的在于服务国家的长远利益，大学的真正使命在于提高学术研究的水平，为国家的长远发展传授创新知识，培养高级人才。（贺国庆，谢长法，2004）这样，自学者行会开始，教育从教会的庇护转移到世俗政权之手的一个逻辑后果是，"科学共和国"沦为国家的工具。（克伯雷，1991）难怪康内尔认为，教育的国家化首先并突出地表现为教育的政治化。（康内尔，1990）

2. 高等教育国家化的话语

（1）核心概念

国民教育是民族国家教育系统共同的基本职能。它要求培养民族忠诚，熔铸社会团结，整合分裂文化，打造国民性格，实现内求统一外求独立的目标。普及初等、中等甚至高等教育，这是世界各国教育的基本选择及向更大的野心迈进的步伐。格林（Andy Green）指出："国家教育体系最初是作为形成现代民族国家（modern nation state）进程的一部分而创立的"，"简而言之，它建立或试图建立国民性（civic identity）和国家意识（national consciousness）——这两者相互协调并同国家紧密联系在一起——将那些由于其出生或自愿收养而在法律上受到承认的人培养成为真正的国民"。（Green，1997）作为高等教育，在民族国家的框架下，其培养精英的功能远远优先于普及教育的责任。除了参与国际竞争需要的合法性借口，科学知识的真理性要求与政治控制的权威性要求一样，必须找到一个（群）现实的代理。自从科学取代了宗教，天国被世俗政权取代，神就变成了民族国家的精英。这就是从臣民到国民、从国民教育到精英教育的合理性。

（2）理论[1]

前后有两大理论代表：国家主义教育思想和教育与国家形成理论。

——国家主义教育思想。国家办教育早在奴隶制国家斯巴达那里就有实践。以后从柏拉图、马丁·路德到普鲁士国王，教育为国家所有的主张代不乏人。真正旗帜鲜明地提出教育完全属于国家的事业，并且在理论上对国家教育提出具体实施方案的当首推启蒙时期的法国，这一主张继而在19世纪的德国得到较快发展。西方早期国家主义教育思想的主要代表有法国的拉·沙洛泰、米拉博、塔列兰德、康多赛和德国的费希特等，中国的代表有清末的梁启超（"五四"前后改变立场）、民国的陈启天等人。国家主义教育思想的主要特征是：强调由国

① 这里的理论相当于"符号概括"，它与理念有联系，但两者显然不是一回事。现代西方的经典理论家都明显地在理论之上兼有一定的理念——譬如，斯密的资本主义经济中的每个人的最大利益以及韦伯的一切现代制度的理性化。参见：黄宗智. 悖论社会与现代传统［J］. 读书，2005（2）：3－14.

家办世俗教育，培养公民和推行义务教育；强调教育是国家和民族振兴的重要手段，国家应对全体国民进行全民教育和全面教育，培养民族精神。其主要内容有：教育摆脱宗教的控制，改由国家世俗政权管理和领导；教育内容突破宗教经典的狭窄范围，把自然科学、社会科学的许多门类的知识纳入学校课程；在国家对教育领导的前提下允许宗教团体及私人办教育等。（王凌皓，2001）国家主义教育思想是民族主义观念产生和不断增长的结果。康德尔指出：教育的问题就是由谁来控制儿童的问题。18世纪前普鲁士和法国就明确规定，大学是以有用的和科学的知识负责教育年轻人的国家机构，这样的机构唯有国家或经国家认可才能建立。费希特和黑格尔认为，国家有权组织教育，因为国家代表社会生活中理性和合理的实现。（朱旭东，2001）国家主义教育观一经形成，就成了全世界各民族国家意识形态的重要组成部分，并伴随着民族国家的历史而不断发展和变形。比如种族主义和种族民族主义就将它推向了极致。希特勒利用德国学校去宣传其北欧日耳曼人至上主义的信条，激起反犹太主义。日本学校也成为侵略主义和军国主义的民族主义的滋生地。由日本文部省编写和出版的教科书，充满了民族主义色彩。军官驻进学校，在那里用军事纪律培训教师，教他们使用武器，激励学生将自己无畏地奉献给国家。（格林，2004）可以肯定，在民族国家的历史结束之前，国家主义教育思想始终不乏后继者，并且将不可避免地与全球化时代的高等教育理念发生冲突。

　　——教育与国家形成理论。格林认为，用工业化和城市化来解释民族性国家教育体系的产生，这种理论无法回答民族性国家教育体系为何首先发生在普鲁士、奥地利和法国这样的前工业化国家，而不是英国。西方教育史学曾经出现过辉格或自由理论、结构功能主义理论，都无法解释不同国家的教育体系的不同发展，而教育和国家形成恰恰可以填补这个空白，尤其可以说明英格兰和威尔士民族性国家教育体系晚发的根本原因。因此，解释教育体系发生发展的关键是国家的属性及国家形成的过程。其基本主张包括以下三点。第一，教育发展是整个国家形成过程中的一个不可缺少的组成部分。国家形成指的是现代国家建立的历史过程，不仅包括所有政府控制的机构的组建，也包括使国家权力合法化、巩固民族和民族"特点"的意识形态和集体信念的形成。公共教育国家化的形成，标志着与中世纪和早期自愿、特殊的教育模式的决裂。这种教育最终发展成为一种国家机构，成为民族国家机器必不可少的组成部分，也成为新的社会秩序的重要支柱。它采取自上而下地由国家官僚机构统一规划、集中控制或管理的模式。（格林，2004）第二，国民教育体系的目标要服务于整个民族，体现社会统治阶级心目中的"民族利益"。民族国家教育体系的任务在于同化移民文化，改良宗教信条，推广指定的标准国家语言、打造民族认同感和民族文化，普及常规理性的思维习惯，鼓励爱国，灌输道德纪律等，其中最重要的是灌输统治阶级的政治经济信条。它要塑造负责的公民、勤奋的工人、自觉自愿的纳税人、可靠的陪审团、尽责的家长、尽心的妻子、爱国的士兵以及可信任的或是顺从的选民。学校发挥正面教育的作用，法院发挥约束和消极教育的作用。学校是国家干预的对象，也是国家试图实现其目标的工具。第三，造成各教育体系在发展的时间与形式上的差异的关键社会因素，是各国的国家性质及国家对教育的干预。国家性质是解释各种学校体系发展的特有形式和发展周期的最重要的原因。而使各国形成别具特色的学校体系并对教育产生极大影响的因素是民族主义。因此，如果说美国学校教授的内容不受中央政府的严格控制，而是由非常广泛的社会舆论来引导的话，那么这种教育内容仍然是主流的、白皮肤的盎格鲁撒克逊中产阶级的意识形态和政治目标。（格林，2004）可以认为，国民教育体系与民族性国家相互作用，相互支撑，共同发展。

（3）制度

建立国民教育制度，是国家行使教育权的一种具体表现方式。国家教育体系诞生和发展的基本标志是国家建立了相对统一的教育管理体制和学校系统，承担部分教育经费，颁布教育法令，对教师培训、课程内容和教育目标实施控制，等等。教育立法与国民教育制度的建立具有密不可分的关系。从某种意义上说，国民教育制度建立的过程，也就是不断地教育立法的过程，如规定国家的教育方针，确定国家的教育制度，统一教育的质量标准，协调教育的内外关系，等等。通过立法活动，制定最高和最基本的普遍性行为规则来管理教育。国民教育体系是现代国家教育制度的先驱。格林指出，建立国民教育体系的主要推动力在于：为国家培养训练有素的行政管理人员、工程师和军事人员，传播主流的民族文化，灌输民族意识，从而为民族国家打造出政治文化共同体，巩固统治阶级的霸权地位。

在大多数欧洲国家、美国北部各州和日本，民族国家教育体系或公共教育体系是在19世纪发展起来的，包括：由国家培训和委派教师；由国家发给学校执照并进行监督；由国家控制学校课程和考试等。（格林，2004）1958年美国颁布《国防教育法》的目的，也是授权联邦政府对教育拨款提供实质援助，以保证培训出质量上和数量上均适用的人才，满足国际竞争的需要。这不过是在新的历史条件下（两极竞争加剧）国民教育制度功能重心调整的表现。

3. 高等教育国家化的技术

（1）方法

高等教育国家化范式在技术上主要通过控制来维持，从经费控制、人员控制一直到思想控制。以标榜独立的德国大学为例，其经费来源主要是各邦王室，统治者对大学的人事也从不放手。普鲁士邦的7所著名大学，包括柏林大学在内，都由教育部直接控制，政府还派驻各大学一人，作为代表政府的行政顾问。有的邦对大学指派副校长，有的邦就大学推荐的名单圈定教授人选，或直接委派教授。一般大学教授须宣誓效忠王室，薪资由政府支付，实与官员无异。纳粹统治时期政府对教育控制达到国家化的极端，他们对各级学校教师进行审查，直到把那些所谓"不可靠"的教师清除出学校。一位地方教育官员甚至公开宣称具有国际主义和和平主义的教师在帝国没有存在的余地。（王天一 等，1993）事实上，各国统治者对大学学术自由和学术独立的控制都是一样的严厉。（滕大春，1989）思想控制也不惜一切手段，包括宗教教育、政治运动、思想改造和清算运动，其最终目的在于把学生培养成为民族主义者，服务于民族国家。思想控制的极端表现之一是军国主义思想在学校的灌输。比如纳粹德国为把教育控制落实到具体的教育实践中，在课程设置上，除基础课程外，统一增加德意志语言、德意志历史、德意志地理等内容的比重，甚至还讲授所谓的"德国物理学""德国化学"和"德国数学"等。同时不断减少高等教育的招生规模，废弃大学自治、教授治校的权利，迫害具有进步思想的学者等。（贺国庆，谢长法，1987）

（2）范例

高等教育国家化范式最典型的代表就是有"现代大学之母"之称的德国柏林洪堡大学。与旧制行会式大学不同，柏林洪堡大学是"研究教学合一"的新学校。根据洪堡的理念，现代大学应该是"知识的总和"，大学完全以知识及学术为最终目的，教学与研究同时进行，大学自治、学术自由、教授治校成为现代大学建制的基本要求，这反映出它对中世纪行会式大学的历史继承性。大学成为科学知识的堡垒，以探究和维护真理性知识自居，与宗教神学的盲信拉开距离。但它又不以培育实务人才为目的，与专门的能力和技艺无关。在洪堡理念的指导下，德国高等教育形成了"国家官僚—教授"的管理模式（邓静芬，2009），国家与大学之间的控制与被控制关系得到充分体现。世界各国在学习洪堡模式的时候，将科学理性的信仰推到极致，形成了近现代科学真理性知识与理性民族国家的神圣结盟，高等教育国家化范式根深蒂固。

（3）模型

在世界高等教育中心转移到美国之前，以德国大学为代表的国家化高等教育模式实际上处于政府权力和学术权力的两极张力之中（图1）：一方面是学院科学的长足发展，并由此造成现代科技知识的制度化权威（相当于中世纪神学知识的地位）和现代化观念的出笼；另一方面是当国家需要的时候，大学的工具性质就会进一步蜕变为意识形态的机器或战争的枪炮。以欧洲为中心的一批近代大学在两次世界大战之前相对平静的国际环境中迅速繁荣，学术权力在以德国、意大利为典范的高等教育系统中得到巩固并制度化。但两次世界大战证明了两极模式的脆弱，很多大学沦为战争的牺牲品，遭到重创。而"二战"后由于制度惯性，一些国家（如意大利）昔日的学术权威依然古板地维持着固有的模式，实际上在很大程度上抑制了"二战"之后新的国际环境中大学发展的生机。

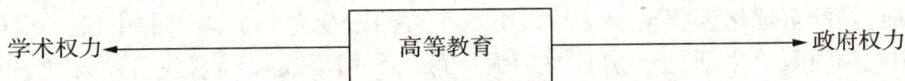

**图1  近代大学的两极张力模式**

此时曾经脱胎于欧洲模式的美国大学，以赠地学院为肇始，因将地方经济建设纳入大学科研和教学的议程而迅速崛起，从而抛弃了近代大学的两极模式，确立了现代大学系统政府、学术和市场三足鼎立的新格局。这就是美国学者伯顿·克拉克在《高等教育系统：学术组织的跨国研究》（1983年）一书中所总结的"三角协调模式"。当时美国大学被认为是市场力量主导的代表，社会主义的苏联以政府权力为主导，而意大利依然维持着学术（讲座制形式）的神圣权威。（图2）

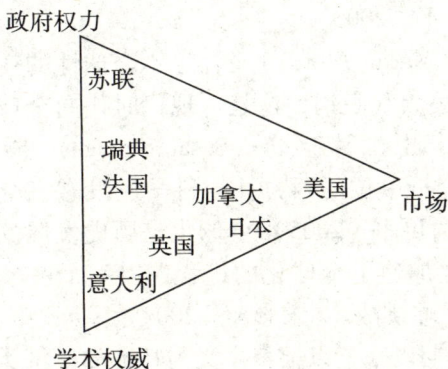

**图2  伯顿·克拉克"三角协调模式"**

## （二）全球化对国家化范式的严峻挑战

现代国际关系是建立在威斯特伐利亚体系基础之上的。在国际相互依存日益加深，全球化发展和全球问题日益突出的情况下，该体系的一些基本原则正在遭遇越来越大的挑战。戴维·赫尔德（David Held）等人指出：国家政治的背景已经发生了变化，民族国家和国家政府都被植入自由区域和全球范围的政治权力所形成的复杂网络中，国内事务与外交事务、国内政治问题和国外问题的区别日益模糊。国家主权虽然没有崩溃但正在改变其形式，我们再也不能把有效政治权力的核心等同于民族国家。实际上，几乎在政策的所有主要方面，处于区域和全球流动过程之中的国家这一政治共同体，已经卷入了密集的跨国协调和规制之中。（Held，McGrew，2002）国际的和跨国的关系已经侵蚀了民族国家的权力，仅仅围绕国家以及国家间所关心的问题并以此为头等大事，已经远远不能适应全球化发展的形势了。（赫尔德，2003）国家主权正在从根本上被重塑（尼吉登斯，2002），传统的国家主权观多少已经过时了（哈贝马斯，2000）。

愈演愈烈的全球化进程至少正从以下八个方面改变着民族国家的主权：超国家组织对国内政治生活的影响日益加大；跨国公司不仅操纵着经济全球化进程，也在相当程度上左右着民族国家的国内政治；国家权力开始分层化和中空化；国家的传统职能受到了严重的限制和削弱；国际因素已经成为制约国内政治发展的基本变量；全球问题的增加使得国家权力的边界在一定程度上开始变得模糊；民族国家的认同遭遇了危机；全球化正在重塑国家的自主性。（俞可平，2005）全球化几乎将世界上所有国家都纳入国际政治经济一体化进程和全球互动网络之中，使得国家政府的政策几乎在所有主要方面，都处于区域性和全球性的张力之中。（俞可平，2004）随着权威的加速分流，国家将不再可能在越来越复杂的挑战面前继续仰赖主权作为保护它们利益的基础。（詹姆斯，2003）一些学者甚至断言，全球化破坏了国家的自主性，一个"社会的世界"正在取代"国家的世界"。（俞可平，2005）

马丁·阿尔布劳（Martin Albrow）断言："全球性的变迁必然导致国家理论的重建"，"国家观与民族观脱钩，这是从现代时代向全球时代转变的最重要方面"。（布劳，2001）苏珊·斯特兰奇（Susan Strange）进一步指出："如果说基于将国家作为最重要分析单位的西方社会科学还没有完全过时的话，很大部分也已不合时宜了。"（俞可平，2005）全球化是历史发展的必然结果，信息化与网络化在广度与深度上加速了全球化的进程，以一个民族或国家为背景研究社会发展的思路受到了严峻挑战。（宋彩萍，2004）

20世纪70年代中期以来，以福特主义为特征的经济类型面临危机，民族国家高等教育被迫融入市场，教育服务贸易应运而生。而将高等教育纳入WTO管辖范围，可能会严重影响国家政府利用公共政策管理高等教育的能力（联合国教科文组织，2004），大学的职能将发生本质上的改变（阿特巴赫，2002）。曾经将市场"矮化"为随时会被压制、操控的子系统的"三角协调模式"，陷入一种难以自圆的矛盾当中。（彭湃，2006）范德文德（van der Wende）和泰希勒（Ulrich Teichler）指出，全球化对高等教育带来了不断增加的挑战，因此在高等教育政策中，国际化在机构层面、国家层面和国际层面都已成为一个重要的政策维度。（转引自安德斯，2003）如果说19世纪很多大学被民族（国家）主义塑造，今天的大学则受到全球化的影响。（Anon，2005）泰希勒（Teichler，1999）通过研究欧洲高等教育国际化活动，发现了三个本质性的变化。首先，从"纵向"合作与流动为主的模式转向平等合作关系占主导地位的国际化模式。其次，从犹疑分散转向系统的国际化政策。最后，从特殊活动与核心活动的国际化转变为高等教育的整体性国际化。（Teichler，1999）范德文德总结道：近年来，欧洲国际化的视野已得到开阔，以前仅仅关注大学生的流动，而目前则有了一种战略，在高等学校层面则表现为采取更多的国际化战略措施。由于采取了这种更加全面的对策，国际化从高等教育的边缘和附属位置走向中心，成为高等学校的一个核心战略议题和国家高等教育政策的一个重要维度。（van der Wende，Marijk，2001）美国高等教育专家、卡内基高等教育政策研究理事会前主席克拉克·科尔明确指出："我们需要一种超越传统赠地学院的新的高等教育观念。"这种观念就是高等教育的国际化和全球化。（陈学飞，2001）

### （三）高等教育国家化范式的修正及问题

高等教育国家化范式的危机与维护，随着全球化的深入发展而涌现。其中有整体性的努力，如安迪·格林提出的"教育与国家形成理论"，而更多的是从市场经济角度出发进行的局部修正，如威廉斯等人对伯顿·克拉克"三角协调模式"的修正。但这些努力的效果都非常有限，难以维护旧范式的地位和边界。

1. 格林对国家化范式的修正及问题

安迪·格林在《教育、全球化与民族国家》《教育与国家形成：英、法、美教育体系起源之比较》等专著中，运用其独创的"教育与国家形成理论"，通过后现代主义与国家教育、国民教育体系的社会起源、教育与欧亚国家形成、19世纪英法技术教育与国家形成、集权制和分权制下的教育成就等议题的探讨和比较研究，集中回应了全球化给民族国家教育范式造成的重大挑战。

——基本观点。我们的文明实质上只把我们生活的表层全球化了。我们的内在自我继续拥有一个自己的生活，而且理性知识时代在回答人类基本问题上所提供的答案越少，似乎人们越要固守其背后存在的部落的古老确定性。正因为这样，每种文明在被当代文明日益融入的时候，就会急于实现它们自身内在的自主性和与其他文明的差异性。因而，集权制教育体系往往比分权制更有成效，民族性国家教育体系远没有终结，它只是改变了对教育的控制方式，只不过在全球化条件下需要重新构建它与全球化和教育之间的三角关系。

——对策建议。（1）以"教育体系部分国际化"来替代"教育全球化"。"通过增加学生和教师的流动、广泛的政策借鉴以及加大初中和高中课程中国际方面内容的重要性，民族性国家教育体系部分国际化了"。（2）国家形成过程不应再过多强调重建单一的民族认同感。应从关注"国家形成"转向"社会凝聚（cohension）"，"通过适合于现代环境而且有利于深化民主和加强社会团结的方式，重建公民文化和民族国家地位的文化"。

——问题评析。安迪·格林秉持民族性国家教育体系远未终结的观点，基本上对教育的国际化、全球化持反对态度。他以"教育与国家形成理论"取代将民族性国家教育体系产生与工业化和城市化联系起来的理论，对近代各国教育体系的形成颇具解释力。但他误解了或片面化了全球化理论，因为他认为与后现代主义一样，全球化理论似乎预示着民族性国家教育的基础不复存在，其传统将会消失，政府将不再控制他们的教育体系。事实上，全球化、国家化、地方化是相互交织、相互作用的，马金森的"全球国家地方能动模式"（glona-calagency heuristic）就说明了这一点。而"重建公民文化和民族国家地位的文化"与"教育体系部分国际化"这一保守建议也折射出全球化给民族国家教育体系带来的巨大挑战。分歧仅在于，是坚持维护旧范式还是建立新的解释范式。格林选择修正和维护旧范式，他提出的应对全球化经济竞争的药方就是民族国家大力发展职业技术教育。

  2. 三角协调模式的修正与问题

  （1）加雷斯·威廉斯的修正

  1995 年，英国学者加雷斯·威廉斯（Gareth L. Williams）根据高等教育经费分配的研究结果，将各国高等教育财政模式划分为官僚控制、学院控制和市场控制三种模式，并在"三角协调模式"的基础上细化为六个小模式（图3），用以解释各国高等教育财政状况变化的不同原因。他认为，这些都取决于政府对市场的态度和对大学作用的认识。

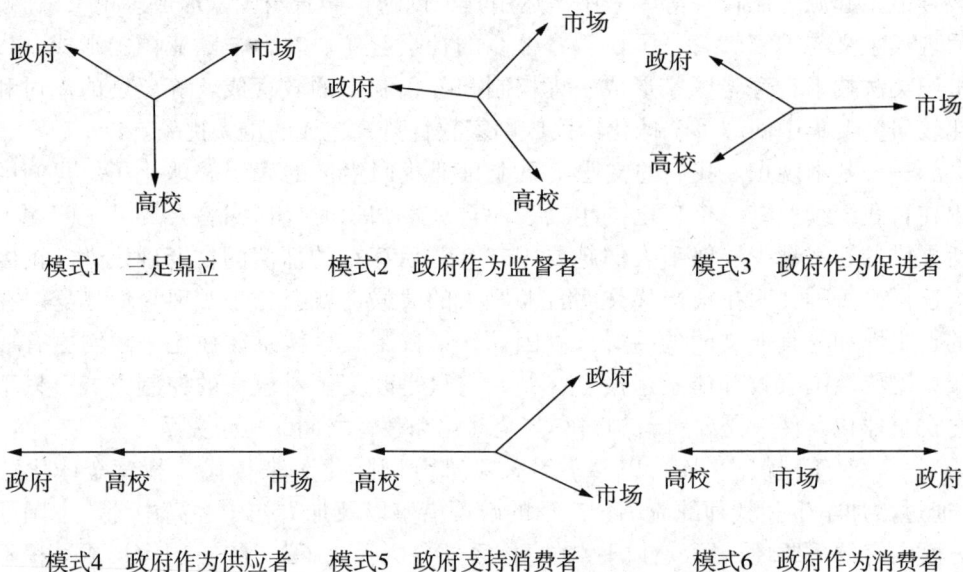

图 3　加雷斯·威廉斯对"三角协调模式"的修正

资料来源：Williams G L. The "marketization" of higher education: reforms and potential reforms in higher education finance [G] //Dill D D, Sporn B. Emerging patterns of social demand and university reform: through a glass darkly. Oxford: Pergamon Press, 1995: 172 – 173.

  威廉斯的模式显然是一种财政分配模式，政府作为主导者，决定着大学的资源获取和市场地位。除此以外，我们无法想象大学融入全球化的后果，无法解释各国高等教育财政的共同趋势。威廉斯在细化伯顿·克拉克"三角协调模式"的同时，也将政治、经济和学术的关系简单化了。他不但仍然是在国家框架下来看问题，而且局限在高等教育财政这一个方面。这是一种典型的经济学学科视角，其对"三角协调模式"的维护是极为有限的。

（2）"三重螺旋模式"的修正

无独有偶，1995 年，美国的埃兹克维兹（H. Etzkowitz）和荷兰的崴斯多尔夫（L. Leyesdorff）也对"三角协调模式"进行了修正，提出了"三重螺旋模式"（Triple Helix Model）。其目的是通过组织安排和制度设计，加强官、产、学之间的合作，提高科技产业效能，使三方共同受益。他们认为，在三角关系中，至少存在三种模式：一是极权钳制模式，这是知识经济和知识创新受到压制的模式；二是自由放任模式，学术资本过于活跃，政府、市场和高校各自为政；三是三重螺旋模式，由政府、大学、公司结成战略联盟，共同推动知识创新、制度创新和技术创新，在不断的交互作用过程中实现经济增长和产业升级（Etzkowitz, Leydesdorff, 2000）（图 4）。

埃兹克维兹和崴斯多尔夫的工作，与其说是对"三角协调模式"的修正，不如说是对它的创造性运用，反映了在经济全球化挑战下，如何更好地发挥政府、高校和产业的合力以增强市场竞争力的现实需要。从这个意义上说，"三重螺旋模式"也不过是国家对经济全球化的消极适应模式，它只关注到大学在全球化中经济功能的凸显，大学更系统的影响则因认识视角的局限而被遮蔽。

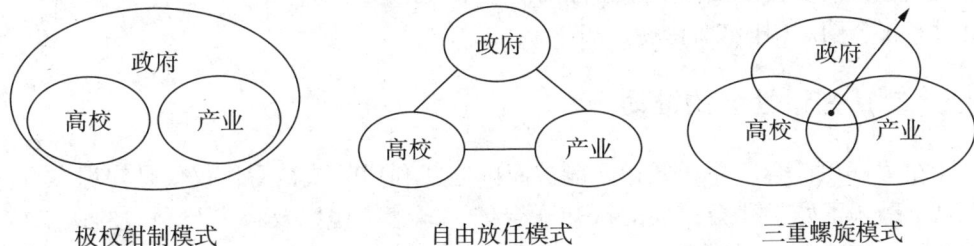

极权钳制模式　　　　　　　自由放任模式　　　　　　　三重螺旋模式

**图 4　埃兹克维兹和崴斯多尔夫对"三角协调模式"的修正**

## 二、高等教育全球化的提出

从 20 世纪 70 年代起，大学的精神特质开始发生改变，逐渐走出自由主义和理性主义主导的传统而与全球化的气质相通。很多国家的高等教育都进行了声势浩大的改革，"虽然高等教育机构继续嵌套于国家/地方认同及其资源当中，但它们已部分地从国家政策背景中剥离。换句话说，民族政府仍然是高等教育的关键角色，但其谈判空间变得更加复杂，它对高等教育的控制不再完整。其职能被其他各方分享，包括他国政府、多边机构和高等教育组织本身。一些机构的跨境活动已经超出国家法律章程的范围而进入一个全球治理尚不成熟、集体的全球利益尚未诉及的地方"（Marginson, van der Wende, 2007）。

### （一）整个世界文明生活体制面临范式危机

在当代，西方文化依靠技术文明的成就，取得了对以传统交往方式为取向的其他文化的巨大技术信息优势，于是便产生了垄断当代现实的欲望：一切不符合摩登时代的某些标准的人都自然落入了"落后者"行列。这不是文化的尊重、宽容和共存，而是一种技术霸权，是整个世界文明生活体制的范式危机，这场危机对一切现有文明模式无一例外地构成了威胁。福山的"历史终结论"反证了这一结论。罗马俱乐部在其《汉诺威宣言》（1993）中提出，不应把"增长的极限"，而应把必须彻底改变发达国家的整个价值体系以及生活和消费方式作为世界共同体和谐地、有机地发展的必要条件。全球化标志着人类文明发展过程中一个特殊阶段的到来，就范围和意义来看，它相当于发生新石器革命（农业革命）和机器革命（工业革命）这类世界性转变的阶段。这些技术革命发生时，人们的生活秩序和生活方式、社会结构和社会管理以及社会联系的性质等方面常常会发生重大变革。"古本根重建社会科学委员会"指证："我们正处在现存学科结构分崩离析的时刻，我们正处在现存学科结构遭到质疑、各种竞争性的学科结构亟待建立的时刻。"（华勒斯坦 等，1997）要摆脱文明生活的范式危机，必须以文化中心论替代技术中心论或经济中心论；坚持多样统一，反对霸权企图。（托尔斯特赫，2008）

### （二）知识社会的推动

在"知识社会"中，知识不能被简单地"利用"或被看作仅仅是知识本身，它已经融入了处于社会深层的认知联合体、概念结构以及权力与利益的认知结构中。知识社会学告诉我们，知识是一种社会建构的结构，这个结构既具有创造性，又具有知识性。同时知识不仅是一种社会建构物，它也是一个允许其内部发展的开放的结构。桑托斯（Santos）关于法律、科学、政治中"范式变化"的观点认为，解放并获得支配地位的知识凌驾于作为规章制度的知识之上，认知变化的观念与知识模式变化、文化形式变化、制度架构变化之间的汇合是相类似的。（Santos，1995）知识与社会和文化相互建构，贯穿整个人类历史。伴随全球知识社会而来的知识性质的改变和知识地位前所未有的凸显，直接推动着作为知识组织的高等教育系统的转型。

1. 大学理念发生了前所未有的变化

学科与国家界限造成的专门化已经被今天的知识领域排除在外，虽然大学在本质上依然是国家机构，从知识的性质来看，它已不能被民族国家的边境线制约（Turner，1998）。与此同时，大学也不再享有对知识的特权。纽曼（John Henry Newman，1852）和雅斯贝尔斯（Karl Jaspers，1946）等人所认为的那种大学建立在一个基本的、认知的"理念"之上的观念，现在已经站不住脚了。现代社会中有多少种认知结构，也就会有多少种大学理念。就像纽曼曾与培根的幽灵搏斗一样，科尔也曾与纽曼和洪堡的幽灵搏斗。科尔认为，纽曼和洪堡曾经构建的美好世界已经被20世纪的民主、工业以及科学革命打碎了。现代大学拥有多重功能，因而可以被描述为"多元巨型大学"，大学的"理念"已经被"功用"所取代。全球化使国家与大学之间的联系变得不再稳定，大学日益受到资本和市场的塑造，学术资本、知识经济应运而生。传统观念认为大学存在的合理性由培养公民转向承担绩效责任，这是大学的堕落。而新的大学理念相信这不过是大学由分到合的必然过程，即大学由对真理的追求到对资本的追逐，再到对民主、公平的推崇，知识的道德价值终将从科学知识的客观性和市场力量的功用性中解放出来。大学全球化不是简单回归过去（国家化之前）的自由人文主义传统，更不是工具性价值的延续，它将在知识社会发挥独特的核心作用。总之，在大一统的民族国家的历史边界遭到多元文化和商业价值冲刷的同时，大学的理念和功能也发生了前所未有的变化。

2. 从知识堡垒到民主交往的场所

关于高等教育全球化的争论，主要可分为两种对立的观点：一种观点强调学术资本主义，另一种观点则从新信息技术中找到了一种实现新的文化公民身份和技术公民身份的机遇。在过去，大学的气质与企业化（entrepreneurialism）是对立的（Robins，Webster，1985）。全球化抑制而不是强化了大学的批判性。但是，全球化也为大学实现世界主义提供了一个机遇，因为这在国家范围内是受限制的。民主化是全球化的必然结果之一，也是高等教育全球扩张的一个重要维度。虽然大学正面临成为一个全球共有资本场所的危险，但它仍然是民主化的一个主要场所，在技术和世界主义价值观的培养当中更是如此。异质文化迫使大学进入更大范围的文化类型改革，并对发展中的民主价值观承担公共职责。这样，随着大众教育的功能需求、后工业社会的要求和专业的进一步分化，知识模式开始发生变化，最终导致这一时期的社会文化类型也随之发生改变。异质文化、多元价值、知识与权力、民主与政治……这些新的概念的入侵必然伴随着大学的话语重构与范式转换。

按照布迪厄（Pierre Bourdieu）的理解，民族国家教育不过是统治阶级通过"符号暴力"传递文化资本以再生产权力从而实现阶级专政的工具，这种范式造成了阶级或阶层之间、国家之间的对立与冲突。现代公民社会对旧知识生产的合法性提出了挑战，大学被迫对社会负责，启蒙运动时期的框架不再具有使知识生产合法化的能力。全球化时代以大众民主取代了阶级专政的主流意识，作为社会主流文化模式的象征，传递文化资本的高等教育成了民主交往的场所，也就不可避免地走向了大众化、世俗化和全球化。伽达默尔的解释学理论和哈贝马斯的交往理论也以不同的方式表达了一个事实：在发达的现代性背景下，文化统一体不依赖于特定的学科或社会结构，而依赖于各种知识间的相互联系，以及知识与生活世界认知结构间的相互联系。这种联系的政治形式不是民族国家，或主要特征不是分割世界的政府形式，而是一体化和多元化并存的全球化现实。21世纪大学的中心任务，就是在公共领域成为一个关键的参与者，进而促进知识的民主化。

### （三）知识生产模式的变化

全球化不可避免地与知识社会的出现联系在一起。（Scott，1998）知识发展的过程是一个社会建构的过程，随着知识与社会关系的演变而来的知识性质、功能和生产方式等的变化，就体现为知识范式的变迁，进而影响知识生产与传授的制度安排。这就要求作为知识生产场所的高等教育机构做出相应的调整以适应环境的新要求。"历史上，当大学顺应社会对新的知识范式的需求并做出相应的变革，向社会提供被认可的知识时，它就会得到社会的热烈拥护和推崇；反之，其自身的价值必然受到怀疑。"（毛亚庆，王树涛，2008）

大体来讲，大学知识生产经历了三大范式变革：中世纪大学诞生于教会与世俗政权之间的张力空间，并得到教会的保护和资助，总体上大学是自治的、自由的，学者们为了理智的爱好可以自由探索，为知识而知识，知识本身成为目的，没有政治、经济、文化的负载和解决实际问题的外在压力。所谓经院哲学、象牙塔的学问、孔德指称的形而上的知识，就是对那个历史阶段大学知识生产模式的恰当概括。

随着现代民族国家的出现，以柏林洪堡大学为标志的现代大学制度开启了知识生产模式的新篇章。大学成了科学知识生产的中心，遵循严格的科学逻辑，按学科划界进行专门的精深研究，追求所谓客观真理。民族国家是大学的举办者，大学成了民族国家框架下一个专门的知识生产机构，这意味着知识的政治约束和民族利益旨趣。

全球化时代的到来打破了民族国家框架下的科学知识生产模式。由于全球市场和公民社会的巨大张力，国家对高等教育的控制放松，尤其是大众高等教育举办责任上的松弛（表现为财政经费投入比例的持续减少），客观上把高等教育推向了市场和商业企业，为顾客服务、为商品经济服务成了大学知识生产的重要选择。以项目、问题解决为中心的知识生产要求打破严格的学科界线和行业界限，把各种人员（研发、生产、销售等）组织起来，大学再也不是唯一的知识生产中心。并且因为实用性知识占据了知识的优先位置，解决具体问题的情境性知识取代了科学的真理性知识，所谓高等教育生产高深知识的观念被动摇了，知识以是否"有用"为判准，原有知识等级的合法性遭到质疑。

#### 1. 新的知识生产模式

知识生产模式随着人类社会的发展而发展变化，并作为人类文明演化的重要标尺深刻地影响着人类历史的进程。从中世纪西方大学诞生开始考察，人类知识生产模式至少发生了三次大的转变：从在象牙塔里受兴趣支配的知识生产，到近代大学受学科规训的知识生产，再到全球化时代应用指向的知识生产。三种知识生产模式适应了各自时代的要求而各具特色，其中最近的一次转变正在发生，成为我们认识现代、规划未来必须予以正视的一个课题。

那么，与近代大学的知识生产模式相比，全球化时代的知识生产模式有什么特征呢？

**表 1　两种知识生产模式比较**

| 比较项 | 旧的知识生产模式（模式 1） | 新的知识生产模式（模式 2） |
|---|---|---|
| 产生背景 | 学术，民族国家 | 应用，全球化 |
| 知识来源 | 特定学术群体，学科范式 | 问题解决过程，实践逻辑 |
| 人员构成 | 同质性 | 异质性 |
| 组织结构 | 制度化，集中性，等级性 | 非固定，分散性，临时性 |
| 质量评估 | 同行判定，真理标准，客观性 | 利益相关者，实用标准，情境性 |
| 责任意识 | 强调专业责任，对内部意见做出反应，科学性 | 强调社会责任，对外部意见做出反应，自反性 |

资料来源：受吉本斯《新的知识生产》的启发，并参考了柳基思和张振助等人的研究结果。

下面根据吉本斯《新的知识生产》（The New Production of Knowledge：Dynamics of Science and Research in Contemporary Societies）一书的理解，着重强调四个方面。

第一，应用指向（knowledge produced in the context of application）。模式 2 的知识生产围绕问题识别和问题解决展开，所有的研究——包括模式 1 意义上的基础研究和应用研究——都为着某种社会目的而进行。那种建立在闲逸好奇或理智兴趣基础上的探究活动在大学中虽然不被明确禁止，但很难得到鼓励和资助，知识产业（经济）或以知识为基础的产业（经济）勃兴，创业教育、职业培训、终身学习、学术资本在高等教育中越来越成为紧迫的议题和现实，大学的治理结构、政府的管理理念都在发生实质性转向，大学、政府与市场的关系越来越密切。科学研究的重心从自由探究转向问题解决，科学与技术、学科与学科之间的界限模糊，传统的知识生产二分的"基础与应用"变成了"基础被应用"，学院科学家成了企业科学家。

第二，跨学科性（transdisciplinarity）。模式 2 打破了按知识分类的学科界线，这原是模式 1 的显著特点。这不但表现为自然科学的各个学科之间的贯通，如信息技术，而且表现为自然科学与人文学科之间的界线模糊，如基因工程所显示的那样。因为基于问题或项目的研究，客观上与基于工业分工模式的劳动和知识要求不同，它不但忽视学科的分界，而且漠视地域的区隔，将各地（包括全球，比如环境问题）各专业和行业的人员组织起来。一旦问题得到解决，这种临时的组织即行解散。因此模式1下专业人员对专业的忠诚正在受到新的知识生产模式的腐蚀。它一方面要求专业人员一专多能，更具灵活性和适应性；另一方面要求放松组织管理的僵化模式，而代之以新的问题式或项目化管理，增加专业人员和专业知识的流动性。

第三，异质性与组织的多样性（heterogeneity and organizational diversity）。从人们所带去的技术及经验的角度来讲，模式2是异质的。进行知识生产的场所不再仅仅是大学和学院，非大学机构、研究中心、政府、代理商、工业实验室、智囊团、顾问、用户等也成为重要的参与者。他们通过多种途径连接在一起，围绕问题解决组成一个工作组或社会网络，在问题被解决或者被重新定义后随即被解散，然后围绕新问题重新招募和组织。为了适应这种变化及模式2所要应付的那些问题的短暂性，灵活性和机动性变得必不可少。处理这些问题的组织也是多种多样的，包括跨国公司、网络公司、基于某种特定技术的小型高技术公司、政府机构、研究型大学、实验室和研究院，等等。

第四，社会责任与自反性（social accountability and reflexivity）。模式2的知识生产所指向的问题来自现实社会，并且在企业化管理的影响下追求绩效责任，尽量减少资本投入和资源浪费。这是模式2的应用指向所决定的。与模式1的相对自治不同，模式2被赋予更多的社会责任，渗透在从研究设计到结果发布的整个过程中。它要求所有参与者自我约束、自我管理。因为是社会决定着知识是什么、生产什么和怎么生产，远不只是技术上的考虑（可以遵循单纯的学科或资本逻辑），而必须在问题的识别和解决过程中不断回溯和反省，将社会人心、多元价值、人类生存等纳入考虑，不断修正预设方案，形塑问题图景，重构事实和意义框架。这本身即是一个异质同构的复杂过程，超越局部而走向综合。

## 2. 知识生产模式的变化与高等教育转型

高等教育作为专门的知识生产组织，曾经在很大程度上决定着知识的生产，包括生产什么，怎么生产，以及知识的评判标准等。但是，随着高等教育更多地融入社会并受到民族政治的制约，单一标准的知识观（包括孔德所说的神话知识、形而上学知识和科学知识）或象牙塔里的真理性知识已经经不起时代的拷问和世俗的解构，于是伴随知识发言或知识生产主体的多元化而来的知识生产本身的地位迅速上升，甚至反客为主地决定或支配着知识生产组织或主体的发展变化，知识生产的逻辑主导着知识生产组织或主体的行为方式，知识生产模式的变化推动着知识生产组织或主体的转型。

全球化时代知识生产的应用性、分散化已是不可逆转的大趋势，原来局限于民族国家和学科范式的大学知识生产模式，越来越面临新的知识经济和全球理解的挑战。随着全球范围的高等教育大众化、市场化而来的是高等教育国际化、全球化。高等教育再也不是知识生产的唯一场所，政府、企业和其他各种组织也参与到知识的创造中来，知识的评判标准超越了单一的学科逻辑而表现出多样化和情境性。这种知识生产模式的变化被吉本斯等人所洞见，名之为"模式2"，大学的知识生产正在由模式1向模式2或模式1与模式2并存转变。新知识生产来源于经济和社会中的问题，而不是学科逻辑。它以任务为中心，按投资者和使用者的需求进行生产，允许不同地域不同机构的研究者和开发者共同参与，组织松散灵活，并且信息通信技术的运用打破了时空界限，跨学科性特征突出。这对传统的研究与开发模式及相关的教与学提出了挑战。虽然新的知识生产带有明显的工具理性和职业主义特征，将改变大学赖以生存的基本制度和文化传统，影响大学作为公共知识生产和传播中心的地位（谷贤林，2005），但由于新的知识生产模式与"知识经济""全球化"相契合，加之现代信息传播技术的推动作用，吉本斯预言这一新兴模式将在未来高等教育知识生产活动中占据越来越重要的地位。（柳基思，2002）

在全球化背景下，高等教育的内涵正在重构。首先，"大科学"已取代了好奇心驱使下的个人研究，要求以更广的范围作为研究和知识生产的土壤。其次，系科不再拥有太多的完整性，知识生产活动是跨机构、跨部门、跨系院甚至跨行业进行的，通过集群协作来解决特定的问题。最后，终身雇用制正在被灵活的招募手段取代，职员们的中心意识和组织忠诚进一步淡化，转而强调知识的联合生产和任务的协作完成，以及广泛的跨组织伙伴关系。在模式2的知识生产和组织下，过去大学教育的精英模式走向大众化和普及化，各个高等教育机构或组织演变成全球知识生产网络上的一个节点，高等教育国际化和全球化趋势不可避免。无论是高等教育政策、管理，还是高等教育组织结构、课程体系内容、教育教学方法手段、教育管理人员的素质要求，都发生了或正在发生根本性变革。高等教育旧的学者行会范式、作为现状的民族国家范式和作为趋势的全球化范式，这个谱系已经不是理论上的假设，而是已然展开的现实。闭关锁国政策再也不是明智的抉择，高等教育"必须重构以适应全球化的挑战"（《南非高等教育白皮书》）。民族国家高等教育应充分意识到这个重大转变，认真研究并积极投入到这个历史进程中去。

## 三、高等教育全球化范式的特征

现代大学有"服务站"之称，亦即从经济功能和社会功能上讲，大学已不再是"象牙塔"或自我封闭的科学王国，它必须打开大门或推倒围墙，与校园之外的世界互动，在提供专业服务的同时获取必要的社会资源。"服务"是德国式大学之后与实用主义思想相伴随的美国式大学的功能性要求，并见证了美国高等教育地位的提升和综合国力的强盛。因此，在这个意义上及不同语境下，大学服务功能的确立和"服务站"隐喻的提出，两者虽有内在关联却委实有程度上的差别，后者将大学的服务功能视作其社会合法性的中心，教育与科研从属之。换句话说，"服务站"的大学观念将大学从自证的王国挪到社会中心，特别是经济社会的大舞台上了，社会由大学的客体与对象变成了大学生存的主体或世界。这样，大学进入了社会的怀抱，社会成为国家、大学及其知识生产的共同场域，并在新的互动关系中得到理解和重构。

## （一）高等教育全球化的理念

在全球化条件下，知识生产正肆无忌惮地突破各种人为的或地域的疆界，同时融入社会的多元价值：地方、民族、市场、政治、科学……都能找到自己的身影。但真正把诸价值统一起来的，是社会共在的思想：包容、和谐、理解、对话……强势依然维护着世袭的权威，但民主的汹涌洪流已经侵蚀到其合法性根本。福柯指出，话语渗透权力。不错，在武力征服和专制体制下，强权就是话语，大众是没有发言权的。在两极对立的时代，枪炮的威力必须借助话语的权力，才能维护意识形态统一的"霸权"（葛兰西语）。加速流动的全球化正是以消除或减少时空障碍为特征的人类历史新纪元，微观话语伴随微观权力，像潘多拉的盒子一样不可收拾。唯一的选择，就是放弃真理性知识的矜持和霸权企图，参与到与各种异质文化的对话和公平公正价值的建构当中。① 无疑，最理想的对话场所，就是过去所称的"象牙塔"，今天日益"巨型"的大学或各种第三级教育机构。马金森指出，随着全球化进程的推进，高等教育的意义已经延伸到促进文化多元化、政治民主和贸易等众多方面。（曹琳，2008）高等教育必须占领这块阵地，这不仅仅是促进政治民主的需要，也是由其本身的知识或文化性格所决定的。知识失去了真理性不等于知识的消亡或无价值，相反，知识生产越发显得重要。市场也生产知识，那是一种偏离于人的关于物的知识；政府也生产知识，那是一种关于权力和控制的知识。现在，公民社会加入知识生产行列，市场接纳不了，政府包容不下，唯有专门的知识生产机构，才专注于各种"知识"的收集和加工。传统的大学不能胜任，巨型大学（科尔语）也越来越吃力。信息网络技术给这种社会性、分散性知识的生产和整合提供了可能。因此，在知识生产的世界，新的景观出现了：没有围墙的大学，只有知识网络的节点；没有雅典学园，只有民主中心。大学已经无法代替高等教育，高等教育也不再"高等"，它只是相对于无民主或非民主而言的。高等教育机构不再是

---

① 学者观察到，全球化正在改变传统的权力运行机制，促使各国政府从传统的善政走向现代的善治。参见：俞可平. 全球化与政治发展［M］. 北京：社会科学文献出版社，2005：22.

纯粹的以知识为目的的机构，它成为民主交往的中心，社区学院、政治（政府）学院、企业大学、公司大学、创业大学、产学研基地……它们都在其中运作，参与对话，但再也不是权力的中心，而转化为知识生产网络上的一个节点。

## （二）高等教育全球化的话语

### 1. 核心概念

与全球化教育比起来，国家化教育也号称"公民教育"，这是相对于中世纪"臣民教育"而言的，是近代启蒙以来民主进程的结果。但这里的"公"显然指国家民族之公，受地域和意识形态的局限，其实质就是"国民"甚至"臣民"。高等教育全球化所指向的是具有超国家道义和责任的世界公民。这种公民不是舍近求远、凭空而立的超人，也不是志在天下的强人，而是不为"界"囿、胸有天下他人、力求自我超越的行动者。如果说中世纪教育培养统治者和臣民、现代国家化教育培养精英和国民，那么全球化教育特别是高等教育的一个主要目的，就是培养能积极参与民主生活、公共治理和知识生产的公民社会的合格成员。全球化是一个日趋扁平（相对于科层等级而言，不等于平等）的世界，公民社会的理想也是民主、公正和平等。作为民主交往的中心，全球化的高等教育必须承担起这一使命。

### 2. 理论

高等教育全球化是全球化的下位概念，全球化理论成为高等教育全球化的当然前提。但是，这种逻辑的一个后果是把高等教育问题简单化了。因为高等教育是一个关于人的知识组织，不论它现在是否还以生产"高深"垄断性知识自居，其知识性都没有改变，否则就失去了独立存在的价值。因此，在高等教育机构不可或缺，并且已经走到世界的中心舞台的全球化背景下，有关新知识生产的理论，才构成高等教育全球化的理论基础和高等教育全球化范式的合法来源。知识社会学、时空社会学、行动者网络理论、新自由主义及批判理论、企业化主义（Clark，1998）、地方全球化与全球地方化理论（罗伯逊语）、依附理论、学术资本主义（Slaughter，Leslie，1997）等，都是可资利用的理论资源。其中，知识社会学、时空社会学和公民社会理论是全球化知识社会的基本理论，也是高等教育全球化的理论之母。行动者网络理论、新自由主义及批判理论、新管理主义、地方全球化与全球地方化理论、依附理论等通常被高等教育借来分析全球化问题。学术资本主义、知识经济等是正在形成中并直接推动高等教育全球化的理论。无疑，两者都打上了强势的市场印记，反映了当下的全球化现实。

知识社会学所涉及的主要问题，是知识或思想存在的基础，即研究知识或思想所受社会条件的限制。知识社会学问题由来已久，但其作为一个理论被提出却是在科学知识的科学性、客观性或中立性渐遭质疑之后。作为知识社会学的先驱，马克斯·舍勒（Max Scheler）在其 1924 年出版的《知识社会学问题》中，就通过批评孔德为实证科学知识张目的线性历史观，论证了冲动因素和精神因素都是知识的来源，任何历史过程都是现实与理想共同作用的结果。（舍勒，2000）中国知识社会学的创建者张东荪在其《思想言语与文化》一文中，也证明了"概念的知识"是解释的、受到文化或"社会情况"左右的，人类知识受到社会、生物和心理的限制。与全球化同时兴起于 20 世纪 70 年代的科学知识社会学（SSK），承继了知识社会学的认识论传统，专注于研究科学知识的相对性和社会内容。通过科学知识的社会学分析，科学知识社会学批判了实证主义科学观，认为科学知识与其他所有知识一样，也是社会建构起来的，知识的客观性不过是传统科学理性主义者的形而上学信条，从而摧毁了建立在科学知识真理信念之上的、现代大学赖以确立的一整套制度基础。知识社会学的研究主题涉及社会生活的方方面面，影响所及，从者如流。究其根本，乃在人们对支撑科学主义的唯理论的反叛，价值性、非理性、多元性、异质性、个人性、惯习、场域、权力等渗入科学知识的内核，知识本身成为社会建构之物，而不是自明的真理或精神自我运动（黑格尔语）的结果。这样，知识生产的权威机构不得不由代表宗教神权或世俗政权的大学转移到社会。随着人类生产方式的发展和变革，象征现代化的工业生产逐渐让位于信息产业，信息和知识成了关键的生产资料，知识社会（knowledge society）取代了工业社会，而社会本身不再是一个泛指概念，成为一个相对独立的权力空间，与原来的政府和市场鼎足而立并越发显得重要，公民成为社会的主体和积极行动者，公民社会迅速成长。民主政府、学习型社会、知识经济成为全球化时代的"官学商"。知识社会也是一个网络社会，这个网络与全球的每一个机构、每一个地方、每一个人，当然也与每一个民族国家相关。史壮奎斯特（Nelly P. Stromquist）认为，在知识社会，高深知识在所有层面的经济活动中都将成为必需，并且这类知识的获取将不存在什么障碍。（Stromquist，2002）知识社会又被称为学习型社会，而学习型社会的当然逻辑是，尽管不同社会之间有明确的地理划界，但学习型社会却没有。（Olaniran，Agnello，2008）这就对知识生产的方式提出了要求，它要求高等教育以新的形式进行知识生产。这就是高等教育全球化的根本性所在。

行动者网络理论将高等教育机构及其学术人员视为分散性知识生产的积极因素，他们不再受制于或不甘于国家化范式下命定的主题式生产。相反，他们是环境和制度的积极建构者，表现出知识生产的主体性、能动性和创造性。在全球知识生产网络中，重要的不是"钦命"与"好用"，而是知识生产链条上的辐射强度和影响力大小。因此，知识生产伴随着知识竞争、资源获取及生存发展。高等教育机构必须融入全球知识社会，参与全球知识建构并找到自己的准确定位。新自由主义与新管理主义理论背后都是效率假设，它们在高等教育领域的流行导致了对知识生产性的广泛关注，人力资本、知识资本、教育产品、教育产业化、成本分担、准公共物品、终身教职危机、兼职教师、财政危机、学术资本主义、知识经济等，都是市场化理论导致的结果。新自由主义推崇"大市场小政府"，新管理主义强调治理和绩效责任，两者在解构高等教育国家化的同时，把知识生产机构从政府的统治工具变成了市场的智力工厂，一切为利润和竞争服务。在不平等的世界格局中，实际上就是让全世界的"知识工厂"为发达的资本主义服务。其结果就是将一个相互依赖的世界，蜕变成一个"边缘"依赖于"中心"的世界。知识从边缘向中心流动，利润也往中心汇聚，进而形成一种逐渐强化的依赖与控制关系，一个更加不平等的现实。这就是新自由主义市场观念导致的结果。对此，依附理论进行了很好的概括和揭示，引起了第三世界的警觉和背反，但从其逻辑中却无法找到解放的路径，"脱钩"建议无异于自绝于全球化之外。地方全球化与全球地方化理论试图超越市场理论和依附理论的思维框架，从经济视域过渡到文化场域。它认为任何文化既印着胎记也起着筛子的作用，发达世界将本土价值向全世界推广，有意掩盖胎记标签或者不加鉴别全盘接纳，都是反文化的因而也是反全球化的。前者是霸权或殖民行为，后者则是奴性或身份意识淡薄的表现。正确的做法是：在全球场域中，所有的本土知识都标明"产地"，参与全球文化建构并获得全球性，即"地方全球化"；而所有的全球性知识都要经过地方文化的选择和再建构，才能成为本土的全球化力量，即"全球地方化"。在全球与地方交互作用过程中，趋同与趋异矛盾共生，同质化趋势与异质化趋势同在。这一理论发现，对于高等教育走出经济魔咒，参与全球知识建构无疑具有重要的启发价值。

学术资本主义是在市场力量全球扩散而政府的高等教育投入却相对下降的情况下，学术机构将原本用于公共福祉的知识商品化的结果。学术知识向学术资本转变，因为大学要寻求额外资金，而企业想开发有较高知识含量的新产品，两者不谋而合。斯劳特（S. Slaughter）和莱斯利（L. Leslie，1997）认为，这导致了20世纪80年代和90年代高等教育的重大变化，即高等教育全球化的开始。知识和商业的区分消失了，技术科学跨越了应用研究和基础研究之间、理论导向研究和商业导向研究之间的分隔。在后工业科学中，工业应用成了科研的基本目标，学术自由则成为工业应用新原则中的一个牺牲品。知识的商品化带来了知识的隔阻（共享障碍），大学教师以资本主义的形式大范围地串通一气，破坏了大学的诚信，导致一种非民主或反民主的结果。（Slaughter, Leslie, 1997）可见，高等教育的市场化或学术资本主义可能走向全球化的反面，这是值得高等教育全球化注意的一个基本问题。

3. 制度

高等教育全球化范式的制度框架已经被大大地拓展，除了原来的国家制度构境，全球性和区域性制度已经进入高等教育政策议程，成为一种复合的全球化制度。各国所采取的形式，只是在成分的组合上有所不同而已。

（1）全球性制度

1995 年，世界贸易组织（WTO）将教育纳入《服务贸易总协定》，这成了第一个有关教育（当前主要是高等教育）全球化的具有法律约束力的世界性文本。在此框架下，世界各国——首先是世界贸易组织成员国——纷纷修改、调整、增加与之相适应的国内法律条款。这可以视为正式的全球制度。当然，其商业动机和经济目的不容忽视。然后是一系列非正式制度，如联合国教科文组织《国际教育标准分类法》（1976）、《关于承认高等教育学历与资格的国际建议》（1993）、《关于高等教育变革与发展的政策性文件》（1995）、《世界高等教育宣言》（1998）、《发展中国家的高等教育：危机与出路》（2000）、《全球化社会中的高等教育》（2003）、《学术革命追踪》（2009）、《高等教育与研究给社会变革与发展带来的新动力》（2009），经合组织的《教育概览 2003：OECD 指标》（2003）、《面向知识型社会的第三级教育》（2008）等。它们大都出自国际性组织，有着一国教育不可比拟的经验基础和广泛的代表性、前瞻性，虽然以"建议""宣言""公报""公约""宪章"等形式出现，没有强制约束力，但其对全球高等教育发展的影响力不可低估。

（2）区域性制度

这是当前比较活跃的制度形式，由于地缘利益或互补需要，欧洲、亚洲、非洲、拉丁美洲各洲都有自己的区域化公约，如《拉丁美洲和加勒比地区公约》（1974）、《阿拉伯国家地区公约》（1978）、《欧洲地区公约》（1979）、《非洲国家公约》（1981）。高等教育往往单独或作为一个重要的方面被考虑，其中以欧洲博洛尼亚进程系列部长级协议和公报最受关注。此外还有地区之间的公约、声明等，如亚太地区的《亚洲及太平洋地区公约》（1983）、《注重质量的全民教育：掌握 21 世纪所需的能力和技能》（2008 年第四次亚太经济合作组织教育部长会议联合声明），亚欧之间的《面向明天的教育与培训：亚欧的共同前景》（2008 年亚欧教育部长会议），非欧之间的《关于地中海沿岸的阿拉伯国家和欧洲国家互相承认高等教育学历、文凭和学位的国际公约》（1976）等。这些都是全球化特有的制度形式。

另外，各种类型高校之间的跨国联盟、协议、项目（联合培养、交换生、合作研究、教育援助）等，也以某种正式或非正式的制度形式，连接着不同国家高等教育机构的全球化愿景，如《札幌宣言》（2008 年北海道多国校长教育峰会宣言）。

## （三）高等教育全球化的技术

### 1. 方法

治理模式（governance）代替控制模式（control），协商与对话成为各国高等教育走向全球化的自觉的、必然的选择。高等教育全球化的三个主要行为体——全球性组织、民族国家和高等教育机构——都有相对独立的选择权。通向全球化路径的紧迫性各不相同，利弊也不一样，所以必须基于自愿或说服的原则，强权、强势、强迫都不利于对话与合作。这就可以理解为什么除了《服务贸易总协定》比较"硬"，其他全球、区域或院校之间的"制度"都是"软"的，缺乏强制约束力，其效果和影响取决于各成员单位对其的认可程度。在高等教育的全球场域中，虽然经济的企图显而易见，但民主的形式也是无处不在的。

2. 范例

目前，真正的高等教育全球化样本，以研究型大学之间的联盟最为常见，如 21 世纪大学联盟、研究型大学国际联盟（IARU）、东亚研究型大学联盟（AEARU）、环太平洋大学联盟（APRU）等。这些只是日益增加的大学之间以各种形式和内容合作发展的代表，而跨越不同层次和类型高校的全球化形式，当首推欧洲博洛尼亚进程。

欧洲博洛尼亚进程涉及 48 个国家和地区、数千所高校、近百个民族，参与进程的国家无论在政治体制、文化传统、经济发展水平、高等教育制度等方面，都存在巨大差异。经过 10 多年的不懈努力，欧洲高教区已经建立起一系列制度框架，"三段式"学制、质量保障标准和学分转换及累积制度得到推广，各国高等教育兼容性和可比性增强。博洛尼亚进程被誉为高等教育全球化的欧洲版本，其影响早已超出了欧洲范围①，其经验和教训对世界各国探索高等教育全球化路径都有积极意义。

3. 模型

马金森认为，由于全球使命被一个前全球方法论所遮蔽，全球维度成了国家认同的附属物，我们需要建立一个新的全球化模式。（Marginson，2000）"全球国家地方能动模式"（glonacal agency heuristic）提供了一个在全球化背景下研究高等教育的总体分析框架。它超越了目前固定于民族国家、市场和高等教育系统这一概念层次之上的研究。其形状与克拉克的"三角协调模型"相似，但由二维变成三维，强调全球、国家和地方三个维度三种力量的同等重要性。政府、市场和教育机构既是中介（agencies），也是行动者（agency）。（Marginson，Rhoades，2002）在研究全球化和高等教育的时候，应更多地注意不同层次上的

---

① 参见：亚洲大学要有自己的"博洛尼亚计划"［EB/OL］．（2010 – 11 – 19）［2011 – 03 – 24］．http：//news. xinhuanet. com/world/2010 – 11/19/c_ 12792348. htm；面向明天的教育与培训：亚欧的共同前景——亚欧教育部长会议内容摘要与述评［J］. 世界教育信息，2008（7）．2006 年 4 月，澳大利亚教育、科学与培训部发布了《博洛尼亚进程和澳大利亚：下一步工作（讨论稿）》，拉开了澳大利亚高等教育回应博洛尼亚进程的序幕。

权力。（Jones，2008）马金森进一步提出了"全球性思考，地方性行动"原则，大学应同时面向全球、国家、本土这三个维度。全球是看待问题的视角，国家是寄托情感和身份认同的核心，本土是我们的立足点。在每一个层次上，高等教育机构与相应的政府及非政府组织、经济组织都发生着类似于伯顿·克拉克"三角协调模式"的关系。同时，三个层次的高等教育之间，以及它们与各种政治和经济组织之间的关联性不断加强，全球地方化和地方全球化相互交织、相互影响，没有一个机构和行动者可以游离于全球化之外而不受到其他组织及行动者的影响。高等教育全球化就是作为网络节点的高等教育机构与其他各种社会组织、机构和人员之间相互联系和相互作用的加强。（图5）

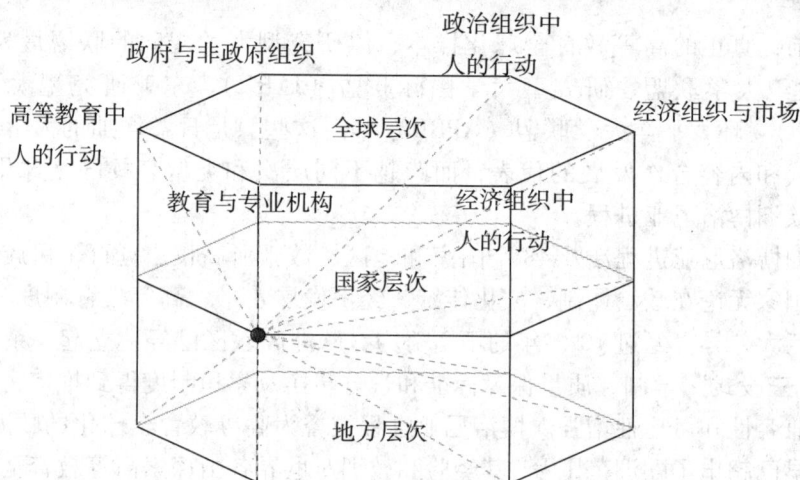

**图5 马金森的"全球国家地方能动模式"**

马金森和荷兰高等教育全球化专家范德文德还在另一篇文章中建立了一个国家和高等教育机构制定全球化战略的坐标模型（图6）。由民族国家—机构构成的变革动力横坐标，与全球—国家和地方构成的变革方向纵坐标组成了四个战略选择区域：（1）政府间谈判；（2）机构独自作为全球行动者；（3）政府使组织制度化；（4）机构的本土运作或地方机构的议程。他们指出：二十年前几乎所有的行动都在图的下半部分，然而现在已不再是这种情形：对众多国家和机构来说，全球战略决策举足轻重。各国政府和全球性机构有两个相关的全球性战略目标：（1）在全球范围内最大限度地提高能力和绩效；（2）优化全球流动、联系和海外经营以支持国家和本地机构。这些政策目标的实现依赖于对全球场域、国家和机构在其中的位置以及对战略可能性的现实认识，也取决于系统和机构经营跨境事务的潜力和能力，以及有效的全球参与程度。这些要素现在都得纳入考虑。（Marginson，van der Wende，2007）

变革的方向

全球

1. 政府间谈判　　　　　2. 机构独自作为全球行动者

变革的动力　　民族国家 ————————————————— 机构

3. 政府使组织制度化　　　4. 机构的本土运作

国家和地方

**图6　国家和高等教育机构制定战略的四象限模型**

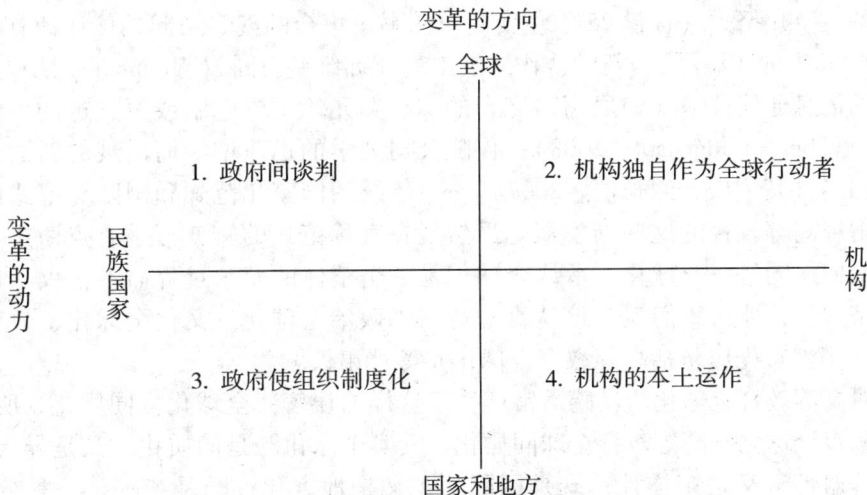

## 四、高等教育全球化现状与展望

从严格意义上讲，当下的高等教育全球化发展并不充分，或者说处于全球化的早期阶段（Weber，Duderstadt，2008）。很多国家在经济开放的同时，还牢牢控制着作为文化重镇的高等教育，高等教育在走出国门参与国际交流的同时，还肩负着国家建设和政治认同的重大使命。这样的高等教育与其叫作全球化，毋宁称为国际化更为合适，因为它是以内敛的国家利益为特征的向外拓展，是民族国家高等教育的放大，很多国家的高等教育既无必要的独立自主性，其交流也不是为着自身或全球的共同善。这从20世纪90年代以来数量众多且至今依然不衰的"高等教育国际化"研究成果中可以看出来。

然而，高等教育国际化只是对过去国家化迈出的第一步，其根本指向要么是更大的国家化，要么是与国家化根本不同的另一种形式——全球化。前者以民族国家为中心，利益分内外，后者以全球为舞台，只存在一体化与多元化或国际化与本土化的张力；前者高等教育从属于国家，工具地位未变，后者高等教育相对独立，为国家、公民社会和国际组织共同支撑，地位显赫。由此推知，高等教育全球化目前还不完全是现实，而更像是一种趋势和理想。但是，它已经显示出如下端倪：全球高等教育机构的出现（如美国凤凰城大学、英国开放大学等众多网络营利性大学和各种全球性或区域性大学联盟、联合会，等等）；区域高等教育一体化进程（如欧洲高教区）；高等教育国际化和本土化的同步发展；高等教育治理结构和功能的趋同；以美国麻省理工学院（MIT）、哈佛大学等著名大学为代表的通过互联网实现的课程免费向全球开放；谷歌（Google）大规模的数字化努力（提供25家主要高校图书馆集合的搜索访问，估计拥有超过全世界50%的印刷品）；新的合作开发工具［如维基百科（Wikipedia）］和无处不在的信息通信技术（如尼葛洛庞帝的100美元笔记本电脑或更先进的手机技术）（Weber，Duderstadt，2008）；伴随公司大学的迅速增加而出现的新的知识生产格局（贺国庆，谢长法，2007）……传统的国家化范式和国际化范式已经不能解释高等教育的这些新发展。虽然现在宣称范式的转变似乎有点激进，但如果我们认同经济全球化，承认全球化是一个整体的变革过程而不仅仅是单纯的经济现象，那么我们就应该认真对待诸如政治全球化、文化全球化、教育全球化（当然首先应包括高等教育全球化）等严肃议题。

对高等教育全球化的反感通常产生于这样的误解：全球化＝同质化，所以，高等教育全球化＝高等教育全球同质化。其实全球化既是同质化，又是异质化；既是普遍性，又是多样性；既是国际化，又是地方化；既是统一，又是分化；既是客观趋势，又是主观建构。总之，它们相反相成，充满张力。罗西瑙称之为政治上的"权威空间"，吉登斯分明看到了"时空压缩"而选择不左不右的"第三条道路"，赫尔德用"全球性—全球化—全球主义"概念组来囊括它，罗伯逊和马金森分别创造了一个新词"glocal"和"glonacal"……全球化不是一般的概念，它是一个发展着的当代事实，简单的思维无法追踪它的复杂逻辑。高等教育全球化也是如此。它是这样一个悖论：既意味着世界各国高等教育的某种趋同性，同时也触发了地方意识、民族文化的觉醒，因此对地方文化的保护和异质化的追求不可避免。同质化有多大作用力，异质化就有多大反作用力。两者共同构成一个张力空间，这就是高等教育的全球化——一个前所未有地突出的当代高等教育现实。

无论是按照结构功能主义还是新制度主义理论，新的社会结构或制度环境的改变都要求高等教育——组织、机构、政策、制度——做出相应的调适。这种改变的微观部分已经被广泛感知，早就引起众多研究者和政策制定者的重视，比如高等教育国际化、专业调整、课程改革、学生流动、合作办学、英语教学，等等。但是，作为一个整体的高等教育，尤其是高等教育国家战略，我们还没有看到其对这种整体转换的自觉的系统反应。本文认为，这不仅涉及思维方式的变革，更是一次高等教育的范式转换。没有这个意识，高等教育对全球化的应对是盲目的、反应式的。高等教育全球化理论研究的任务，就在于要从局部上升到整体，由现象过渡到本质，以便把高等教育的这种自发应对变成自觉主动的积极追求，推动高等教育更好地适应并建构新的全球发展环境。

"世界高等教育由趋同而趋异，进而走向部分重新趋同。"这是美国著名高等教育家克拉克·克尔对世界高等教育发展的历史进程所做的概括。（克尔，2001）克尔所说的"趋同"是指高等教育肇始于中世纪大学的高等教育国际性，"趋异"是指民族国家兴起后高等教育更多地服务于民族国家的目的，而所谓的

"部分重新趋同"则是指当今时代高等教育的国际化和全球化趋势。

涂尔干提道："就整体来说，教育的发展总是落后于社会的进步，这是非常正确的。"大多数全球化理论倾向于探讨经济和政治重构的进程或者社会文化的变迁。这是一个基本事实，也正是教育全球化议题迟发的前奏。这就可以理解为什么全球化、经济全球化乃至政治和文化全球化提出若干年之后，关于教育（包括高等教育）的全球化问题还是遮遮掩掩。首先是教育观念上的保守导致了教育发展的滞后性。但是，随着大学走出象牙塔与民族国家的固囿，它对于社会的响应将会越来越迅速。关于高等教育全球化的未来图景，在第六届格里昂研讨会（The Sixth Glion Colloquium）上，有学者认为"不久我们将看到真正的全球性大学，这些大学不仅将在全球市场竞争学生、教师和资源，也越来越意味着根据全球需要规划其公共目标，比如公共健康、环境可持续性和国际发展等等"（赫尔德，2003）。斯科特从时空重构视角出发，认为最有可能的结果或许是一种高度分化的发展状态：少数几所世界性大学；现有大学结成的网络；混合型院校组织（大学＋公司）；"虚拟"大学；新闻公司或微软公司式的全球性大学。（Scott，1998）马金森等人则比较谨慎：高等教育全球化的未来发展很难预测，有许多变量、元政策议题和问题。（Marginson，van der Wende，2007）

参与全球化过程对于中国这样的发展中国家来说不是愿意不愿意的问题，而是怎样选择时机和方式参与，同时尽可能地避免经济全球化对国内政治经济所带来的消极影响的问题。（俞可平，2005）以中国加入WTO为例，国家领导人明确表示："与世界贸易组织规则和中国的承诺不一致的，要通过修改使其一致；不合世界贸易组织规则和中国承诺的，要加以废除；没有相关法规的，要制定相应的新法规。"在加入WTO的谈判中及加入WTO后，中国政府根据WTO的要求和自己所做的承诺，展开了相关政策调整工作。仅在2002年国务院近30个部门共清理相关法律文件约2300件，废除和修订近一半的法规条例。各省、直辖市、自治区废止、修订的各种地方性法规更是多达10多万件。（商务部国际贸易经济合作研究院，2003）在这一系列政策调整过程中，高等教育旧的民族国家壁垒正在遭到不可逆转的侵蚀和改变。

**参考文献**

阿特巴赫．2002．高等教育"入世"：并非全球化的明智之举［J］．卢爱珍，编译．开放教育研究（3）：20－22．

安德斯．2003．高等教育、国际化与民族国家［J］．陈洪捷，吕春红，译．北京大学教育评论（3）．

布劳．2001．全球时代：超越现代性之外的国家和社会［M］．高湘泽，等，译．北京：商务印书馆：272．

曹琳．2008．全球知识经济中高等教育定位：访墨尔本大学西蒙·马金森教授［N］．北京大学校报，04－30（04）．

陈学飞．2001．高等教育国际化：跨世纪的大趋势［M］．福州：福建教育出版社：8．

邓静芬．2009．20世纪90年代以来德国高等教育管理体制改革研究［D］．杭州：浙江师范大学．

冯增俊．2002．当代国际教育发展［M］．上海：华东师范大学出版社：295．

格林．2004．教育、全球化与民族国家［M］．朱旭东，等，译．北京：教育科学出版社：153，36．

格林．2004．教育与国家形成：英、法、美教育体系起源之比较［M］．王春华，王爱义，刘翠航，译．北京：教育科学出版社．

谷贤林．2005．向市场转变：当前欧洲国家高等教育发展的特点［J］．现代大学教育（3）：87－90．

哈贝马斯．2000．超越民族国家？［G］//贝克，等．全球化与政治．王学东，柴方国，等，译．北京：中央编译出版社：78－79．

贺国庆，谢长法．2004．简明中外教育史教程［M］．保定：河北大学出版社：264．

赫尔德．2003．民主与全球秩序：从现代国家到世界主义治理［M］．胡伟，等，译．上海：上海人民出版社：100－101，141．

华勒斯坦，等．1997．开放社会科学［M］．北京：生活·读书·新知三联书店：110－111．

吉登斯．2002．第三条道路及其批评［M］．孙相东，译．北京：中共中央党校出版社：127．

杰姆逊，三好将夫．2001．全球化的文化［C］．马丁，译．南京：南京大学出版社：211．

康内尔．1990．二十世纪世界教育史［M］．张法琨，等，译．北京：人民教育出版社：11－19．

克伯雷．1991．外国教育史料［M］．武汉：华中师范大学出版社．

克尔．2001．高等教育不能回避历史：21世纪的问题［M］．王承绪，译．杭州：浙江教育出版社：6－7．

联合国教科文组织．2004．全球化社会中的高等教育［R］．巴黎：联合国教科文组织：5．

柳基思．2002．顺应全球化：发展中国家高等教育的变迁与改革［J］．祝怀新，译．高等教育研究（2）：25．

卢乃桂，张永平．2007．全球化背景下高等教育领域中的政府角色变迁［J］．北京大学教育评论（1）：138－149．

罗西瑶．2003．面向本体论的全球治理［G］//俞可平．全球化：全球治理．北京：社会科学文献出版社：60．

毛亚庆，王树涛．2008．论知识范式的转型与大学发展［J］．教育研究（7）：49－53．

彭湃．2006．大学、政府与市场：高等教育三角关系模式探析：一个历史与比较的视角［J］．高等教育研究（9）：100－105．

商务部国际贸易经济合作研究院．2003．中国加入WTO一周年评述［G］//中国对外白皮书．北京：中信出版社：68．

舍勒．2000．知识社会学问题［M］．艾彦，译．北京：华夏出版社．

宋彩萍．2004．全球化·民族文化·高等教育［J］．教育研究（7）：66－69．

滕大春．1989．外国近代教育史［M］．北京：人民教育出版社：194．

托尔斯特赫．2008．社会文化方面的全球挑战与寻求对策［G］//戈尔巴乔夫基金会．全球化的边界：当代发展的难题．赵国顺，等，译．北京：中央编译出版社：265－335．

王凌皓．2001．中外教育史［M］．长春：东北师范大学出版社：336－339．

王天一，等. 1993. 外国教育史：下册 [M]. 北京：北京师范大学出版社：71.

俞可平. 2004. 论全球化与国家主权 [J]. 马克思主义与现实 (1)：4-21.

俞可平. 2005. 全球化与政治发展 [M]. 北京：社会科学文献出版社：55-60，5，34.

朱旭东. 2001. 康德尔的比较教育研究范式：民族主义的国家与教育发展理论 [J]. 比较教育研究 (9)：9-16.

Anon. 2005. Survey：the best is yet to come [J]. The Economist, 376 (8443)：20.

David H, McGrew A. 2002. Governing globalization [M]. Polity Press：305-324.

Etzkowitz H, Leydesdorff L. 2000. The dynamics of innovation：from National Systems and 'Mode2' to a Triple Helix of university-industry-government relations [J]. Research Policy, 29 (2)：109-123.

Green A. 1997. Education, globalization and the nation state [M]. London：MacMillan Press Ltd.：131，134.

Jones G A. 2008. Can provincial universities be global institutions：rethinking the institution as the unit of analysis in the study of globalization and higher education [J]. Higher Education Policy (4)：457-468.

Kerr C. 1991. International learning and national purposes in higher education [J]. American Behavioral Scientist, 35 (1)：17-42.

Marginson S, Rhoades, G. 2002. Beyond national states, markets and systems of higher education：a glonacal agency heuristic [J]. Higher Education (3)：281-309.

Marginson S, van der Wende M. 2007. Globalization and higher education [Z]. Paris：OECD (OECD Education Working Papers)：5-83, 16-17, 1, 3.

Marginson S. 2000. Living with the other：higher education in the global era [J]. Australian Universities' Review (2)：5-8.

Olaniran B A, Agnello M F. 2008. Agnelo globalization, educational hegemony, and higher education [J]. Multicultural Education &Technology Journal (2)：68-86.

Santos de S B. 1995. Toward a new common sense：law, science and politics in the paradigmatic transition [M]. London：Rutledge.

Scott P. 1998. The globalization of higher education [M]. Philadelphia：Open University Press：127，129.

Slaughter S, Leslie L L. 1997 Academic capitalism：politics, policies, and the entrepreneurial university [M]. The Johns Hopkins University Press.

Stromquist N P. 2002. Education in a globalized world：the connectivity of economic power, technology, and knowledge [M]. Oxford：Rowan & Littlefield Publishers, Inc.

Teichler U. 1999. Internationalization as a challenge for higher education in Europe [J]. Tertiary Education and Management, 5 (1)：5-23.

Weber L E, Duderstadt J J. 2008. The globalization of higher education [EB/OL]. [2010-09-20]. http：//www. glion. org/pub_ 2008_ globalization. html.

**作者简介** 蔡宗模，北京师范大学博士毕业生，重庆文理学院副教授，《重庆文理学院学报》编辑部主任、执行副主编，主要从事高等教育管理研究。

# The Challenge of Globalization and Transition of Higher Education Paradigm

## Cai Zongmo

**Abstract**: As a profound change in human history, globalization influence on higher education is comprehensive and fundamental. The nationalization of higher education paradigm formed since the establishment of Westphalia System in 17th century is facing severe challenges. Various modification efforts have been difficult to maintain, and the globalization of higher education paradigm peep clue. Based on Kuhn's theory of paradigm, from the historical perspective of higher education development, and by comparing the nationalization of higher education paradigm and the globalization of higher education paradigm, the paper analyzes the origins, characteristics, crisis, and situation in-depth of these two paradigm, and reveals their historical connotation and inevitable development in transition.

**Key words**: globalization　nationalization of higher education　globalization of higher education　paradigm　transition

# 学术共同体中的特殊主义及其运行空间<sup>*</sup>

张　斌

**摘　要**：普遍主义与特殊主义是学术共同体运行中的两条价值原则。我国特有的社会文化境脉对学术共同体产生了较大的影响，形成了学术共同体中的"差序格局"特征，为特殊主义在学术共同体中的运行提供了空间和条件。从政府与学术活动的关系、制度的效力以及学术共同体的公信力等三个维度对学术共同体中的特殊主义予以理论解释和反思，有助于加深对问题的认识和理解。

**关键词**：学术共同体　差序格局　关系　特殊主义

大多数学者都有一个美好的理想——学术共同体①能够纯粹以学术业绩即普遍主义的标准来分配学术资源、学术奖励、学术声誉和学术地位，但这充其量只是学术社会的一个乌托邦。在学术共同体中，除了学术业绩之外，年龄、种族、性别、学术出身、师承关系以及任职机构等都可能成为影响学者成长、学术共同体分层分化的因素，而这些都是特殊主义在学术共同体中的表现。本文首先回顾西方关于普遍主义与特殊主义的研究和争论，然后着重分析我国的社会文化境脉对学术共同体的影响以及由此形成的学术共同体中的"差序格局"，而后讨论特殊主义在我国学术共同体中的运行空间，最后从理论上予以解释和反思，以期对我国学术共同体中的特殊主义有进一步的认识和理解。

## 一、学术共同体中的普遍主义与特殊主义

何为普遍主义（universalism）和特殊主义（particularism）？这对概念最早由美国社会学家帕森斯（T. Parsons）和希尔斯（E. A. Shils）于 1951 年提出，用于辨别"在特定的互动情境中，他人的评价和判断是否适用于所有行动者"的

* 基金项目：教育部哲学社会科学研究重大课题攻关项目（09JZD0036 - 1）；全国教育科学"十二五"规划 2011 年度教育部青年课题（EIA110384）；华东师范大学 2011 年全国优秀博士学位论文培育行动计划（PY2011002）。

① 本文主要将其限定为特定研究领域的学者群体，即狭义的学术共同体概念，有时也根据研究需要将其扩展至整个学术系统或学术界。

问题（特纳，2001）。在他们看来，特殊主义是"凭借与行为之属性的特殊关系而认定对象身上的价值的至上性"；与此相反，普遍主义则是"独立于行动者与对象在身份上的特殊关系"。（Parsons，Shils，1951）因此，说到底，普遍主义和特殊主义所关涉的是对特定行动者的行动及其价值的认可或承认的问题。

其实早在 1942 年，科学社会学家默顿（Robert Merton）在关于科学的规范结构理论中就提出了普遍主义这一原则。默顿认为，科学的精神特质包括四个因素，即普遍主义、公有性、无私利性以及有组织的怀疑态度。作为科学精神特质的普遍主义主要强调"关于真相的断言，无论其来源如何，都必须服从于先定的非个人性的标准：即要与观察和以前被证实的知识相一致"，而不是提出这一断言的人的"个人或社会属性"。（默顿，2003）即是说，一位学者能否被学术共同体认可，关键取决于他的研究有无学术业绩及其贡献的大小程度，而学术业绩完全是学者个体的自致性因素（如个性、天赋、创造力以及自身努力程度等）所致，与学者的先赋性因素（如社会出身等）和组织环境因素（如毕业院系、任职院系）无关。在默顿提出普遍主义的原则之后，他的学生科尔兄弟（Stephen Cole & Jonathan Cole）以及后来成为默顿妻子的朱克曼（Harriet Zuckerman）等学者试图通过实证研究对这一原则进行验证。例如，科尔兄弟在对美国 120 位大学物理学家研究经历和学术产出进行研究后，认为"一位物理学家科学工作的质量，经其同行所评价的质量，在决定他是上升到一个显赫的位置还是依然默默无闻时，是唯一最重要的决定因素"（乔纳森·科尔，史蒂芬·科尔，1989）。朱克曼也认为，科学家在科学界的威信主要是根据同行认可的知识贡献的大小来划分等级的，科学界的"社会分层主要是以科学成就的普遍标准来衡量所造成的结果"（朱克曼，1982）。

在 20 世纪六七十年代逐渐兴起的科学知识社会学（SSK）即爱丁堡学派，与默顿学派针锋相对，认为在学术活动特别是学术认可中发挥主导作用的并非是普遍主义原则，而是特殊主义原则。他们认为学术认可以及学者的学术地位主要与师徒关系、毕业院系声誉、就职院系声誉以及话语风格甚至论文的修辞方式等相关，是社会协商或社会建构的结果。如拉图尔等学者就认为："像身份、名次、荣誉、委任及社会地位等社会学因素，都是在获取可靠信息、扩大自己的可信性的战斗中常用的资本。"（拉图尔，伍尔加，2004）哈根斯（L. Hargens）和哈格斯特龙（W. O. Hagstrom）也认为，在美国，科学家目前所在大学的声望倾向于与其所在的第一所大学的声望成正相关，而与其产出无关。（Hargens，Hagstrom，1967）爱丁堡学派的理论基础是社会建构论，相对主义的立场难免使其显得过于偏激，但他们触及了默顿学派所没有注意到的一个关键性议题，那便是学术共同体中的特殊主义因素。

面对爱丁堡学派的攻击，科尔兄弟、朱克曼等学者逐渐修正了默顿提出的普遍主义原则。如科尔兄弟在《科学界的社会分层》一书的最后提到，科学界

"所有的承认形式——奖励、有声望的职位和知名度——都被一小部分科学家所垄断"，尽管"像科学一样偏重角色表现的体制是很少的"，但他们仍然"还不能推断出科学是完全普遍主义的"。（乔纳森·科尔，史蒂芬·科尔，1989）朱克曼也不得不承认："在科学界的评价和奖励制度中，还存在着一些特殊的因素。"（朱克曼，1982）

当然，关于普遍主义和特殊主义的争论不仅发生在默顿学派和爱丁堡学派之间，还有很多其他学者也参与到这场争论中。到目前为止还没有一个明确的胜负结果，但却表明了一个事实，即学术活动特别是学术认可与大量的个体性因素和社会性因素相关，而且"资源、奖励和学术产出往往又交织在一起"（Long，Fox，1995），交互或交替性地相互影响。学术认可实在是一个非常复杂的过程。因此，在很多具体情境中，要想识别或辨明一项学术认可到底是普遍主义原则还是特殊主义原则所致，并不是一件容易的事情。

朗（J. Scott Long）和福克斯（Mary Frank Fox）在 20 世纪 90 年代进行的一项研究提出了一些新的问题，在一定程度上推进了这一研究议题。他们指出："普遍主义原则并不能保证机会的平等，学术业绩并不仅仅是学者动机和能力单独发挥作用的产物，它还受到导师身份、学术合作、团队研究以及设备仪器等学术职业背景和环境情境的影响。……当其他影响因素而不是学术业绩影响同行认可的时候，特殊主义原则便开始运行。"（Long，Fox，1995）那么，特殊主义的出现或发挥作用的条件是什么呢？朗和福克斯归纳了四个条件，即有限的信息、模糊的评价标准、不成熟的研究范式和非公开的程序。具体如下：一是如果在学者学术能力信息有限的情况下，如刚刚毕业的博士仅发表了有限的论文，那么甄别工作就比较困难，特殊主义就容易发挥作用，而这则作为成功应聘者的累积优势影响其学术生涯；二是评价标准越是模糊，特殊主义就越容易发生；三是研究领域的科学范式如果不成熟，在研究主题、研究方法和课程设置方面就具有较低的一致性，那么关于学术事务的决策标准就难以统一，特殊主义就有可能影响决策结果；四是非公开的、非系统化的聘任、晋升和奖励分配等程序容易为特殊主义提供机会。（Long，Fox，1995）最后，他们针对双方的争论，认为不能简单地主张是普遍主义还是特殊主义支配着学术共同体，问题的关键在于找出特殊主义之所以会发挥作用的条件及其运行的空间。

## 二、关系社会与学术共同体中的"差序格局"

学术共同体，无论是其概念本身，还是其历史渊源，都产生于西方的文化土壤之中。如果从博耶（Robert Boyle）于 17 世纪中叶提出"无形学院"（Weedman，J.，1993）这一概念算起，西方学术共同体已历经 350 余年的发展，到今天已经相对成熟。20 世纪中叶以来关于学术共同体之中的普遍主义与特殊主义的争论和研究，基本上基于西方学术共同体的事实和经验，尽管这些研究为我们理解西方学术共同体的运行机制提供了有益的理论框架和经验研究，但如果直接"拿来"分析我国学术共同体实然的运行状态，则难免有削足适履之嫌。不同国家的学术共同体必然根植于特定的社会结构和社会文化境脉之中，在呈现出一定共性的同时，也产生了独特的表现样态，被赋予了独特的文化内涵。这一部分将着重考察我国特有的社会文化境脉对学术共同体的影响，分析学术共同体中的"差序格局"和社会关系网络。

## （一）"差序格局"的关系社会

我国特有的社会结构和社会文化境脉是什么？大凡研究中国人和中国社会的学者，一般都认为是"差序格局"型的关系社会。（孙立平，1996；边燕杰，2006；阎云翔，2006；翟学伟，2009；李林艳，2007）梁漱溟先生曾指出，中国社会既非个人本位，亦非社会本位，而是关系本位（梁漱溟，1987）；费孝通先生则在《乡土中国》一书中以"差序格局"这一概念来解释中国传统社会的社会结构、社会关系和社会文化特点。可见，关系本位是"差序格局"的题中应有之义。因此，用"差序格局"的关系社会来概括中国社会文化境脉是比较贴切的。

费先生提出的"差序格局"是与西方社会的"团体格局"相比较而凝练出来的中国社会结构特点。所谓"团体格局"，主要是指在西方社会中，"常常由若干人组成一个个的团体。团体是有一定界限的，谁是团体里的人，谁是团体外的人，不能模糊，一定得分清楚。在团体里的人是一伙，对于团体的关系是相同的，如果一个团体中有组别或等级的分别，那也是事先规定的"。而中国社会则与之明显不同，"我们的格局不是一捆一捆扎清楚的柴，而是好像把一块石头丢在水面上所发生的一圈圈推出去的波纹，每个人都是他社会影响所推出去的圈子的中心，被圈子的波纹所推及的就发生联系，每个人在某一时间某一地点所动用的圈子是不一定相同的"。他进一步解释道："以'己'为中心，像石子一般投入水中，和别人所联系成的社会关系，不像团体中的分子一般大家都在一个平面上的，而是像水的波纹一般，一圈圈推出去，愈推愈远，也愈推愈薄。"因此，在差序格局中，"社会关系是逐渐从一个一个人推出去的，是私人联系的增加，社会范围是一根根私人联系所构成的网络。"（费孝通，1998）那么，能产生"波纹"的"石头"是什么呢？费先生认为是血缘关系、地缘关系，其中最重要的是血缘关系。即是说，中国社会结构是以血缘关系为基础而形成的社会关系结构，即"差序格局"，不同于西方社会的"团体格局"。

孙立平根据费先生的论述归纳了这种社会结构的若干特点。第一，自我主义，即自己是关系的中心，一切价值是以"己"为中心。第二，公私、群己的相对性，即站在任何一圈里，向内看可以说是公，是群，向外看就可以说是私，是己。两者之间没有清楚的界限。第三，特殊主义伦理，即中国的道德和法律都得看所施加的对象与自己的关系而加以程度上的伸缩，不存在一切普遍的标准。第四，人治社会，即维持秩序时所使用的力量，不是法律，而是人际关系的历史传统。第五，长老统治，即一种包含着不民主的横暴权力、民主的同意权力以及教化权力等复杂内容的权力结构。最后，孙立平认为，整个中国传统社会中的制度安排和权力运作，都是以这样的一种社会关系模式为基础的。（孙立平，1996）

如果孙立平的归纳是合理的，那么我们就会发现，中国社会结构的特点不但能够满足朗等人所提出的特殊主义产生的条件，而且还可能为特殊主义在我国学术共同体中的运行提供更多的机会与空间，并表现出与运行于西方社会文化境脉中的学术共同体不同的特征和文化内涵。然而，1949 年以后，特别是1978 年改革开放以来，中国社会经历了巨大的改革和变迁，针对中国传统社会结构的"差序格局"理论对当今社会还有解释力吗？换言之，"差序格局"赖以产生的社会条件还存在吗？

关于这个问题，社会学、人类学等学科的学者们在田野调查和实证分析的基础上提出了大致相同的观点，即"差序格局"的社会结构在当代中国依然存在。例如，阎云祥认为，差序格局和团体格局不是传统与现代的不同，而是基本价值观的差异，这种差异不但表现在社会结构上，还表现在社会文化以及个人的人格之中，中国人普遍具有一种"差序人格"。因此他认为："只要社会尊卑有序的价值观和社会现实不变，差序格局和差序人格就会继续存在。在这个方面，现代化国际化的大上海与仍然处于小农经济中的边远乡村之间没有什么本质区别。"（阎云翔，2006）张文宏于2000 年对北京市民的社会网络研究中发现的差序格局，尽管与费先生在半个多世纪以前提出的差序格局有所不同，但他仍认为差序格局在目前依然存在。（张文宏，2008）边燕杰认为，不但是传统中国社会，而且是我们生活其间的再分配经济到市场经济的转型社会，人际关系的非正式规范都是调节中国人社会行为的关键机制。（边燕杰，2010）卜长莉也认为，在城市的许多正式组织的人际关系中，虽然主体之间不具有任何事实上的血缘或亲缘联系，然而主体之间的互动方式和整个网络的运作方式却在一定程度上复制了传统亲缘群体的运作方式，呈现拟亲缘化的特点。（卜长莉，2003）综观不同学者的观点，可以说，"差序格局"理论对当今社会结构的解释力依然存在。

## （二）学术共同体中的"差序格局"

相对而言，团体格局的社会更倾向于普遍主义原则，而差序格局的关系社会则会呈现出更多的特殊主义原则。从组织文化特性上而论，学术共同体是一种机械团结，它依赖于基于情感和传统的人际关系，由学术道德规范和"集体良知"而非理性规则或法律所维系。（Downey，1969）在西方，学术共同体的发育时间长，相对较为成熟，加之学术自由、追求真理的学术精神和相对健全的学术制度，情感和关系（边燕杰，2010）尽管可能成为特殊主义运行的温床，但也正是学者间基于情感和关系的学术交流进而形成的无形学院在不断地推动着学术共同体的发展。在我国，现代意义上的学术共同体直到19世纪末20世纪初才逐渐形成，学术自由的传统还较为微弱，政府在一定程度上还主导着学术研究资源及其分配过程，学术界的单位制度对学者的约束程度尽管有所缓和，但依然较为严格。另外，学术共同体的运行还受到我国社会中人情、面子、关系等特殊文化的影响。最为关键的是，这些不同的影响因素聚集在一起，无疑为特殊主义在学术共同体中的运行提供了更大的空间，从而形成了我国学术共同体特有的运行机制。

第一，在政府与高校的关系层面，一方面呈现出以各级政府为中心的"差序格局"[①]，另一方面存在着二者职权关系不清的现状。

20世纪末，经过高校管理体制的调整，我国高校布局形成了中央部属高校、地方省属高校、市属高校以及民办高校的格局，呈现出明显的差序格局结构。仅从赋予校长的行政级别（副部级、厅级、副厅级等）便可以看出，不同隶属的高校级别有高低之分，相对来说，部属高校的办学资源和师资力量更为雄厚，具有较高的知名度；省属、市属高校尽管也有实力较为雄厚的，但整体来说办学层次水平和社会认可度相对较低；而民办高校不管从办学资源、教育质量还是从社会认可度来看，无疑处于边缘位置。无独有偶，从20世纪末开始启动的所谓"985工程""211工程"更是进一步强化了这种差序格局。如此，不同隶属、冠有不同名号的高校具有不对等的权利和义务，同时与政府、教育部的关系也呈现出很大的差异。在《国家中长期教育改革和发展规划纲要（2010—2020年）》提出"去行政化"时，有校长就担心去掉学校的级别到政府部门办事就会更难，这实际上从一定程度上反映了官本位的社会文化对高等教育的影响之深，大学校长的担心也是一种无奈之举。本来属于办学特色、学术事务的高校分布结构却呈现出行政系统中以官为本的尊卑高低之别。注意到这一点，我们就不难理解学术自由在我国还较为微弱的原因。

尽管1985年《中共中央关于教育体制改革的决定》、1998年《中华人民共和国高等教育法》等法令法律的出台，明确规定了高校七个方面的自主权，但政府与高校的职权关系多年来一直未有多少改变，高校办学自主权依然停留在口号之中。《国家中长期教育改革和发展规划纲要（2010—2020年）》仍然在强调要落实和扩大学校办学自主权。可见，这已经不仅仅是政府与高校法律关系、权力关系划分的问题，还是一个社会文化、制度的路径依赖问题。多年来，《中

---

① 此处的"差序格局"与费先生的本意不同，主要指围绕政府形成的高校布局结构上的等级结构。

华人民共和国高等教育法》未能有效实施，存在着有法不依的问题；与此同时则是教育部不断出台文件、通知等行政命令，使得原本已经模糊不清的政校关系更加模糊不定。或许是由于法律规定太笼统，或许是由于社会文化的根深蒂固，高校与政府的亲疏关系在很大程度上决定着高校从政府获得办学经费和资源的多少，而占有多少资源影响着学校的办学质量和发展速度，于是与政府官员"拉关系"及"跑部钱进"等现象成为我国高等教育独有的问题，这种关系反过来又强化了已有的差序格局。成文的法律和规则在关系"亲疏"的事实面前逐渐被人们所遗忘。而具体到高校内部，党委领导下的校长负责制更是一个模糊不清的制度，校长和书记的权责不清已成为众多高校的事实，在学校事务中谁具有决策权？经验告诉我们，资历老、人脉强的一方具有决策权，制度和法律在关系社会中被冲淡了。

第二，在基层学术组织层面，存在着以院长、系主任等为核心的差序格局。

我国高校的基层学术组织先后借鉴了发源于国外大学的讲座制、教研室、学系、学院等制度和组织结构，新中国成立以后基本以学系和教研室为主。经过20世纪90年代的高校内部院（系）改革，院（系）制最终稳定下来成为一般高校的基层学术组织，并逐渐成为学者间社会关系形成的基础。

在传统社会中，差序格局的重心在家庭，家庭是分配社会稀缺资源的重要组织；1949年以后，我国实行了单位制度，城市中的人们则被组织到一个个的"单位"之中，单位替代了家庭进行社会稀缺资源的分配。尽管单位制度"釜底抽薪"般地摧毁了差序格局存在的社会基础，但单位中的人们在对家庭的依赖基础上，又模仿家庭关系建立了对单位的依赖，围绕单位重新建构着拟亲缘化的新关系网络。院（系）尽管是高校中的二级单位，但它是学者从事教学、科研工作的直接实体，是学者获得稀缺社会资源的重要组织。受传统社会关系的影响，学者们在院（系）发展自己的关系网络（当然，由于学术职业的特性，学者还与其他高校的学者产生关系）。

在院（系）这个小单位中，院长或系主任就像传统社会中的"家长"一样关心着教职工的发展，包括他们的教学、科研，甚至住房以及生老病死等非学术活动也成为"家长"管理的分内之事。同时，教职工和院长或系主任的关系也较为微妙，每一位成员都想给院长或系主任留一个好的印象。卢乃桂曾指出，系主任或年长的教授是"差序格局"中的"自我"，他们确认着其他成员的重要性，并根据以自我为中心的关系层来分配感情、关心、注意和奖励。（Lo，1991）在这个关系层中，院长或系主任极有可能与一些成员形成一种特殊的关系。由于在院（系）工作中有很多的教学、科研以及管理工作要完成，因此就需要一些积极分子的帮助。积极分子是推动工作的骨干，而积极分子在工作时间之外加班就有助于其与院长或系主任建立密切的私人关系，进而得到院长或系主任的额外照顾，并获得一般教职工难以获得的资源、奖励和好处。这些现象一个突出的特征就是将公共的因素与私人的因素紧密地结合在一起，一定程度上类似于传统社会的庇护主义的关系。此外，院（系）组织中围绕某些资深教授或领导的拉帮结派现象也非常突出，这些"帮派"成员一般的关系不外乎师生、同门、同学甚或老乡关系等，这也足见传统社会差序格局型关系社会的影响。

可见，我国基层学术组织在发展过程中已呈现出与西方基层学术组织非常不同的社会文化内涵。然而，不管是"家长"的管理也好，领导的庇护也好，还是那些拉帮结派的现象，都未脱离正式的学术组织而存在，这些尽管有利于一些工作的开展，但对于正式的学术制度和规则而言则是极大的危害。

第三，学者的学术交流关系也呈现出一定的差序格局。

学术研究离不开学术共同体，学术共同体为学术研究"提供了背景、规范、方法、读者、价值和讨论的平台"（Tuire，Erno，2001）。在我国，学术共同体之中社会分层与差序格局并存。一方面，学术共同体是一个高度分层的社会，这已是科学社会学研究中的一个常识性命题，也符合我国学术共同体学术精英统治的等级结构特征；另一方面，在学术共同体之中，除了专业学会、期刊系统等正式交流渠道外，还存在着大量非正式的私人交流网络，即所谓的"无形学院"。由于受到传统社会文化的影响，非正式交流网络表现出差序格局的特征。

这种差序格局最突出的表现在于，学术共同体中因业缘而产生的学术交流关系向拟亲缘化即人际关系初级化转化。一是学者的交流关系除了学术界的知名学者外，主要集中于导师、同门、同学、同地区甚至老乡等学缘与地缘范围内，这从学术会议的自由交流圈便可以看出来。另外，现在学界流行的高龄学者的大寿庆典更是吸引了与其有学缘关系的学者前来祝寿，感谢教诲之恩。其实祝寿是一个目的，另外的意图大家恐怕都心知肚明，那便是进一步加强与学术界特别是已有学术关系的密切程度，以便日后寻求帮助。二是原亲缘关系中的"老大哥""兄弟""哥们儿""小兄弟"和"姐妹儿"等称呼频繁地出现于学者间私人交往关系之中，以此表示关系的密切程度，就连高校之间也经常使用"兄弟院校"的称呼。中国人往往善于拉关系，在尚无"老关系"、有待开辟的领域中，可以找出关系、拉出关系，而且"找"和"拉"的具体方式也常常是拟亲缘的。（郭于华，1994）有意思的是，这种现象常常出现在国内学术界，似乎一起上过学、开过会、照过相、吃过饭、参加过学术讨论等就能一下子拉近学者间的关系，拉出了原来没有的关系，并逐渐使之拟亲缘化。不仅如此，学者们还更容易根据亲疏关系为自己的交流网络划定范围，谁是"自己人"，谁是"局外人"，从而排除异己，构建"小圈子"，垄断学术资源。

其实，建立关系在中国社会是一种获取社会资本进而获得利益的重要途径。学者找关系、拉关系，进而建立关系、发展关系，一方面可以理解为一种正常的学术交流，建立个人学术网络，以便获取学术信息，但另一方面则是与学者自身的利益紧密相连的。正如社会网络学者博特（Ronald Burt）所认为的，中国的关系就是情感开路、工具性交换跟随而上，也就是情感先导的工具性关系。通过与学术地位较高的学者建立关系，实际上正如同金耀基所谓的"把关系的建构作为一种文化策略来调动社会资源"（张文宏，2006），从而在学术认可、学术地位获致等重要事件上获得一定的帮助。如近年来流行于学术界的"跑（博士、硕士学位授权）点"现象，各个学科点利用与有评审资格的专家的关系，选择与特定专家关系"最铁"的学者去公关，以确保学位点能够顺利"拿下"。有学者就写道："其目的，其'跑'法，凡是中国人都懂，当事人更是心照不宣。不'跑'，你实力再强，会担心因为没有拜访评委、没有打招呼，而把'点'弄丢了。再说，别人都在'跑'，你不'跑'，是否对评委不够尊重？'跑'到评委面前，按中国人的礼义之道，总得表示一下，不能空着手。"（刘川鄂，2007）当然，不一定所有专家都接受这一套，但仍然有一些专家迫于人情不得以在评审中网开一面，为其投票，而有时往往一票就能决定这个"点"是否能获得审批。至于学者在课题申报、职称评审等学术事务中动用关系、人情和面子的例子，对于身处学术共同体之中的学者而言也已经是屡见不鲜的事实了，这些现象也时常见诸报头和网络等媒体。难怪一位刚刚从海外归来、加盟清华大学生命科学学院的年轻教授坦率地问施一公教授："你觉得我需要每周花多少时间出去拉关系，以便将来在基金申请等方面得到照顾？"（施一公，2010）类似于此类的现象公然对抗着倡导公平、正义的同行评议制度等学术制度和规则。

## 三、特殊主义在我国学术共同体的运行空间与理论解释

如前所述，差序格局的关系社会在本质上就与特殊主义原则有着一种天然的亲密联系。那么，关系社会为特殊主义在学术共同体中的运行提供了哪些条件？其运行空间何在？

第一，差序格局社会结构赖以滋生的社会基础仍然存在，传统社会的差序人格还在影响着学者的学术人格，致使以普遍主义、无私利性为精神特质的学术共同体形成了拟亲缘化的差序格局，这是特殊主义在学术共同体中运行的社会性条件。

第二，再分配体制下形成的政府垄断学术资源的制度结构还发挥着较大的作用，使得高校和学者通过关系、人情获取这种特殊社会稀缺资源的现象成为彼此心知肚明的潜规则，甚至在政府与高校、专家与学者之间形成了某种"共谋"，这是特殊主义在学术共同体中运行的制度性条件。

第三，专业学会、期刊系统等学术共同体的重要子系统发育还不成熟，时

常会遭遇到行政力量、社会力量等外行或非学术性权力的干预和介入；学术聘任、晋升和奖励以及学位点的评审等学术事务的程序还不规范，过程还不够公开、透明，学者的知情权受损，学术申诉特有的法律程序还有待完善。加之学术（特别是人文社会科学）评价本身的复杂性和难度，难免就会为关系、人情在学术事务中发挥作用提供温床。这是特殊主义在学术共同体中运行的组织性条件。

以上三个方面实际上表明，特殊主义在我国有着比西方更为复杂的文化情境。在西方，特殊主义主要是学术共同体内部学术权力失衡的问题，"几乎没有人提及政府和行政权力在学术认可中的作用，而在我国它却是一个最为关键性的变量"（阎光才，2010）。在我国，在学术共同体内部不仅存在学术权力失衡、学术制度有待健全的问题，还交织着关系、人情的特殊内涵，例如项目评审中给专家"说句话""打个招呼"甚至"送个人情"以及上文提到的"跑点"现象等。同时，在政府与学术共同体之间也存在着行政力量处于强势地位，干预、介入学术事务，进而导致行政精英与学术精英相互拉关系甚至"共谋"的问题。有学者就指出，在国内重大项目拟定和申报中，"政府官员任命的专家委员会的委员负责编写年度申请指南"，"经费预定给谁基本上一目了然"，"专家委员会的主席们会常常听从官员们的意见，并与他们进行合作。所谓的'专家意见'，不过只是反映了很小一部分官员及其所赏识的科学家之间的相互理解"，"与个别官员和少数强势的科学家搞好关系才是最重要的，因为他们主宰了经费申请指南制定的全过程"。（Shi，Rao，2010）

针对关系社会对学术共同体的影响以及学术共同体面临的问题，可以从理论上予以进一步的解释和反思。

首先是政府与学术活动的关系问题，即政府应该与学术保持怎样的关系。经费与资源是政府和学术发生关系的中介，政府通过经费与资源的分配参与、介入甚至控制学术活动，而学者则通过与政府或政府指定的专家拉关系从而获取经费或资源，二者之间呈现一种畸形的依赖关系。因此，要使学术活动实现其自主性和良好的发展状态，政府需要与学术活动、学术事务保持适当的距离。在此不妨借鉴欧美国家实行的学术研究基金会制度，在政府与学术机构之间建立"缓冲机构"。或许有学者会担心基金会制度将进一步强化关系在学者和评审专家互动中的作用，但问题的关键在于学术共同体的良好发育需要的恰恰不是政府的介入甚至控制，而是逐渐建立、健全相关的学术制度和规则。

因此，紧接着的一个问题就是制度的效力问题。有学者曾认为，差序格局型关系社会的强大改造功能使规则和秩序沦为"关系圈"的"共谋"媒介。（巩建华，曹树明，2007）即是说，正式的制度、规则和秩序在关系的冲击下被人们所遗忘，遭受潜规则的践踏，潜规则先于正式制度发挥效力，从而产生由关系而生的微观事件对正式制度的消解。更有甚者，在中国，为与己关系密切的人办事，忽视、无视、僭越正式制度的程度越高，给对方的"面子"就越大，之间的关系就越显得亲密。究其根源，实际上并不仅仅是当前学术界高呼的"去行政化"的问题，这只是问题的一个方面，同时还需要对政府部门、高校实行必要的"科层化（bureaucratization）"。（阎光才，2011）其实，韦伯提出的"官僚机构"（bureaucracy）原本是一个中性词，强调的是合理统治或法理型统治，它有八个基本范畴，其中最重要的有"一种官职事务的持续的、受规则约束的运作"，"这种运作是在一种权限（管辖范围）之内"，"职务等级原则"，以及"（在完全合理的情况下）不存在任职人员对职位有任何的占为己有"等。（韦伯，1997）可见，"官僚化"强调的是权责的对应，反对行政管理者自己的个性和想法，对于我国的学术管理而言，恰恰可以防范过度的行政干预和关系的滋生和运行，保障正式制度和规则的效力。因此，进一步修订、完善相关的教育法律并提高其法律实施效果，防范关系的滋生，从而保证学术的自主性、学术制度的有效实施，已经成为当前学术体制改革的当务之急。

最后是学术共同体的公信力问题。如前所述，差序格局、差序人格在学术活动中消解了以学术为本的学术精神和学者的学术人格，从而导致以关系为主的潜规则横行于学术共同体，使得学者们普遍表现出一种对学术共同体的不信任状态，原本就不成熟的学术共同体逐渐丧失公信力。所谓丧失公信力，最核心的部分在于维持学术公平和正义的专家信任系统（郑也夫，2003）出现了问题。在国内表现最明显的就是参与课题申报的学者担心课题评审中的"暗箱操作"，表现出一种对同行评审或专家系统不信任的心理状态。有关系的学者动用关系资源，没多少关系的则想方设法地"托关系"，以确保课题得以审批，以至在学术界形成了一个"公开的秘密"，即"做好研究还不如与官员和他们赏识的专家拉关系重要"。可能还有另外一些学者在默默地对现有体制进行着"非暴力抵抗"，或者积极从事独立研究，或者干脆消极地"坐以待命"，以期终有一天能够看到学术共同体的改变。可见，缺失公信力或出现信任危机，对学术共同体以及学术发展是一件极为可怕的事情。然而，一个具有公信力的学术共同体事关学术文化的培育和学术人才的成长。那么，发展出一个具有公信力的学术共同体的关键在哪里呢？除了政府、行政力量还自由与自主于学术共同体之外，重新设计以同行评议制度为核心，包括科研资助制度、科研奖励制度、学术人才制度等的学术制度恐怕是当下大力引进海外人才、促进学术创新人才成长的重中之重。所谓"重新设计"，就是要考虑如何排除非学术力量的介入以及关系、人情的干预。此外，尽快改变学者的"差序人格"，以学术文化浸润并重塑专家、学者的学术人格也是发展公信力的内在之义。

当然，关系社会中的关系也不见得总是一种消极的因素，发挥着负面的影响作用。实际上，关系在学术共同体之中也有很多的积极效应，如可以加快学术信息的传播，促进无形学院的形成，以"情感和传统的人际关系"在学者群中发挥凝聚作用，保持学术共同体"机械团结"的组织文化特性。因此，建立、健全相关的高等教育制度、学术制度就需要对社会文化境脉特别是对差序格局文化保持一种敬畏的文化心态，并以之为制度设计的社会与文化基础，同时有效避免目前关系自发、消极地甚至破坏性地发挥作用的状态，如此方能使得重新设计的制度更具合理性和有效性。正如有学者提出的："反对激进地根除'关系'的做法，避免近百年来国人对于传统文化的强烈排斥情绪继续蔓延"，"倡导在制度建设中积极的和有意识的关系思维，使得文化和制度之间形成一种积极的而不是相互反对的合力"。（李林艳，2007）

## 参考文献

边燕杰 . 2006. 社会资本研究［J］. 学习与探索（2）：39 – 40.

边燕杰 . 2010. 关系社会学及其学科地位［J］. 西安交通大学学报：社会科学版（3）：1 – 6.

卜长莉 . 2003. "差序格局"的理论诠释及现代内涵［J］. 社会学研究（1）：21 – 29.

费孝通 . 1998. 乡土中国；生育制度［M］. 北京：北京大学出版社：26 – 30.

巩建华，曹树明 . 2007. 差序格局的文化影响与关系社会的破坏作用［J］. 江淮论坛（4）：95 – 99.

郭于华 . 1994. 农村现代化过程中的传统亲缘关系［J］. 社会学研究（6）：49 – 58.

拉图尔，伍尔加 . 2004. 实验室生活：科学事实的建构过程［M］. 张伯霖，刁小英，译. 北京：东方出版社：204.

李林艳 . 2007. 弱关系的弱势及其转化："关系"的一种文化阐释路径［J］. 社会（4）.

梁漱溟 . 1987. 中国文化要义［M］. 北京：生活·读书·新知三联书店.

刘川鄂 . 2010. 从"跑官"到"跑点"［EB/OL］. ［12 – 09］. http：//www. chinawriter. com. cn/56/2007/0109/920. html.

默顿 . 2003. 科学社会学：上［M］. 鲁旭东，林聚仁，译. 北京：商务印书馆：365.

乔纳森·科尔，史蒂芬·科尔 . 1989. 科学界的社会分层［M］. 赵佳苓，等，译. 北京：华夏出版社：136 – 137，255 – 276.

施一公 . 2010. 再论中国的核心竞争力：人才与环境［EB/OL］. ［12 – 09］. http：// www. sciencenet. cn/m/user_ content. aspx？ id = 341290.

孙立平 . 1996. "关系"、社会关系与社会结构［J］. 社会学研究（5）：20 – 30.

特纳 . 2001. 社会学理论的结构：上［M］. 邱泽奇，等，译. 北京：华夏出版社：34.

张文宏 . 中国城市的阶层结构与社会网络［M］. 上海：上海人民出版社，2006：75.

韦伯 . 1997. 经济与社会：上［M］. 林荣远，译. 北京：商务印书馆：243 – 245.

阎光才 . 2010. 学术系统的分化结构与学术精英的生成机制［J］. 高等教育研究（3）：1 – 11.

阎光才 . 2011. 关于高校"去行政化"议题的省思［J］. 清华大学教育研究（1）：13 – 19.

阎云翔 . 2006. 差序格局与中国文化的等级观［J］. 社会学研究（4）：201 – 213.

翟学伟 . 2009. 再论"差序格局"的贡献、局限与理论遗产［J］. 中国社会科学（3）：152 – 158，175 – 194.

张文宏 . 2008. 城市居民社会网络中的差序格局 ［J］. 江苏行政学院学报（1）: 67 - 72.

朱克曼 . 1982. 科学界的精英: 美国的诺贝尔奖金获得者 ［M］. 周叶谦, 冯世刚, 译 . 北京: 商务印书馆: 347.

Downey K J. 1969. The scientific community: organic or mechanical? ［J］ . The Sociological Quarterly, 10 (4): 438 - 454.

Hargens L, Hagstrom W O. 1967. Sponsored and contest mobility of american academic scientists ［J］ . Sociology of Education, 40: 24 - 38.

Lo L N-K. 1991. State patronage of intellectuals in Chinese higher education ［J］ . Comparative Education Review, 35 (4): 690 - 720.

Long J S, Fox M F. Scientific careers: universalism and particularism ［J］ . Annual Review of Sociology, 21: 45 - 71.

Parsons T, Shils E. 1951. Toward a general theory of action ［M］ . Cambridge: Harvard University Press: 82.

Shi Y, Rao Y. 2010. China's research culture ［J］ . Science, 329 (5996): 1128.

Tuire P, Erno L. 2001. Exploring invisible scientific communities: studying networking relations within an educational research community: a Finnish case ［J］ . Higher Education, 42 (4): 493 - 513.

Weedman J. 1993. On the "isolation" of humanists: a report of anInvisible college ［J］ . Communication Research, 20 (6): 749 - 776.

作者简介 | 张斌, 华东师范大学高等教育研究所博士生, 陕西师范大学教育学院讲师, 主要从事高等教育社会学、学术职业与学术体制等方面的研究。

# Particularism in the Academic Community and its Running Space

## Zhang Bin

**Abstract**: Universalism and Particularism are two principles of value during the running process of academic community. China's characteristic social cultural contexts has important effects on the academic community, forming the academic community with character of "Chaxu geju", and providing the space and conditions for the running of particularism in the academic community. In order to understand deeply on this issue, it is necessary to have some theoretical explanation and reflection from the dimensions of the government-academic activities relations, the effect of institutions and the public credibility.

**Key words**: academic community  chaxu geju  guanxi  particularism

# 终身教育理念下的高校课程改革*

冯晓玲

**摘　要：**终身教育理念下，为学习者提供更多的学习机会和选择权，培育学习者终身学习的态度与能力成为高等学校的重要人才培养使命。为此，高校在课程设置上要遵循多样性原则、衔接性原则、灵活开放原则和探索性原则；重塑课程目标，由"行为性"目标转变为"表现性"目标；课程的价值取向应坚持"以学习者为中心，促进个人终身可持续发展"；课程结构要弹性灵活，以提高学习的自由度和选择权，满足学习者多样化、个性化的学习需求；课程的设计和实施要以培养学习者的终身学习态度和能力为基准。

**关键词：**终身教育　终身教育体系　高校　课程改革

　　未来的社会将是学习型社会。推动全民学习、终身学习是当今世界各国共同努力的方向。据此，党的十六大报告、十七大报告以及《国家教育事业发展"十一五"规划纲要》等政策文件，均提出了"构建终身教育体系"的教育发展战略。可见，构建终身教育体系已经上升为国家意志，是今后教育发展的重要方向。我国 2010 年颁布的《国家中长期教育改革和发展规划纲要（2010—2020 年）》明确提出今后教育发展的战略总目标是：到 2020 年，基本实现教育现代化，基本形成学习型社会，进入人力资源强国行列。而终身教育体系的形成是通向学习型社会的路径和基石。高等教育作为教育体系的"龙头"，在终身教育体系建设中具有特殊重要性。为学习者提供更多的学习机会和学习选择权，培育学习者终身学习的态度与能力成为高等院校的重要人才培养使命。而课程作为一个实践领域，是整个教育体系中不可或缺的核心要素之一。高校人才培养使命的转变和实现，必须依托课程的改革与创新。

　　* 本文系厦门大学教育研究院潘懋元教授主持的教育部人文社会科学重点研究基地 2009 年度重大项目"在终身教育体系平台上的多种教育模式研究"（课题编号：2009JJD880017）阶段性成果，2010 年井冈山大学校级社会科学项目"高等教育融入终身教育体系研究"（课题编号：JRI0029）阶段性成果。

# 一、终身教育理念下高校课程设置的原则

## （一）多样性原则

终身教育体系中的高等学校是一个容纳多种学习群体的机构。处于18—22岁年龄段的传统大学生身心发展逐渐成熟，成人学生则具有更加明确的人生目标和发展需求……因此，他们知道自己喜欢学习什么、需要什么以及最适宜学习什么。大学应该给学生更多的自由，让他们各取所需、各学所好。正如哈佛大学选修制课程的开拓者艾略特校长所言："学术自由是师生共同享受的权利。……大学应满足学生不同的爱好和要求，不能铁板一块地安排修习科目，应当允许学生自由选课，奖励学生独立钻研，由学生对自己的选择负责任。"（滕大春，1994）而要实现这一目标，课程资源必须丰富和多样。而且，终身学习理念下的高校课程，要求超出形式、空间和时间的范畴，不仅包括各种正规课程、显性课程、学科课程，也非常强调隐性课程、活动课程及其他非正式课程的重要性，倡导课程的设计要为学生提供知能发展、生活经验、与工作相关的经历、学习社会和体艺发展等重要学习经历，并以融会贯通的方式，结合课堂内外不同形式的学习活动，让学生从多姿多彩和多元化的学习社会中培养积极的态度和各种能力，满足学习者多样化和个性化的学习需求。由此，高等学校的课程设置应遵循多样性的原则。

## （二）衔接性原则

终身教育体系是一个各种层次、各种类型教育相互衔接沟通的动态优化系统，其中教育内容即课程是各种教育衔接最核心的要素。因此，高等学校的课程设置还应该遵循衔接性的原则，为学习者进入另一种教育层次或领域奠定基础。对高等学校而言，在课程设置上首先应密切与中等教育的联系。因为高等学校的学生主要还是来自中等教育，为这些学生做好课程上的衔接，提供合适的教育内容，是高等学校的主要责任。除此以外，在终身教育体系中，高等教育不再是教育的顶点，也不再是与劳动世界相互隔离的最高教育阶梯，高等教育只是人们学习经历中的一个组成部分，是学习者继续学习的过渡环节，它与职业教育、成人教育、社区教育、职业、生活等之间的联系越来越密切。因此，高校课程也应在它们之间搭建桥梁，建立衔接机制。正如1998年《世界高等教育宣言》中所言：在一个迅速变化的世界中，高等教育显然需要以学生为中心的新视角和新模式，应根据高等教育与有关社区和社会各部门之间的新型伙伴关系，重新审视和安排高等教育的内容、方法和授课方式……课程设置不应局

限在学科知识的掌握上，而必须包含多元文化条件下学会创造性和批判性地分析以及独立思考、协同工作的能力。

## （三）灵活开放的原则

封闭的系统既不交换能量，也不交换物质，只能从有序到无序，由高序到低序，由复杂到简单，最后走向死寂。（申仁洪，黄甫全，2007）融入终身教育体系的高等教育是一个开放的系统，课程的设置应遵循灵活开放的原则。终身学习理念下的高校课程资源正是通过灵活性与开放性彰显自己的生命力，实现不断发展与优化的。高等学校课程体系的发展与改革历史已经昭示了这一点。"综观整个高等学校课程体系的历史，从某种意义上可以说是从呆板走向灵活的历史。这是因为，社会发展的频度在加快，变化之速令人目不暇接。如果高校课程体系没有一种积极应变并随时自动调整结构以顺应变化的灵活机制，将变得一筹莫展。"（王伟廉，1997）遵循开放性原则主要是指以下两点。第一，空间上的开放性。即通过课程资源在学校、家庭、社区、社会中的开发，并面向学校、家庭、社区、社会实现学习社会化和社会学习化的双重建构。第二，高等教育内部课程体系的开放。即实现各高校之间的课程资源共享，为学生提供更多的学习内容的选择，实现教学资源的互补。

## （四）探究性原则

高等教育具有知识创新、技术开发、文化创新等功能，培养大学生的创新能力是高等学校的重要使命，也是培养终身学习能力的重要组成部分。伯顿·克拉克把大学称为"探究的场所"（places of inquiry），其真正寓意就在于，在大学中知识的发现与传授、知识的应用与创新被有机结合在一起。人们在探究过程中逐渐形成能力、兴趣、情感、价值观及创新精神等各种素养，并综合地运用所学的知识和技能，解决自然界和人类社会所面临的各种问题。具体落实到课程领域，则要求构建的课程遵循探究的原则。课程的设置要注重学生的学习经验与学习兴趣，强调学生主动参与、探究发现、交流合作的研究性学习方式；课程的内容要具有一定的启发性、挑战性、前沿性和未知性，以促使学习者"与客观世界对话、与他人对话、与自身对话，从而形成'认知性实践''社会性实践''伦理性实践'的'三位一体'的过程。在这个过程里，每个学习者都有一套对信息世界的解读。教学的目标不再是教师知识独白地传递信息过程，而是创造情境让学生以自己的理解方式去解释信息，师生共同参与知识创造性的过程。教师不再仅仅是'教'教材，而是与学生一起探索学生所正在经历的一切。课程作为建构知识的活动，一方面成为学生不断质疑、不断探索、不断表达个人见解的历程；另一方面还超越原有的个人化行为，成为群体合作的行为，成为团队精神和群体意识发展的契机"（钟启泉，2003）。据此，他们能在大学期间及以后的人生经历中追求知识和解决问题，学会沟通与交往，最终形成进行终身学习所必须具备的各种能力。

## 二、终身教育理念下高校课程设置的价值取向

课程实践在本质上是一种价值创造活动，因而必须遵循一定的价值原则。任何课程建构如若不优先考虑价值取向问题，如若没有哲学价值论的引导，都将陷入盲目和混乱，从而以失败告终。课程价值是作为主体的社会和学生与作为客体的课程之间需要关系的反映。（靳玉乐，李森，2005）课程价值取向与社会文化背景之间的联系极为密切。"每一个课程观念或课程事件，都产生于特定的时间与社会政治、经济脉络之中（Smith，Lovat，1990）。它不仅受其所处时代的哲学及人文思潮的影响，也反映着它们的变化趋势。"（李子建，2003）正是由于时代背景的不同，人们的政治立场、哲学倾向各异，因而出现了不同的课程价值追求。代表性的观点有"社会本位的课程价值取向""个人本位的课程价值取向""知识本位的课程价值取向"等。

终身学习理念的产生及其在世界范围内的广泛传播与实践，根本动因在于科学技术的发展带来了教育、生活等各个层面的根本变革。"20世纪科学技术的飞速发展使人类在经济、政治、文化及社会等各个层面实现了全球互动。在全球化打破了地区经济维度的同时，也触动了社会价值与社会认知的矛盾与整合。全球化不是纯粹的经济或政治的全球整合，其目标甚至首先指向了文化价值方面。"（万俊人，2001）正是在全球经济、科技、社会和文化的巨大变革对教育领域产生了前所未有冲击的背景下，20世纪90年代以后，世界各国纷纷掀起高等教育课程改革的新一轮热潮。例如：日本大学本科课程改革中，将"一般教育"课程转变为"教养教育"课程，使课程类型趋于多样化、个性化，以培养21世纪具备全球竞争意识和能力的人才；美国研究型大学对通识教育课程进行了一些革新，如艺术和科学学科得到重视，加强了基本学术能力的训练，开始注重新生研讨课程，提高了通识课程的学习标准以及增设了全球研究课程等。（孔令帅，2006）与此同时，伴随世界课程改革的发展与深化，我国也发起了声势浩大的大学本科课程改革，目前主要集中在通识教育课程和创新性、实验性课程改革的尝试上。

纵观20世纪90年代以来的高校课程改革，可以发现一个显著的共同特征就是以人为本，着眼于所有学生的全面发展。课程改革不再单纯强调系统知识和一般技能的掌握，而是更加注重培养学生的创造力和创新能力，注重发展学生的个性，培养学生自主学习的能力。简言之，改变学生的学习方式和能力结构成为课程改革的焦点。课程改革体现的价值追求和价值原则是"回归教育本质，

以人为本"，是一种致力于"全人发展的课程价值取向"。这种课程价值取向是符合终身教育理念要求的，与终身教育的本质和价值追求一脉相承。未来终身学习理念下的高校课程改革，应坚持"以人为本，促进个人终身可持续发展"的课程价值取向，才有可能实现培育终身学习者的人才培养目标。

## 三、终身教育理念下高校课程目标的重塑

课程目标是某一课程门类或科目学习完以后所要达到的学生发展状态和水平的描述性指标，是课程设计的基础环节和重要因素，直接影响和制约着课程内容。课程目标在形式上主要有"普遍性目标""行为性目标""生成性目标""表现性目标"四种取向。（张华，2000）

所谓"普遍性目标"，是指基于经验、哲学观或伦理观、意识形态或社会政治需要而引出的一般教育宗旨或原则，这些宗旨或原则直接运用于课程与教学领域，成为课程与教学领域一般性、规范性的指导方针。这种课程目标的特点是把一般的教育宗旨或原则与课程教学目标等同起来。因而具有普遍性、模糊性、规范性，可用于所有的教育实践。

"行为性目标"是以具体的、可操作的行为的形式陈述的课程与教学目标，它指明课程与教学过程结束后学生身上所发生的行为变化。"行为目标"的基本特点是：目标的精确性、具体性和可操作性。行为性目标取向一度在我国课程目标中占据主导地位。

"生成性目标"是在教育情境中随着教育过程的展开而自然生成的课程与教学目标。它本质上是对"实践理性"的追求，强调学生、教师与教育情境的交互作用，正是在这种交互作用下，不断产生出课程与教学的目标。"生成性目标"最根本的特点就是过程性。

"表现性目标"是指每一个学生在与具体教育情境的种种"际遇"中所产生的个性化的表现。当学生的主体性充分发挥、个性充分发展的时候，其在具体情境中的具体行为表现及所学到的东西是无法准确预知的。因此，"表现性目标"所追求的不是学生反应的同质性，而是反应的多元性。"表现性目标"本质上是对"解放理性"的追求。它强调学生的个性发展和创造性表现，强调学生的自主性和主体性，尊重学生的个性差异，指向人的自由与解放。

上述课程目标取向各有其存在的独特价值。但从"普遍性目标"到"生成性目标"和"表现性目标"的发展，反映了课程与教学领域对人的主体价值和个性解放的不懈追求，是社会政治、经济、科技、文化的发展在教育领域的具体体现。

我国高校课程改革在目标取向上也经历了相应的发展过程。20世纪50年代，我国高等院校本科课程中的专业设置主要是学习苏联模式，按照行业、产

品甚至是岗位设置专业。在实行社会主义计划经济的背景下，教育主要被视为上层建筑，高等教育突出的是政治属性。"专业化的培养目标是紧紧与政治目标联系在一起的，即高等学校培养的是'又红又专'的社会主义建设所需要的各种'专门人才'。'红'是前提和关键，'专'是核心和基础。"（郄海霞，2009）如1961年9月颁布的《教育部直属高等学校暂行工作条例（草案）》规定，高等学校的培养目标是"具有爱国主义和国际主义精神，具有共产主义道德品质，拥护共产党的领导，拥护社会主义，愿为社会主义事业服务，为人民服务……掌握本专业所需要的基础理论、专业知识和实际技能，尽可能了解本专业范围内科学的新发展。"与当时人才培养目标相一致，我们的高校课程是"普遍性目标"取向的。

　　直到改革开放后，随着计划经济逐渐向市场经济转轨，我国高等学校开始进行办学模式改革，致力于改变20世纪50年代以来形成的专业狭窄，高校按行业甚至是工作岗位办学的模式，将拓宽专业口径，夯实专业基础作为本科课程改革的着力点。此时，"普遍性目标"取向为主导的状况逐渐发生转变。继1983年之后，我国在1993年和1997年两次修订专业目录，其根本目的就是要力求通过全国本科专业目录的调整，使得各高等院校以此为契机，制定新的人才培养方案和教学计划，实现培养宽口径、厚基础、能力强、素质高的人才的改革目标。课程目标着重强调基础知识掌握的广度和厚度，重视发展学生能力，提高学生素质，其中创新精神和实践能力是最重要的两种素质。

　　进入21世纪后，随着世界政治、经济、科技的纵深发展，终身学习的理念高扬。终身学习被视为21世纪的生存概念。作为在国家教育体系中占据重要地位的高等教育必须发挥作用，为学习者终身学习提供条件，打好基础。要实现这一使命，高等学校应着重培养学生的终身学习态度与能力，这种态度与能力的养成需要借助课程来实现。课程的目标性是首先要明确的问题，它直接指引和反映了人才培养的目标。哈佛大学前校长埃利奥特（C. W. Eliot）指出："真正的教育目的是使个体的能力得到最大限度的发展，不仅是在童年期、青春期，而且在整个人生中都得到发展。在劳动、学习和生活中固定的标准是人的身、心和精神发展的敌人。"（施良方，1996）这句话一针见血地指出了教育目标的标准化是与真正的教育过程相悖的。有助于终身学习能力培养的课程也应该是生成性、发展性、"境域性"的，而非仅仅掌握系统的学科知识。只有这样才能促使学生去探索、研究与发现，从而在此过程中发挥自己的主动性、创造力和批判思维能力，学会学习，掌握终身学习的技能。另外，在终身学习理念的倡导下，高等学校的课程不再只强调正规的课程教学，校内外的各种活动都是学习的机会，各种机构都是学习的场所，各种学习的独特价值都被承认和鼓励，终身学习的课程具有多元化、多样化等特征。与之相适应，课程目标应是"表现性"取向的。

## 四、终身教育理念下高校课程结构的调整

课程结构是指课程体系的构成要素、构成部分之间的内在联系，它体现为一定的课程组织形式。课程结构既包括依据什么目标组织什么内容的问题，也包括以何种形式来组织课程的问题。课程结构合理才能有效地发挥和实现课程的功能。在强调终身学习、建设学习型社会的时代，高等学校的课程将发生重大变革，课程结构也会变得更加复杂、丰富、灵活和富有弹性。

总体而言，随着我国高校人才培养模式改革的推进，高等教育课程结构已经发生了很大的变化。学生智能结构从偏重强调知识、技能或能力等一般行为性要素发展，转向关注行为性要素与学生人格、个性等非工具性要素的协同发展；课程组织原则从关注学科逻辑纵向顺序，转向关注学科、学科与学生个体发展、学科与社会发展之间的横向联系；课程形式结构已突破"基础课—专业基础课—专业课"的主导模式，转向学生知识、能力以及素质综合协调发展。（薛成龙，2010）例如：华东师范大学的本科课程由通识教育课程、学科基础课程、专业教育课程、教师教育课程四部分构成[1]；厦门大学本科课程由公共基本课、通识教育课、学科通修课、专业方向课和实践教学构成[2]。这种课程改革的发展趋向，是符合终身学习理念要求的，应积极深化改革，继续推进。

目前，我国高校普遍推行选课制度。选课制度是体现学生学习内容选择权的最重要的指标。一般而言，课程门数越多，学生选择的自由就越大。因此，增加课程门数是提高学生学习内容选择权的最直接的方法。在条件允许的情况下，我们可以增加课程，尽量满足学生多样化的学习需求。当然，这并不是说课程门数越多越好，我们必须考虑现有教师的数量、教学设备等其他教育资源的状况，以确保教学质量与课程质量。总体来看，目前普通本科院校课程门数相对比较丰富，许多高校开课门数每学年都在 2000 门（不含重复课）以上。例如：2010 年，厦门大学向 83 个专业的本科生开设课程 3876 门，含重复课程为 6738 门，其中必修课 4206 门次，选修课 2352 门次[3]；中国人民大学 67 个本科专业共开设课程 2119 门，含重复课程为 4206 门[4]；武汉大学 112 个本科专业共开设课程 4532 门[5]；中南大学 86 个本科专业开设课程 2850 门[6]；华东师范大学

---

① 资料来源：华东师范大学 2010 年度本科教育质量报告。
② 资料来源：厦门大学 2010 年度本科教育质量报告。
③ 资料来源：厦门大学 2010 年度本科教育质量报告。
④ 资料来源：中国人民大学 2010 年度本科教育质量报告。
⑤ 资料来源：武汉大学 2010 年度本科教育质量报告。
⑥ 资料来源：中南大学 2010 年度本科教育质量报告。

70 个本科专业开设课程 6167 门次①。可以说，单从数量上看，课程门数对于有的高校而言已经不是制约学生学习内容选择权的首要因素，而课程的比例和结构不合理、缺乏灵活的保障机制才是制约学生学习自由的深层次原因。

目前除了少数高校，大部分高校的课程之间存在比较严格的界限，不同学历层次、不同院系与高校之间的课程没有完全实现共享。有研究数据表明，北京大学等 11 所"985"高校选修课学分占总学分的比例平均为 23.4%。（薛成龙，2010）从专业所属的学科而言，历史学、哲学、法学、管理学、理学、经济学、文学等科类专业选修课占总学分的比例均超过 20%，而农学、工学、医学选修学分的比例均低于 20%。

因此，调整课程结构，使之更加灵活和富有弹性是我们应着力解决的问题。一种思路是，在现有课程门数不变的情况下，可以打通必修课与选修课的界限，打通本、专科生课程与研究生课程的界限，打通专业、学科门类间的课程界限，打通校际课程的界限，扩大学生的选择权。另外一种思路是提高选修课在总学分中的比例，提高其他课程如实验课、社会实践课、非正规课程在总学分中的比例，以便在扩大学生选择权的基础上逐步贯彻终身教育的理念，让学生体会和认识到，每种形式和领域的课程都有自己独特的价值，都有助于实现自我发展和完善。而且，充分尊重学生的学习选择权有利于促进自导式学习。

## 五、终身教育理念下高校课程的设计与实施

课程是教学的核心，要想推动高校终身学习的发展，培养学生的终身学习能力，必须要借助课程的实施才能实现。目前，已有一些院校进行了有益的改革与实践。如，汕头大学医学院 2003 年启动的新教学模式改革，开设了专门的"终身学习"课程模块。②

汕头大学医学院为培养"具有宽厚、扎实的医学基础知识，能够熟练掌握临床基本技能，具有较强的创新思维能力和实践能力，能够熟练掌握自我学习和终身学习能力的优秀临床医师"，于 2003 年推出并实施了"系统整合"新医学教学模式。新教学模式的课程体系结构由核心课程模块、选修课程模块及临床实践三大部分组成，核心课程模块分为 5 类 14 个模块和 23 门课程。其中"终身学习"模块包含在核心课程模块的技能模块中。终身学习模块包括网络基础

---

① 资料来源：华东师范大学 2010 年度本科教育质量报告。
② 资料来源：汕头大学医学院终身学习网（http://zsxx.med.stu.edu.cn/info01.htm）。

与应用、文献检索、循证医学及统计学等多个学科教学内容。总学时 130 学时①，其中第二学期 35 学时（总论及案例 5 学时，网络知识和技术 20 学时，图书馆图书及公共期刊资源检索 10 学时）；第八学期 95 学时（专业文献期刊检索 30 学时，循证医学 12 学时，医学统计学 48 学时，案例讨论 5 学时）。

**【终身学习模块课程目标】**

1. 理解终身学习的重要意义。

2. 熟悉计算机软硬件基础、计算机网络基本知识，掌握计算机网络实用技能、Photoshop 数字图像处理及演示软件 PowerPoint 的使用，初步了解网页设计的方法。重点培养医学生利用网络资源及应用软件等摄取知识、分析问题、解决问题的能力以及终身学习的意识。

3. 学会利用图书馆资源，了解医学检索工具，掌握如何利用本地图书馆数据库及网络数据资源检索生物医学文献信息。

4. 在医学教育中引入循证医学的原则和方法，帮助医学生学会掌握自我更新医学知识和临床技能的方法与技巧，认识到建立在科学基础之上的医疗评价的必要性，形成学生将来良好的医疗实践行为。

5. 掌握人群健康研究的统计学方法，数值变量和分类变量资料的分析，配对资料的分析，直线相关和直线回归，非参数统计方法；具备新的推理思维，结合专业问题合理设计试验，科学获取资料，提高科研素质。

表1　汕头大学医学院七年制学生"终身学习"模块课程（第二学期）

| 教学目的 | 序号 | 课程内容 | 学时 |
|---|---|---|---|
| 培养终身学习者，即培养学生终身学习的方法，使学生学会独立地摄取知识、分析问题和解决问题，为毕业后自主学习奠定基础。力求使医学生在医学院校完成他们正规的教育和培训多年后，还能跟上医学的不断发展。 | 1 | 总论（终身学习概述）／2 学时 | 共35学时 |
| | 2 | Internet 基础与应用 | |
| | 3 | Photoshop 基础与应用 | |
| | 4 | PowerPoint 基础与应用 | |
| | 5 | 网站设计与网页制作 | |
| | 6 | 综合项目 | |
| | 7 | 医学文献检索概论与手工检索工具介绍 | |
| | 8 | 馆藏图书与参考工具书介绍，《中国图书馆图书分类法》及馆藏排架知识 | |
| | 9 | 中国学术期刊介绍（包括电子出版物） | |
| | 10 | Internet 网络信息资源检索 | |

资料来源：根据汕头大学医学院终身学习网（http：//zsxx. med. stu. edu. cn/info03. htm）提供的教学内容整理而成。

---

① 这是医学院七年制学生所要求的"终身学习"学时。共 130 学时。五年制学生为 89 学时。其中第二学期 31 学时：总论 2 学时，网络知识和技术 19 学时，图书馆图书及公共期刊资源检索 10 学时。第五学期 58 学时：专业文献期刊检索 16 学时，循证医学 10 学时，医学统计学 32 学时。

**表2　汕头大学医学院七年制学生"终身学习"模块课程（第八学期）**

| 教学目的 | 序号 | 课程内容 | 学时 |
|---|---|---|---|
| 培养终身学习者，即培养学生终身学习的方法，使学生学会独立地摄取知识、分析问题和解决问题，为毕业后自主学习奠定基础。力求使医学生在医学院校完成他们正规的教育和培训多年后，还能跟上医学的不断发展。 | 1 | 生物医学文献主题标引基础 | 共95学时 |
| | 2 | 计算机检索的基本原理与技术 | |
| | 3 | 中国生物医学文献数据库（CBMdisc）检索 | |
| | 4 | 《Medline》数据库介绍及检索 | |
| | 5 | 其他中文数据库及外文数据库简要介绍 | |
| | 6 | Internet网络生物医学信息资源（PubMed等）检索 | |
| | 7 | 综合练习 | |
| | 8 | 医学统计学方法的基本概念与步骤 | |
| | 9 | 数值变量资料的统计描述 | |
| | 10 | 正态分布 | |
| | 11 | 标准误与t分布 | |
| | 12 | 统计推断 | |
| | 13 | t检验与u检验 | |
| | 14 | 方差分析 | |
| | 15 | 分类变量资料的统计描述 | |
| | 16 | 分类变量资料的统计推断 | |
| | 17 | 直线相关与直线回归，等级相关 | |
| | 18 | 二项、Poisson分布 | |
| | 19 | 多元线性回归 | |
| | 20 | 逐步回归 | |
| | 21 | 循证医学概述 | |
| | 22 | 循证医学证据检索 | |
| | 23 | 循证医学中常用的统计指标 | |
| | 24 | 临床研究证据的评价原则 | |
| | 25 | 循证医学临床实践 | |

资料来源：根据汕头大学医学院终身学习网（http://zsxx.med.stu.edu.cn/info03.htm）提供的教学内容整理而成。

　　从汕头大学医学院整个课程体系看，既有核心课程，又有选修课程，还有实践课程，课程结构多元。更为重要的是，课程的设计兼顾学生的终身学习态度的养成、知识的掌握与实践技能的培养。该课程体系将培养终身学习者作为人才培养目标和整个课程设计的指导思想，并据此设立了"终身学习"模块课程。从终身学习课程模块的课程内容来看，主要是培养学生的信息技术使用能力、基本的学习工具与方法的掌握、动手操作能力、团队合作能力等。其中，基本学习技能的掌握是课程中最突出的要点。从学院将"终身学习"模块归入核心课程模块的技能模块中我们也可以发现这一点。这种技能是终身学习能力中不可缺少的要素，这种课程设置的尝试值得肯定。需要注意的是，工具性知识的掌握只是终身学习能力中的一个方面，引导学生学会学习，具备批判性思维、分析与解决问题的能力更为关键。高校要达成培育终身学习者的目标，必须将终身学习的理念贯穿于整个课程体系的设计、实施与评价过程中。不仅在"终身学习"模块课程中强调终身学习的重要性以及终身学习技能掌握的重要性，在其他的课程中这些也同样重要。

有学者研究表明："以终身学习本身作为课程开发内容的各种各样的尝试，所得出的实际经验表明，这类课程并不特别有价值，因为它们无助于培养所需的技能、习惯、态度和价值观。通过为现有课程内容重新定向或组织，终身学习的效果似乎要好得多。"（纳普尔，克罗普利，2003）笔者认为，终身学习作为一种理念和发展趋向，要落实和深化到高校的课程实践中去，并不是将所有的课程推倒重来，也不是一定要设置专门的终身教育课程并要求所有学生修读，这种强制性的、仅靠一门课程的方式所起的作用极其有限。将终身教育理念融入整个课程的指导思想、设计、组织、实施和评价过程中，从理念层面到制度层面全方位予以支撑，才是培育终身学习者的根本路径选择。也就是说，重在如何教，而非追求外在的形式。汕头大学医学院的"新教学模式"，避免了单纯靠开设专门的终身教育课程的形式践行终身学习理念的做法，而是以终身教育原则指导和组织整个课程体系，这是一种比较科学的做法，当然其改革的效果还有待验证。

## 六、终身教育理念下的高校课程评价

课程评价是保障课程质量的重要手段。要确保终身教育的理念渗透于课程之中，必须要建立科学、合理的评价机制和评价系统予以保障。课程改革"如果不从组织机构上采取相应的改革，建立必要的保证机制，仅仅更新课程内容或教学方式等，难以达到课程改革的效果"（黄福涛，2006）。因此，高校必须建立全校性的课程评价机构，同时各学院建立相应的课程评价机构，或依托校外专门的课程评价中介组织，对所有课程进行统筹和评估。由于终身学习下的课程更加多元、丰富，强调与生活、与社会的沟通，因此课程评价的主体应该是多元的，既有校内教师、专家、学生、家长、行政人员参与评价，也要有与课程设置密切相关的企业人士等校外相关人员的参与；评价不仅要有外部评价，更要注重主体性评价。也就是说，作为课程开发与实施主体的教师和学生对课程的反思性、体验性评价尤为重要，因为他们作为课程的建构者和参与者，全程参与课程，评价更为客观。体现终身教育理念的课程评价标准应包括以下几项内容：是否以学习者的终身发展作为全部课程的核心目的；课程在多大程度上能引导学生自主学习；课程的综合性程度；课程结构的灵活性和丰富性程度；是否强调"通用性"知识与技能的掌握；对非正规课程的认可与重视程度；课程组织形式的多样化程度。

**参考文献**

黄福涛.2006.日本大学本科课程改革与启示［J］.龙岩学院学报（2）：13－16.

靳玉乐，李森.2005.现代教育学［M］.重庆：四川教育出版社：170－171.

孔令帅.20世纪90年代以来美国研究型大学通识教育课程的革新［J］.复旦教育论坛（4）：34－37.

李子建.2003.后现代视野中的课程实施［J］.华东师范大学学报：教育科学版（1）：21－33.

纳普尔，克罗普利.2003.高等教育与终身学习［M］.陈辉，等，译.上海：华东师范大学出版社：55.

申仁洪，黄甫全.2004.资源：课程资源的价值重构［J］.课程·教材·教法（7）：7－14.

施良方.1996.课程理论［M］.北京：教育科学出版社：89.

滕大春.1994.美国教育史［M］.北京：人民教育出版社：519－520.

万俊人.2001.与文化多元论［J］.中国社会科学（2）：39.

王伟廉.1997.现代化的基本特征［J］.教育发展研究（4）：7－10.

郤海霞.2009.改革开放三十年我国高校人才培养目标的变迁［J］.中国高教研究（3）：33－35.

薛成龙.2010.中国研究型大学学分制改革与教学资源配置的相关性研究：课程改革与资源配置视角［D］.厦门：厦门大学：121.

张华.2000.课程与教学论［M］.上海：上海教育出版社：153－180.

钟启泉.2003.研究性学习："课程文化"的革命［J］.教育研究（5）：71－76.

**作者简介** 冯晓玲，厦门大学教育研究院博士毕业生，井冈山大学教育学院讲师，主要从事高等教育基本理论研究、比较教育研究。

# Curriculum Reform of the Institution of Higher Education under the Idea of Lifelong Education

Feng Xiaoling

**Abstract**: Under the idea of lifelong education, the important mission for the institution of higher education is to provide more learning opportunities and options for learners, cultivate the learners' lifelong learning attitude and competence. To this end, curriculum choice should be multiple, continuous, flexible and explorary. And the aim of curriculum should be switch from behavior to express. The view oritention should be learner centered and promote individual lifelong development. Thus we should set flexible curriculum structure to meet the learners' diverse and personalized needs, the design and execution of the curriculum should be based on the training of lifelong education attitude and competence of the learners.

**Key words**: lifelong education　lifelong education system　institution of higher education　curriculum reform

# 语文高考文本的教育隐喻

周剑清

**摘　要：**高考是一种具有多项功能的社会现象。语文高考文本更是有多重特殊的含义。本文以教育的视角为观察点，从宏观和微观两方面，即语文高考的社会功能、文本的教育功能对高考语文文本的教育意义进行了深入的挖掘，深刻剖析了语文高考内容取向的正面效应、语文高考命题方式的负面影响这两个热点问题。

**关键词：**高考　语文试题　教育隐喻

从表层看，高考只是一年一度的高中教育教学质量的比拼，是教师教学水平的检阅，也是学生学习的博弈。但是，高考比任何一种考试都更能搅动整个社会的神经，让人们如此热爱又如此痛恨。这是何故？其原因在于高考不仅具有一种社会杠杆的政治功能，同时也在于高考具有规范教育的魅力。高考文本所呈现的不仅仅是对学生技巧的考核，更在于文本后面所隐藏的教育意义。本文拟以高考语文文本为例，阐释其中的教育意蕴。

## 一、语文高考切合了教育公平的呼吁

高考语文维护了考试公平，促进了教育公正。《国家中长期教育改革和发展规划纲要（2010—2020 年）》强调教育公平，增强考试公正。高考语文的命题也越来越重视教育的公平、公正。为达到这一目标，语文高考试题进行了多项改革。

### （一）语文是一门主观性很强的学科

主观性导致语文评价具有太强的模糊性，而缺乏科学的、便于操作的方法。唐代诗人朱庆余的《近试上张水部》这首诗生动地说明了这一点：洞房昨夜停红烛，待晓堂前拜舅姑。妆罢低声问夫婿，画眉深浅入时无。这首诗形象地表明了考生的作品是否可以得到高分，主要取决于考官的喜好。这也是今天人们对语文高考诘问最强烈的地方。语文高考在这一方面不断地做出各种尝试，力图弥补这一不足。对标准化的引入就是其中一项尝试。从 1986 年开始，客观选择题的分值不断增加，1995—1998 年语文高考选择题的分值达 60 分，占总分的 50% 左右。这一做法招致教育界内外的一片反对。近年来，语文试题中标准化的分值比重有所下降，基本上维持在 20% 上下。语文高考为什么不可以取消标准化试题？就大规模的考试而言，能力的可测性与模糊性决定了考试必须相对客观。具体地说，一是标准化试题涵盖面广，有效性高。试题所覆盖的语文知识点、能力点是以往主观试题的几倍，测定范围成倍扩大，防止了碰题、押题等偶然因素带来的不公平现象，对全面考核学生的语文知识、语文能力有很大的促进作用，也有利于全面考查学生的综合语文素养。二是标准化试题杜绝了考试的人为干扰，使公平公正性得到最大化的保证。标准化试题为评分带来了很大的方便，评分标准统一，最大限度地控制误差，评分客观公正。三是标准化考试并不意味着违背了语文学科的规律。台湾地区语文试题的第一部分全部是选择题，还包含多选题，共 55 分，占总分的 55%。标准化的考试并没有降低台湾地区国文水平，相反我们听到最多的是对台湾地区的国文教育的赞美和羡慕。

## （二）语文高考题目向偏、深、难的方向发展

当考试发展到一定阶段，当考试取材的内容逐渐趋于固化，那么试题的制定必然向偏、深、难的维度靠拢。古代科举考试是这样，现代语文考试亦然。明清时代，举子的人数越来越多，为了淘汰多数考生，考试的内容越来越难，甚至专找孤章绝句。作家梁晓声用"偏、怪、刁、坏"四字来形容我国现代语文高考出题走向，有一定的道理。但试题的难度加大并不完全是坏事。当考试内容已经为考生习以为常后，试题的偏、难是在选拔人数的有限与参选人数的不断扩大之间的矛盾中做出的一种选择。语文高考也是如此。恢复高考后，语文高考试题的难度逐渐增大是不争的事实。试题难度系数从 1988 年的 0.52 提升到 2005 年的 0.68（具体内容参见图1）。图 1 表明语文高考试题的难度总体趋势是不断上升的。高考不仅是知识的考查，而且是能力的考查；它也不仅仅是水平的测试，而且是一种优胜劣汰的残酷的竞争。首先，我国高等教育还处于大众化阶段，远没有达到普及的程度，还不是全民教育。争取到高等教育的机会就意味着将来在社会的职场竞争中拥有更多的选择、更优越的机会。当所有的适年人都往高等教育这条路上拥挤时，择优录取的办法就是一种最大的公平。其次，优质的高等教育资源（名牌高校、重点大学）仍然是稀缺资源，炙手可热。特别是今天，不仅学历重要，第一学历也重要。英雄不问出处的时代已经过去，这无疑加剧了对学历的热捧。第三，社会永远是分层的，社会职业也永远是分类的。水往低处流是自然，人向往高处是天性。人类就是在竞争中不断发展的。人们对美好事物的无限的向往其实是社会进步的动力，有这种追求才会促使社会不断分流。

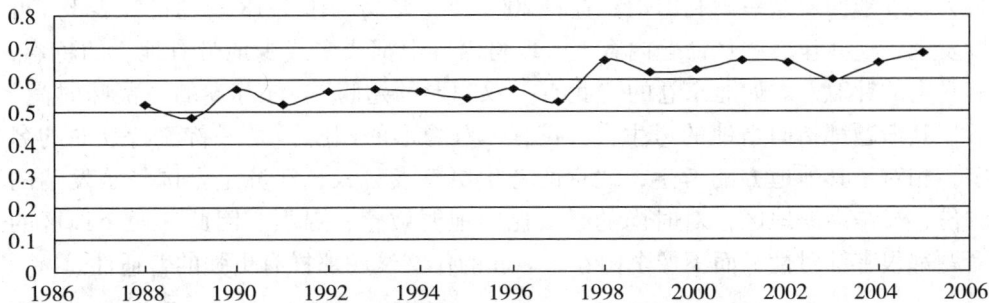

图1　1988—2005 年语文高考难度系数

资料来源：根据国家教育部考试中心每年发布的《普通高校招生全国统一考试试卷评析报告·语文》中的数据整编。

## （三）语文考试取材课外，最大化彰显考试公平

语文试题取材课外，让所有的学生在面对试题时都有一种陌生感，最大限度地摒弃了教师资源的优劣而产生的差异，使考试公平得到最大化的彰显。语文试题"取材课外，取法课内"是语文制题者经过多年摸索探求出来的一条方法。教学资源的不均是今天教育公平的最大障碍，家长们只要有一分的可能让孩子进入重点小学、初中、高中，都会尽一百分的努力。送孩子上奥数班，学英语，学各种乐器，拿各种证书，甚至不惜花重金在重点学校附近买房子，以解决户口问题，从而取得就近入学的资格……这些做法的目的只有一个，那就是让孩子接受优质的教育。很显然，这种优质的教学资源对孩子的成才起着重要的作用。重点学校在师资配备方面肯定要比普通学校强，教师在课堂上对教材中的文本分析越到位，学生在课堂上获得对课文的理解就越多、越全面。也就是说，重点中学的学生对文本的理解比普通中学的学生要透彻。如果语文高考的内容取材课内，就会造成对学生的二次不公。可以说，语文高考命题"取材课外，取法课内"的做法，充分考虑到这些因素，最大限度地为考生在考卷面前谋取了公平。

## （四）语文高考分省命题，解决地方差异，维护考试公平

1991 年的"三南"（海南、湖南、河南）高考作文试题给出两幅漫画，题为《妈妈只爱吃鱼头》，1993 年全国高考散文阅读文本《青菜》中，作者所特指的一种名为"青菜"的蔬菜……都引起了不少考生的误读，从而降低了他们答题的有效性；1999 年的高考作文《假如记忆可以移植》、2006 年的《阅读与网络阅读》等题目，则有很强烈的城市色彩，对乡镇的考生极为不利。这些高考试题，在很大层面上人为地制造了考试的不公平。而分省自主命题，则可以

最大限度地回避这一不利因素。查看2009年全国高考作文18套题目（表1）可以发现，这些作文题在命题内容上、取材内容上都或多或少地带有地方的色彩，有一定的针对性。如北京卷的"我有一双隐形的翅膀"、江苏卷的"品味时尚"等，其命题都指向当地的考生："我有一双隐形的翅膀"是一首流行歌曲的名字，相对于其他地方的考生，北京的考生更有发言权；江苏是全国经济发达的省份，又是沿海地区，对时尚的感受比内地要敏感、强烈。因此这两个地区的命题都很有针对性，而不像全国卷Ⅰ、Ⅱ的作文试题那样有更强的普适性。

表1　2009年高考作文题目一览表

| 试卷 | 作文题目 | 试卷 | 作文题目 |
|---|---|---|---|
| 全国Ⅰ | 材料作文：关于小动物学游泳 | 宁夏卷 | 材料作文：关于诚信善良 |
| 全国Ⅱ | 材料作文：关于三个发明的产生 | 浙江卷 | 材料作文：关于"绿叶对根的情谊" |
| 北京卷 | 命题作文：我有一双隐形的翅膀 | 山东卷 | 命题作文：见证 |
| 上海卷 | 材料作文：关于"板桥体" | 湖南卷 | 命题作文：踮起脚尖 |
| 天津卷 | 话题作文：我说90后 | 江西卷 | 材料作文：关于"兽首拍卖" |
| 重庆卷 | 命题作文：我与故事 | 辽宁卷 | 材料作文：关于"明星代言" |
| 江苏卷 | 命题作文：品味时尚 | 四川卷 | 命题作文：熟悉 |
| 广东卷 | 话题作文：谈谈你对常识的认识 | 湖北卷 | 半命题作文：站在_____的门口 |
| 安徽卷 | 材料作文：关于"弯道超越" | 福建卷 | 半命题作文：这也是一种_____ |

资料来源：2009年高考语文试题（全国卷及各省自主命题卷）。

# 二、语文高考坚守了"文道统一"的传统

通过对100年语文教育目标的考察可以看出，百年语文教育的最大教训是把人文学科蜕变为工具学科，以至把育人功能单一化为语言技能训练，把儿童发展目标畸形化为政治社会化。因此，要发挥语文教育的育人功能，首先应凸显语文作为人文学科的学科特性。"语文是一门具有综合教育功能的学科，它既有知识教育和技能教育的功能，又有思想教育和人文教育的功能。"（张志强，2006）因此历年的教学大纲都强调这一点："文道统一"是选文重要的标准之一，不论是教材的选文还是试卷的选文。重新梳理语文高考试题的内容可以真切地感受到这一点。"文革"前的语文高考试题，对思想性的追求更为突出。如1952年第三题（给文段加标点），选用的是农民遭受地主阶级压迫和剥削的文段，通过展示地主与农民生活的两重天，激发学生对地主阶级的仇恨，并珍惜

今天的幸福生活。这一时期的作文也是如此，如1952年的"我投身到祖国怀抱"，1953年的"记我所认识的一位革命干部"，1956年的"生活在幸福的年代"，1960年的"我在劳动中得到了锻炼"和"大跃进中的新事物"，1961年的"一位革命前辈的事迹鼓舞了我"，1965年的"谈革命与学习"等，这些题目都旨在通过激发学生对社会主义新时期美好事物的认识，为祖国建设贡献自己的力量。这种感召力是强烈的，广大青年"上山下乡"，把自己的青春与才智贡献给了广阔的农村天地。那一代人的激情与无私至今仍让后辈们感动、难忘与敬仰。"文革"结束后的十年间，现代文阅读在语文高考试题中仅出现在最后三年，选材内容开始摆脱明显的思想性为主的导向并转向以知识性的内容为主题。考虑到教育刚刚恢复，为扩充学生的知识，开阔他们的视野，因此在选文上特别注重知识性的内容。作文考点的过渡性则更为明显。1977年的作文题，如天津的"他像雷锋同志那样"，上海的"在抓纲治国的日子里——记先进人物二三事"，湖南的"园丁赞歌——记我最尊敬的一位老师"，吉林的"伟大的胜利——难忘的1976年10月"，以及1978年"速度问题是一个政治问题"等，这些都饱含着极强的思想教育内涵，目标明确，内容确定。到了1981年的"毁树容易种树难"，1982年的"先天下之忧而忧，后天下之乐而乐"这一类作文题，其考题蕴含的意义不再那么直白，这一时期语文的工具性不断加强，开始在重思想教育与重学生的语文基础知识方面寻找平衡点。但是，这种题目的思想意义也是极其明显的："文革"结束，社会各个领域的建设都需要大量的人才，珍惜人才与合理使用人才是社会普遍关注的问题；而在这种艰苦的社会主义建设过程中，勇于贡献、不求回报、吃苦在前、享乐在后的高尚情操是必须提倡的美德，是青年人应该具备的品质。因此作文试题的意蕴就直呼而出了。1986—1996年这一时期，我国改革开放取得重大的成就，在思想和学术领域获得了前所未有的自由，在语文高考中也呈现出多元化的内容。阅读选文方面，1989年的古文阅读"吴起非常善于说服君王"（选自《战国策》）主要讲述吴起说服君王的故事，主要观点是古往今来的社会兴衰，其关键因素是国家的政务是否清明、制度是否先进，至于地形、自然灾害之类的原因只是枝节问题。同一个中国，改革开放前后就是两个不同的面貌，世界上许多国家在自然资源方面相差不大，但强弱兴衰各有不同，其中的关键因素是制度不同。所以制度的进步才是国家兴盛的关键。制题者选用这一材料的用意不言而喻。1990年的古文阅读"田单将攻狄"（选自《战国策》）大意是说田单成了名将之后，过着骄奢淫逸的生活，因此他一连三月不能胜狄。那时他虽在军营但没有身先士卒、率先垂范，这就缺乏号召力和支持力。后来他有思过悔改之心，重新与民同在，深知自己和百姓的前途与命运，百姓怎么可能不支持他呢？最后取得胜利。翻开中华民族的尘封历史，特别是近现代史，每一页都沉甸甸的，因为每一页都浸透着华夏儿女的血泪，每一页都挺着铮铮铁骨，显示出坚韧不屈、积极进取的精神。从太平天国运动、鸦片战争、甲午中日战争到国内革命战争、抗日战争、解放战争，多少优秀儿女抛头颅洒热血才赢得了中华民族的伟大复兴，才成就了今天的辉煌，这就是田单将攻狄之精神。无论何时，这种精神都不能丢弃。材料中的思想教育意义已是呼之欲出。作文方面，1986年的"树木·森林·气候"，在内容上继承了前10年的主题：主要是谈个人与社会的问题，告诫学子们自律，要做有理想、有道德、有文化、有纪律的新人，这样我们的社会风气就会变得更好，社会主义两个文明建设才能更快地建设好。主题的社会现实意义也很明确。1991年的命题作文"近墨者黑/近墨者未必黑"，观点鲜明，意义深远。改革开放初期，各种东西与观念一起流入了国内，泥沙俱下。如何在这样的环境中自觉抵制各种不良风气，保持一种高洁的人格，是这一时期的一个重要命题。显然，制题者的用意就在于此。只有置身到这样的背景下，命题者的意图才可能完全被解读，这种思想教育的意义才会显示出来。

## 三、语文高考引导了对真善美的追求

语文高考试题中，阅读选文都是文质兼美的范文，蕴含着丰富的情感教育与人文教育；作文考题也是切中现实生活里人们普遍关注的社会道德问题，这些都为培养学生高尚的情操，引导学生形成正确的人生观、价值观提供了重要的依托。也就是说学生可以从文质兼美的文学作品中认识诚信、善良、勇敢、谦虚，学会分辨真、善、美、假、恶、丑，从而达到陶冶情操，树立良好人生观的目的。

1991年文言文的选文是"齐武成帝子琅琊王"（选自《史记·商君列传》）。初读选文的第一感觉是：被父母偏宠的孩子，虽然父母是想优待他，其实反而是害了他。人们喜爱自己的子女，很少能够做到一视同仁，从古至今，这样的事例有很多。古人云：父母威严而有慈，则子女畏慎而生孝矣。德才兼备的孩子固然值得赏识和喜欢，但那些愚蠢迟钝的孩子也应当得到怜惜和爱护。反过来思考，可以得出这样的结论：孩子应该具备怎样的品德才能无愧于父母对自己的爱，才能立足于社会。1993年的古文阅读选取的是"（李）衡字叔平"（选自《太平御览》），借李衡之妻说出了为官之道："人患无德，不患不富贵，若贵而能贫，方好耳，用此何为！"其实，不论为人做官，道理都是相同的。制题者借古人的故事来告诫今天的学子在成长的过程中道德品质的重要性。而1995年的"郑善果母者"和1996年的"郭永"这两篇文言文阅读的意图则更为明显，主要都是侧重讲述为官之道应清廉与守法。现代文阅读主要是科技文和社科文两类，文学作品仅在1991年出现，是奥地利作家斯·茨威格的散文《世间最美的坟墓》。作者以朴实的语言展示了伟大作家托尔斯泰的平易，而这种平易朴素正是托尔斯泰的人格魅力所在。让学生在阅读美丽的范文中产生对这位19世纪的伟大作家的敬仰，激发年轻学子们对这种伟大人格的向往与追求，这才是制题者最终的目的。而社科类作品，如 1989 年的《纪念朱自清》、1992 年的《论画竹的画论》、1994 年钱锺书的《中国诗与中国画》、1996 年的《贝多芬之谜》，这些文章文辞秀丽，意境优美，颇具理性，将知识性与文学性融为一体，有很高的审美价值。引发学生对美的追求，对美好事物的向往，这也是语文教育的重要内容。

在作文的考题上，也凝聚着制题者的良苦用心。1989 年的命题作文"一封关于填报志愿的困惑和苦恼的回信"，直截了当地揭示主题：成才应该与社会的需求相结合。要求同学们把个人的成长与社会的需求紧密地联系起来，树立以大局为重的社会观，形成正确的世界观和人生观。1995 年的作文"依据诗歌《鸟的评说》写作"，警示同学们既要看到自己的不足，也要看到别人的长处，其实质是让同学们用一种包容的心态去面对他人，与他人相处。这是一种美好的品德，值得人们称赞。1996 年的材料作文是："《给六指做整形手术》和《截错了》两幅漫画，你更喜欢哪一幅？"漫画《截错了》说的是医务工作者在工作中犯了错误，给病人留下了无法弥补的缺陷。扩大来说，是从业人员的责任心、职业道德的问题。通过这一漫画告诫人们养成良好的职业道德，并用强烈的责任心对待工作，对待事业。1998 年以后，现代文阅读的体裁从社科文转为文学作品，全部都是现代文学：1998 年宗璞的散文《报秋》，2000 年鲍昌的散文《长城》，2001 年克里斯托弗的散文《门》，2002 年林非的散文《话说知音》，2003 年柯灵的散文《乡土情结》，2004 年孙犁的散文《老家》，2005 年冰心的散文《一日春光》，2006 年林清玄的散文《阳光的香味》，2007 年吕锦华的散文《总想为你唱支歌》，2008 年寅公的散文《阳关古道苍凉美》，2009 年雷抒雁的散文《彩色的荒漠》。这些文学作品语句优美，意境深邃，同时内容丰富，蕴含着深刻的人生哲理，使人在审美中感受到思想教育。如 2006 年林清玄的散文《阳光的香味》，表达了作者对远离自然的忧虑和对回归自然的渴望，让读者跟随作者的叙述，一起感受呼吸大自然天赋之香的幸福心情以及渴望回归自然的迫切愿望，唤醒了人类与大自然息息相关的天性，从而表明了人与自然日益疏远的现实，表达了人类应该热爱自然、亲近自然和保护自然的深刻立意。细细品味这一充满诗意的文章，顺着作者那看似散淡的思路，体味他诚挚的情感和亲切质朴的语言，感受淡泊平和之美，这不是一次心灵的洗礼吗？这难道不会让我们的心灵变得更加向往崇高吗？这就是文学作品的教育功用。谈到这一点，我想起了唐代著名诗人韩愈的一句诗：天街小雨润如酥，草色遥看近却无。① 语文的教育功能在于它是与审美同时发生的，摒弃了单纯的说教，其实是一种"润物无声"的过程。

---

① 韩愈《早春呈水部张十八员外》。末两句是：最是一年春好处，绝胜烟柳满皇都。

## 四、语文高考致力于公民素质的提升

　　语文是最基础、最重要的科目，语文高考在每年高考中所占的比重让人们越来越意识到语文学科的重要性：语文教育在于养成人人从小学习语文的良好习惯，提升国民的整体素质，提高母语的地位。

　　南京大学语言学教授鲁国尧曾举过这样一个例子：

　　20世纪90年代，一次从南京坐火车去厦门大学的旅途上，在火车车厢里有一个30岁出头的年轻人跟我聊天，他是一个做木材生意的台湾商人，闲谈中，他说话一会儿引用《论语》里的几个句子，一会儿又引用《孟子》中的一段话，而且能脱口而出，我感到很惊讶。我问他："你对《论语》和《孟子》怎么这么熟悉呀？"他说，"这有什么，我们在中学课文里都学了，我们都背得滚瓜烂熟。"可见，台湾的中学教育是很注重文言文教学的。我又问他上过大学没有，他说："我不想上大学，高中毕业之后就去做生意了。"他的文化程度不是很高，年龄也不大，但是对传统文化掌握得却比较好。学习传统文化里面的文言文，尤其是学习古诗词，对人一生的影响是很大的。我国大陆在这方面做得与台湾相比有一定的差距。中国几千年的传统文化里的精华是应该加以继承的。从小学、中学开始就应该重视这方面的工作。（桑哲，2006）

　　现在我们的母语地位在不断地下降，对于母语教育重要性的认识亟待加强。目前中小学补习班中最火爆的科目是英语、奥数，透过这一现象，母语教育的地位可想而知。与此形成鲜明对比的是，一些发达国家非常重视母语教育：为了让8岁的孩子具备独立阅读能力，美国前总统克林顿曾在白宫亲自倡导"美国独立阅读挑战计划"，并动员联邦政府和社会各界力量参与其中。日本文部省2004年修订的《小学国语学习指导纲要》规定，一年级国语课时比算术多158课时；国语课时数占一年级学年课时总数的35%。尽管此后每年国语课时数所占比例逐年减少，但到六年级时国语课时数仍然比算术多出25课时。法国初小一年级，法语每周为9—10课时，占每周学时总数的35%—38%，比数学多出4—4.5课时。而我国义务教育阶段，语文课占总课时的比例比上述国家都少。1953年《小学四二制教学计划（草案）》规定语文课时数为2888，占总课时数的48.7%；1963年《全日制中小学教学计划（草案）》规定六年语文课时数为3176，占总课时数的48%；1978年《全日制十年制中小学教学计划试行草案》规定语文课时数为1950，占总课时数的41.2%；1984年《全日制六年制城市小学教学计划（草案）》规定语文课时数为1938，占总课时数的39%。也就是说，在此之前，我国语文课时占总课时的比例尚不少于其他教育发达国家。但是到了1992年，当时的《九年义务教育全日制小学、初级中学课程方案（试行）》

规定，"六三"制小学和初中九年语文课时数为2302，只占总课时数的22.6%。2001年《义务教育课程设置实验方案》规定的小学和初中九年语文课时数为1905—2095，占总课时数的比例进一步下降到20%—22%。（宋晓梦，2010）李光耀先生曾告诫人们如果华语再得不到应有的重视，"我们就必须准备付出巨大的代价，使自己沦落为一个丧失文化特性的民族。我们一旦失去了这种情感上的稳定因素，就不再是一个充满自豪的独特社会。相反地，我们将成为一个伪西方社会，脱离了我们亚洲人的背景"。正如李先生所料，失去母语的新加坡社会如今随英语学习伴生了诸多原来鲜见的社会犯罪等一系列问题。

中国人口众多，英语的普及虽然在短期内很难达到新加坡那样的程度，但在西方国家强势文化侵入和国人的一味迎合下，传统文化可能演变成"东西文化"，这并不是杞人忧天。倘若到那时，再去寻找自己的文化根基就更加艰难了。母语传承着民族文化，文化决定着民族特质，民族特质决定着该民族社会生活及政治状态。学生只有通过母语才可以"构建一种历史的视角，明确自己所处的文化空间"（张新木，2007）。中国社会的长期稳定和经济持续发展，令世人瞩目甚至羡慕进而思索。难道我们还不能从中悟出传统文化给我们带来的人文特质吗？因此，如果我们仍不重视母语学习，强化汉语教学，虚心从传统文化中汲取民族存续和社会发展的丰富营养，秉承儒家学说对做人、对社会以及对国家的思想与信念等人文精神，将来我们一定会为我们的这种愚蠢之举付出沉重的代价。

## 五、语文高考注重培养全民读书的风尚

语文高考"取材课外，取法课内"的方法，增加了学子们的课外阅读量，大大地开阔了他们的语文视野，有助于养成大众普遍的阅读心理。

良好的阅读习惯更容易养成一个人良好的素养。这种影响作用是难以估量的，发达国家之所以能够保持其在世界上领先的地位，与其国民高水平的文化素养分不开。而高素质的国民养成与对知识的渴求紧密相连。俄罗斯民族自古以来就是一个神奇的民族。读书是这个民族的悠久传统和民族习惯，今天已变成了他们生活内容中不可分割的一部分。在俄罗斯人看来，书籍与面包同等重要，人不能不吃饭，也不能不读书，他们用于阅读的时间远远超过吃饭。日本是公认嗜读书的国家，每年出书的速度之快，范围之广，远超过亚洲诸国。日本还设有奖励制度，促进新进作家创作。日本人爱看书是他们重视教育的结果。现在日本受过大学教育的人数占总人口的比例高达48%，成人识字率近100%。联合国教科文组织的一项调查表明，以色列人均拥有的图书馆和出版社的数量居世界各国之首。以色列全国的报刊多达890种，其中英文版的《耶路撒冷邮报》发行量突破100万份，以色列全国500万人口中每5个人就拥有1份。以色

列有句老话："人不能只靠面包活着。"以色列人以此激励自己，养成了求知好学的习惯。据了解，平均每个以色列人每年要买10—15本新书，而他们的阅读量更是大大超过了这个数字。德国著名作家歌德曾说过：读好书就是同高尚的人谈话。德国人对这种"谈话"有着巨大的热情，即使是在电视、互联网等媒体十分发达的当今时代，他们依旧保持着爱读书的传统，而社会提供的服务又使他们读书十分便利。在地铁列车里，在公园草坪上，甚至在医院的候诊室内，手捧书本埋头阅读的人都很常见。调查显示，70%的德国人喜爱读书，一半以上的人定期买书，1/3的人几乎每天读书。值得一提的是，在所有年龄段的人群中，30岁以下的年轻人读书热情最高。可见书已经融入了德国人的日常生活中，对于德国老百姓而言，读书简直就像喝啤酒一样平常。（琪娅，2011）

　　而我国中小学生的阅读量极其有限。很多孩子一个学期只读一本语文教科书，没有机会阅读课外书籍。没有一定的阅读量，就不可能保证阅读能力的发展。一些美国社区图书馆为了鼓励中小学学生多阅读，设计了很多活动吸引学生多借书和多读书。学生阅读一定数量的图书后，会获得图书馆人员赠送的小礼物。同时，学校会让学生每周到学校图书馆上阅读课，有专业人员进行阅读指导。这些措施都值得我们去思考。在语文课本逐渐成为许多孩子的唯一读物的同时，绝大多数学生认为语文教材成为摆设，语文课堂教学是一种可有可无的教学，形成了普遍轻视语文的心态。这导致唯一的一本语文教材都会被学生忽略，他们的语文教育将只是与试卷为伴，这是一种多么可怕的现状！

## 六、语文教育效率是关键

　　语文高考的现状使语文课程成为"鸡肋"。学生要想在高考中获得语文学科的高分很难，要想在短时间内突击学好语文更是近乎"白日梦"。相对于其他学科而言，语文学科短时间的突击效果更不突出。花费同样的时间学习而获得的效果却不同，谁都不愿意这样付出。语文教学的这种"高投入，低产出"的现状，也使学生的心态发生了变化，其中大部分学生对语文学习都是抱着"吃老本"的心态，靠着在小学、初中所积累的语文能力，不愿再花更多的时间学习语文。1978年3月16日，吕叔湘曾在《人民日报》著文批评中小学语文教学"少、慢、差、费"的问题，认为学生用"10年的时间，2700多课时"来学本国语文，却又是大多数不过关，"岂非咄咄怪事"？30多年前有这样的质疑，今天，这样的质疑与诘问依然引起许多教育者和学生的共鸣。特别可怕的是，在功利与实用至上的今天，学生对语文课程几乎没有了好感。华东师范大学中文系教授巢宗祺在一次会议上谈起了中学语文教育的尴尬：该校教育专家在本市一些中学进行了一项调查，主题为"你最喜欢的学科"，语文学科"不幸"被学生们评为倒数第二！巢宗祺对此提出疑问：为什么最优美、最生动的语言文化

课程会让学生如此反感？（李征，2003）

　　为什么？因为我们的语文课堂教学侧重于在故纸堆中学习，侧重于烦琐知识的传播，久而久之，学生越来越脱离现实生活，越来越缺乏真知灼见，对语文的兴趣也随之下降。特别是现在的语文高考试题的选材不出自课内，故学生都知道：中学里学什么高考就不考什么。反过来，他们的理解是：高考考什么就该学什么。因此，课文掌握与否并不重要，于是往往弃置教材不顾。语文课堂成为学生休息的"驿站"，语文课本成为摆设。这就是今天语文教材和语文课堂的尴尬处境。同时，今天人们对外语的热情远远大于对自己的母语，这更说明了我们自己也没有对语文的母语课程地位给予相应的价值认定和地位认同。

　　语文教育从来都是基础教育学科中的老大难问题，这也是语文高考成绩低下的原因。为突破这种时间与效率比例失调的困境，语文高考文本在教育革新的当下逐渐趋于多元化与国际化，其内容与形式都发生了很大的变化，但是语文高考的教育功能与社会功能的实质不会改变，而是在不断补充与丰富的过程中日渐走向完善。

---

**参考文献**

　　法国教育部. 2007. 法国中小学法语教学大纲译介［M］//外国语文课程标准译介. 张新木，译. 南京：江苏教育出版社：205.

　　李征. 2003. 五大名校中文系教授畅谈中学语文教育：人才·作文·阅读［N］. 新闻晚报，11 –25.

　　刘国正. 2000. 似曾相识燕归来：中学文学教育的风雨历程［J］. 课程·教材·教法（6）.

　　刘海峰. 2005. 高考改革的理论思考［M］. 武汉：华中师范大学出版社.

　　刘忠华. 2009. 高考语文知识试题的变迁及其社会学意蕴［J］. 湖南第一师范学院学报（12）.

　　琪娅. 2011. 书籍与面包同样重要　揭秘外国人是怎样读书的［N］. 晶报，09 –01.

　　桑哲. 2006. 提高语文素养　重视母语教育：访南京大学中文系鲁国尧教授［J］. 现代语文（4）：2.

　　宋晓梦. 2010. 母语教育地位亟待提高［N］. 光明日报，07 –01.

　　张志强. 2006. 对高职语文教学目标定位的思考［J］. 晋中学院学报（8）：23.

　　郑若玲. 2011. 苦旅何以得纾解：高考改革困境与突破［M］. 南京：江苏教育出版社.

**作者简介**　周剑清，厦门大学高等教育学博士毕业生，广西师范大学文学院副教授，主要从事语文考试研究。

# The Education Metaphor of Chinese Text on College Entrance Examination

## Zhou Jianqing

**Abstract**：The university entrance examination is a social phenomenon of multiple functions. The university entrance examination is a kind of multiple function social phenomenon. In the examination, the test paper of Chinese entails some special implications on a couple of levels. Chinese college entrance examination text has multiple special meaning also. From the perspective of education, the article probes into the instructive functions of the Chinese test paper, namely its social function from a macro point of view and its educational function from a micro point of view. Close investigation is also made into heated issues such as the positive effect of the value conveyed in the discourse of the Chinese test paper, as well as the negative effect of its question setting.

**Key words**：college entrance examination   Chinese college entrance examination text   education metaphor

# 大学生学习方式影响因素实证研究
## ——基于学习观和课堂学习环境的分析<sup>*</sup>

## ——基于学习观和课堂学习环境的分析*

杨 院

**摘 要:** 学习观和课堂学习环境对学生学习方式具有重要影响。应用知识的学习观对学生深层学习方式具有很高的正向预测力,对浅层学习方式具有负向预测力,记忆知识的学习观对浅层学习方式具有很高的正向预测力;学生为主体的课堂学习环境对学生的深层学习方式具有较强的正向预测力,缺乏师生交流的课堂学习环境能够促使学生倾向于浅层学习方式,良好的同伴互动的课堂学习环境能够促使学生倾向于深层学习方式,课堂学习环境中教学组织情况对学生学习方式的影响很小。因此,应转变学生学习观,发挥学生主体性,增强师生和生生交流互动,以促使学生倾向于深层学习方式。

**关键词:** 学习方式 学习观 课堂学习环境

## 一、引言

学习方式直接决定着大学生的学习结果和学习质量,进而影响着高等教育的整体质量。澳大利亚学者比格斯(J. Biggs)在对学生学习过程进行深入研究的基础上,认为学生的最终学习结果(Product)是前置因素(Presage)和过程因素(Process)共同作用的结果,这一理论也被称为3P理论。其中,过程因素是衔接前置因素和结果因素的中枢部分,主要指学生的学习方式。所以,学生的学习方式是学习过程的核心内容,学生以学习方式作为实现学习结果的主要支撑。从教学过程要素理论来讲,学生是教学过程的主体,其他要素均为学生的学习服务。《国家中长期教育改革和发展规划纲要(2010—2020年)》的指导方针特别指出,要把育人为本作为教育工作的根本要求,要把促进学生成长成才作为学校一切工作的出发点和落脚点。从当前研究热点和前沿来看,有研究者基于对1931—2000年《哈佛教育评论》发表论文的统计分析,探讨教育研究重心的转变。研究发现,教育研究发生了由"教学客体"向"教学主体"的重

* 本文系国家社会科学基金(教育学科)国家重点课题"大学生学习情况调查研究"(AIA100007)阶段性研究成果。

心转移，教育研究由关注"教学内容"和"教学手段"等转向关注"教师"和"学生"。（杜晓利，2005）所以，不论是从学理角度，还是从国家政策导向以及当前学术前沿来看，探究我国大学生学习方式具有极其重要的意义。

瑞典教授马顿（F. Marton）认为：大学生学习方式是学生面对一定学习任务时可能采取的处理过程或者倾向性，是学习动机和学习策略的组合；根据学生完成学习任务时的倾向性或加工过程的质的差异，可将学习方式分为深层学习方式和浅层学习方式。深层学习方式主要指学习者在学习过程中更倾向于将学习内容与自己的经历或已有的知识基础联系起来，更注重找出文本、文字背后想要表达的思想或观点，更注重通过知识的学习形成自己的观点或看法，注重通过不同的视角来看待和理解同一个学习内容；而浅层学习方式则主要指学习者在学习过程中，功利性和现实性都比较强，比如为了应付考试等，学习者更关注文本知识点的获取，并且不关注文本背后的深层次内容，也不会刻意将相互关联的内容联系起来，只是关注零散的知识点或基本要点。（普罗瑟，特里格维尔，2007）

基于马顿对学习方式的界定，众多研究者围绕学习方式的影响因素展开了探讨。一些研究者探究了学生的个性对学习方式的影响；一些研究者探讨了学生的性别、年龄等人口统计学变量对学生学习方式的影响；也有一些研究者认为学生的学习观念对学生学习方式具有更为重要的影响。瑞典学者塞里欧（Saljo）认为，学习观（learning conception）是指学生对学习的理解，是学生解释学习目的、学习任务和教师考核等的方式。众多研究者基于此概念，通过对学习观进行量化，采用定量的研究方法探究学习观对学习方式的影响。随着研究的不断深入和拓展，在对学习观等"内因"做出探讨的基础上，一些研究者着眼于探讨学习环境对学生学习方式的影响。其中，重点关注课堂学习环境对学生学习方式的影响。在这类研究中，研究者更关注学生主观体验或感知的课堂学习环境对学习方式的影响。费雷泽（B. J. Fraser）认为，课堂环境（classroom environment）又叫班级环境、课堂气氛、班级气氛，是指学生或教师对所处班级或课堂的知觉或感受，是决定学生发展的潜在因素，是任何一位希望提高学校质量的教育者都不能忽视的因素。（Fraser，1986）已有的研究中，大多通过将课堂学习环境进行量化处理，而后采用定量研究方法分析其对学习方式的影响。

马顿和塞里欧认为，学习方式是学生对学习情境和学习任务感知的结果。（Marton，Saljo，1984）由此可知，学习方式作为一种基于学生自身学习观念以及对外部学习情境和学习任务感知的结果，同时受到学生自身因素（"内因"）以及学习环境因素（"外因"）的共同影响。其中，内因起着决定性的影响，而外因则通过学生自身的内因发挥作用。已有的研究要么重点探究内因对学生学习方式的影响，要么重点探究外因对学生学习方式的影响，较少探究内因和外因对学生学习方式的综合影响。本文将重点探究作为影响大学本科生学习方式主要"内因"的学习观，与作为直接影响学生学习方式的外因的"课堂学习环境"对学生学习方式的综合影响。特别要说明的是，本文中的课堂学习环境主要指学生主观感知或体验的课堂学习环境，而非客观意义上的物化课堂环境。本文重点探讨以下问题：第一，学习观对学生学习方式的影响；第二，在学习观影响的基础上，课堂学习环境对学生学习方式的影响；第三，学习观和课堂学习环境对学习方式的共同影响。

## 二、数据收集与研究方法

### （一）操作性定义量化处理

学习观分为两个因子：因子一为"应用知识"的学习观；因子二为"记忆知识"的学习观。在通过探索性因子分析发现学习观量表的两个因子之后，用验证性因子分析来考察量表结构的模型拟合度，并发现学习观量表的双因子模型和两个单因子模型都有较为理想的拟合程度和较高的信效度，见表1。（史秋衡，郭建鹏，2012）

课堂学习环境量分为四个因子：因子一是学生为主体的教学方式；因子二为师生缺乏交流；因子三为同伴关系；因子四为教学组织。在探索性因子分析的基础上对这个量表进行验证性因子分析发现，量表的信效度良好，见表1。（史秋衡，郭建鹏，2012）

表1　各量表的信效度水平（$N=1433$）

| 量 表 | | 题数 | *CFI* | *SRMR* | *Cronbach's Alpha* | 样 题 |
|---|---|---|---|---|---|---|
| 学习观 | 学习观量表（双因子） | 9 | 0.95 | 0.072 | — | |
| | 应用知识学习观 | 5 | 0.98 | 0.033 | 0.800 | 学习是为了能够解决实际问题 |
| | 记忆知识学习观 | 4 | 1 | 0.011 | 0.750 | 我觉得学习就是要背大量信息 |
| 课堂学习环境 | 课堂学习环境量表 | 20 | 0.95 | 0.067 | — | |
| | 学生为主体 | 7 | 0.97 | 0.037 | 0.860 | 上课时老师会考虑我们的感受 |
| | 缺乏师生交流 | 7 | 0.92 | 0.059 | 0.762 | 上课时，我很难有机会跟老师交流 |

续表

| 量　表 | | 题数 | CFI | SRMR | Cronbach's Alpha | 样　题 |
|---|---|---|---|---|---|---|
| 课堂学习环境 | 同伴互动 | 3 | 饱和模式 | 饱和模式 | 0.724 | 我在班里人缘好 |
| | 教学组织 | 3 | 饱和模式 | 饱和模式 | 0.750 | 老师讲课条理很清楚 |
| 学习动机 | 学习动机量表（双因子） | 10 | 0.96 | 0.050 | — | |
| | 内在学习动机 | 5 | 0.99 | 0.023 | 0.768 | 学习能够让我获得强烈的满足感 |
| | 外在学习动机 | 5 | 0.97 | 0.040 | 0.732 | 学习只要能够通过考试就可以了 |
| 学习策略 | 学习策略量表（双因子） | 23 | 0.92 | 0.082 | — | |
| | 深层学习策略 | 12 | 0.97 | 0.047 | 0.750 | |
| | 主动思考 | 7 | 0.96 | 0.044 | 0.876 | 阅读时我经常停下来想想学到了什么 |
| | 时间管理 | 5 | 0.99 | 0.022 | 0.841 | 我会提前预习老师上课所讲的内容 |
| | 表层学习策略 | 11 | 0.90 | 0.058 | 0.731 | |
| | 努力记忆 | 3 | 饱和模式 | 饱和模式 | 0.585 | 很多知识我无法理解，只要尽量背下来 |
| | 考试导向 | 4 | 0.85 | 0.074 | 0.656 | 我非常希望老师能告诉我们考试重点 |
| | 消极学习 | 4 | 1 | 0.008 | 0.723 | 我从未想过自己的学习方法是否适合自己 |

　　马顿将学生学习方式看作学习动机和学习策略的组合。通过探索性因子分析和验证性因子分析发现，学习动机和学习策略量表的子量表可以构成两个因子。其中内在学习动机和深层学习策略构成一个因子，我们将其称为深层学习方式；外在学习动机和浅层学习策略构成一个因子，我们将其称为浅层学习方式。整个学习方式量表结构模型，$CFI = 0.93$，$SRMR = 0.081$，$RMSEA = 0.066$，表明模型的拟合度良好。深层学习方式因子的信度为0.886，浅层学习方式的信度为0.797。这样，学习动机和学习策略量表就组成了一个双因子的学习方式量表，见表2。

**表 2    进行斜交旋转的主成分因子分析中学习方式量表的因子负荷（$N = 1433$）**

| 子量表 | 因子一 | 因子二 |
|---|---|---|
| 内在学习动机 | 0.82 | |
| 主动思考 | 0.77 | |
| 时间管理 | 0.80 | |
| 外在学习动机 | | 0.63 |
| 努力记忆 | | 0.66 |
| 考试导向 | | 0.81 |
| 消极学习 | | 0.66 |
| 解释的方差 | 40.75 | 20.03 |
| 累计解释的方差 | 40.75 | 62.78 |
| 特征值 | 2.85 | 1.54 |

## （二）数据来源

本研究数据来自"国家大学生学习情况调查数据库"。本研究抽取数据库中本科生样本数据作为分析数据，样本结构详见表3。

**表 3    数据结构**

| 结　　构 | | 人　　数 | 百分比（％） |
|---|---|---|---|
| 性　　别 | 男 | 31426 | 42 |
| | 女 | 43261 | 58 |
| 年　　级 | 大一 | 26705 | 36 |
| | 大二 | 23046 | 31 |
| | 大三 | 19343 | 26 |
| | 大四 | 5294 | 7 |
| | 大四以上 | 299 | 0.4 |
| 学校类型 | "985"院校（7所） | 3631 | 4.9 |
| | "211"院校（不包括"985"院校）（8所） | 13717 | 18.4 |
| | 一般本科院校（"985"院校、"211"院校之外的本科院校）（24所） | 57339 | 76.7 |

续表

| 结　构 | | 人　数 | 百分比（%） |
|---|---|---|---|
| 城　乡 | 城市 | 29864 | 40 |
| | 农村 | 44823 | 60 |
| 学　科 | 哲学 | 279 | 0.37 |
| | 经济学 | 11020 | 14.75 |
| | 法学 | 3625 | 4.85 |
| | 教育学 | 3565 | 4.77 |
| | 文学 | 7860 | 10.52 |
| | 历史学 | 796 | 1.07 |
| | 理学 | 7983 | 10.69 |
| | 工学 | 17843 | 23.89 |
| | 农学 | 3028 | 4.05 |
| | 医学 | 2433 | 3.26 |
| | 军事学 | 25 | — |
| | 管理学 | 12995 | 17.4 |
| | 艺术学 | 3104 | 4.16 |

## （三）研究方法

为分析大学生学习观和课堂学习环境对学生学习方式的影响，本研究应用多元回归中的阶层回归（hierarchical regression）分析法来探讨大学生学习观和课堂学习环境对学生学习方式的影响。

阶层回归分析最重要的工作是决定变量的阶层关系与进入模式。（邱皓政，2009）本研究中，以学生性别（女生为参照组）、学科类别（分为人文社科和理工两类，人文社科为参照组）、学校类型（分为一般院校与"211"大学以上院校两类，一般院校为参照组）、父亲文化程度（分为未接受过高等教育和接受过高等教育两类，未接受过高等教育为参照组）、城乡（农村学生为参照组）等变量作为控制变量，并作为多元回归模型的第一区组（block）；将学生的内在因素学习观作为第二区组（block）；将课堂学习环境作为第三区组（block）。这样分区组的原因在于，各控制变量为性别、学科类别等变量，一般来讲，将控制变量作为第一区组。在对学习观和课堂学习环境的区组划分过程中，由于学习观是学生个体因素，是学生内在、固有的影响学习方式的变量，而课堂学习环境是外在的影响变量，所以，将学习观变量置于课堂学习环境变量之前纳入回归方程。

## 三、研究结果

### （一）学习观与课堂学习环境对深层学习方式的影响

以深层学习方式作为因变量，学习观和课堂学习环境作为自变量，人口统计学变量作为控制变量，使用多元回归法进行分析。采用 SPSS 17.0 对数据进行处理，处理结果见表4。

表4　学习观与课堂学习环境对深层学习方式的阶层多元回归分析摘要

| 阶层变量 | 预测变量 | 区组一 | | 区组二 | | 区组三 | |
|---|---|---|---|---|---|---|---|
| | | 标准系数 | t 值 | 标准系数 | t 值 | 标准系数 | t 值 |
| 个体变量 | 性别 | 0.011 | 3.052 * | 0.043 | 13.393 *** | 0.035 | 13.289 *** |
| | 学科类型 | −0.038 | −10.086 *** | −0.041 | −12.868 *** | −0.010 | −3.935 *** |
| | 学校类型 | −0.010 | −2.749 * | −0.010 | −3.310 * | −0.007 | −2.845 * |
| | 父亲文化程度 | 0.065 | 12.994 *** | 0.032 | 7.620 *** | 0.025 | 7.182 *** |
| | 母亲文化程度 | 0.032 | 6.491 *** | 0.031 | 7.425 *** | 0.016 | 4.730 *** |
| | 城乡 | −0.079 | −18.537 *** | −0.042 | −11.506 *** | −0.021 | −7.185 *** |
| 学习观 | 应用知识 | | | 0.460 | 138.837 *** | 0.276 | 92.939 *** |
| | 记忆知识 | | | 0.150 | 45.257 *** | 0.057 | 20.017 *** |
| 课堂学习环境 | 学生为主体 | | | | | 0.290 | 78.541 *** |
| | 缺乏师生交流 | | | | | 0.016 | 5.905 *** |
| | 同伴互动 | | | | | 0.316 | 103.576 *** |
| | 教学组织 | | | | | 0.033 | 8.767 *** |
| 回归模型摘要 | F 值 | 106.662 *** | | 3803.737 *** | | 6823.699 *** | |
| | $R^2$ | 0.009 | | 0.290 | | 0.523 | |
| | F 值变化量 | 106.662 *** | | 14768.286 *** | | 9137.022 *** | |
| | $R^2$ 变化量 | 0.009 | | 0.281 | | 0.234 | |

注：* $p<0.05$；* * * $p<0.001$。

从表4可以看出，第一区组控制变量对因变量具有显著解释力，但是解释力非常小，6个控制变量仅能够解释因变量变异的0.9%。性别变量的系数为正值，表示性别变量数值越高（男生），则深层学习方式变量数值越高。学科类型变量的系数为负值，表示学科类型变量数值越高（理科），则深层学习方式的值越低。学校类型变量的回归系数为负值，表示学校类型变量数值越高（"211"大学以上院校），则学生深层学习方式的值越低。父母文化程度变量的系数均为正值，表示父母文化程度变量数值越高（接受过高等教育），则学生深层学习方式的值越高。家庭所在地变量系数为负值，表示家庭所在地变量数值越高（城市），则学生深层学习方式的值越低。

第二区组的自变量投入模型中，自变量对因变量的解释力达到0.29，且非常显著。在控制变量的基础上，解释增量为0.281，也非常显著，区组的增量具有统计意义。也就是说，在控制了人口变量的情况下，学习观能够"贡献"28.1%的解释力。在应用知识和记忆知识两个变量中，应用知识变量的贡献最大，回归系数为0.460，且非常显著，记忆知识变量的回归系数为0.150，也非常显著。

到了第三阶段，新增第三区组后，对于因变量的解释力增量为0.234，具有统计意义。课堂学习环境变量区组的投入能够有效提升模型的解释力，使模型的解释力达到0.523，且具有统计意义。第三区组的4个变量中，同伴互动的贡献最大，其标准系数为0.316，且非常显著。其次是学生为主体，其标准系数为0.290，也非常显著。缺乏师生交流和教学组织两个变量的回归系数较小。也就是说，课堂学习环境区组的贡献，主要由学生为主体变量和同伴互动变量所创造。

从整体来看，在控制了人口变量的基础上，学生学习观和课堂学习环境均对因变量的变异具有解释力，但是从解释力增量可以看出，学习观具有更强的解释力。

## （二）学习观与课堂学习环境对浅层学习方式的影响

以浅层学习方式作为因变量，学习观和课堂学习环境作为自变量，学生人口统计学变量作为控制变量，使用多元回归法进行分析。采用SPSS 17.0对数据进行处理，处理结果见表5。

表 5  学习观与课堂学习环境对浅层学习方式的阶层多元回归分析摘要

| 阶层变量 | 预测变量 | 区组一 | | 区组二 | | 区组三 | |
|---|---|---|---|---|---|---|---|
| | | 标准系数 | $t$ 值 | 标准系数 | $t$ 值 | 标准系数 | $t$ 值 |
| 个体变量 | 性别 | 0.065 | 17.435*** | 0.083 | 24.461*** | 0.026 | 9.834*** |
| | 学科类型 | 0.043 | 11.358*** | 0.029 | 8.323*** | 0.022 | 8.221*** |
| | 学校类型 | 0.044 | 12.117*** | 0.033 | 9.869*** | 0.011 | 4.251*** |
| | 父亲文化程度 | 0.017 | 3.358* | 0.013 | 2.843* | 0.006 | 1.659 |
| | 母亲文化程度 | 0.035 | 7.194*** | 0.029 | 6.501*** | 0.017 | 4.952*** |
| | 城乡 | 0.036 | 8.355*** | 0.030 | 7.701*** | 0.041 | 13.616*** |
| 学习观 | 应用知识 | | | −0.099 | −27.892*** | −0.100 | −33.373*** |
| | 记忆知识 | | | 0.441 | 124.520*** | 0.293 | 101.739*** |
| 课堂学习环境 | 学生为主体 | | | | | 0.130 | 34.837*** |
| | 缺乏师生交流 | | | | | 0.593 | 222.106*** |
| | 同伴互动 | | | | | −0.099 | −32.169*** |
| | 教学组织 | | | | | 0.051 | 13.567*** |
| 回归模型摘要 | $F$ 值 | 172.072*** | | 2133.145*** | | 6572.097*** | |
| | $R^2$ | 0.014 | | 0.186 | | 0.514 | |
| | $F$ 值变化量 | 172.072*** | | 7906.955*** | | 12573.915*** | |
| | $R^2$ 变化量 | 0.014 | | 0.173 | | 0.328 | |

注：$*p < 0.05$；$* * *p < 0.001$。

由表 5 可知，第一区组控制变量对因变量具有显著解释力，但是解释力非常小，6 个控制变量仅能够解释因变量变异的 1.4%。性别变量的回归系数为正值，表示性别变量数值越高（男生），则浅层学习方式的值越高。学科类型变量的回归系数为正值，表示学科变量值越高（理科），则浅层学习方式的值越高。学校类型变量的回归系数为正值，表示学校类型变量的值越高（"211"大学以上院校），则浅层方式的值越高。父亲文化程度变量的回归系数为正值，表示父亲文化程度变量的值越高（接受过高等教育），则浅层学习方式的值越高。母亲文化程度变量的回归系数为正值，表示母亲文化程度变量的值越高（接受过高等教育），则浅层学习方式的值越高。家庭所在地变量的回归系数为正值，表示家庭所在地变量数值越高（城市），则浅层学习方式的值越高。

第二区组的自变量投入模型中，自变量对因变量的解释力达到 0.186，且非常显著。在控制变量的基础上，解释增量为 0.173，也非常显著，区组的增量具有统计意义。也就是说，在控制了人口变量的情况下，学生学习观能够"贡献"17.3%的解释力。在应用知识和记忆知识两个变量中，记忆知识变量的贡献最大，回归系数为0.441，且非常显著；应用知识变量的回归系数为-0.099，也非常显著，这意味着应用知识学习观变量的值越高，则浅层学习方式的值越低。

到了第三阶段，新增第三区组后，对于因变量的解释力增量为0.328，具有统计意义。课堂学习环境变量区组的投入能够有效提升模型的解释力，使模型的解释力达到0.514，且具有统计意义。第三区组的4个变量中，师生缺乏交流变量的贡献最大，其标准系数为0.593，且非常显著。而同伴互动变量的系数为-0.099，表示同伴互动变量的值越高，则浅层学习方式的值越低。

值得注意的是，当模型中加入第三区组的变量时，父亲文化程度变量的回归系数不显著，这种不显著可能是由共线性问题引起的，但它们在模型中扮演了控制变量的角色，可以说学习观和课堂学习环境对因变量的解释力是在控制了人口变量的基础上得到的。

从整体来看，在控制了人口变量的基础上，学生学习观和课堂学习环境均对因变量的变异具有解释力，但是从解释力增量可以看出，课堂学习环境具有更强的解释力。

## 四、研究结论与建议

### （一）研究结论

第一，学生的人口统计学变量、学科差异以及学校类型等对学生学习方式的影响很小。已有的大量研究探讨了人口统计学变量对学生学习方式的影响，并且发现基于性别等人口统计学变量，学生的学习方式具有统计上的显著差异。实际上，人口统计学变量虽然对学生学习方式具有影响，但是影响非常小。

第二，学习观对学生学习方式具有重要影响，且不同的学习观对学生学习方式的影响不同。在控制了人口统计学变量对学习方式影响的基础上，学习观对深层学习方式和浅层学习方式均具有较大影响。应用知识的学习观对深层学习方式具有很高的正向预测力，而对浅层学习方式具有负向预测力；记忆知识的学习观对深层学习方式和浅层学习方式均具有正向预测力。相较而言，记忆知识的学习观对浅层学习方式的回归系数为其对深层学习方式回归系数的3倍，所以记忆知识的学习观更能促使学生倾向于浅层学习方式。

第三，课堂学习环境对学生学习方式具有重要影响，在控制变量以及学习观对学生学习方式影响的基础上，课堂学习环境对深层学习方式和浅层学习方式均有重要影响，其中对浅层学习方式的影响大于对深层学习方式的影响。不同的课堂学习环境对学生学习方式的影响各不相同：学生为主体的课堂学习环境对学生的深层学习方式具有较强的正向预测力；缺乏师生交流的课堂学习环境能够促使学生倾向于浅层学习方式；良好的同伴互动的课堂学习环境能够促使学生倾向于深层学习方式；教学组织的优劣不能很明确地引导学生倾向于深层学习方式或浅层学习方式，课堂学习环境中的教学组织情况对学生学习方式的影响很小。

## （二）建议

首先，注重从学生主体的"意识"和"观念"角度入手来转变大学生学习方式。从上述结论可以看出，学生的人口统计学变量、学科类型以及学校类型等变量对学生学习方式的影响非常小。也就是说，外在的物化条件对学生学习方式的影响很小。而学生自身对学习的观念意识以及对外在学习环境的体验和感知对其学习方式的影响更大。所以，在促使学生更倾向于深层学习方式的过程中，教育主管部门及高校更应该将关注点置于学生本身的观念和意识方面。外在的物化资源只是大学生学习的一种平台和条件，外在的资源和条件并不能从根本上促使学生倾向于深层学习方式。

其次，转变学生的学习观是促使学生倾向于深层学习方式的重要途径。根据研究结论，应用知识的学习观更能够促使学生倾向于深层学习方式。所以，帮助学生形成正确的学习观是促使学生倾向于深层学习方式的重要切入点。长期以来，我国的本科生教学以教师讲授、学生认真听讲为主要方式；在课程内容上，以系统的书本知识和理论为主；在考核评价方面，也以对学生记忆知识的考查为主。基于此"路径"与"惯性"，学生的学习观念也倾向于知识本身，注重对知识的记忆，很难真正超脱于知识本身。然而，随着我国社会经济的快速发展以及本科生培养目标的转变，学生的学习观念理应超脱于知识本身。高校应努力搭建多样化的学生培养平台，丰富学生学习活动的内容和形式，构建多维的学生学习活动，使学生的学习观不仅仅局限于知识本身的记忆与获取。

最后，采取各种措施发挥学生主体性，加强师生以及生生的交流互动。基于上述研究结论，注重发挥学生主体性以及突出师生、生生交流互动的课堂环境更能够促使学生倾向于深层学习方式，而缺乏师生交流的学习环境则使学生倾向于浅层学习方式。所以，努力构建能够发挥学生主体性的学习平台，让学生真正参与到学习中，成为学习的主体，才能促使学生倾向于深层学习方式。实际上，我国不少高校对培养人才职能存在严重误解，将培养人才等同于教学活动，将教学活动等同于课堂教学活动，将课堂教学活动等同于课堂上教师教的活动，从而促生了培养人才就要强调课堂上的"教"等一系列偷换概念的现象。这就使得人才培养活动中忽略了学生的主体性，忽视了发挥学生自身的能动性。（史秋衡，郭建鹏，2012）另一方面，加强师生以及生生的交流和互动，引导学生在对话与交流的氛围和环境中学习，提升学生学习的成就感和积极性，才能使学生真正超脱于知识记忆和知识获取本身，从而不断提升大学生学习质量，促进整个高等教育质量的提高。

---

**参考文献**

杜晓利．2005．教育研究重心的转移：从"教学客体"到"教学主体"［J］．教育发展研究（12）：53－56.

陆根书，程光旭，杨兆芳．2010．大学课堂学习环境论：课堂学习环境与大学生学习及发展关系的实证分析［M］．西安：西安交通大学出版社.

陆根书．2010．大学生感知的课堂学习环境对其学习方式的影响［J］．复旦教育论坛（4）：34－46.

普罗瑟，特里格维尔．2007．理解教育学：高校教学策略［M］．潘红，陈锵明，译．北京：北京大学出版社：109－111.

邱皓政．2009．量化研究与统计分析［M］．重庆：重庆大学出版社：265.

史秋衡，郭建鹏．2012．我国大学生学情状态与影响机制的实证研究［J］．教育研究（2）：109－121.

Biggs J. 1985. The role of meta learning in study processes［J］. British Journal of Educational Psychology, 55（3）：185－212.

Dincer T G, Akdeniz A. 2008. Examining learning approaches of science student teachers according to the class level and gender［J］. US-China Education Review（5）：54－59.

Diseth A, Pallesen S, Hovland A, Larsen S. 2006. Course experiences, approaches to learning and academic achievement［J］. Education and Training, 48（2－3）：156－169.

Duff A, Boyle E, Dunleavy K, Ferguson J. 2004. The relationship between personality, approach to learning and academic performance［J］. Personality and Individual Differences（36）：1907－1920.

Fraser B J. 1986. Classroom environment［M］. London：Croom Helm：1－70, 92－119.

Gulikers J, Kester L, Kirschner P A, Bastiaens T J. 2008. The effect of practical experience on perceptions of assessment authenticity, study approach, and learning outcomes［J］. Learning and Instruction, 18（2）：172－186.

Kiliç D, Saglam N. 2010. Investigating the effects of gender and school type on students' learning orientations［J］. Procedia Social and Behavioral Sciences（2）：3378－3382.

Marton F, Saljo R. 1984. Approaches to learning［G］Marton F, et al. The experience of learning. Edinburgh：Scottish Academic Press：36－55.

Nijhuis J, Segers M, Gijselaers W. 2005. Influence of redesigning a learning environment on student perceptions and learning strategies［J］. Learning Environments Research（8）：67－93.

Segers M, Nijhuis J, Gijselaers W. 2006. Redesigning a learning and assessment environment：the influence on students' perceptions of assessment demands and their learning strategies［J］. Studies in Educational Evaluation（32）：223－242.

Tetik C, Gurpinar E, Bati H. 2009. Students' learning approaches at medical schools applying different curricula inTurkey［J］. Kuwait Medical Journal, 41（4）：311－316.

**作者简介** | 杨院，厦门大学教育研究院博士毕业生，天津大学教育学院助理研究员，主要从事高等教育理论与大学生学习质量研究。

# The Empirical Study for the Influential
# Factor of Approaches to Learning
# —Based on Learning Conception and
# Classroom Environment

## Yang Yuan

**Abstract**：College students' learning conception and classroom environment have considerable impact on their learning approaches. Applying-knowledge conception has extremely high positive predictive power on deep-learning approach, and relevantly negative predictive power on superficial-learning approach, memorizing-knowledge conception has significant positive power on superficial-learning approach; classroom environment that is student-oriented has extremely high positive predictive power on deep-learning approach, classroom environment that has nice interaction among classmates has extremely high positive predictive power on deep-learning approach, While classroom environment that lacks interaction between teacher and students has significant positive power on superficial-learning approach, an environment with nice teaching organization has tiny power on learning approach. Structuring classroom environments that emphasizes the participation of students encourage students to choose deep-learning approach.

**Key words**：approaches to learning  learning conception  classroom environment

# 以学生发展为指向：发挥学生评教
# 质量保障功能的基本思路

蒋华林

**摘　要：**当前学生评教面临着较大的困境与问题，其根本原因在于评教活动与学生自我成长的"相关性"不大。为此，应转变学生评教的观念，将促进学生发展作为评教的出发点和落脚点，从学生自我成长的视角来审视教师教学工作，树立"以学生发展为指向"的学生评教观。在科学判断和评价"学生发展"内涵的基础上，探索提出以学生发展为指向的学生评教的主要内容。为保证学生评教的效率与效益，应深入探讨评教结果应用机制，处理好学生评教与其他类型评教的关系，优化评教实施方式，加强评教能力建设等。

**关键词：**学生评教　以学生展为指向　学生发展　评价指标

作为高等教育质量保障体系的重要环节，学生评教已成为国内外高校衡量教师教学工作的一种重要手段。实践中，一般将学生评教与同行（专家）评教、教学督导评教、领导干部听课、教师自评等相结合，综合判断教师教学质量。近年来，关于学生评教的研究也是风生水起，有理论的争鸣，也有实践的探索。但从实际情况看，学生评教似乎成了"鸡肋"，"食之无味，弃之可惜"。人们不仅对评价指标体系、评价方式有争议，在评价理念、评价结果应用等方面更存在争议，甚至已有关于学生评教"合法性存在"的讨论。笔者以为，当前国内高校学生评教存在的主要问题是：过多地从教学环节去评价，而没有从教学的最终效果——学生发展来评价；过多关注教师的"教"，缺少对学生"学"的关注；过多地强调其"鉴定性"功能（服务于教师管理），缺少对其"发展性"功能的关注（帮助教师成长）；过多地关注知识的获得、技能的培养，缺乏对教师与学生互动成长的评价；过多地局限于课堂教学评价，缺少课下教育评价；评价结果与学生收获没有直接的关联，缺乏学生的有效参与；评教的时间和方式不够合理等。为此，应转变学生评教的观念，将促进学生发展作为评教的出发点和落脚点，从学生自我成长的视角来审视教师的教学工作，探索构建以学生发展为指向的学生评教内容体系。

## 一、树立"以学生发展为指向"的学生评教观

"以学生发展为指向"是指坚持育人为本的根本要求，以促进学生健康成长作为教学工作（包括学校一切工作）的指针，使之真正落脚于促进学生发展。"以学生发展为指向"的学生评教观强调学生评教的目的不仅仅是了解教师教学情况，促进教师改进教学，而且要通过"教""学"互动，高质量地实现教学目标，达到促进学生发展的目标。需要强调的是，"发展是前进的、上升的运动"，即发展是"正向的变化"和"进化"。人或事物发展的根本标志是提高其存在的价值，那些不能带来增值的变化，不能称为发展。

### （一）学生是教学质量的最直接和最主要的利益相关者

根据利益相关者理论，教学质量的利益相关者指那些能够影响教学目标的实现或者受到教学目标实现过程影响的团体和个人，主要包括教师、学生、教学管理部门、学院（系）、学校、家长、社区、政府等。按照米切尔（Mitchell）关于作为利益相关者应当具备三个条件的观点，学生作为教师教学工作的对象和"受力者"，下的"赌注"最大，不仅对教学目标的实现具有影响力、合法性，而且对完成教学工作任务，保证教学质量具有特殊的紧迫性。显然，学生是教学质量的最直接和最主要的利益相关者。而这种"相关"主要是对学生的成长发展，而不是对教学质量的提高、学校的进步与发展而言的。因而学生评教应当以促进学生发展（及其程度）为判断标准。

### （二）促进学生发展是教学工作的根本目标和任务

"学校是培养人才的地方"，高等教育的根本任务是人才培养。全面提高高等教育质量，必须大力提升人才培养水平。《国家中长期教育改革和发展规划纲要（2010—2020年）》指出："要以学生为主体，以教师为主导，充分发挥学生的主动性，把促进学生健康成长作为学校一切工作的出发点和落脚点。……促进每个学生主动地、生动活泼地发展。"因而，学生的进展与变化毫无疑问应当是衡量学校教育质量首要的、最直接的也是最重要的指标。可以肯定地说，离开了学生的发展去谈教育质量是没有意义的。（陈玉琨，1999）同样，学生评教如果离开学生的发展去谈论教学质量也是没有意义的。换言之，只有将学生评教与学生的自我发展有机联系起来，与教育目标联系起来，学生评教才有实际意义。

### （三）"以学生发展为指向"的评教观能更好地调动学生评教的积极性

目前学生对参加评教的积极性不高，存在评教"倦怠现象"（赵惠君，耿

辉，2011）。有研究表明，有56.2%学生认为评价不能达到预期效果或无意义，不愿意参加评教，其中的第一原因（35.71%）是"学生认为与自己关系不大"。（高杰欣，2011）一些学校采取了措施，甚至是一些强制性的措施（如不评教就不能查看成绩、网上选课等）来提高参评率，结果却出现了"大学生给老师打分成一分钟游戏"的现象（雷宇，王兴渠，蔡梦吟，2010），导致评教有效性不可预期，评价结果的可信度大打折扣。如果能将评教的判断标准修正为学生发展的自我判断，使之相当于学生的一次自我成长报告，则既能在较大程度上消解对学生评教能力的质疑，又能调动学生评教的积极性和主动性，而不是应付差事，敷衍了事。

### （四）"以学生发展为指向"的评教观能更好地保障评教的客观性

由于学生评教的结果与教师的考核晋升等挂钩，"学生评教的功能往往被窄化成一种单纯的与教师利益挂钩的奖惩手段"（杨秀芹，2009）。一些教师为了获得好的结果，而不愿或不敢"得罪"（严格要求）学生，甚至降低要求"讨好"学生，考试画重点、透题目，使"要求严格的老师反而很受伤"，产生"逆选择""逆淘汰"问题。"如果学生评教仅仅为了了解学生的教学满意度，那么这种评教往往会因为过分关注教师的教学行为而受制于学生对课程（或教师）的喜恶态度，缺乏客观性。"（丁妍，王颖，陈侃，2011）因此，如果我们转变观念，从学生的角度来思考，从学生发展的角度来反映教师教学情况，就能在很大程度上避免学生只凭感性直观地评价，从而减少一些消极作用和负面影响，使评价结果更客观科学一些，评价效果更好一些。

## 二、科学判断和评价"学生发展"

要确立以学生发展为指向的学生评教观，首先要回答如何判断学生发展的问题。关于学生发展的评价或者说衡量教育成功与否，主要有两种模式："终结型"和"发展型"。"终结型"评价强调教学结束后学生的状态，包括知识、技能和能力的收获情况，常伴以证书、资格等客观、可见的形式。而"发展型"评价则关注学生自始至终的内在变化过程，较之把重点放在学生知识技能达标上的"终结型"评价，它更关心如何实现学生个体发展程度的最大化。两者之间的差异类似于成果（outcome）与价值增值（value added）这两个评估教育质量的概念之间的差别。（丁妍，王颖，陈侃，2011）显然，"发展型"评价模式重在评价教学效果所产生的"增量"，更有利于促进和"调控"学生的发展。

其次，学生发展的效果是诸多因素综合作用的结果。帕斯卡雷拉（E. T. Pascarella）和特伦兹尼（P. T. Terenzini）通过对"大学是如何影响学生的"

进行研究发现："大学的影响在很大程度上取决于个人的努力，以及融入大学所提供的学术、人际关系和课外活动等氛围之中。……为鼓励学生的融入，学校围绕这一目标而重点形塑其学术、人际关系和课外活动的氛围的方式，就非常重要了。"（Pascarella，Terenzini，2005）这表明学生评教不能只管"效果"（结果）而不管获得发展的过程，还应该关注教师在教学过程中为学生"形塑其学术、人际关系和课外活动的氛围的方式"，包括课堂教学方式、课下交流方式、考试（核）方式、教学严格要求程度等，不能把教学概念狭隘化。

最后，按照促进学生全面发展的要求，全面评价学生的发展。《国家中长期教育改革和发展规划纲要（2010—2020 年）》明确提出，教育改革发展战略主题的重点是面向全体学生、促进学生全面发展，着力提高学生服务国家服务人民的社会责任感、勇于探索的创新精神和善于解决问题的实践能力。因此，评价学生发展要从知识、能力、素质或德、智、体、美等方面进行全面考查。也就是说，不仅要判断教师教学对学生知识、能力培养的成效，也要评价教师教学促进学生综合素质提高的增量。

## 三、合理构建"以学生发展为指向"的评教指标

俗话说："你衡量什么，你就会得到什么。"（You Get What You Measure.）在阐明意义、明晰内涵的基础上，接下来的工作就是要回答如何操作的问题，即用什么指标体系来评教，或者怎样构建起合理的评教内容或指标体系。

关于构建学生评教指标体系的方法，马什（H. W. Marsh）认为有三种常用方法：第一，基于教与学的教育理论，通过分析"以教学为中心"和"以学习为中心"这两种教育理念，分别以教师角色、教学过程和学习过程、学习成果为观测点设置指标体系；第二，基于逻辑和文献分析的方法，通过对大量文献的元分析以及教师、学生对指标的认可程度设置指标体系；第三，基于统计实证的方法，通过使用探索性因子分析法（EFA）、验证性因子分析法（CFA）和多元特质多重方法（MTMM）等统计学方法设置指标体系。（陈磊，2011）

基于上述关于学生发展的基本认识，"以学生发展为指向"的学生评教内容（指标），应当突出其导向性，采取以"发展型"为主，"终结型"与"发展型"相结合的思路，围绕教学（学习）过程、教学（学习）效果，构建起能够反映学生全面发展的指标体系。参考国内外相关评价指标体系，"以学生发展为指向"的学生评教指标主要应当包括以下几个方面。

### （一）教学认知目标达成度

教学认知目标达成度是指学生通过教师教学实现认知目标的程度。美国著

名教育家、心理学家布鲁姆（B. Bloom）将教育认知目标分为六个层次：知识（knowledge）、理解（comprehension）、运用（application）、分析（analysis）、综合（synthesis）、评价（evaluation）。人们通常所说的创新教育目标包括运用、分析、综合和评价等。一般认为，一门好的课程教学应该覆盖所有这些认知能力层级目标，并对其发展起到促进作用。因此，教学认知目标达成度应当是学生评教指标体系的首要指标。在一定意义上，学生的课程成绩是教学认知目标达成度的一种综合反映。

## （二）课堂教学方式方法

中国高等教育学会会长周远清认为，"在高等教育中教学方法偏死是一个通病"，"偏死的教学方法引导了偏死的学习方法，直接制约着创新人才的培养"。"如果大家天天讲创新、讲创新能力的培养，而丝毫不去触动在人才培养中扼杀创新能力、创新意识的教学方法，那就等于自己在骗自己。"因此，要"把教学方法的改革提到一个新的高度，并且以此为切入点、突破口深化教学改革"。（周远清，2007）更重要的是，教育作为一种社会活动，其本质就是促进个体发展的积极的生师互动。教育是心灵与心灵的沟通，灵魂与灵魂的交融，智慧与智慧的碰撞，人格与人格的对话；成功的教育是建立在真正的心灵沟通基础之上的。正如雅斯贝尔斯所说："决定教育成功的因素，不在于语言的天才、数学的头脑或者实用的本领，而在于具备精神受震撼的内在准备。"因此，学生评教指标不仅应包括传统的教学方法评价，还应纳入"生师互动""生生互动"指标，如课堂上做口头报告，主动提问或参与讨论，质疑教师的观点，鼓励同学之间相互合作等。

## （三）教学要求严格程度

所谓"教学要求严格程度"，主要是指任课教师对学生为完成本门课程或达到本门课程的教育目标所需要进行的学术阅读、学术写作以及考试环节的要求的严格程度。（罗燕，史静寰，涂冬波，2009）俗话说，"严师出高徒"，"教不严，师之惰"。如果教师不严格要求学生或者说不高标准地要求学生，学生将缺乏努力学习的外在动力和紧迫感。没有外在要求，往往难以主动，非常不利于激发学生增加学习性投入（Engagement），主动地学习，因而难以保证教学效果。"皮格马利翁效应"（Pygmalion Effect）认为，教师在心里对学生抱有的期待与形象会影响对这个学生的教育效果。同时，考试（核）方式对促进学生知识、能力等素质的发展具有重要的作用。如果教师日常教学"放水"，到考试时"作假"，考前给学生勾重点、画范围，降低难度系数，这样的教学质量是可以想见的。对于教学而言，具体评价内容主要包括课程指定阅读的教材或参考书的"阅读量"，撰写长篇、中篇、短篇论文（报告）的"写作量"，教师对学生的学习期望，考试（核）方式及要求，考试的作用等。

## （四）课下教学质量

教学并不只是教师进入教室、站在讲台上的 45 分钟或 50 分钟（即所谓课堂教学）。事实上，课堂教学是教学的最重要的形式，但不是唯一的形式，也不是独自产生效果的形式，教学效果还需要依赖课下的作业来巩固，依赖课下的讨论来深化。因此，以学生为中心的评教指标体系还应当包括对课堂下的教学情况的评价，如课程作业完成情况，课程作业批改情况，与同学协作完成课程作业情况，课下与教师讨论课程中的问题，与教师共同开展科学研究（学生参与教师课题）等。通过这些情况既能看出学生课下学习行为，又能进一步评价教师的教学情况。如有的教师上课铃响准点进教室，"唱"到下课铃响就一步不停地出教室，学生根本没有机会与之交流，这种教学的质量和效果肯定会受到影响。

## （五）综合育人功能

俗话说教书育人。这句话既可以看成并列关系——教书和育人；又可以看成递进关系——教书是手段，育人是目的，教书是为了育人。因此，以学生发展为指向的评教体系，除了知识、能力的发展指标外，还应包括教师教学（课程）在促进学生综合素质提高方面的指标。首要的是提高学生道德水平。赫尔巴特指出："教学如果没有进行道德教育，只是一个没有目的的手段，道德教育（品德教育）如果没有教学，就是一种失去手段的目的。"其次，应该包含情感方面的发展。按照布鲁姆的观点，通过教学要达到"接受、反应、评价、组织、内化"等情感领域目标，并最终形成一种品性。这种综合育人功能实际上是潜移默化的结果，不是简单地搞两个"动作"（指标）就可以实现的。但它的确体现在教师上课的认真态度，对学生的尊重态度（帮助学生应对情感、学业等困难），做研究的严谨态度，以及人生观、价值观等行为表现和思想认识中。如果教师能在这方面做好，他的教学再差也差不到哪里去。

以上大致罗列了五个方面的评教内容（指标），基本上没有涉及传统评教中所包括的具体的课堂教学细节（知识讲授的逻辑性、课程内容的有序性、时间安排的合理性、重点突出、深入浅出等）。事实上，笔者一直赞同这样一种认识：教学在很大程度上是一门艺术，不是通过"规范"就能讲好的。如果那样，按照所谓的全国精品课程或者国外的优秀课程去"临摹"，就能保证同样的教学效果，也就无所谓教学水平的高低了。

# 四、对策探讨

现有研究中已有不少关于如何有效开展学生评教的对策措施，其中有诸多共性的认识，如学校要从关系自己生存发展的高度予以重视，加强宣传以提高学生的认识，征求学生对评教指标的意见，完善评教结果反馈与申诉机制等。笔者以为，这些固然重要，但已有较多论述，故存而不论。当前的关键是评价指标体系的科学性、权威性，本文的主旨即在于此，故也不再赘述（尚需进一步探讨和完善）。除此之外，还应该深入探讨评教结果的应用机制，处理好学生评教与其他类型评教的关系，完善评教的实施方式和强化评教能力建设。

## （一）深入探讨评教结果应用机制

概略地说，学生评教的目的在于以评促教，以评促学，以评提质。这种"促"和"提"的第一实施主体肯定是教师。这首先涉及如何利用评教结果激励教师的积极性，使其不断提高教学质量。问题是，如果评教结果与教师的考核挂钩，"将学生评教记入教师业务档案，作为教师教学质量考核评优和奖励的主要依据"（倪超美，付东升，2009），则难免被"功利化"驱动，产生一些负面的影响。如果不与教师的考核挂钩，意在发挥诊断、改进功能，在目前的外部环境下，其作用也似乎可想而知。因此，如何利用评教结果实现"鱼与熊掌兼得"，值得深入探讨。其次，评教不只是对教师的"单方面行动"，其最终着力点是学生。"以学生发展为指向"的评教结果能够在较大程度上和一定意义上反映学生的学习效果与发展状态，如果能合理利用则可有效促进学生学习，但其利用途径同样需要进一步研究。最后，对评教结果不能简单地以"分数"论英雄，而应关注"分数"背后的含义，做进一步的数据解读和原因分析，以促进教师进行教学反思，帮助教师专业成长。因为"最能影响学生评教的是那些与促进学生学习的教育能力无关的因素"（郑丽君，2011）。否则，很多措施都将无的放矢。

## （二）处理好学生评教与其他类型评教之间的关系

学生评教只是评教工作的一部分，当然应该是最重要的部分。但在整个评教体系中应该占多大"份额"才算"最重要"，又是一个难以把握的问题。过分强调学生一方的声音，可能于教师不公平，或者使其他评价处于可有可无的地位；如果对其强调不够，又可能与以学生为中心、以学生发展为指向的理念不吻合。特别是对那些各种类型评价结果"离散度"较大（如同行评价相对于学生评价而言特别高或特别低）的情况，如何判断取舍也缺乏所谓的科学的依据。

一些学校通过数学方法建立模型来处理，但模型不一定就合理，即使在学术上合理，在现实中也不一定就管用。为此，需要进一步探讨和理顺各种评价之间的关系，使各种类型评教方式之间及与其他考核评价方式之间有机衔接，形成合力，共同促进教学质量的提高，从而促进学生成长发展。

## （三）优化评教实施方式

如果所有评教活动都集中在学期末开展，可能极大地影响评教效果。一是学生专注于考前复习，无暇顾及；二是集中评教，工作量较大；三是离（部分）课程结束已有一段时间，感受可能有些淡化；四是评价结果的效用至少顺延至下一次课程教学，对参与学生没有直接收益。因此，从实施时间上看评教活动需要改革和完善，比如可以增加"中期评价"，但如此一来又可能带来增加学生工作负担、加重教师心理负担及增加评教成本等问题。在评教方式上，除了问卷调查（纸质和电子版）外，还应当加强"质性研究"，通过观察、访谈等获取评教信息。无论采用何种方式，基本原则有两个：效率和效益。

## （四）加强评教能力建设

教育评价是一门科学，评教指标体系的设计、评价数据库的建立及具体实施需要一定的理论指导和专业技能。如果没有较强的评教基本能力，评教工作的专业化、规范化和权威性都将受到很大影响，很难保障评教工作顺利开展。为此，一方面应加强评教专业机构建设。可以依托学校现有教育研究机构，如高教所、院校研究办公室等内部专业组织，并通过进一步调整职能定位，健全机构建设来承担相应的研究和实施工作，也可以委托第三方中介机构开发或直接引进权威性评教指标体系，甚至可以授权第三方中介机构负责学生评教的具体实施。另一方面，需要加强专业人才队伍建设，即便是引进第三方中介机构，必要的"自有"专业人才也是必需的。

最后要说明的是，学生评教与学生"原来的学科兴趣""选学某课程的理由""期望得到的成绩""评估目的"等多种因素相关（中央教育科学研究所比较教育研究室，1990），不可过度拔高或将其绝对化。正如亚拉巴马南部大学的一个学生评教委员会在 2003 年的年度报告中指出的那样，即使是运行得最好的教学评价，也应该有其他评价手段做补充。（倪超美，付东升，2009）

**参考文献**

陈磊. 2011. 基于质量保障体系的学生评教指标研究［J］. 现代教育技术（10）：37 - 40.

陈玉琨. 1999. 关于高等教育若干问题的哲学思考［J］. 上海高教研究（7）：1 - 7.

丁妍，王颖，陈侃．2011．大学教育目标如何在学生评教中得到体现：以24所世界著名大学为例［J］．复旦教育论坛（5）：18－22，44．

高杰欣．2011．基于师生视角的"学生评教"、"教师评学"的调查分析［J］．内蒙古师范大学学报：教育科学版（9）：38－43．

雷宇，王兴渠，蔡梦吟．2010．简单评价搞乱师生关系：大学生给老师打分成一分钟游戏［N］．中国青年报，02－04．

罗燕，史静寰，涂冬波．2009．清华大学本科教育学情调查报告2009：与美国顶尖研究型大学的比较［J］．清华大学教育研究（5）：1－13．

倪超美，付东升．2009．对学生评教实践的反思［J］．江苏高教（1）：74－77．

杨秀芹．2009．学生评教制度缔结的行动逻辑：学生的道德风险与教师的行为选择［J］．教育科学：61－65．

赵惠君，耿辉．2011．高校学生评教倦怠现象及其归因分析［J］．高教发展与评估（1）：60－66，109．

郑丽君．2011．美国高校学生评教争议分析［J］．教育评论（4）：166－168．

中央教育科学研究所比较教育研究室．1990．简明国际教育百科全书：教学：上册［M］．北京：教育科学出版社：189．

周远清．2007．加速建设高水平的高等理科教育体系［J］．高等理科教育（1）：1－2．

Pascarella E T, Terenzini P T. 2005. How college affect students［M］. San Francisco：Jossey-Bass：602.

**作者简介**｜蒋华林，华中科技大学博士研究生，重庆大学高等教育研究所副所长、副研究员，主要从事高等教育和可持续发展研究。

# Students' Development-oriented: The Basic Thoughts of Exerting Quality Assurance Function of Students' Evaluation of Teaching

Jiang Hualin

**Abstract**: At present, Students' Evaluation of Teaching (SET) is facing some difficulties. The main reason for this is that SET is not associated with students' self-development. The idea of SET should be changed at first from evaluating teachers' behavior to promoting students' development. Teachers' work will be evaluated according as students' self-development is good or bad. Therefore, students' development-oriented evaluation view should be established. Based on defining the connotation of students' development, an index system of SET was discussed. In order to ensure the efficiency and effectiveness of SET, it is necessary to deeply discuss the application mechanism of the evaluation results, to deal with the relationship between SET and other kinds of teaching evaluation, to optimize implemental mode of SET, and to strengthen the capacity construction of teaching evaluation.

**Key words**: students' evaluation of teaching    students' development-oriented    students' development    evaluation indices

# 高等教育机构类型分化的历程、特征与趋势

高 燕

**摘 要：** 高等教育机构类型分化既符合高等教育自身发展规律，也符合社会发展规律。高等教育机构类型分化的动因、速度、程度、时间、形式、内容、有利条件与约束条件、结果等方面具有多样性。大学与非大学、公立与私立高等教育机构分化历程呈现必然性、复杂性等特征，而价值多元、界限模糊、反分化与分化并存成为高等教育机构类型分化的主要趋势。

**关键词：** 高等教育机构 类型 分化

12 世纪大学兴起，16 世纪非传统大学机构产生，19 世纪公立高等教育体系开始构建，20 世纪私立高等教育兴起。几个世纪以来，大学展现出几种次第登场的基本样态，各自代表着特定时代的教育思想，表明高等教育机构的选择性在增强。高等教育机构作为组织，需要从外界获得持续的、足够的资源。当高等教育资源匮乏时，高等教育机构之间竞争激烈，容易产生分化。鉴于各国高等教育机构类型分化的复杂性，为增强国际比较的科学性，本文基于如下两种高等教育机构类型的划分方式进行分析：第一类是大学与非大学机构；第二类是公立与私立高等教育机构。[①] 通过对大学与非大学、公立与私立高等教育机构类型分化历程进行研究，进而总结高等教育机构类型分化的特征与发展趋势。

## 一、高等教育机构类型分化历程

本部分按照高等教育史的通常划分方式，即中世纪大学、近代早期高等教

---

① 大学与非大学区分的标准主要是教育特征，如入学条件、学习时间、文凭的级别以及学习的内容与目标等。大学类型一般包括大学和与大学相当的学位授予机构。大学教育属于中学后教育，通常进入此类学校需要中学毕业证书；教育年限为 3—4 年；属于第一级学位并颁发学位；多数情况下，与大学相当的学位授予机构是一种专业教育，如德国的专门学院、法国的大学校等。非大学也是中学后教育，通常包括技术学院、教师教育学院等。通常进入此类学校不一定需要中学毕业证书；学习年限相对短暂，1—4 年不等；颁发低于第一级学位的证书。公、私立大学的划分标准为法律上认定的"举办者"。凡是由私人设立，或是由私人基金或私人财产所支持的大学，皆为私立大学，反之为公立大学。

育（1500—1800年）、19世纪至20世纪上半期（1800—1945年）以及"二战"以来四个阶段，分别对大学与非大学、公立与私立高等教育机构类型分化历程进行梳理。

## （一）大学与非大学分化

### 1. 中世纪大学

在整个中世纪，大学是唯一的高等教育机构，这一时期高等教育与大学的含义等同。14世纪之前，多数大学属于自然形成型和衍生型。14世纪之后，大学多由国家或基督教教会有目的、有步骤地创建，而由学者们自发组织、自然形成的大学很少出现。（黄福涛，2008）据统计，1378—1400年，欧洲新建了7所大学，1400—1500年建了18所。到中世纪末，欧洲国家基本上都有了自己的大学。

大学趋向于行会组织的正统模式，是其具有适应能力和长久不衰的关键所在。（克拉克，2001）这种正统模式具有以下特征。首先是大学之名，即教师和学生组成的社团，过着共同的知识生活。其次是学习课程，明确制定学习的时间和科目，借助考试测验成绩，方可获得学位。最后是设立四个或更多系科，每个都设有学监，还有主事和校长之类的高级职员。到中世纪晚期，大学已经从居无定所、四处云游的学者社团发展成为具有法人性质并逐渐走向制度化的组织。

严格说来，大学从诞生之初就呈现出多样性。有些大学将人类知识一网打尽，有些大学则只限于一块专门领域，而在这两种极端之间，还有各种中间过渡类型。也就是说，有的大学追求大而全，有的重在小而精。如巴黎大学与牛津大学，唱主角的是艺学院，而在其他大学，居于至高地位的是另一个院系。再如，巴黎大学强调宗教与哲学，而博洛尼亚大学强调专业训练与世俗化教育，以满足市场需要为目标（克拉克，2001）。总之，中世纪大学的教育内容、院系地位以及教育目标均存在差异，并没有统一的发展模式。虽然物质条件匮乏，但是大学组织与生俱来的耐力、韧性与弹性为之后的分化创造了条件。

### 2. 近代早期高等教育

这一阶段中世纪大学向近代高等教育过渡，非传统大学机构出现，高等教育呈现民族化或国家化趋势。（黄福涛，2003）随着世俗化在各国政治生活中日渐显性化，欧洲高等教育繁荣发展的时机愈益成熟。（王飞麟，2011）1500年欧洲有约80所大学，1600年已增加到105所；16世纪建立非传统大学44所，17世纪增至71所。1800年神圣罗马帝国的187个高等教育机构中，仅有52所大学，其他绝大多数是非传统大学。（de Ridder-Symoens，1996）这一时期，中世纪大学的垄断地位已经被打破，高等教育机构类型开始分化。

欧洲高等教育规模扩张主要依靠非传统大学的发展。非传统大学分为独立学院和专门学院两类，两者在教育目标、课程内容方面与传统大学存在差异。独立学院包括人文学院和神学院。其中，人文学院开设的课程以自由科目为核心，排斥实用和功利教育内容，目的是培养人格完善的社会精英。而神学院中，一类是针对大众开设的，另一类是培养神职人员。专门学院主要以某一特定学科领域或按照某一职业开设相关课程，实施专业或职业教育，强调教育的实用性和实践性，培养专门的职业人才。（de Ridder-Symoens，1996）

从 17 世纪末期开始，传统大学在规模扩张过程中的内在危机及衰落趋势日益显露。造成上述问题的根本原因在于绝大多数传统大学墨守成规，未能紧跟社会发展的需要进行相应改革。为挽救大学的命运，各国或改造传统大学或建立非传统大学。如 17 世纪末 18 世纪初，培根的唯物主义哲学和牛顿的数学物理学成就推动了英国大学教学内容的改革，大学开始设立自然科学讲座。（腾大春，1990）法国资产阶级政府将中世纪遗存的全部高等教育机构解散或关闭，建立了各种新型高等教育机构，如各种专门学院，后统称为"大学校"。（克拉克，1988）德国虽然在形式上继续沿袭传统大学的组织、管理甚至系科结构，而实质上却通过建立矿山学院、商业和经济学院、农业和林业学院等专门学院，对大学的课程内容进行了改革和更新。（黄福涛，1998）此外，以实用主义为导向的工科大学开始出现。

### 3. 19 世纪至 20 世纪上半期

这一时期高等教育的发展与民族国家兴起相关联，高等教育机构不断世俗化。西方所倡导的民主和天赋人权观念打破了等级观念和封建贵族的特权，教育成为公民的权利，接受教育的范围也在扩大。1815 年欧洲仅剩 83 所大学，1840 年有 8 万学生与 5000 名教师。19 世纪中叶大学增加到 98 所。"二战"结束前夕，欧洲大约有 200 所大学、60 万名学生与 3.2 万名教师。除大学之外，还有 300 余所军事、技术、多科、商业、医学、兽医、农业、教育、政治与音乐等专门学院。（Rüegg，2004）。19 世纪以来，不同类型的高等教育机构逐渐有了明确的办学目的、职能分工和特定的教育对象。

随着民族国家的兴起，不少国家的高等教育逐渐形成了"双轨制"。一方面，传统大学的统一模式消失，大学开始走出"象牙塔"，关注国家利益与社会发展需要。如 1809 年成立的柏林大学即为适应国家与社会发展需求的产物。又如 19 世纪后期，英国以牛津大学和剑桥大学为代表的传统大学开始进行科学研究，并逐步开设适应工商业发展的课程。再如美国，1862 年颁布"莫雷尔法案"，美国大学率先开展了服务社会的改革，威斯康星思想又进一步明确了大学的社会服务职能。

另一方面，新式高等教育机构产生。19 世纪 60 年代起，德国技术学校升格为技术学院或技术大学，之后又取得了授予工程学博士学位的权利。19 世纪法国兴建高等专科学校，引进了近代科学的内容，以培养专门技术人才为目标，确立了法国近代高等教育的基本模式。① 在英国，1826 年伦敦大学的创立打破了传统大学垄断英国高等教育的历史。（黄福涛，2008）继而，19 世纪中期提供职业教育，培养实用人才，直接为所在城市发展服务的城市大学兴起。再如美国建立的州立大学以及 20 世纪初期发展起来的初级学院推动了高等教育的规模扩张。日本这一时期除了帝国大学之外，也建立了具有补充性质的专门学校。

这里以 1860—1930 年英国、德国、俄罗斯和美国高等教育机构类型分化情况为例进行说明。② 如表 1 所示，美国自内战以来高等教育规模扩张主要依靠非大学，20 世纪初期英国高等教育规模扩张也是以非大学为主，1930 年俄罗斯非大学机构学生比例最高，达到 73%，当年居四个国家之首。而德国非大学机构学生比例不足 30%。

表 1 1860—1930 年英国、德国、俄罗斯和美国非大学机构的学生比例变化

（单位:%）

| 年 份 | 英 国 | 德 国 | 俄罗斯 | 美 国 |
|---|---|---|---|---|
| 1860 | 38.6 | 15.2 | — | 32.4 |
| 1870 | 31.2 | 23.0 | — | 48.4 |
| 1880 | 22.1 | 18.5 | 20.0 | 58.0 |
| 1890 | 16.3 | 18.7 | — | 54.0 |
| 1900 | 28.0 | 29.3 | 26.0 | 53.8 |
| 1910 | 36.6 | 21.8 | 36.0 | 59.2 |
| 1920 | 44.1 | 31.9 | 24.0 | 60.9 |
| 1930 | 43.7 | 27.6 | 73.0 | 58.3 |

数据来源: Jarausch K H. The transformation of higher learning, 1860 – 1930: expansion, diversification, social opening, and professionalization in England, Germany, Russia, and the United States [M]. Chicago: University of Chicago Press, 1983: 14.

4. "二战"以来

"二战"以来，世界各国高等教育规模与体系变化更为明显，高等教育机构类型日益丰富，高等教育的扩张尤为剧烈。（阿特巴赫 等，2005）1200—1985 年设立的 1854 所大学之中，有 1101 所是在 1950—1985 年成立的。（Meyer，

① 其中著名的如巴黎综合理工学校和巴黎高等师范学校等。
② 英国非大学机构包括新大学、技术学院和师范学院，德国主要是技术学院、商业学院和师范院校，俄罗斯是专门学院，美国主要是指社区学院。

Ramirez，Soysal，1992）除英国和澳大利亚将非大学机构升格为大学，回归一元制之外，在绝大多数国家"单一性"已经走向终结。知识经济时代的到来催生了远程高等教育机构、虚拟大学、网络大学。需要注意的是，这一阶段高等教育机构有了更多的形式与内涵。譬如，非大学机构内涵与外延均在发生变化。近代早期以及19世纪的非传统大学机构范围较窄，主要包括多科技术学院、技术学院、专门学院等不同于当时的传统大学机构。而"二战"以来的非大学则包含高级教育学院、师范学院、技术和专业学院、地区学院等。与前期的非传统大学比较而言，其形式更为多样，内涵更为宽泛。限于篇幅，这里重点以非洲和欧洲高等教育机构类型的变化情况为例进行说明。

表2　非洲12国高等教育机构类型与数量情况

（单位：所）

| 国　家 | 公立大学 | 私立大学 | 公立多科技术学院 | 私立多科技术学院 | 公立技术学院 | 私立技术学院 |
|---|---|---|---|---|---|---|
| 喀麦隆 | 6 | 20 | 3 | X | X | X |
| 加纳 | 7 | 28 | 10 | 0 | N | N |
| 肯尼亚 | 7 | 17 | 4 | 0 | N | N |
| 马拉维 | 2 | 2 | 2 | 1 | X | X |
| 莫桑比克 | 3 | 5 | 8 | 6 | N | N |
| 尼日利亚 | 50 | 25 | 51 | 6 | 46 | 9 |
| 卢旺达 | 2 | 6 | 4 | 4 | 4 | 4 |
| 塞内加尔 | 2 | 3 | 15 | 44 | X | X |
| 南非 | 22 | 3 | 0 | 0 | 100 | 350 |
| 坦桑尼亚 | 8 | 13 | 15 | X | X | X |
| 乌干达 | 4 | 13 | 1 | X | 67 | X |
| 赞比亚 | 2 | 5 | 0 | 0 | 3 | N |

注："N"表示不包含在第三级教育中；"X"表示存在此类机构，但数据缺失。

数据来源：Differentiation and articulation in tertiary education systems［EB/OL］．［2011 - 12 - 03］．http：//siteresources. worldbank. org/Ieducation/Resources/444659-1212165766431/ED _ Tertiary _ edu _ differentiation_articulation. pdf.

如表2所示，处于精英阶段的非洲国家高等教育机构已经实现多样化。一元制、双元制并存，但以双元制为主，非大学机构以多科技术学院居多。此外，

1985—1986 年，非洲已有 10 个国家成立远程高等教育机构。① 近年在埃塞俄比亚、苏丹的农村地区出现了新型地方型院校。② 2003 年女子大学在津巴布韦和肯尼亚兴起，同年，尼日利亚、津巴布韦的开放大学兴起。为推动学生使用网络资源学习，非洲 8 国政府成立了虚拟大学。③ 非洲高等教育机构类型分化受市场、国家与区域政策、工业化以及高等教育机构自身等因素的影响。

高等教育发达的欧洲国家高等教育机构类型日益复杂化。每个国家至少有三种不同类型的院校，即"二战"前的大学、"二战"后的新大学以及非大学性质的高等院校。从表 3 来看，欧洲多数国家在 1980 年之前已建立起非大学机构，1980—1998 年则重在升格中学后机构，而在这两个时间段均成立了开放大学与远程教育机构。

表 3　欧洲部分国家高等教育机构类型分化情况

| 国　　家 | 建立非大学 | 升格中学后机构 | 开放大学与远程教育机构 | 国　　家 | 建立非大学 | 升格中学后机构 | 开放大学与远程教育机构 |
|---|---|---|---|---|---|---|---|
| 比利时 | ▲ | ● | — | 荷兰 | ▲ | — | ● |
| 丹麦 | ▲ | ● | ● | 奥地利 | ▲ | — | — |
| 德国 | ▲ | ● | ● | 葡萄牙 | ● | ● | ● |
| 希腊 | ▲ | — | ▲ | 芬兰 | ● | ● | ▲ |
| 西班牙 | ● | ● | ● | 瑞典 | — | ▲ | ▲ |
| 法国 | ● | ● | ▲ | 英国 | — | ● | ● |
| 爱尔兰 | ▲ | ● | ▲ | 爱尔兰 | ▲ | ● | ● |
| 意大利 | ▲ | ● | ● | 列支敦士登 | ● | ● | — |
| 卢森堡 | ● | ● | — | 挪威 | ▲ | ● | ● |

注：▲表示 1980 年之前实施，至今有效；●表示 1980—1998 年实施。

数据来源：Two decades of reform in higher education in Europe［EB/OL］．［2011 - 02 - 12］．http：//www. usp. br/feafuturo/assets/files/Europa. pdf.

---

①　这些国家分别是阿尔及利亚、赤道几内亚、马达加斯加、纳米比亚、南非、斯威士兰、乌干达、坦桑尼亚、赞比亚和津巴布韦。2008 年，除了阿尔及利亚进入高等教育大众化阶段，其他国家仍处于精英高等教育阶段。数据源自联合国教科文组织统计年鉴。

②　参见：让埃塞俄比亚发生变化［EB/OL］．［2012 - 02 - 10］．http：//www. un. org/zh/unworks/aids3. shtml.

③　1997 年，最初在华盛顿发起的非洲虚拟大学是世界银行项目。2003 年，八个非洲国家即肯尼亚、塞内加尔、毛里塔尼亚、马里、科特迪瓦、坦桑尼亚、莫桑比克和刚果民主共和国签署宪章，成立政府间组织——非洲虚拟大学。其总部设在肯尼亚首都内罗毕，区域办事处设在塞内加尔的达喀尔。目前非洲虚拟大学已经与 27 个国家的 53 所高校联结成电子学习网络。参见：Introduction［EB/OL］．［2011 - 11 - 09］．http：//www. avu. org/About-AVU/introduction. html.

受英法殖民影响而具有路径依赖性特点的非洲大学，具有"后发外生"的优势。而欧洲各国作为早发内生型国家的典型，其高等教育机构在变与不变之间保持着一定的平衡。非洲与欧洲国家高等教育机构类型分化的事实表明，无论是发达国家还是发展中国家，无论是高等教育处于精英阶段还是步入普及化，高等教育机构类型分化的路径虽有不同，然而均处于不断分化的状态。大学与非大学的分化历史是一部高等教育逐渐由社会边缘走向社会中心的历史。

## （二）公立与私立高等教育机构分化历程

19世纪之前，由于政教合一，并没有真正区分公立大学和私立大学。大学是一种私立因素和公立因素的"混合体"。（阎凤桥，1994）也就是说，中世纪大学、近代早期大学都是公私混合性质的。[①] 教会在许多国家私立大学的建立和早期发展中起了重要作用。民族国家出现之后，才有了公立与私立的分野。然而无论哪类私立大学，除了捐赠、学校资产利息、借贷和政府资助外，学杂费都是其办学的重要经费来源。对中世纪大学和近代早期高等教育进行分析，有助于明晰公立与私立高等教育机构分化的历史背景。

### 1. 中世纪大学

中世纪大学的收入分为内部收入与外部收入。内部收入包括入学和毕业的注册费、学费、恩赐和其他施与、从同乡会收取的钱和征集款。外部收入包括教会的捐赠，国王、公爵或者市民所付的薪水、捐赠和助学金。注册费是中世纪大学最重要的收入来源之一，大学在很大程度上依赖注册费收入。也就是说，中世纪大学的经济状况主要取决于招收学生的人数。到中世纪后期，注册费收入已经完全无法满足学校建筑的增加和维护所需的高额成本。从15世纪起，各自治市和地区当局抽出一部分市资金或政府资金直接资助大学，但是作为交换条件，政府自然要求对大学实施更多的控制，拥有更多的权力。

从14世纪中期到中世纪晚期，大学人数飞速增长。由于资金紧张一直是困扰中世纪大学的难题，为了争取更多的生源，获得更多的经费，大学之间存在竞争。如中世纪晚期，在意大利繁荣起来的所有学馆都在高薪聘用教师，为争夺生源而竞争，以至政府不得不制定相关措施加以限制。

整个中世纪，大学家底单薄，以学生交费为主，教会、市政当局资助为辅。

### 2. 近代早期高等教育

近代早期大学创立者的性质属于混合型。大学的创立者与实际指导大学的团体之间的关系非常疏远。例如，埃武拉大学由葡萄牙皇室建立，却由耶稣会

---

① 也有学者认为，巴黎大学和博洛尼亚大学，以及由私人捐赠兴办的牛津大学和从中分离出来的剑桥大学，是私立大学的原型。

以超国家模式管理。随着近代早期的结束，君主或公共权力机构重建破坏了这种超越国家的教育模式。（里德-西蒙斯，2008）国王、地方统治者和教会都对大学拥有权威，他们各自在"自己"的大学中直接反映自己的利益。伴随着近代早期社会的发展、政府控制的加强、地方意识的增强以及越来越依靠成文的程序等趋势的出现，从15世纪末起，大学的重要性加强。在此情况下，大学教育的资金问题越来越被看作社会的事务，受到各方的重视。

与中世纪大学比较而言，近代早期的大学有了较为稳定的财政资助，经济状况得到了一定的改善。大学的收入分为两类：一种是完全拥有所有权的财产，这类财产大学可以自由处置；另外一种是大学只有使用受益权的财产。从17世纪起，各君主逐渐形成一个规则，将他们地产的重要部分都只给予大学使用受益权。也就是说大学的调动自由和安全性降低。此外，大学的收入还包括学生的注册和毕业费用、罚金、小量的礼物，如书籍、教育资料或家具。许多大学还拥有一些有价值的物品，如珍宝等捐赠品。（里德-西蒙斯，2008）专制王权通过没收教产、向教会开征税赋及免征大学税赋等手段增加大学的财政收入。如瑞典国王古斯塔夫二世·阿道夫对乌普萨拉大学提供财政支持，不仅增加教授职位的数额，而且给予没有财产的教授稳定的收入。之后，又将自己在阿普兰与瓦斯特曼兰地区的私人庄园赠给该大学作为永久的、不可剥夺的校产。（王飞麟，2011）

整体来看，16—18世纪欧洲大学的结构和作用逐渐发生变化，从团体的独立性实体发展成为培养统治阶层的公共教育机构。（里德-西蒙斯，2008）与中世纪大学相比，虽然近代早期的大学有了比较丰厚的家底，但是由于学术与生活费用不断增长，这些大学经常面临经济危机，并不利于贫寒学子入学。此外，富裕家庭的学生往往垄断奖学金，也导致贫穷学生数量减少。

3. 19世纪至20世纪上半期

19世纪，民族国家兴起，政治较量的结果削弱了教会对政府的影响，国立大学变成了政府的工具，形成了公立大学垄断的局面。（阎凤桥，1994）政府开始为公立高等教育机构提供切实、有效、系统的财政支持，私立高等教育开始兴起，但规模较小。

这一时期公立大学数量与学生数量均在增长。例如：1937年巴黎大学已有32144名学生；罗马大学有14203名学生，相当于1800年意大利所有大学的学生数量之和。匈牙利有四分之三的大学建立于1920年之后，"一战"后英国、法国、荷兰、意大利、南斯拉夫等国大学数量均有所增加。从经费方面来看，1898年法国17所大学中，政府拨款占学校经费的74%，而巴黎大学政府拨款仅占学校经费的57%。1860年，德国柏林大学学费占学校总经费的4%，而其他7所大学的学费占到23%。1880年之后德国政府承担了高等教育的所有开支。学生数量的增长不可避免地带来了诸如师资紧张、教学设施缺乏、经费不足等问题。如意大利、西班牙、俄罗斯和斯堪的纳维亚国家的大学经费严重匮乏。1938 年，欧洲大学经费中政府拨款所占比例在 25%—100%。（Rüegg, 2004）

私立高等教育在部分国家兴起。如 1810 年以来俄罗斯私立高等教育机构兴起，而德国 1900 年之前也产生了此类机构。再如英国新大学运动促进了各地方大学的诞生与发展，相继建起许多学院，这些学院在 1900 年以后陆续发展为地方大学，均由私人捐资兴办，具有私立高等教育性质。（王天一，1984）美国早期殖民地大学反映了政府和教会的结合，是以私立因素为主的混合体。1819 年"达特茅斯法案"奠定了美国公立大学和私立大学并存的双轨局面。同时，私立大学与国家的关系也越来越密切。如麻省理工学院成立于 1861 年 4 月 10 日，正好是美国内战的前两天。历史学家认为，这不仅仅是一个巧合，对国家而言，这是同一根本作用力量的不同表达形式而已。当时美国处于工业革命蓬勃发展时期，国家需要技术人才，而奴隶制阻碍了工业革命的发展。从这一点来看，成立培养技术人才的院校与美国内战爆发确实不是历史的巧合。为国家工业发展培养所需要的技术人才，麻省理工学院的例子仅是众多私立大学的缩影而已。

4. "二战"以来

这一时期公立与私立高等教育发展在时间和空间上呈现出明显的差异性。20 世纪 70 年代是公立高等教育发展的黄金期，最主要的动力是扩大参与，落实教育机会均等及促进教育体系多样化的发展。（戴晓霞，2000）进入 80 年代后，各国高等教育普遍存在经费不足问题，面临经费支出的巨大压力，各国高等教育呈现出程度不一的私有化趋势。90 年代，很多国家凸显自主性、等级性与市场性的私立高等教育产生。如日本和韩国对私立高等教育支持力度较大，私立高等教育占据主导地位，而其他发展中国家在私立高校发展初期，政府大多采取了支持而不控制的政策，之后国家又相继制定了一系列法律、法规进行调控。私立高等教育规模较大的国家主要分布在南美洲和亚洲，公立高等教育占主导地位的国家主要分布在欧洲和非洲。

私立高等教育与公立高等教育的主要区别在于经费来源的主渠道不同。这一时期高等教育私有化使得公立院校的教育经费越来越依赖私有资源。与此同时，高等教育私有化也引起了"镜像反应"，导致私立大学日益依赖来自政府的公共资源。这种现象有一定的普遍性。（盖格，2005）然而，私立高等教育在不同国家的地位和作用也有较大的差别，这往往与一个国家的历史传统、政治制度、经济体制和意识形态有关。

以欧洲为例，私立高等教育机构有三种类型：第一类是原先的教会大学；第二类是 20 世纪 90 年代新建的私立高等教育机构；第三类是断裂之后重生的私立高等教育机构。如保加利亚于 1920—1939 年发展私立高等教育，1989 年又复兴。又如俄罗斯曾于 1810—1917 年发展私立高等教育，苏联解体之后私立高等教育复兴。1990—2005 年欧洲公立与私立大学数量均有不同程度的增长。如表 4

所示，欧洲公立大学增长率远远低于私立大学，仅为其1/3。其中，西欧国家公立大学增长率低于中东欧国家；中东欧国家私立大学增长率是西欧国家的17倍。从绝对数来看，公立大学在欧洲占据主导地位，2005年为817所大学，而私立大学仅为201所。

表4　1990—2005年欧洲公立大学与私立大学变化情况

| 年份 | 公　立 | | | | 私　立 | | | |
|---|---|---|---|---|---|---|---|---|
| | 全部 | 西欧 | 中东欧 | 其他 | 全部 | 西欧 | 中东欧 | 其他 |
| 1990（所） | 614 | 508 | 104 | 2 | 100 | 89 | 8 | 3 |
| 2005（所） | 817 | 635 | 144 | 38 | 201 | 125 | 63 | 13 |
| 增长率（%） | 33.06 | 25.00 | 38.46 | — | 101.00 | 40.45 | 687.50 | — |

数据来源：Rüegg W. A history of the university in Europe：universities since 1945［M］. Cambridge University Press，2011：60.

表5　1960—2003年拉丁美洲高等教育机构变化情况

| 年份 | 高等教育机构 | | 大　学 | | 其　他 | |
|---|---|---|---|---|---|---|
| | 数量（所） | 私立机构比例（%） | 数量（所） | 私立大学比例（%） | 数量（所） | 私立机构比例（%） |
| 1960 | 164 | 31.1 | — | — | — | — |
| 1970 | 272 | 46.0 | — | — | — | — |
| 1985 | 467 | 45.6 | — | — | — | — |
| 1995 | 5438 | 54.0 | 812 | 16.8 | 4626 | 52.5 |
| 2000—2003 | 7514 | 65.1 | 1213 | 69.2 | 6301 | 64.3 |

数据来源：全球高等教育创新联盟.2006世界高等教育报告：大学的财政问题［M］. 汪利兵，等，译. 杭州：浙江大学出版社，2007：282.

拉美国家私立高等教育发展迅猛，但是各国私立高等院校创办时间有早有晚，20世纪60年代以来多数国家私立高校均能与公立高校同步发展，并保持平衡发展势头。（王留栓，1996）如表5所示，1960年拉美国家高等教育机构总数为164所，2000—2003年增至7514所。其中，1960年私立高等教育机构占31.1%，2000—2003年占65.1%。值得注意的是，1995年812所大学中，私立大学占16.8%，2000—2003年增至69.2%。从非大学来看，1995年4626所非大学机构中，私立机构占52.5%；2000—2003年私立机构占64.3%。这表明大学与非大学机构中私立机构所占比例均已经超过半数。

## 二、高等教育机构类型分化的主要特征

高等教育机构类型分化的历史演进图景表明，分化是一个从简单到复杂、从一元到多元的过程。高等教育机构类型分化只是一种表征，实质上是高等教育思想和实践等领域的变化。高等教育机构类型分化的历程表明，当一种高等教育机构不能满足社会发展的需求时，就会有另外一种新的机构产生。非大学机构兴起于传统大学陈旧保守、不能满足社会多样化需求之际，而私立高等教育兴起于公立高校无力承担扩张经费的危机之中。大学与非大学、公立与私立高等教育机构分化呈现如下五个特征。

第一，必然性。近千年的高等教育发展历史实质就是一部分化的历史。在理性主义和功利主义的冲突与融合中，高等教育从社会边缘走向社会中心。分化是大学发展的机制，同时也是大学主动适应社会需求的必然过程。（邬大光，2010）分化的必然性是由高等教育机构本身的适应性特性决定的，既符合高等教育自身发展的规律，也符合人类社会发展的规律。对于社会而言，高等教育机构类型分化可以促进阶层流动，是现代化制度与经济赖以长期发展并取得成功的必要条件，也是推动传统社会向现代社会转向的重要力量。分化过程中可能出现暂时的挫折和偶然的倒退，但分化是高等教育发展的必然，不可逆转。

第二，复杂性。从高等教育内部来看，高等教育机构类型分化关涉管理体制、办学体制、经费体制等宏观层面的变化；微观层面牵涉到高等教育观念、功能、课程与教学形式、学生学习经历、领导与决策、学术标准、入学与选拔方式。从外部来看，高等教育机构与外界环境之间相互作用。外界环境条件越是相似，分化、多样化程度越是降低；在一个高等教育组织内部，学术标准和价值的影响越大，分化、多样性程度越低。如澳大利亚与英国是一元体系，而加拿大、芬兰、德国和荷兰保持两元制，在学术性与职业性之间维持着一定平衡。随着当代专业分化程度的加快及劳动分工的明确，高等教育机构类型分化也愈加复杂。

第三，多样性。大学既蕴含国际性因子，其自身国家特色也镶嵌其中。不同国家的大学之间存在的差别，与其说是关于大学本身，不如说是关于各个国家本身（加塞特，2001）。鉴于此，各国高等教育机构类型分化的动因、速度、程度、时间、形式、内容、有利条件与约束条件、结果等方面存在多样性。

第四，阶段性。一切高等教育体系分化的过程均存在不同的阶段，各个阶段均有自己的特征。今天已经分化出来的各种大学形态，并不是大学形态的终点，只能是大学形态的"阶段性"产物，大学分化依然"在路上"。（邬大光，2010）

第五，全球性。高等教育机构分化无国界。无论是从经济上划分的发达国

家、发展中国家，还是根据教育所处阶段划分的精英高等教育国家、大众化高等教育国家还是普及化高等教育国家，高等教育机构类型分化的现象均不同程度地存在。

## 三、高等教育机构类型分化的主要趋势

### （一）价值多元

佩里在《价值通论》（General Theory of Value）中，把价值定义为"与利益相关的对象"，认为"有利益即有价值"。（Perry，2007）高等教育机构类型分化将是一个利益相关者不断增加，价值多元的过程。首先，从学生来看，高等教育机构类型分化可以满足学生的多样化需求。随着高等教育大众化的到来，学生类型也呈现出多样化的构成状态，分化促进不同类型学生的需求尽可能得到满足。一所大学如果试图办成满足所有人需要的万能机构，那不是骗人的，就是愚蠢的。与其期望传统高等教育把弗莱克斯纳抛弃的那种（广博的）课程包括在内，可能最好还是创办初级学院、"无墙大学"之类的新型机构。（布鲁贝克，2001）同时，公立、私立高等教育机构的分化也在一定程度上扩大了学生接受高等教育的范围。其次，从高校来看，分化可以提高效率，促进创新。从某种程度上讲，多样化是由传统的大学不愿进行变革所造成的。更为重要的原因是，人们确信建立新的职能有限的教育机构可以提高效益，降低费用。（阿特巴赫，2001）不可否认的是，传统大学对社会需求的反应程度与敏感度远远低于新兴大学。此外，分化能够保护精英教育机构。马丁·特罗指出，精英机构的生存依赖非精英机构，只有多数学生拥有市场所需的知识技能，少数精英机构才能生存下来。（特罗，1999）再次，从政府来看，分化可以满足政治集团的需要。尤其是在高等教育大众化时代，许多国家将高等教育机构类型分化作为推进现代化的重要筹码，将多样化视为一种政策行为。最后，从市场来看，分化带来的是高等教育人才结构的多样化，可以满足劳动力市场分工的需要。

### （二）界限模糊

高等教育大众化导致大学与非大学、公立与私立高等教育机构界限模糊，这是各国高等教育发展中的普遍趋势。（冯契，2007）

首先，大学与非大学的界限越来越难划清。在高等教育规模扩张背景下，随着各国经济发展，对职业性人才的需求增加，大学增设具有职业特征的课程，被称为"职业漂移"现象。相反，非大学缺乏学术性根基，都有向大学靠拢、升格为大学的倾向，被称为"学术漂移"。如 20 世纪 60 年代末期至 70 年代初

期，非大学机构的最大困难是如何定义其使命与身份。而到了 80 年代，各界批评大学对社会缺乏责任感，质量与活力下降，特别是其传统价值与功能无法与大众化有机结合、接轨。（克尔，2001）

其次，公立与私立高等教育机构类型划分也遭遇难题。两者具有共同的根基和某些相似的功能，最大的不同是财政基础。20 世纪 80 年代私立高等教育兴起，与之相应的是，有些国家公立高等教育机构也开始私有化。而随着学费和其他费用标准的不断提高，公立与私立高等教育机构之间的相似性日益增强。（阿尔巴特赫，2002）单纯以经费拨款为指标已经不能成为划分公立与私立大学的依据。大学姓"公"还是姓"私"？"非公即私"的二分法已经反映两者纷繁复杂的变化。如转型国家高等教育出现了"公私莫辨"现象，以至于所有权归属、资金来源、政府监管力度和机构使命失去了辨别效力。（何雪莲，2012）又如发达国家德国的公立与私立高等教育界限逐渐模糊，两者的界限在未来可能会消失。（泰希勒，2009）

造成高等教育机构类型界限模糊的原因主要有两点。一是市场驱动。大学与非大学出现迎合市场的导向，公立与私立高等教育机构更是如此。二是各类高等教育机构的使命、目标、课程、教学方式不同，但高等教育政策对之没有进行明晰界定。许多国家将多样化作为高等教育大众化的目标，却没有充分地解释多样化的含义，多样化往往被盲目地认为是大众化的最佳选择。（Meek，Goedegebuure，Kivinen，Rinne，1996）

保持高等教育体系多样化通常需要政府调控。如 1968 年瑞典的《大学法》给予所有高等教育部门（至少在名义上给予非大学和大学）平等的地位。又如美国著名的"加州总体规划"以立法的形式确立了大学和学院的优先地位，以此确保公立高等教育满足该州更广泛的利益。（阿特巴赫，瑞丝伯格，朗布利，2010）再如很多国家出台私立高等教育法，以明确私立高等教育机构的职责与目标。不可忽视的是，高等教育机构已经成为公众攻击的目标、批判的对象。在高等教育体系中重新定义高等教育机构的职能、角色至关重要。解铃还须系铃人，对于界限模糊、定位不清的问题政府须负起责任。

## （三）分化与反分化同时存在

大学分化中，两个相反的运动在同一过程中出现，很难判断双方各占多大的比重，以及由谁主宰过程。"反分化"是分化的镜像，就其本质而言，它反转了分化的走向。"反分化"并不反对分化，其实质是用分化的手段来维护传统的大学价值取向，用分化的形式来抵抗分化的实质。如果承认分化是确立新的理念，其取向是形成现代大学，在这个过程中，融合、改进传统大学并使之成为现代大学的营养与组成部分，那么"反分化"就恰恰是取一个相反的方向，它试图通过实行"分化"来维护传统大学原有的价值核心。为达到这个目的，就出现了一个与分化十分相似的运动，并呈现出分化的种种特征。但由于其方向是相反的，不仅不能接近现代高等教育发展的趋势，而且可能引发大学形态冲突，最终造成大学分化进程的断裂。

当代反分化的典型国家是英国与澳大利亚。1992 年之后，英国多科技术学院升格为大学，但这些新大学与 1965 年双元制下的大学完全不同，在招生、教学方面存在明显的"职业漂移"现象。（Ng'ethe，Subotzky，Afeti，2010）这说明反分化仅仅是表象，而实质却是朝分化的方向发展。澳大利亚的事实表明，高等教育机构内在分化程度越高，机构之间分化程度就越低。多样化与市场竞争没有必然联系，市场只是一种外在环境而已，并不能直接导致多元化。（Meek，Goedegebuure，Kivinen，Rinne，1996）也就是说，内因是分化的动力，外因是条件，澳大利亚的高等教育机构反分化是分化到高级阶段之后的结果之一。当然，不同国家高等教育机构类型分化与反分化的角力表现形式不同。就世界整体而言，分化主导着高等教育发展过程，反分化的本质在于各种机构之间为了达到相同的目标而竞争，它必将成为分化的桎梏。

**参考文献**

阿尔巴特赫. 2002. 私立高等教育的比较视野［J］. 董秀华，译. 中国民办教育研究（Z1）：213 – 223.

阿特巴赫，等. 2005. 21 世纪美国高等教育：社会、政治、经济的挑战［M］. 施晓光，蒋凯，等，译. 北京：北京师范大学出版社：20.

阿特巴赫，瑞丝伯格，朗布利. 2010. 全球高等教育趋势：追踪学术革命轨迹［M］. 姜有国，等，译. 上海：上海交通大学出版社：17.

阿特巴赫. 2001. 比较高等教育：知识、大学与发展［M］. 顾明远，译. 北京：人民教育出版社：18 – 19.

布鲁贝克. 2001. 高等教育哲学［M］. 王承绪，等，译. 杭州：浙江教育出版社：78.

戴晓霞. 2000. 高等教育的大众化与市场化［M］. 台北：杨智文化事业股份有限公司：42.

冯契. 2007. 哲学大辞典：上［M］. 上海：上海辞书出版社：18.

何雪莲. 2012. 公私莫辨：转型国家高等教育市场化研究［J］. 比较教育研究（1）：18 – 24.

黄福涛. 1998. 欧洲高等教育近代化［M］. 厦门：厦门大学出版社：121.

黄福涛. 2003. 外国高等教育史［M］. 上海：上海教育出版社：87.

黄福涛. 2008. 外国教育史［M］. 上海：上海教育出版社：44.

加塞特. 2001. 大学的使命［M］. 徐小洲，陈军，译. 杭州：浙江教育出版社：21.

克尔. 2001. 高等教育不能回避历史：21 世纪的问题［M］. 王承绪，译. 杭州：浙江教育出版社：73.

克拉克. 2001. 高等教育新论：多学科的研究［M］. 王承绪，等，译. 杭州：浙江教育出版社：30.

里德-西蒙斯. 2008. 欧洲大学史：第 1 卷［M］. 张斌贤，等，译. 保定：河北大学出版社：338.

泰希勒.2009. 公立高等教育与私立高等教育界线模糊：以德国为例［J］. 戴娅娅，等，译. 现代大学教育（1）：40－46.

滕大春.1990. 外国教育通史［M］. 济南：山东教育出版社：9.

涂尔干.2003. 教育思想的演进［M］. 李康，译. 上海：上海人民出版社：226－227.

王飞麟.2011.16—18世纪欧洲政治近代化与高等教育发展考略［J］. 武汉大学学报：人文科学版（3）：120－125.

王留栓.1996. 试析拉丁美洲的私立高等教育［J］. 外国教育研究（2）：38－43.

王天一.1984. 外国教育史［M］. 北京：北京师范大学出版社：163.

邬大光.2010. 大学分化的复杂性及其价值［J］. 教育研究（12）：17－23.

阎凤桥.1994. 世界私立高等教育评述［J］. 高等教育研究（3）：93－97.

de Ridder-Symoens H. 1996. A history of the university in Europe：universities in early modernEurope［M］. Cambridge University Press：73.

Meek V L, Goedegebuure L, Kivinen O, Rinne R. 1996. The mockers and mocked：comparative perspectives on differentiation, convergence and diversity in higher education［M］. Emerald Group Publishing Limited：9－10.

Meyer J W, Ramirez F O, Soysal Y N. 1992. The world expansion of higher education［J］. Sociology of Education（2）：128－149.

Ng'ethe N, Subotzky G, Afeti G. 2012. Differentiation and articulation in tertiary education systems［EB/OL］. ［02－12］. http：//siteresources. worldbank. org/education/resources/44465 9－1212165766431/ED_ Tertiary_ edu_ differentiation_ articulation. pdf.

Perry R B. 2007. General theory of value［M］. Lightning Source Incorporated：10－15.

Rüegg W. 2004. A history of the university in Europe：universities in the nineteenth and early twentieth centuries［M］. Cambridge University Press：1.

**作者简介**｜高燕，厦门大学教育研究院博士毕业生，中国计量学院讲师，研究方向为高等教育理论与比较高等教育。

# Process, Characteristics and Trends of Higher Education Institutions Differentiation

## Gao Yan

**Abstract**: Higher education institutions differentiation not only meets the law of higher education development, but also complies with the law of society development. The reason, speed, degree, period, form, content, the advantage and disadvantage factors and consequence of higher education institutions differentiation has diversity. The process of higher education differentiation reflects the inevitability and complexity. Value pluralism, blurred boundaries, differentiation and de-differentiation become the main trends of higher education institutions differentiation.

**Key words**: higher education institutions   type   differentiation

# 民办高校特色发展的行动逻辑
## ——以某民办高校为例

屈潇潇

**摘　要：**本文通过对一所民办高校特色孕育、形成和发展演变过程的历史回溯，展现了我国民办高等教育组织在高等教育的从属空间中以特色寻求生存的历程。从新老制度理论的视角出发，本文通过研究验证了这样一条规律：组织的发展有其自身独特的价值诉求，其发展受到外部制度空间与内部要素特征的共同作用。一方面，制度空间为特色办学提供制度性框架，影响特色的演进路径，这是组织特色形成和发展的外因；另一方面，随着制度空间变化形成的组织不同行动逻辑及其相互关系，在组织内部为特色的演进提供动力，在特定的制度空间下，组织内部力量相互作用构成了特色形成和发展的内因。从民办高校发展的现实来看，来自环境中制度与资源的传统拉力造成民办高校发展的组织趋同，与此同时，组织内部利益分散和基础薄弱的助推力造成民办高校发展的组织离散。这样的矛盾在组织内部的不同层次得到反映和体现，致使最初依靠外部制度赢得生存空间的民办高校在进一步发展和深化特色制度的过程中，遭遇了内外力作用下难以将特色深化的尴尬，即难以成为组织成员共享的价值规范与信仰，从而陷入特色发展的困境。

**关键词：**民办高校　特色　制度空间　行动逻辑　案例研究

## 一、问题的提出

我国民办高等教育在社会变革中恢复和发展，在高等教育的改革中扩张与壮大。从作为公办教育的补充，到以政府办学为主体、社会各界共同办学的定位，再到与公办教育同等地位，总结我国民办高校的发展历程可以看到，民办学校的成长都与外部环境有着密不可分的联系。从民办高校与外部环境不同的联系方式来看，我国民办高校的发展大多采取三种模式——政策引导型、市场资源依托型以及教育资源依托型，分别对应着政府、企业以及公办高校等外部利益主体。（鲍威，2009）在政策导向、举办主体、教育资源、市场需求等一系列因素的影响和作用下，民办高校呈现出趋同化与多样化两种截然不同的发展路径。

如果将以上政策、经济、教育等因素视为民办高等教育产生和发展的输入性因素的话，那么民办高校趋同化与多样化的特征就是这些因素作用的结果。但是在具体的实践层面，这些因素如何影响民办高校发展的路径选择？不同的环境要素如何通过民办高校利益相关群体作用于组织的运行过程，从而使学校走向或者趋同化或者特色化的发展道路？带着这样的疑问，笔者走进了一所民办高职院校——P学院。本文围绕学院特色，通过对P学院组织变迁历史的回顾，试图展现不同制度空间下民办高等教育组织特色演进的行动逻辑，揭示民办高校未来特色发展的制度困境。

## 二、文献综述与研究框架

组织变迁是一个各种制度及其环境相互作用的过程。（周雪光，1999）组织的生存、发展与变迁离不开它所处的外部环境，"开放系统下的组织并不仅仅在于其与环境间的相互交换联系，还在于相互交换联系是系统变化的关键因素"（Buckley，1967）。这种交换联系指的是，一方面组织受到环境的影响，从环境中获取其所需；另一方面组织具有加工环境和自我维护的能力。也就是说，环境在决定组织结构、行为和生存机会等方面发挥重要作用，同时组织也会通过各种策略手段反作用于环境，这种组织与环境的互动关系可以在组织变迁的过程中得以反映。

整体来看，有关组织变迁过程的研究呈现出以新制度主义为代表的组织趋同和以老制度主义为代表的组织特质两种相反的理论观点，显示了两种不同理论对组织变迁的影响和作用机制。新制度主义强调场域层上组织群中的关系结构和逻辑模式的形成，尤其是在强制、模仿以及规范的压力下，出于合法性或文化—认知方面的原因而产生的组织同形过程（Meyer，Rowan，1977；DiMaggio，Powell，1983），而以老制度主义研究为代表的组织变迁研究，关注的焦点是单个组织在制度过程中与周边社区环境之间的作用关系，而非与一般文化规则和更大组织场域的互动，在相对微观层面上，组织核心利益群体的共同规范与价值观灌输构成了组织特质的形成过程（DiMaggio，Powell，1991）。

虽然制度框架界定了组织目标，塑造了人们确定和追求其利益的手段（Scott，1991），但是新制度主义假定了一种与制度无关的利益与权力概念，认为即使行动者认识到了自己的利益并试图根据利益行动，但由于受制于行为约束或认知受限的环境，利益行动者并不能有效地行动（DiMaggio，1988）。然而，组织变迁过程中利益相关者的行动正是老制度主义理论所关注的焦点，即基于核心利益群体的组织规范与价值观向组织内化的过程。最近已有越来越多的研究将两种学派的思路整合起来，比如布林特（Brint）与卡拉贝尔（Karabel）对美国社区学院制度起源与转型的研究不仅强调了制度模型和理性神话，而且强调了制度性利益和团体斗争在塑造组织结构与政策中的作用（Brint，Karabel，1989），格拉斯基维茨（Galaskiewicz）对明尼阿波利斯－圣保罗都会区（Minneapolis-St. Paul）慈善捐赠制度案例的分析显示了场域领导者能够有目的地建立和创生制度，而这种制度反过来又能够支配和控制组织的行动（Galaskiewicz，1991）。

我国民办高等教育组织是在政府合法性、市场资源和教育特性共同构成的环境中发生变迁的，但是特定组织环境的制度逻辑是通过组织的不同行动者表现出来的。不考虑行动者，不考虑主体性，就根本无法解释组织变迁，相反，行动者甚至可以操纵或重新理解组织环境中的符号和实践。因为制度逻辑中的规则是被人为规定的，所以组织行动者会在组织环境中形成特定的制度性利益，尤其是组织精英。（Brint，Karabel，1989）本研究尝试利用新老制度主义相结合的分析范式，对一所民办高校特色孕育、演变和发展的过程进行梳理。用老制度主义分析我国民办高等教育系统建立之初案例学校特质的建立和深化过程中，组织内部利益群体的行动逻辑及其相互作用关系；用新制度主义主要分析制度环境的发展对学校特质建立和深化发展过程的影响，具体分析框架见图1。总体来看，在制度环境下，制度要素对组织变迁的影响在两个层面发生作用：一是通过组织本身基于核心利益群体形成组织共同价值规范的过程，主要影响组织的信念与文化；二是在场域层面通过政策法令、行业模仿与社会规范的认知合法性机制对组织结构产生制度同形的过程。

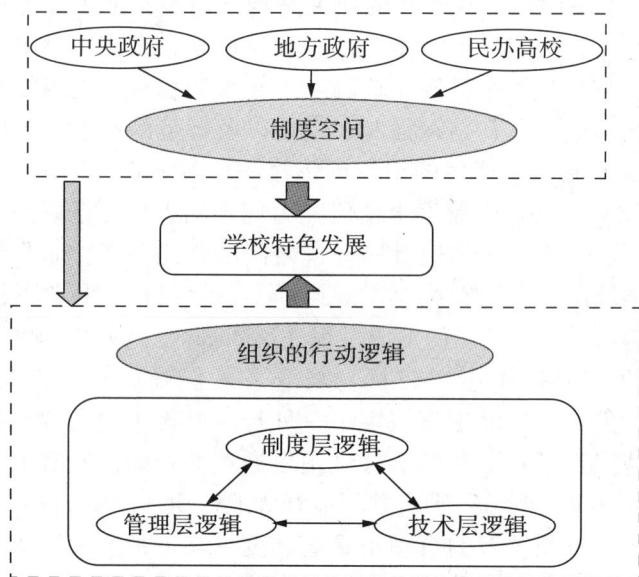

图1　研究框架

案例研究绝不只是为了分析个案本身，而是通过某个现象在个案中的聚焦和透视分析出普遍存在的环境和结果。基于理论抽样（theoretical sampling）的案例选择，无论是对理论建构的案例研究，还是对理论验证的案例研究，都能对研究资料的搜集和分析起到重要的作用，是案例研究中选择案例的主要方法。（Glaser，Strauss，1967）在理论抽样的基础上，基于差异性、典型性和便利性原则，本文选择了 P 学院作为研究的案例学校。研究者两次进入案例学校，进行了为期一个月的实地田野调查，在调查期间进行了档案文献和访谈资料的搜集，并以此作为研究分析的主要资料。

## 三、P 学院组织变迁与特色发展的基本情况

P 学院成立于 1993 年，至研究截止的 2011 年，已有 18 年的历史，经历了培训学校、专修学院和具有独立颁发学历文凭资格的普通高等职业学校三个历史时期。由于该学院组织变迁中办学特色的历史发展过程是本文进行分析的基础，根据学校特色的发展历程，可以将学校组织变迁分为三个阶段，分别是：特色孕育阶段（1993—1998 年）、特色形成阶段（1999—2005 年）、特色困境阶段（2006—2011 年）。

在学校的初创阶段，作为公办教育的"拾遗补阙"，P 学院主要从事发型设计、美容、花艺等短期培训，开辟了公办教育不愿涉足的小众职业市场，尤其在 1994 年与外国某职业教育机构建立合作关系后，引进了该行业先进的教学体系，差异化策略和对行业标准的模仿使学校迅速占领了该专业市场的份额。

1999 年，凭借在行业中的优势，P 学院进入高等职业教育的学历文凭试点阶段。2002 年学校成为具有学历颁发资格的高等职业专科学校，正式进入国家普通高等教育体系，并逐渐形成了独具一格的办学特色，主要体现在以下三个方面。第一，以专业设置、人才培养为主要内容的办学特色。在专业方面，凭借高效扩招的东风，P 学院从初始的单一行业向服装设计、视觉艺术等创意行业扩展；在人才培养方面，不同于其他学校以就业为导向的人才培养体系构建，P 学院以职业为导向，不仅重视知识的传授和专业技能的训练，还通过以设计和创意思维培养为目标的艺术基础课程以及综合素质教育的课程对学生进行人文修养的通识教育，进行心智与能力的开发，彰显了职业人文主义的人才培养特色。第二，举办者的办学理念逐渐从技能培训向通识性的职业教育转变，通过校园建设、艺术基础课程改革等，将个人的理念逐渐发展为学校的文化价值。第三，以办学模式、管理结构和权力体系为主体的组织特色。从行业市场中孕育而生的 P 学院依靠办学人自身企业的发展，一方面获得了重要的经费支持，在很大程度上削弱了民办高等教育组织的营利性特征，另一方面借助企业与市场的密切联系，以实训基地、产学研结合等形式在职业教育的人才培养过程中

起到了重要的促进作用。在学校领导和管理方面，P 学院体现出人性化的管理与家长式领导并重、集权与分权交织的特点。

2006 年以迎接教育部人才培养水平评估为转折点，P 学院开始进入合规化的阶段，并在这一过程中进行了一系列关于管理结构、系部管理体制和教学方面的改革，呈现出学校规模快速扩张、管理结构分化和权力分散的趋势。虽然 2007 年学校以"优秀"的成绩通过评估，但这也预示着举办者已不能完全按照自己的思路和理念办学，而更多的是要应对来自外部环境统一标准的规范要求，这显然与学校举办者对学校的目标设定及教育理念不相一致。在学校的人才培养模式与教学问题上，外部模仿使 P 学院的专业特色不再明显，在学校内部，办学特色也因非特色专业规模的扩张而削弱。诸如英语系、管理系的迅速发展虽然使学校满足了教育行政部门对办学基本规模的要求，并使学校经费形成了内部的良性循环，但是却在一定程度上挤占了特色专业的资源。此外，学校内部人员的扩张、流动与利益分化也对学校教育特色的深化带来了挑战。随着学校不断发展壮大和办学水平的提高，系部运行提出了分权的要求，但是系部二级管理体制改革的有限分权并没有促进学校特色在基层的落实和深化，学校专业技能教师占主体的实际状况在一定程度上偏离了学校特色发展的轨道。与此同时，学校新进人员缺乏对 P 学院的感情归属，学校资源分配方式的改变也使学校与员工之间的联结纽带由从前的经济与感情双因素演变为单一的经济利益，造成个人目标与组织目标发生了偏离。

以上简要介绍了 P 学院特色发展的历史轨迹，下文将以制度空间下的行动逻辑为框架，重点分析 P 学院特色形成与发展困境的作用机制。

## 四、特色形成时期的组织行动逻辑

### （一）制度空间特点及其对特色形成的影响

1998—2005 年是 P 学院特色形成的时期，这一时期民办高等教育的制度环境也发生着剧烈的变化。从国家层面来看，中央政府首先对民办教育采取了大力支持和鼓励的态度，并逐步将学历文凭颁发权力下放至地方政府。其次，政府逐渐引导民办高等教育向中等后职业教育为主的方向发展。在这样的历史条件下，地方政府对民办高等教育的管理呈现出自由裁量的特点，地方政府的政策法规和态度倾向成为影响民办高校发展的重要因素。这一时期，P 学院所在的 S 省对本省民办高等教育发展的态度呈现出以下特点。

第一，地方政府在民办高等职业教育管理的问题上实行的是以入口为导向的审批控制，在审批环节上虽然相对保守，但是设立标准简单，对民办高校的管理也没有深入到学校的教学和实际运行过程中。这就意味着，一旦 P 学院迈过了基本的门槛，获得独立颁发学历文凭的资格，它就基本上能够按照其自身的需要和目标发展，进行专业方向的设置和教学的运行。实际上，P 学院在短短的四年时间内完成了从短期培训到独立颁发学历文凭的三级跳，在其进入学历教育阶段后，教育部门对学校的监管和审查也大大减少了。

第二，这一时期无论是中央政府还是 S 省的政策法规始终都只停留在方向性的指导层面，缺乏具体的操作性和部门之间的协调，对民办高校的内部运行所产生的影响和效果都较为有限。在民办教育管理方面，S 省教育厅没有设置社会力量办学的专门管理机构，而由政策法规处代管，由省考办、省招办等部门负责具体业务的管理。因此，这一时期无论是民办学校数量还是学生规模，S 省均落后于全国平均水平。

国家对民办高等教育管理权限的下移为民办高校的发展留下了较大的自主性空间，而 S 省地方政府对民办高校的态度和管理行为又决定了这一空间具有较大的弹性和模糊性特点，这就为 P 学院的实际运行留下了一定的自由空间。P 学院在这样的制度空间中，没有得到政府过多的关注，学校运行的核心——教学与管理活动也没有受到相应的制约，学校也正是利用了这样的环境条件，围绕着办学者提出的独特理念和发展思路，逐步形成了学校的办学特色和管理特色。如果用办学者的话来总结这一时期制度环境与学校之间的关系，那就是"没人管你的环境就是最好的环境"。

在这一时期，还有另外一股力量——独立学院（或二级学院）对 P 学院特色的形成也构成一定的约束。由于公共教育经费有限，S 省公办院校很早就开始探索二级学院的发展道路，到 2003 年教育部 8 号文件出台之时，该省民办高等教育已经基本上形成了"独立学院强，纯民办高校弱"的地域性特征，如表 1 所示。在地方政府的关注与支持下，独立学院不仅吸引着民间资本的投入，还朝着规模扩大、学科专业综合化、学术性增强的方向发展。这一时期，P 学院的招生部门也曾经提议与公办高校合作，借助政策资源与社会资源走规模化、综合化的发展道路，但是被办学者否决了。"我们走的是职业化的技术教育，办独立学院就得按照公办学校的发展思路来走，就不是我想办的教育了。"由此可以看出，P 学院的领导者已经树立了组织自身的发展目标，在独立学院难以立足和发展的空间中寻找自身定位。

表1  2001—2005 年 S 省民办高校占全省普通高校比例情况

| 年份 | 民办普通高校占全省普通高校比重(%) | | 独立学院占全省普通高校比重(%) | | 民办普通高校增量占全省普通高校增量比重(%) | | 独立学院增量占全省普通高校增量比重(%) | |
|---|---|---|---|---|---|---|---|---|
| | 学校数 | 学生规模 | 学校数 | 学生规模 | 学校数 | 学生规模 | 学校数 | 学生规模 |
| 2001 | 2.04 | 0.45 | — | — | — | — | — | — |
| 2002 | 6.78 | 1.07 | — | — | 30.00 | 3.10 | — | — |
| 2003 | 8.06 | 1.02 | — | — | 33.33 | 0.83 | — | — |
| 2004 | 8.82 | 1.64 | 10.29 | 4.67 | 16.67 | 4.18 | — | 23.88 |
| 2005 | 11.27 | 2.50 | 11.27 | 6.18 | 66.67 | 6.46 | 33.33 | 13.15 |

数据来源：由各年份《中国教育统计年鉴》及 S 省有关教育事业统计数据计算得出。

## （二）制度空间下组织的行动逻辑及其对学校特色的影响

我国民办高等教育是在充满不确定性和变通性的转型背景下逐步发展起来的，许多运作机制并不是一开始就得到法律和政策的保障或制约，很多时候是在其已经获得现实合理性或造成了明显的消极后果后，国家才以法律和政策的形式予以确定和约束，给予进一步完善和规范。因此，制度空间并不是确定性的、预设性的，而是互动性的、生成性的。

从民办高校的角度来看，不同的制度空间也意味着不同学校在发展路径与策略上存在差异，有些学校可以选择独立学院的形式来模仿和靠近公办高校，有些学校也可以确立自身独特的发展目标。P 学院就是在这样模糊的制度空间中建构着与众不同的组织行动逻辑，逐步形成了学校特色。在这一阶段发挥主要作用的是以办学者为核心的制度层。在制度层核心的引领下，学校管理层确立了与组织目标相适应的组织规模，构建了学校独特的资源利用方式，人性化的组织氛围使很多学校成员在以课时费为主的绩效激励之外也获得了情感的牵引。与此同时，在制度层核心的坚持下，P 学院开始引进国外成熟的课程体系和优秀师资，改革艺术基础课程使其成为学校的技术核心，建设校园隐形课堂让学生受到全面的教育与熏陶。在这一阶段，以办学者为核心的制度层呈现出"老板"的行动逻辑，以行政部门为主的管理层呈现出"效率"的行动逻辑，而以教师为主体的技术层则呈现出"集体主义"的逻辑。

### 1. 制度层的"老板"行动逻辑

与公办高校的单位制度不同，在民办高校运行的是一种混合型的社会组织制度。（梁燕玲，2007）一方面，个体通过劳动合同的契约形式与组织建立劳动关系，从组织那里得到收入回报。这是市场交换机制在民办高校中的直接渗透和体现，但同时意味着传统的上级与下属之间的"托管—庇护"关系在民办高校不复存在。学校的工作人员作为被雇用方，其主要任务就是执行和贯彻作为雇用方代表的学校创办者或董事长的意愿。另一方面，市场体制的"私有"逻辑的观念逐渐深入人心（郭建如，2003；王富伟，2011），产权成为决定管理权限的最重要的指标。在学校具体的运行过程中，每个人都称呼办学者为"老板"，"谁出钱谁说了算"已经逐渐成为一种潜意识的行为规范，不管关系相处如何，他们都把创办者看作"老板"。因此，当组织成员的理念、行动、利益与作为雇用方的"老板"不一致的时候，争辩、抗争都是无用的，他能做的就是选择离开，解除这样的劳动关系，否则，就按照"老板"的意思去做。这就是所谓的"老板的逻辑"。

在民办高校，"等价交换"的劳动关系与"老板"逻辑的确立，也就意味着办学者占据了制度层的权力核心。虽然每个办学者的背景、领导风格与教育理念千差万别，但是作为权力中心的办学者理应对学校的重大事件做出决策。在学校发展初期，资源的有限性也会导致本不属于制度层的管辖范围，如校园的建设、教学资源的分配等本属于管理层的职能，被制度层所涉足，资源分配的权力在制度层会聚。

然而这种权力向以办学者为核心的制度层集中，对于学校特色的确立和形成却是有其合理性的。一所学校的独特之处往往在于其目标和理念的与众不同，而这种目标和理念通常是由某个或者少数领导者所提出的。他们是组织的精英，扮演着制度开拓者和创新者的角色，是制度成功的首要原因。在 P 学院，学校的特色在很大程度上归功于办学者的教育目标和理念，这从前文中可以清晰地看到。但是这样的特色刚开始不易得到大多数人的认同，因此，学校特色目标和理念还要贯彻执行，权力的集中就是有效的手段和方式。"老板"与生俱来的权威和学校成员对"老板"权威的服从，为学校政策的落实以及问题的解决提供了快速便利的条件。在 P 学院特色形成时期，无论是校园环境的建设，还是艺术基础课程的改革，在开始的时候都遭到学校大多数成员的反对甚至抵制，但是正是民办学校以办学者为核心的制度层权力集中才能力排众议，保证学校特色的形成。

2. 管理层的"效率"行动逻辑

P 学院办学者对学校的定位是小众市场，其学科和专业的特点也决定了学校不能盲目地追逐更大的规模。所以，与中国大多数民办高校以规模扩张求发展的路径所不同的是，P 学院在这一时期在校生规模始终维持在 1000 人以内，学校的管理结构随之扁平精简，以组织功能的整合为目的形成了学生服务中心、教学科研中心、学习资源中心、后勤服务中心等主体部门设置，行政部门的人员规模也在 20 人以下，不到学校所有全职人员的 1/5。这种多重职能的部门设置减少了部门之间的协调时间和成本，提高了学校运行的效率。因此，"效率的逻辑"在这一时期是管理层行动的准则。

但是与其他大多数民办高校外向型的管理层设计不同，P 学院的管理层是内向型的设置，这与学校制度层的设定目标相一致。以学校的招生部门为例，学校的招生工作一直都隶属于学院办公室，2002 年后与学生工作和就业工作整合，共同成立了学生服务中心，直到 2008 年才单独建制。虽然招生部门在民办高校都是重要的管理部门设置，但是与其他民办学校相比，P 学院的招生部门无论是人员规模还是权力都相对弱小。与此同时，先引进教学资源后进行校园建设的资源获取方式和发展思路，也决定了 P 学院在教学服务方面要花费更多的时间和精力，包括师资的引进、教学计划的安排和课程的设置等。

在民办高校发展初期，除了扁平精简的管理结构设置，"效率的逻辑"还在资源的利用方式上发挥作用。与公办学校奉行办学成本最大化的逻辑不同，从市场中孕育发展的民办学校，自其诞生之日起，如何提高资源的利用效率，增加投入产出比，都是办学者和管理层关注的焦点问题。虽然一些民办学校以提高办学效率为目的，产生了一些投机办学的行为，带来了一定的不良影响，但是从更广泛的意义上讲，追求办学效率并不必然意味着民办学校追求利润最大化，资源的有限性在某种程度上还促进了学校资源开发的活力，甚至还可能成为人才培养过程中必不可少的环节。P 学院校园环境与建筑的打造就是将物质资源与教学资源整合利用的例证，体现了"效率"逻辑的积极意义。

### 3. 技术层的"集体主义"行动逻辑

大多数民办学校是在经费等物质资本相对匮乏的条件下发展起来的，因而学校就会通过发动学校成员的人力资源（如创造力），以及通过创造社会资本（如成员之间的信任和支持集体行动的联合）来弥补物质资本的不足，利用组织成员自我实现、主观情感投入的途径将组织的成长与个人能力发展统一起来。这种激励方式使民办高校具有了"集体主义逻辑"的特点，P 学院以教师群体为核心的技术层就体现这样的特点。

首先，P 学院力图建立以专职教师为主体的教师结构，打造稳定的师资队伍。这一时期，P 学院兼职教师的数量是专职教师的一半左右，而且兼职教师中很重要的一部分是合作的国际职业教育机构固定的国际导师，他们或以集中授课的方式在学校进行短期的停留，或以长期交流的方式在学校进行教学。这样的混合教师结构一方面可以实现教学上的相互讨论，甚至进行跨专业的交流，另一方面国外兼职教师也带来了潮流的资讯和成熟的教学方法，专兼职教师共同合作的教学方式促进了 P 学院专职教师的成长。正如一位教师所说："因为与国外合作的关系，每年都会有一些欧洲、美国来的老师，带来大量外面的信息，感觉就好像一个小通道，与地域无关。"

其次，在高课时费的物质激励之外，P 学院形成的人性化氛围和非物质的保障培养了教师群体对学校的感情归属，他们与学校共同成长，这也是技术层集体主义逻辑的体现。在 P 学院发展初期，学校的职业教育特点决定了专职教师中的主体是从行业从业人员转行而来的老师，因此，高课时费的工资制度并不见得有很强的吸引力，营造与企业工作完全不同的组织氛围对这些转行做老师的专职教师而言更具有吸引力。无论是教师住宿制度，还是"安心工程"，抑或是青年教师导师制度，P 学院办学者所塑造的组织文化不仅稳定了教师群体，也增加了教师之间的交流与切磋，共同推动学校办学水平的提高。

## 五、特色发展困境的组织行动逻辑

### （一）制度空间的特点及其对学校特色的影响

从 2006 年开始，P 学院走入了特色发展的困境。如果说上一阶段 P 学院依靠相对模糊的制度空间获得了自主发展，并形成了一定的学校特色的话，在这一阶段，P 学院特色发展的生存环境则从强技术控制、弱制度控制逐渐向强技术控制、强制度控制并存的状态变化，民办高校特色发展的制度空间不断缩小和结构化。

随着高等教育跨越式的规模扩张的结束，在国家治理理念的转变下，教育部与地方教育主管部门在高等教育领域的管理重点也发生了相应的转变。

第一，高等教育质量成为教育政策的主要导向和教育部门的管理重心，政府对民办高等教育的管理开始从方向性指导向资源支持转变，即从前一阶段主要出台政策为民办学校定性和正名，逐渐转向为民办学校提供实质性的资源支持，从而达到规范民办学校办学行为的目的。比如：2007 年教育部制定的普通本科高校、高等职业学校国家奖助学金管理办法开始对民办高校学生在国家奖助学金评定方面做出了规定，民办高校学生开始享受到与公办院校学生同样的待遇；2008 年中央财政支持的职业教育实训基地项目名单中开始出现了民办高校的身影，P 学院就获得了国家财政 180 万元、地方财政 120 万元的经费支持。

第二，地方政府与教育主管部门在国家教育部门的指引下开始以教学过程评价为主要内容，对民办高校的内部管理与教学等具体运行进行管理和规范，这种评价机制转变的具体体现就是高等职业教育评估制度的确立和评估工作的开展。虽然评估方案的标准对民办高校办学定位、办学条件、管理规范和师资队伍的提高起到了一定的积极作用，但是这次的评估方案的确定主要建立在公办高职院校发展的基础上。这样的出发点和指标设定对于强调资源使用效率的 P 学院而言，却是一项难上加难的任务，但是 P 学院又不得不为了通过评估而向这些标准去改革和靠近，以获得继续办学的资格。正如学校的一位教师所说："如果没有评估、没有示范性高职、没有所谓的专家来搅局的话，学校的情况可能会更好。但问题是，民办学校在这个环境中，必须要获得认可，跟别人说的话在同一个频道，否则就没人看。"

## （二）制度空间下组织的行动逻辑及其对学校特色的影响

作为高等教育市场化的产物，很多民办高校因为满足社会多样化的需求或与公办教育不同的教育理念而独具特色，但是随着制度控制压力的不断增加，民办高校特色发展的制度空间逐渐缩小，并呈现向公办教育标准靠拢的指标化倾向，这就不可避免地使民办高校面临趋同与特色两难选择的困境。在这样的矛盾压力下，P学院内部结构也在不断分化，不同层次、不同背景、不同类型的亚组织团体形成了其自身的利益和价值诉求，改变了学校原有的行动逻辑。

### 1. 制度层的"平衡"行动逻辑

在这一时期，政府不断加大对民办高校具体办学行为的干预，从之前以审批权为主的入口管理转向以教学水平评估为主的过程管理。虽然政府的初衷是为了保证民办高校的平均质量，但是并没有考虑到民办高校实际情况和禀赋，标准化评估方案就体现出"一刀切"的特点。作为与外部环境联系最为密切的学校制度层，面对这种错位与矛盾的加剧就不得不改变原先的行动逻辑，尽力在学校特色与合规之间保持平衡，即制度层的行动体现出"平衡的逻辑"。

首先，面对外部环境的压力，制度层在其专业特色核心之外建立了缓冲地带，以保护这个特色核心。以专业体系的构建与发展为例，与时尚服务和艺术设计相关的专业一直以来都是P学院特色专业的核心，无论是在就业市场还是在高等职业教育领域都占据着重要的地位，但是由于这些专业定位于小众市场，学校不可能以增加特色专业招生量的方式来实现国家对民办高校规模的基本要求，同时还有经费和成本的限制。因此，P学院通过开设培养成本较低、市场需求较大的非特色专业以满足外部规范的要求，诸如英语系、管理系这样的非特色专业就充当了缓冲带的角色。

其次，在学校管理事务方面，制度层一方面按照外部环境的要求进行管理结构的分化，但是另一方面又以校董合一的身份将资源分配的权力集中，并直接深入学校教学基层。管理结构的改革使P学院在形式上符合了所谓的规范要求，但是管理结构的分化拉大了办学者与基层的距离，增加了沟通成本。而且新进成员因为没有与学校共同成长的经历而缺少共同的情结，将学校视为挣钱和打工的地方。换而言之，个人目标与组织目标发生了偏离，组织成员在其自身利益动机的驱使下，难以朝着组织的目标共同前行，这使得P学院想要保持和深化特色变得更加困难。为了改变这样的困境，办学者回归校董合一的身份和深入教学基层，在某种程度上促进了办学者教育理念在学校管理和教学实践中的延伸，但是却与管理层的"权力"行动逻辑形成了矛盾。

### 2. 管理层的"权力"行动逻辑

虽然学校管理结构的科层化客观上促进了学校的分权，但也带来了内部的利益分化，改变了学校过去相对人性化的组织氛围，取而代之的是部门之间协调沟通成本的增加和不同利益群体间的相互制衡。一方面，管理层的职能逐渐从服务转向管理，身处不同层级上的学校管理人员都非常重视自己所掌握的向下管理和向上传达的权力，但是却不愿意承担工作范围之外的任何责任。行政管理部门的行政权力与系部的专业权力之间，在资源分配权力和教学管理方面产生了矛盾。

另一方面，在管理层的"托管—庇护"关系下，能力已不再是成员选拔与考核的唯一标准。作为产生于市场中的民办高校，其优越性就在于以能力为核心的优胜劣汰的选拔机制。但是在制度环境中政府的强制性力量和公办高校管理人员向民办高校输入等力量的作用下，行政权力至上的行为准则不可避免地影响着民办高校的组织管理。在 P 学院管理结构的改革中一个明显的变化就是，行政管理人员依其在组织中的职位而拥有相应的权力。与拥有一定核心能力的教师群体不同，管理层人员的可替代性较强，因此他们就更需要以人际关系来保证其在组织中的地位。

管理层行动逻辑的变化表明，民办高校在制度环境中行政合法性与社会合法性之间的错位与矛盾已经输入了组织内部，导致管理层的价值规范与组织自身内在的发展逻辑产生分离，造成学校特色的维持和深化的困难。

### 3. 技术层的"专业"行动逻辑

以教师群体为主的技术层作为学校特色实践的主体，其行动逻辑是否与制度层的意愿一致，在很大程度上决定了办学者的理念能否实现，学校的特色能否维持和深入。P 学院是从职业培训逐步转型的，在学校发展初期，行业从业人员转行是教师的主要来源，因此他们大多数从行业逻辑出发进行教学，即以就业为目标培养学生的短期就业能力，更注重教学内容的技能性与操作性。这种与市场紧密联系的教学方式使学校获得了学生和用人单位的认可。随着学校的升格转型和办学者对学校长期目标的重新定位，学校开始更加注重学生创造性的设计思维和综合能力。在这样的特色定位下，技术层的教师结构也发生了一定的变化，由行业教师占主体向行业教师与基础教师并重的方向转变。虽然学校在技术与艺术的融合方面努力地进行尝试，但是两类拥有不同背景和经历的群体在价值观和对学校特色的理解上存在较大差异，造成技术层内部行动逻辑的分化。

不同类型的教师对基础课与专业课的融合存在不同看法，并没有孰对孰错之分，只是分别代表了他们所遵循的专业价值逻辑。技能课教师强调基础课的辅助作用，关注的核心是学生的技能和短期就业，而艺术基础课程教师强调思维开发培养的核心作用，更加关注学生厚积薄发的长期职业能力。在学校特色的形成时期，一方面由于艺术基础课程的教师群体力量相对弱小，在外聘专家的带领下仍处于学习和探索中，两种不同的专业逻辑并未出现明显的冲突。另一方面，学校艺术基础课程的改革是办学者极力推动的自上而下的改革，虽然初期遭到部分专业教师的反对，但是学校一级的管理体制使系部和教师并没有过多的自主权。然而在二级管理体制改革中，系部获得了更多自主权，两种不同的专业逻辑不仅在教学实践上，还在教学管理、人事管理等方面产生分歧，增加了技术与艺术融合的困难，阻碍了学校特色的深化。

技术层行动逻辑的分化表明，前一阶段以办学者的理念为核心所形成的办学特色并没有完全为处于教学一线的教师群体所认可和理解，两种不同的专业逻辑在维持和深化学校特色的途径与方式上存在分歧，并且系部的分权加剧了这种分歧，使教学实践出现了偏离学校特色的趋势。

总而言之，在 P 学院特色形成时期，以制度层的"老板"逻辑为主导，无论是遵循"效率"逻辑的管理层，还是秉承"集体主义"逻辑的技术层，本质上都在集中的权威下贯彻执行制度层的意愿，在外部环境干扰和组织自身规模较小的条件下，有利于形成统一的组织行动逻辑。但是到了特色深化阶段，制度层的"平衡"逻辑决定了在组织结构分化的作用下，学校制度层与管理层、管理层与技术层在权力分配和专业管理方面不能达成一致，甚至相互冲突，组织行动逻辑从统一走向分离，阻碍了学校特色的深化。

## 六、研究总结与结论

本文通过对 P 学院特色制度孕育、形成和发展演变过程的历史回溯，展现了我国民办高等教育组织在高等教育的从属空间中以特色求生存的历程。在这一过程中，一方面，制度空间为特色办学提供制度性框架，影响着特色的演进路径，这是组织特色形成和发展的外因。另一方面，随着制度空间变化形成的组织不同行动逻辑及其相互关系在组织内部为特色的演进提供动力，在特定的制度空间下，组织内部力量相互作用构成了特色形成和发展的内因。换而言之，组织生存的外部制度环境与内部要素特征，共同塑造着组织不同层次行动者的价值规范与利益，从而形成了不同的行动逻辑，不同行动逻辑之间的相互作用与变化构成了组织特色制度的发展动力。

在民办教育制度环境发展初期，不稳定的制度空间尚未形成制度化的合法性规范，这表现在不仅这一时期的相关政策以对民办高等教育定性和正名为主，而且对民办学校的管理也主要停留在制度层次的规范与方向性的指导方面。随着民办教育管理权力从中央政府向地方政府的转移，地方政府在自由裁量权下，更加鼓励公办二级学院的发展，纯民办高校则处于高等教育系统的从属地位。

这样的特点决定了制度力量较少介入学校的内部运行，从而为学校的特色形成提供了条件。因此，建立于这一时期的 P 学院对外部环境的适应，与学校发展特色的实践是在不同层次上进行的，学校对于某种新制度的采纳，是出于其特殊的需要与理性选择。P 学院办学者依据对行业市场的敏锐反应和自身独特的教育理念，通过专业设置、教育资源引进、校园建设和发展模式创新等手段形成了与众不同的学校特色。以办学者为核心的"老板"逻辑保证了学校特色明确的发展目标，处于从属地位的管理层"效率"逻辑与技术层"集体"逻辑则为特色的有效实施提供了保障。在外部环境干扰和组织自身规模都相对较小的条件下，这三者在本质上是统一的，即后两者在集中权威下贯彻执行制度层的意愿，形成统一的组织行动逻辑。

随着民办高校等教育的发展成熟，制度空间中的合法性规范力量不断强化，以公办高校为标准的评估要求，对以特色求发展的 P 学院而言构成了强力的制约，学校特色发展的外部制度空间不断缩小和结构化，不仅表现在指标的统一化和数量化上，而且开始深入学校的办学过程。具有一定强制性特点的外部趋同压力改变了学校内部原有的统一行动逻辑，使其呈现利益分散甚至相互冲突的特点。制度层尽力在学校特色与合规之间保持平衡，但是"平衡逻辑"带来了学校内部利益主体的多元化。管理层以权力为中心，形成不同的利益团体，与制度层和技术层在资源分配权力、教学管理权限等方面产生矛盾。技术层以不同类型的专业价值为中心，在发展和深化学校特色的途径与方式上出现分歧。组织分散的行动逻辑给学校特色的发展带来阻力，甚至出现了偏离学校特色的趋势。

本研究案例中不同行动者在特色实践过程中的行动逻辑，是对我国民办高校生存环境的真实反映。一方面，来自环境中制度与资源的传统拉力造成民办高校发展的组织趋同；另一方面，组织内部利益分散和基础薄弱的助推力造成民办高校发展的组织离散。这样的矛盾在组织内部的不同层次得到反映和体现，致使最初依靠外形特色赢得生存空间的民办高校在进一步发展和深化特色制度的过程中，却遭遇了内外力作用下难以将特色深化的尴尬，即难以成为组织成员共享的价值规范与信仰，从而陷入特色发展的困境。

**参考文献**

鲍威 . 2009. 高等教育系统分化中的民办高等教育［M］. 青岛：中国海洋大学出版社.

鲍威 . 2006. 中国民办高等教育的生成机制和区域发展模式［J］. 北京大学教育评论（4）：149 – 159.

郭建如 . 2003. 民办高等教育地域性发展的三个维度分析：民办高等教育发展规律与发展机制初探［J］. 民办教育研究（2）：51 – 56.

梁燕玲 . 2007. 文化诉求与组织生命力［D］. 武汉：华中科技大学：39.

王富伟 . 2011. 制度的创立及其制度化困境：组织场域中的中国独立学院发展史（未发

表）［Z］.

周雪光．1999. 西方社会学关于中国组织与制度变迁研究状况述评［J］．社会学研究
（4）：26 43.

Brint S, Karabel J. 1989. The diverted dream: community college and the promise of educational opportunity in America, 1900－1985 ［M］. Oxford University Press.

DiMaggio P, Powell W. 1983. The iron cage revisited: institutional isomorphism and collective rationally in organizational fields ［J］. American Sociological Review, 42（2）: 147－160.

DiMaggio P. 1988. Interest and agency in institutional theory ［G］ //Zucker L G. Institutional patterns and organizations: culture and environment. MA: Ballinger Publishing: 3－21.

Meyer J W, Rowan B. 1977. Institutionalized organizations: formal structure as myth and ceremony ［J］. American Journal of Sociology, 83（2）: 340－363.

Selznick P. 1966. TVA and the grass roots: a study of politics and organization ［M］. University of California Press.

**作者简介**｜屈潇潇，北京大学博士毕业生，国家教育行政学院助理研究员。

# The Action Logic of Private Distinctive Colleges: A Case Study on a Private Vocational College

## Qu Xiaoxiao

**Abstract**: This paper employs the old and new institutional theories to explain the factors and mechanism affecting distinctiveness in a private college—P College. An organization roots in its particular value and belief. It is assumed to develop particularities that holistically express what they value mostly. On the one side, institutional environment as the external force provides an institutional framework to impact the development path of distinctiveness. On the other side, internal action logics influence realization of distinctiveness. The action logics at different layers in case college reflects a true condition in which private colleges survive in China. Traditional tension from institution and resources in environment causes convergence of private colleges. However, internal scattered interests and weak foundation accelerate dispersion within private college. As a result, it is hard for private colleges to orient to particularities transforming superficial distinctiveness, which they survived on at the initial stage, into advanced distinctiveness, which comes into common value and belief.

**Key words**: private higher education　distinctiveness　institutional envrionment　action logic　case study

# 《中国高等教育评论》投稿须知

1. 文稿字数以 8000—12000 字为宜，个别优质稿件不受字数限制。

2. 稿件体例：来稿的页面内容依次包括标题、作者姓名、摘要（中文摘要 200 字左右）、关键词（3—5 个，关键词之间以一字空间隔）、文章内容、作者信息（包括姓名、职务、职称、研究方向、工作单位和详细通信地址、邮编、电话）、参考文献。论文标题、摘要、关键词请译成英文。

3. 所投稿件如有基金资助，请注明基金项目名称和编号。

4. 文章标题一般分为三级，第一级标题用"一、""二、""三、"标示；第二级标题用"（一）""（二）""（三）"标示；第三级标题用"1.""2.""3."标示，标题符号前空两格。请按层级逐级下延。

5. 注释一律在本页使用脚注，每页重新排序，用①②③……表示；引文务必注明出处，采用"著者－出版年制"，即一律用括号在文中相应位置标明责任人及出版年，并将所引用页码以上标的形式标注在括号外，完整的参考文献条目放在文末，按照先中文后英文的顺序排列，以拼音/字母为序。

6. 作者应保证论文符合学术规范，无抄袭、剽窃、侵权、数据伪造等不端行为，不涉及国家机密。编委会有权对稿件进行修删，如不同意请在稿件中声明。

7. 投稿截止日期为每年 5 月 31 日，同年 6 月 30 日前告知作者录用与否。《中国高等教育评论》由教育科学出版社出版，出版时间为每年 12 月。

8. 本评论出版前，文章已经在其他公开出版物或者互联网上发表的，请务必及时告知本评论编委会，否则一切后果由作者本人承担。

《中国高等教育评论》敬迎各位同人赐稿。

**联系方式**
史秋衡：0592－2189226，E-mail：qhshi@ xmu. edu. cn
王玉梅：0592－2186413，E-mail：yumeiwang@ xmu. edu. cn
传　真：0592－2189065

《中国高等教育评论》编委会
2012 年 12 月

出版人 所广一
责任编辑 何 艺
版式设计 杨玲玲
责任校对 贾静芳
责任印制 曲凤玲

图书在版编目（CIP）数据

中国高等教育评论．第 3 卷/潘懋元主编．—北京：
教育科学出版社，2012.12
ISBN 978 - 7 - 5041 - 7300 - 3

Ⅰ．①中…　Ⅱ．①潘…　Ⅲ．①高等教育—研究—中国
Ⅳ．①G649.2

中国版本图书馆 CIP 数据核字（2012）第 316492 号

中国高等教育评论（第 3 卷）
ZHONGGUO GAODENG JIAOYU PINGLUN

出版发行　教育科学出版社
社　　址　北京·朝阳区安慧北里安园甲 9 号　　市场部电话　010 - 64989009
邮　　编　100101　　　　　　　　　　　　　编辑部电话　010 - 64981167
传　　真　010 - 64891796　　　　　　　　　　网　　址　http://www.esph.com.cn

经　　销　各地新华书店
制　　作　北京金奥都图文制作中心
印　　刷　北京中科印刷有限公司
开　　本　169 毫米×239 毫米　16 开　　　版　　次　2012 年 12 月第 1 版
印　　张　22.5　　　　　　　　　　　　　　印　　次　2012 年 12 月第 1 次印刷
字　　数　438 千　　　　　　　　　　　　　定　　价　58.00 元

如有印装质量问题，请到所购图书销售部门联系调换。